ま　え　が　き

相続税及び贈与税は、相続、遺贈又は贈与により無償で取得した財産を課税対象とするため、その計算に当たっては、取得した財産をいくらに見積もるかという「財産の評価」が必要となります。

相続税法では、定期金に関する権利など一部の財産を除き、「時価」により評価する旨を規定していますが、相続税及び贈与税の課税対象となる財産は、土地、家屋などの不動産をはじめとして、動産、株式、公社債など多種多様であり、これら各種の財産の時価を的確に把握することは必ずしも容易なことではありません。

このため、国税庁では相続税及び贈与税の申告に当たっての財産の評価方法を「財産評価基本通達」に定め、取扱いの統一を図るとともに、納税者等の利便に供しているところです。

本書では、この「財産評価基本通達」に定められた株式や公社債の評価方法について、特に難解といわれる「取引相場のない株式」の評価方法や評価明細書の記載方法を中心に、法人の決算書や申告書等の事例を交えながら、平易に解説するよう努めています。

本書が皆様方のお役に立つことができましたら幸いです。

なお、本書は、大阪国税局課税第一部資産評価官に勤務する者が休日等を使って執筆したものであり、本文中意見にわたる部分については、執筆者の個人的見解であることをお断りしておきます。

令和６年９月

信　永　　　弘

第一編　株式等の評価のあらまし

第1章　株　式　の　評　価

第2章 株式に関する権利及び出資の評価

第3章 公社債等の評価

◆取引相場のない株式（出資）の評価明細書の記載方法等◆

第二編　設例による評価明細書等の書き方

第1章　上 場 株 式

第2章　気配相場等のある株式

第3章　取引相場のない株式

※　記載例のある評価明細書を〔　〕で表示しています。

第三編　評　価　演　習

凡　　例

本書における通達は次の略語で示しました。　◇評基通………財産評価基本通達

■本書の内容は、原則的に令和６年９月30日現在の法令・通達等によっております。

第一編

株式等の評価のあらまし

第1章　株式の評価

第1節　株式の区分

株式について、財産評価基本通達では次のとおり区分されています【評基通168】。

区分		内容
上場株式		金融商品取引所（金融商品取引法第2条第16項に規定する金融商品取引所をいいます。）に上場されている株式をいいます。
気配相場等のある株式	①　登録銘柄	金融商品取引業者（証券会社）において店頭取引が行われている株式のうち、日本証券業協会が定めた基準に基づき登録銘柄として登録されている株式をいいます。
	②　店頭管理銘柄	上場廃止又は店頭売買登録廃止の措置がとられた銘柄のうち、売買が継続されている株式について、日本証券業協会が定めた基準に基づいて店頭管理銘柄として指定されている株式をいいます。
	③　公開途上にある株式	株式の公開が公表された日から、株式の公開の前日までのその株式をいいます。 ※　具体的には、次の株式をいいます。 (イ)　金融商品取引所が株式の上場を承認したことを明らかにした日から上場の日の前日までのその株式（登録銘柄を除きます。） (ロ)　日本証券業協会が株式を登録銘柄として登録することを明らかにした日から登録の日の前日までのその株式（店頭管理銘柄を除きます。）
取引相場のない株式		上場株式及び気配相場等のある株式以外の株式をいいます。

第２節　株式の評価方法

１ 上場株式

(1) 評価の原則

上場株式については、次のとおり評価することとされています【評基通 169】。

項目	評価方法
一般的な場合	次の①から④のうち最も低い価額によります。 ①　課税時期の最終価格 ②　課税時期の属する月の毎日の最終価格の月平均額 ③　課税時期の属する月の前月の毎日の最終価格の月平均額 ④　課税時期の属する月の前々月の毎日の最終価格の月平均額
負担付贈与等により取得した場合	課税時期の最終価格（最終価格の月平均額は採用できません。）

（注）負担付贈与等とは、負担付贈与又は個人間の対価を伴う取引をいいます（以下「負担付贈与等」といいます。）。

※　金融商品取引所の選択

国内の２以上の金融商品取引所に上場されている株式については、納税義務者が選択した金融商品取引所の最終価格によります。

※　信用取引による株式の取扱い

1　信用取引による売方が決済前に死亡した場合には、金融商品取引業者（証券会社）に担保として差し出している売付代金に相当する金額（借株担保金）が積極財産となり、その売方金利（日歩）との合計額が積極財産の価額となります。また、借株の価額が債務の額となります（逆日歩の支払を要する場合は、その未払金額を併せて債務とします。）。

なお、この場合における「借株の価額」は、課税時期における最終価格により計算します。

2　信用取引による買方が決済前に死亡した場合には、買付けによる株式が積極財産となり、その価額は現株と同様に上場株式の評価方法（課税時期の最終価格及び課税時期の属する月以前３か月間の毎日の最終価格の各月ごとの平均額のうち最も低い額）により評価することとなります。また、買付代金に相当する金額が債務となります（買方金利（日歩）は債務となり、逆日歩は債権となります。）。

（注）信用取引の場合には、この他に金融商品取引業者（証券会社）に預託している「委託保証金」が積極財産となることに留意してください。

⑵ 最終価格の特例

課税時期に最終価格がない場合等には、課税時期の最終価格は次によることとされています。

<table>
<tr><th>項目</th><th>評価方法</th></tr>
<tr><td>① 課税時期が権利落又は配当落(以下「権利落等」といいます。)の日から株式の割当て、株式の無償交付又は配当金交付(以下「株式の割当て等」といいます。)の基準日までの間にある場合</td><td>権利落等の日の前日以前の最終価格のうち、課税時期に最も近い日の最終価格をもって課税時期の最終価格とします。
【評基通170】
(例)
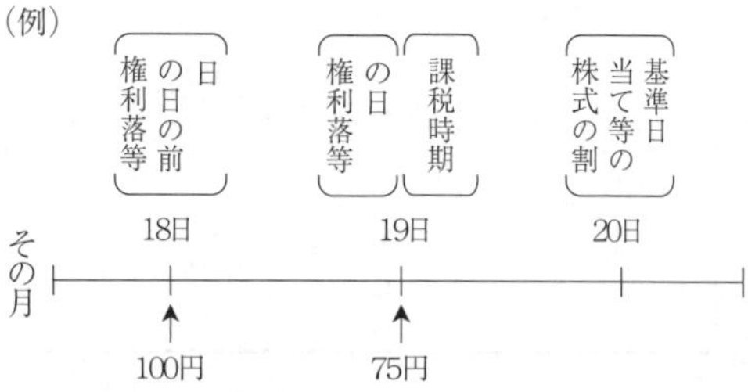

課税時期の最終価格は100円となります(75円は、権利落等の後の最終価格なので採用しません。)。</td></tr>
<tr><td>② 課税時期に最終価格がない場合(③、④に掲げる場合以外の場合に適用します。)(注)</td><td>課税時期の前日以前の最終価格又は翌日以後の最終価格のうち、課税時期に最も近い日の最終価格(その最終価格が2ある場合には、その平均額)を課税時期の最終価格とします。
【評基通171⑴】</td></tr>
<tr><td>③ 課税時期が権利落等の日の前日以前で、上記②による最終価格が、権利落等の日以後のもののみである場合又は権利落等の日の前日以前のものと権利落等の日以後のものとの2ある場合(注)</td><td>課税時期の前日以前の最終価格のうち、課税時期に最も近い日の最終価格を課税時期の最終価格とします。【評基通171⑵】
(例)
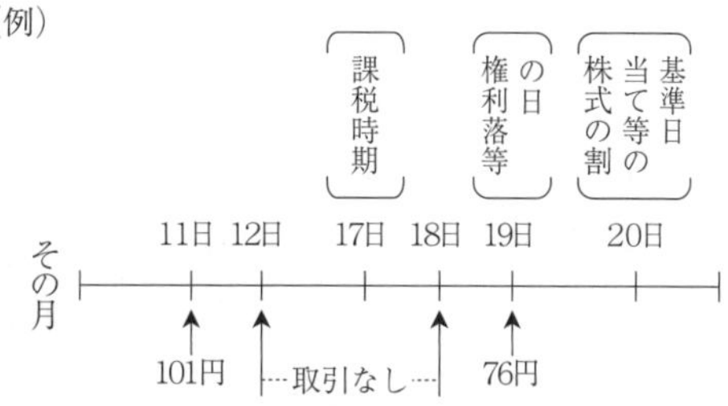

課税時期の最終価格は101円となります(76円の方が101円より課税時期に近いのですが、76円は権利落等の日以後の最終価格なので採用しません。)。</td></tr>
</table>

④　課税時期が株式の割当て等の基準日の翌日以後で、上記②による最終価格が、その基準日に係る権利落等の日の前日以前のもののみである場合又は権利落等の日の前日以前のものと権利落等の日以後のものとの2ある場合（注）	課税時期の翌日以後の最終価格のうち、課税時期に最も近い日の最終価格を課税時期の最終価格とします。　【評基通171(3)】 （例） 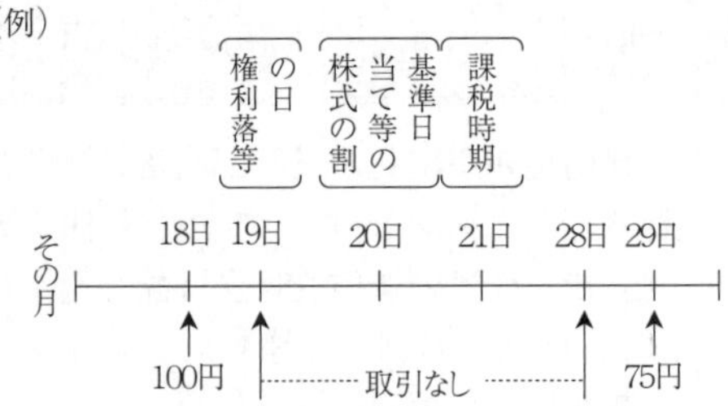 課税時期の最終価格は75円となります（100円の方が75円より課税時期に近いのですが、100円は権利落等の日の前日以前の最終価格なので採用しません。）。

（注）　②、③、④は①の適用がある場合以外の場合に適用します。

(3)　最終価格の月平均額の特例

課税時期の属する月以前3か月間に権利落等がある場合には、最終価格の月平均額は次によることとされています。なお、配当落の場合は、この特例の適用はなく、課税時期が配当金交付の基準日の前後いずれにある場合でも、その前後で区分せず、月初から月末までの月平均額によります。

項　目	評　価　方　法
①　課税時期が株式の割当て等の基準日以前である場合におけるその権利落等の日が属する月の最終価格の月平均額（次の②に該当するものを除きます。）	その月の初日からその権利落等の日の前日（配当落の場合にあっては、その月の末日）までの毎日の最終価格の平均額によります。 【評基通172(1)】 （例） 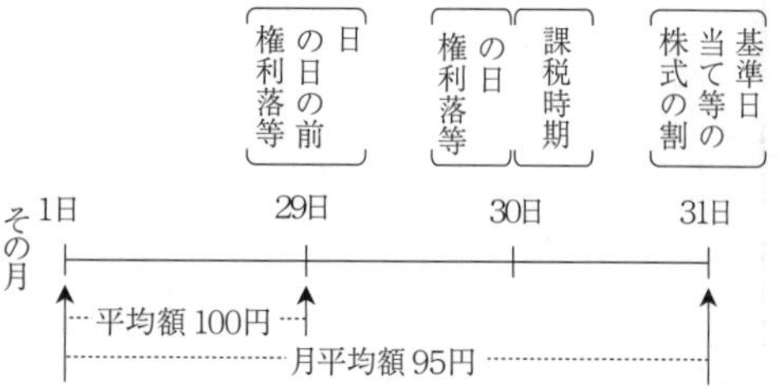 最終価格の月平均額は、権利落の場合は100円、配当落の場合は95円となります。
②　課税時期が株式の割当て等の基準日以前で、その権利落等の日が課税時期の属する月の初日以前である場合における課税時期の属する月の最終価格の月平均額	次の算式によって計算した金額となります。 課税時期の属する月の最終価格の月平均額 ×（1＋株式1株に対する割当株式数又は交付株式数）－ 割当てを受けた新株式1株につき払い込むべき金額 × 株式1株に対する割当株式数 【評基通172(2)】 （例） 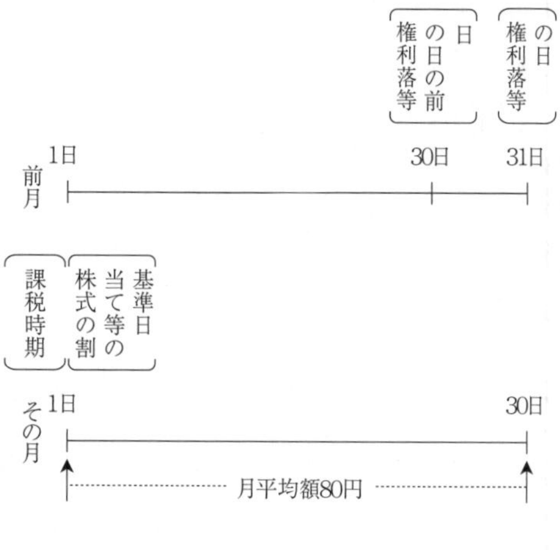

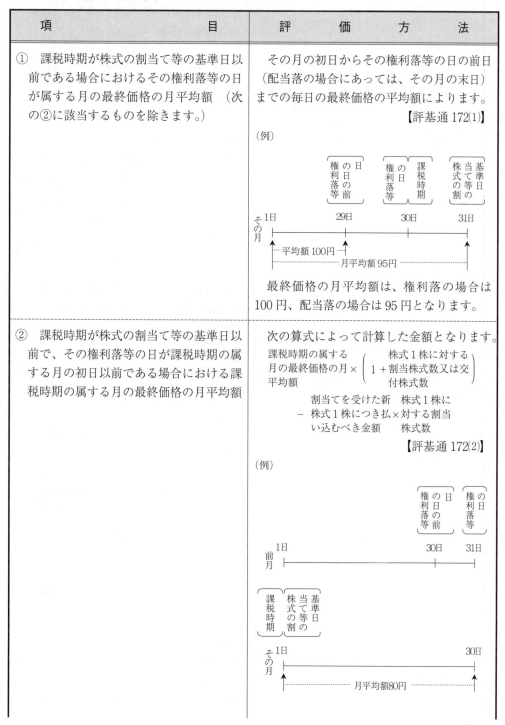

	（株式の割当条件） ①　株式の割当数　株式１株に対し 0.5 株を割当て ②　株式１株につき払い込むべき金額　40 円 最終価格の月平均額は、権利落の場合は 80 円×（１＋0.5）－40 円×0.5＝100 円、配当落の場合は 80 円となります。
③　課税時期が株式の割当て等の基準日の翌日以後である場合におけるその権利落等の日が属する月の最終価格の月平均額	その権利落等の日（配当落の場合にあってはその月の初日）からその月の末日までの毎日の最終価格の平均額とします。 【評基通 172(3)】 （例） 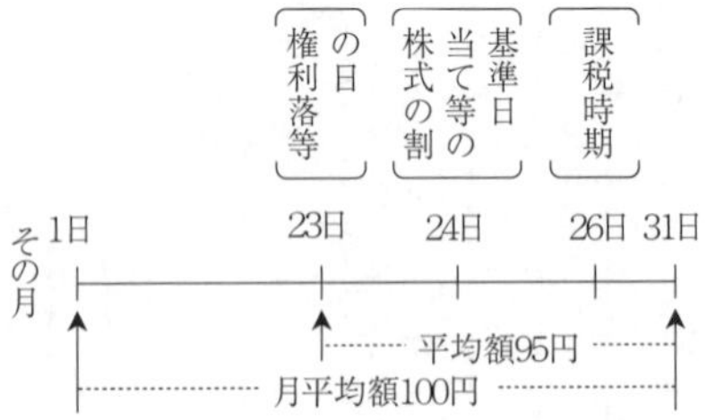 最終価格の月平均額は、権利落の場合は 95 円、配当落の場合は 100 円となります。
④　課税時期が株式の割当て等の基準日の翌日以後である場合におけるその権利落等の日が属する月の前月以前の各月の最終価格の平均額	次の算式により計算した金額となります。 （その月の最終価格の月平均額＋割当てを受けた株式１株につき払い込むべき金額×株式１株に対する割当株式数）÷（１＋株式１株に対する割当株式数又は交付株式数） 【評基通 172(4)】 （例） 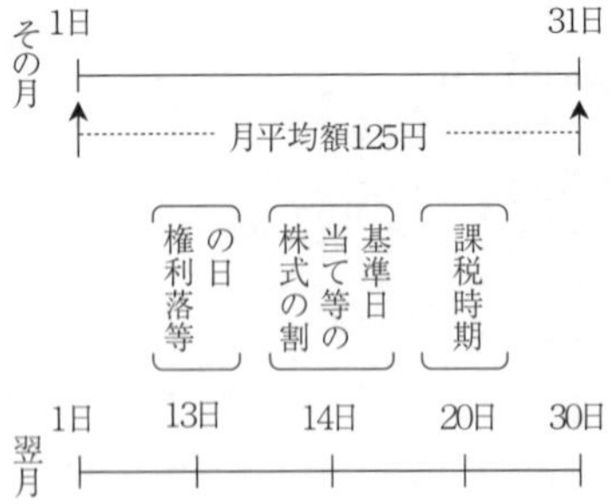 （株式の割当条件） ①　株式の割当数　株式１株に対し 0.5 株を割当て ②　株式１株につき払い込むべき金額　50 円

	最終価格の月平均額は、権利落の場合は(125円＋50円×0.5)÷(1＋0.5)＝100円、配当落の場合は125円となります。

2　気配相場等のある株式

気配相場等のある株式については、次のとおり評価することとされています【評基通 174】。

区　分	項　目	評　価　方　法
登録銘柄及び店頭管理銘柄	イ　一般的な場合	次の①から④のうち最も低い価額によります。 ①　課税時期の取引価格（取引価格について高値と安値の両方が公表されている場合には、その平均額を取引価格とします。） ②　課税時期の属する月の毎日の取引価格の月平均額 ③　課税時期の属する月の前月の毎日の取引価格の月平均額 ④　課税時期の属する月の前々月の毎日の取引価格の月平均額
	ロ　負担付贈与等により取得した場合	課税時期の取引価格によります（取引価格の月平均額は採用できません。）。 ※　取引価格について高値と安値の両方が公表されている場合には、その平均額を取引価格とします。
公開途上にある株式	イ　公募・売出しが行われる場合	公開価格によります。 ※　公開価格とは、金融商品取引所又は日本証券業協会の内規によって行われるブックビルディング方式又は競争入札方式のいずれかの方式により決定される公募価格･売出価格をいいます。
	ロ　公募・売出しが行われない場合	課税時期以前の取引価格等を勘案して評価します。

※　登録銘柄、店頭管理銘柄については、前記の上場株式の評価における(2)最終価格の特例及び(3)最終価格の月平均額の特例と同様の修正を行います【評基通 175、176、177、177－2】。

3　取引相場のない株式

(1)　取引相場のない株式の評価方式の区分

財産評価基本通達ではそれぞれの区分に応じて次のとおり評価することとされています。

<table>
<tr><th colspan="4">区　　　　　分</th><th>評　価　方　式</th></tr>
<tr><td rowspan="10">取引相場のない株式</td><td rowspan="4">一般の評価会社の株式</td><td rowspan="3">原則的評価方式</td><td>大会社</td><td>類似業種比準方式(純資産価額方式も可)</td></tr>
<tr><td>中会社</td><td>類似業種比準方式と純資産価額方式との併用方式（純資産価額方式も可）</td></tr>
<tr><td>小会社</td><td>純資産価額方式（類似業種比準方式と純資産価額方式との併用方式も可）</td></tr>
<tr><td colspan="2">特例的評価方式</td><td>配当還元方式（原則的評価方式による評価額の方が低いときは原則的評価方式）</td></tr>
<tr><td rowspan="7">特定の評価会社の株式</td><td rowspan="6">原則的評価方式</td><td>比準要素数１（２要素０）の会社</td><td>純資産価額方式（類似業種比準方式と純資産価額方式との併用方式も選択可）</td></tr>
<tr><td>株式等保有特定会社</td><td>純資産価額方式（S_1+S_2 方式も可）</td></tr>
<tr><td>土地保有特定会社</td><td>純資産価額方式</td></tr>
<tr><td>開業後３年未満の会社又は比準要素数０（３要素０）の会社</td><td>純資産価額方式</td></tr>
<tr><td>開業前・休業中の会社</td><td>純資産価額方式（議決権割合が 50％以下でも 80％評価は不可）</td></tr>
<tr><td>清算中の会社</td><td>清算分配見込額の複利現価による方式※１</td></tr>
<tr><td colspan="2">特例的評価方式</td><td>配当還元方式(原則的評価方式による評価額の方が低いときは原則的評価方式)※２</td></tr>
</table>

※１　複利現価の年利率は基準年利率【評基通 4-4】によります。基準年利率については、該当年分の「令和○年分の基準年利率について（法令解釈通達）」をご確認ください（なお、この通達については、国税庁ホームページ（https://www.nta.go.jp/）で確認することができます。）。
　なお、分配を行わず長期間清算中の会社については、純資産価額方式で評価しても差し支えありません。

※２　開業前・休業中の会社及び清算中の会社については、同族株主以外の株主等が取得した株式であるか否かにかかわらず、配当還元方式の適用はありません。

(2)　取引相場のない株式の評価の順序

① 株主の判定➡その株主が同族株主等、それ以外の株主のいずれであるかを判定

⬇

② 会社規模の判定➡その会社が大会社、中会社、小会社のいずれであるかを判定

⬇

③ 特定評価会社等の判定➡その会社が特定の評価会社に該当するかどうかを判定

⬇

④ 評価方式の適用➡以上の判定に基づいて、各区分に応じた評価方式を適用しそれぞれの株式を評価します。

⑶　「取引相場のない株式（出資）の評価明細書」に基づく評価手順表

取引相場のない株式については、「取引相場のない株式（出資）の評価明細書」(49ページ以下参照）により次の手順で評価します。

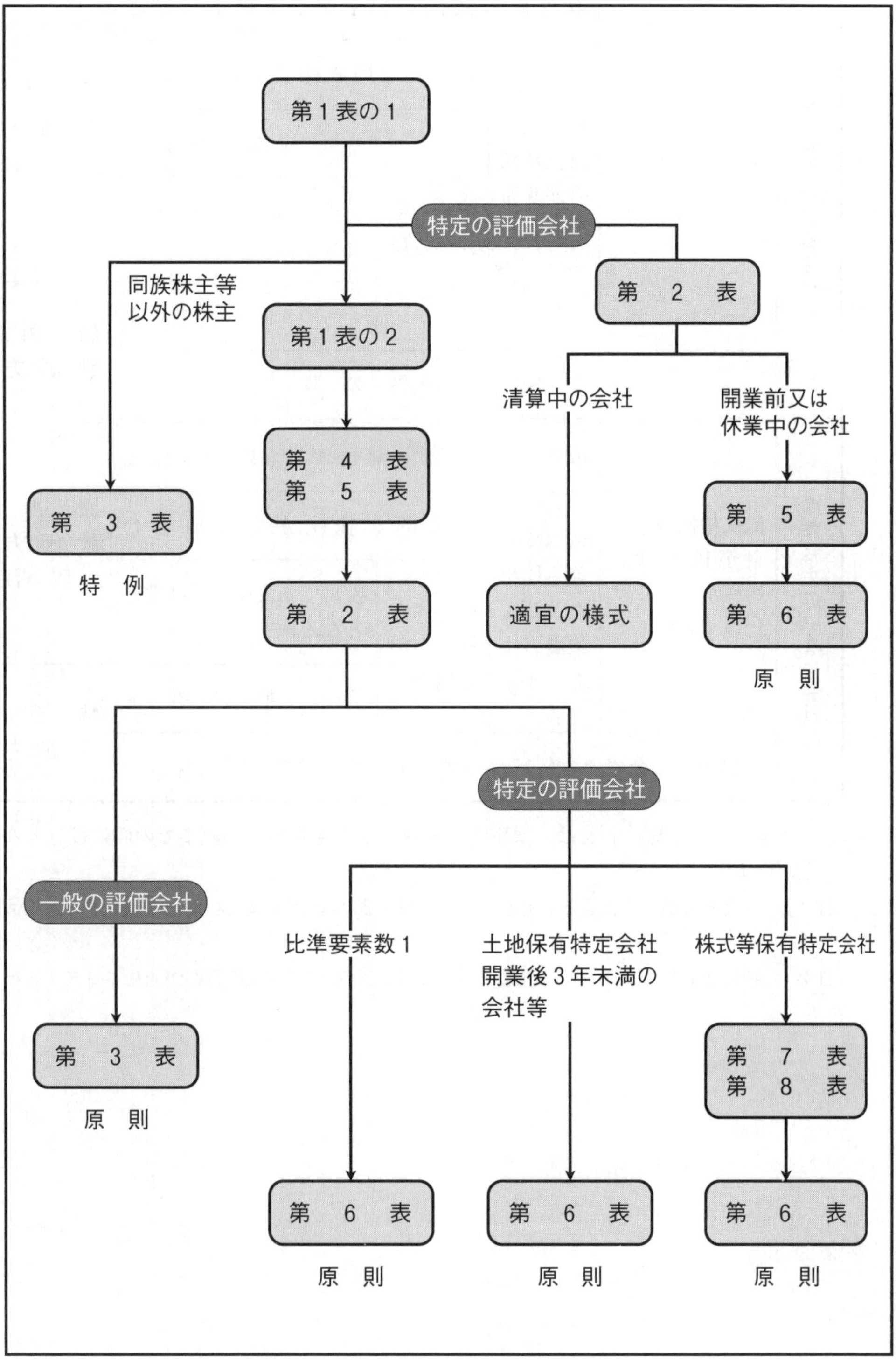

(4)　株主による評価方式の区分【評基通 188】

<table>
<tr><th colspan="5">株主の態様</th><th>評価方式</th></tr>
<tr><td rowspan="6">同族株主のいる会社</td><td rowspan="5">同族株主</td><td colspan="3">取得後の議決権割合が5％以上の株主</td><td rowspan="4">原則的評価方式（注1）</td></tr>
<tr><td rowspan="4">取得後の議決権割合が5％未満の株主</td><td colspan="2">中心的な同族株主がいない場合</td></tr>
<tr><td rowspan="3">中心的な同族株主がいる場合</td><td>中心的な同族株主</td></tr>
<tr><td>役員である株主又は役員となる株主</td></tr>
<tr><td>その他の株主</td><td rowspan="2">特例的評価方式</td></tr>
<tr><td colspan="4">同族株主以外の株主</td></tr>
<tr><td rowspan="5">同族株主のいない会社</td><td rowspan="4">議決権割合の合計が15％以上の株主グループに属する株主</td><td colspan="3">取得後の議決権割合が5％以上の株主</td><td rowspan="3">原則的評価方式（注2）</td></tr>
<tr><td rowspan="3">取得後の議決権割合が5％未満の株主</td><td colspan="2">中心的な株主がいない場合</td></tr>
<tr><td rowspan="2">中心的な株主がいる場合</td><td>役員である株主又は役員となる株主</td></tr>
<tr><td>その他の株主</td><td rowspan="2">特例的評価方式</td></tr>
<tr><td colspan="4">議決権割合の合計が15％未満の株主グループに属する株主</td></tr>
</table>

※　「役員となる株主」とは、課税時期の翌日から法定申告期限までの間に役員となる者をいいます。

（注1）　純資産価額方式による評価額については、20％の評価減の特例が適用される場合があります。

（注2）　純資産価額方式による評価額については、20％の評価減の特例が適用されます。

※　前ページの表の「同族株主」、「中心的な同族株主」、「中心的な株主」及び「役員」とは次の者をいいます。

<table>
<tr><th>項目</th><th colspan="2">内容</th></tr>
<tr><td rowspan="2">同族株主</td><td>原則</td><td>課税時期における評価会社の株主のうち、株主の１人及びその同族関係者の有する議決権の合計数がその会社の議決権総数の30％以上である場合におけるその株主及びその同族関係者をいいます（この場合の「株主の１人」とは、納税義務者に限りません。）。
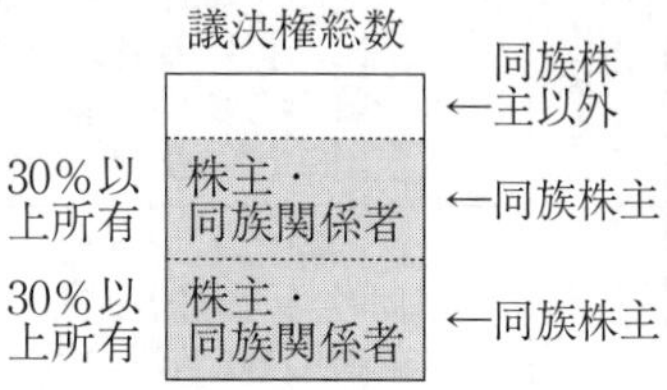
</td></tr>
<tr><td>特則</td><td>評価会社の株主のうち、株主の１人及びその同族関係者の有する議決権の合計数が最も多いグループの有する議決権の合計数が、その会社の議決権総数の50％超である会社については、50％超の株式を有するグループに属する株主をいいます（この場合の「株主の１人」とは、納税義務者に限りません。）。
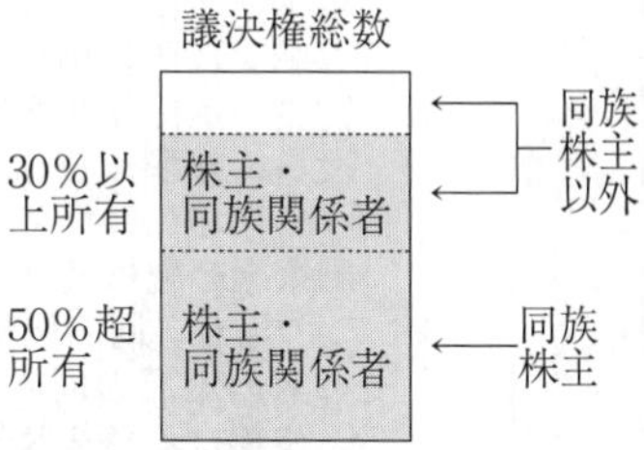
</td></tr>
<tr><td>中心的な同族株主</td><td colspan="2">次の①及び②の要件を満たす株主をいいます。
①　同族株主のいる会社の株主であること。
②　課税時期において同族株主の１人並びにその株主の配偶者、直系血族、兄弟姉妹及び一親等の姻族（※）の有する議決権の合計数がその会社の議決権総数の25％以上であること。
※　これらの者の同族関係者である会社のうち、これらの者が有する議決権の合計数がその会社の議決権総数の25％以上である会社を含みます。
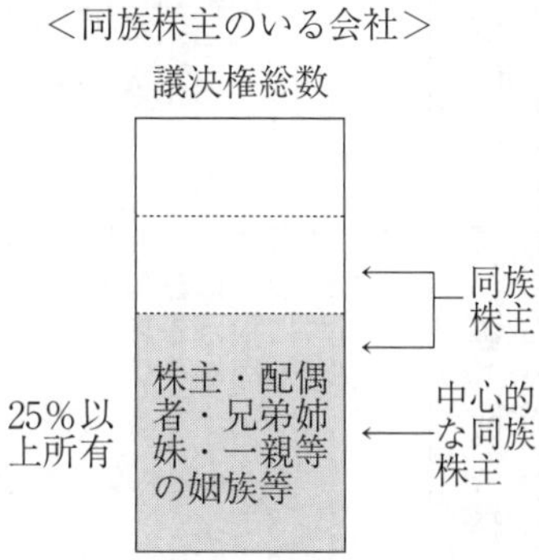
</td></tr>
<tr><td>中心的な株主</td><td colspan="2">次の①及び②の要件を満たす株主をいいます。
①　同族株主のいない会社の株主であること。
②　課税時期において株主の１人及びその同族関係者の有する議決権の合計数がその会社の議決権総数の15％以上である株主グループに属する株主のうち、単独でその会社の議決権総数の10％以上の議決権を有している株主であること。
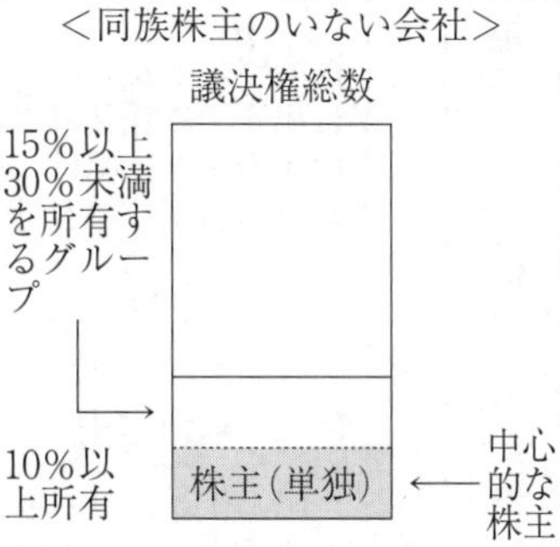
</td></tr>
<tr><td>役員</td><td colspan="2">次の者をいいます（法人税法施行令第71条第１項第１号、第２号及び第４号）。
①社長、②理事長、③代表取締役、④代表執行役、⑤代表理事、⑥清算人、⑦副社長、⑧専務、⑨専務理事、⑩常務、⑪常務理事、⑫その他これらに準ずる職制上の地位を有する役員、⑬取締役（指名委員会等設置会社の取締役及び監査等委員である取締役に限ります。）、⑭会計参与、⑮監査役並びに監事</td></tr>
</table>

※　また、「同族関係者」とは次の者をいいます（法人税法施行令第４条）。

区分	内　　　　容
個人たる同族関係者	①　株主等の親族（親族とは、配偶者、６親等内の血族及び３親等内の姻族をいいます。） ②　株主等と婚姻の届出をしていないが事実上婚姻関係と同様の事情にある者 ③　個人である株主等の使用人 ④　上記に掲げる者以外の者で個人である株主等から受ける金銭その他の資産によって生計を維持している者 ⑤　上記②、③及び④に掲げる者と生計を一にするこれらの者の親族
法人たる同族関係者	①　株主等の１人が他の会社（同族会社かどうかを判定しようとする会社以外の会社。以下同じ。）の発行済株式又は出資（その有する自己の株式又は出資を除く。）の総数又は総額の50％超の数又は金額の株式又は出資を有する場合若しくは次のイからニに掲げる議決権のいずれかにつき、その総数（当該議決権を行使することができない株主等が有する当該議決権の数を除く。）の50％超の数を有する場合における当該他の会社 イ　事業の全部若しくは重要な部分の譲渡、解散、継続、合併、分割、株式交換、株式移転又は現物出資に関する決議に係る議決権 ロ　役員の選任及び解任に関する決議に係る議決権 ハ　役員の報酬、賞与その他の職務執行の対価として会社が供与する財産上の利益に関する事項についての決議に係る議決権 ニ　剰余金の配当又は利益の配当に関する決議に係る議決権 ※　この場合、同族関係会社であるかどうかの判定の基準となる株主等が個人の場合は、その者の上記の同族関係者の有する株式又は出資の株数又は金額若しくは上記イからニに掲げる議決権総数を合算します（次の②及び③において同じ。）。 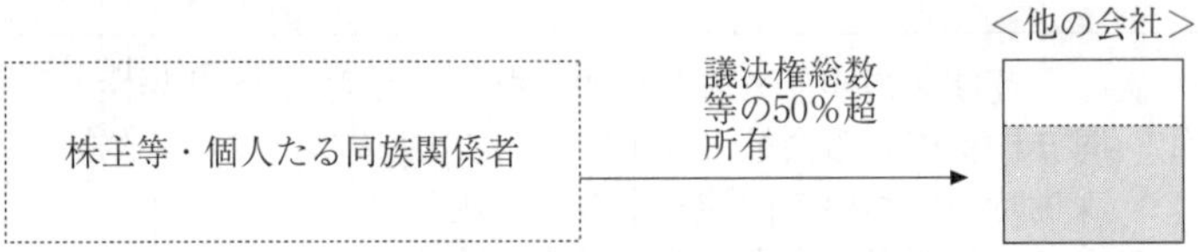 ②　株主等の１人及びこれと特殊の関係のある①の会社が他の会社の発行済株式又は出資の総数又は総額の50％超の数又は金額の株式又は出資を有する場合若しくは①のイからニに掲げる議決権のいずれかにつき、その総数の50％超の数を有する場合における当該他の会社 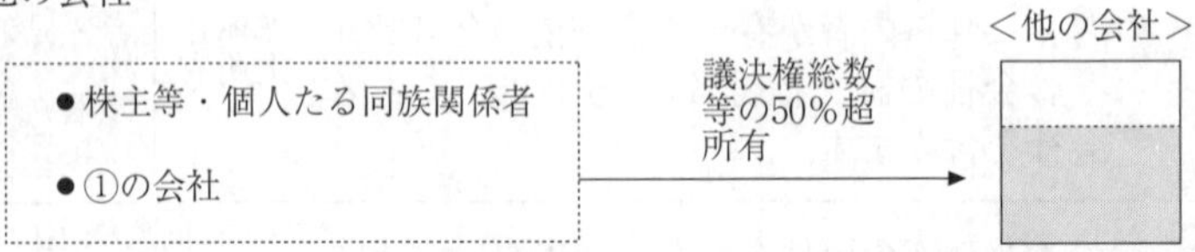 ③　株主等の１人並びにこれと特殊の関係のある①及び②の会社が他の会社の発行済株式又は出資の総数又は総額の50％超の数又は金額の株式又は出資を有する場合若しくは①のイからニに掲げる議決権のいずれかにつき、その総数の50％超の数を有する場合における当該他の会社 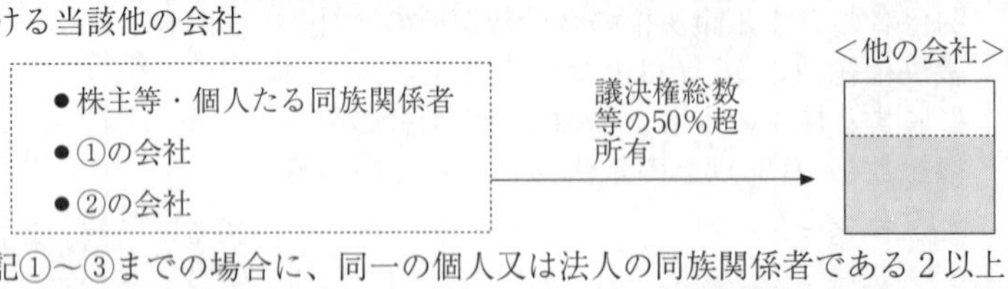 ④　上記①～③までの場合に、同一の個人又は法人の同族関係者である２以上の会社が判定しようとする会社の株主等である場合には、その同族関係者である２以上の会社は、相互に同族関係者であるものとみなします。
個人又は法人たる同族関係者	個人又は法人との間で当該個人又は法人の意思と同一の内容の議決権を行使することに同意している者がある場合には、当該者が有する議決権は当該個人又は法人が有するものとみなし、かつ、当該個人又は法人（当該議決権に係る会社の株主等であるものを除く。）は当該議決権に係る会社の株主等であるものとみなして、他の会社を支配しているかどうかを判定します。

中心的な同族株主の判定の基礎となる
同族株主の範囲（黒刷り部分）

―株主Ａについて判定する場合―

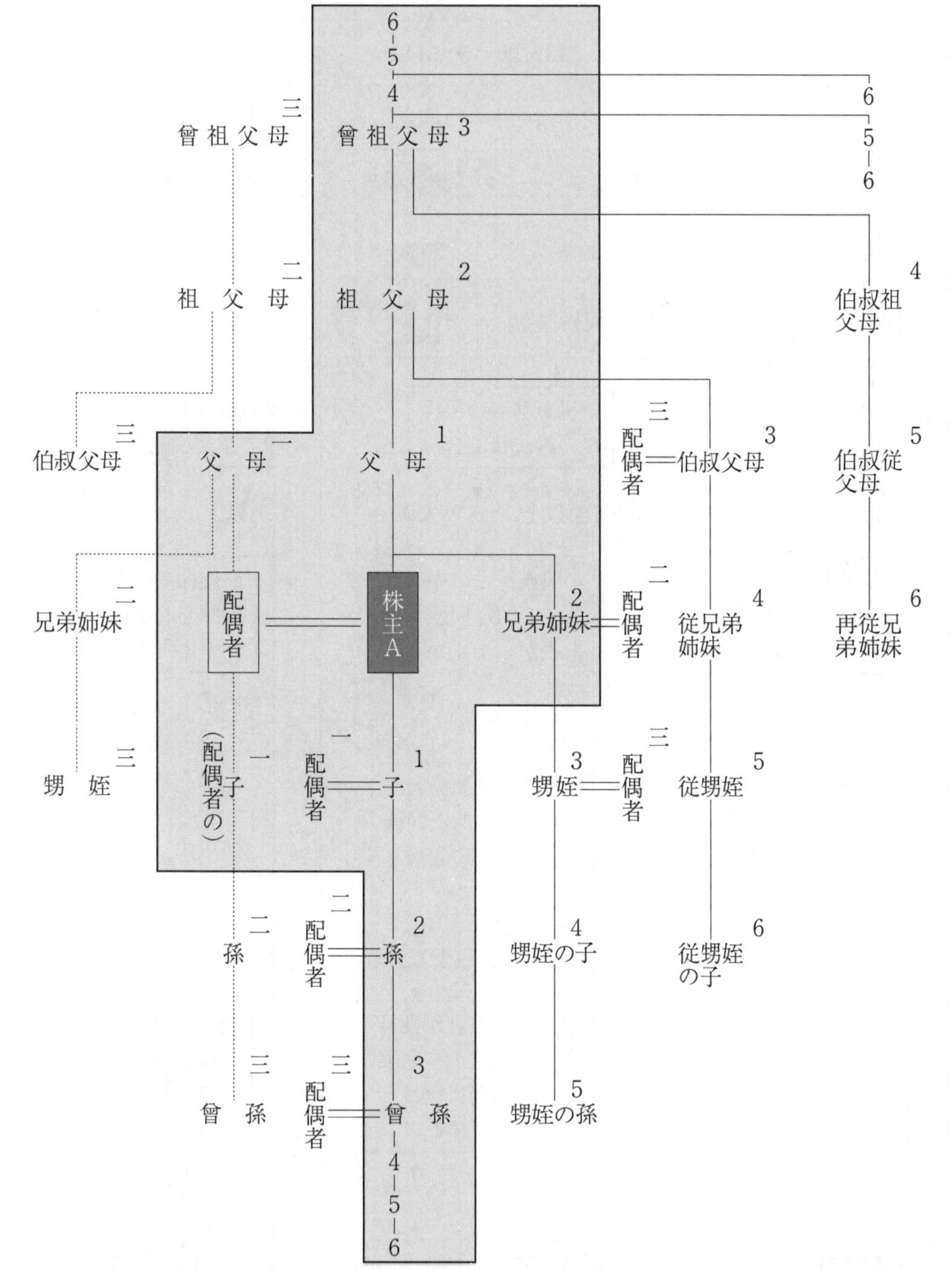

（注）　1　肩書数字は親等を、うち算用数字は血族、漢数字は姻族を示しています。

2　養親族関係 … 養子と養親及びその血族との間においては、養子縁組の日から血族間におけると同一の親族関係が生じます。

(5)　株主の態様別による評価方式の判定

株主の態様ごとに次の表のとおりの評価方式となります。

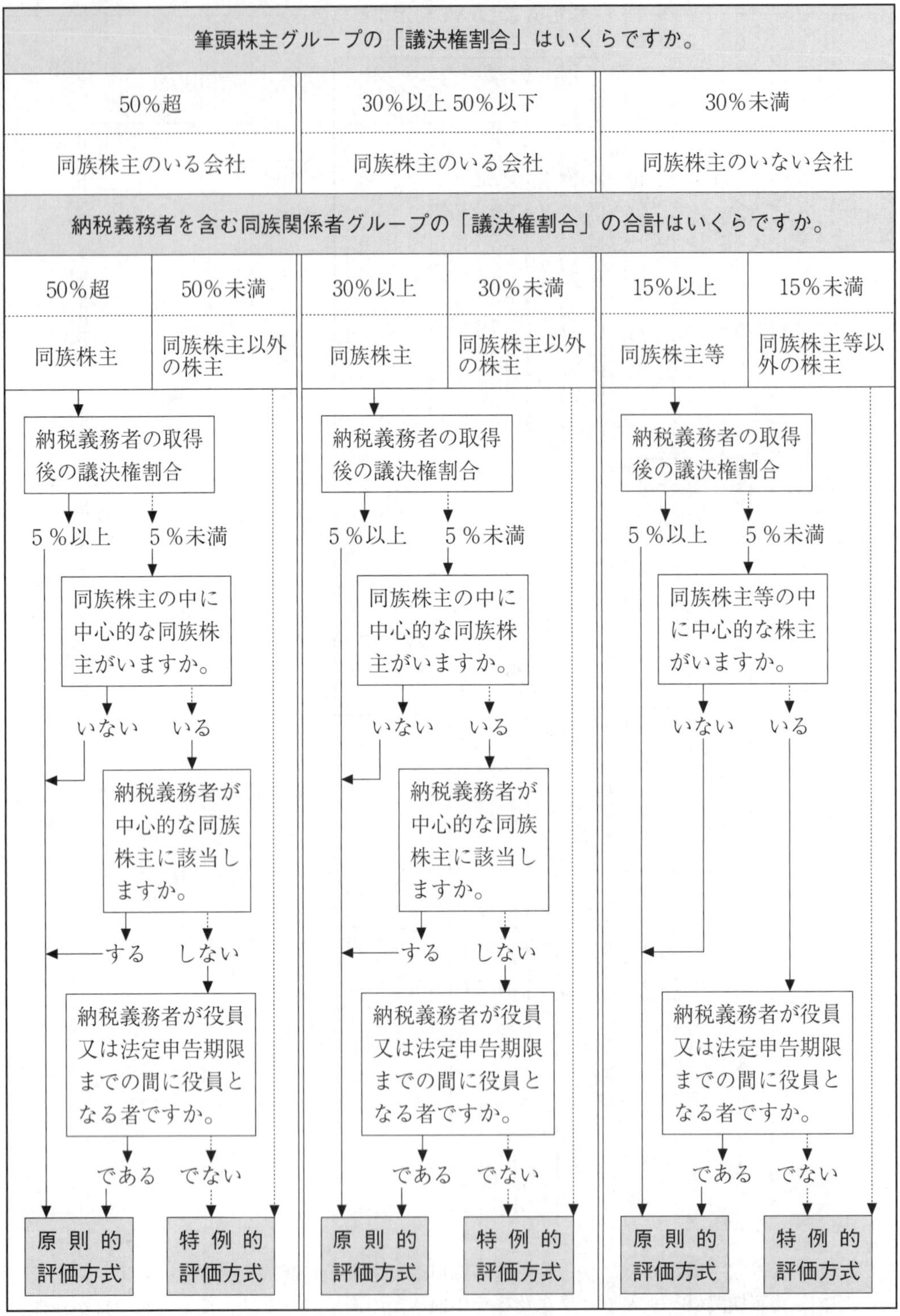

※　同族株主と同族株主のいない会社の株主で、議決権割合15% 以上（取得したことに伴って15% 以上となった場合を含みます。）のグループに属する株主を合わせて「同族株主等」といいます。

(6) 株主の判定例

【設例1】株主の判定――同族株主のいる会社で筆頭株主グループの議決権割合が50％超の場合（株式の種類：普通株式）

甲社の株主構成等は、次のとおりです。

（注）以下**【設例】**における議決権の数又は議決権割合は、課税時期現在のものとします。

株　主	Aとの続柄	議決権の数
A	本人	30,000個
B	Aの配偶者	11,000
C	Aの長男	5,000
D	Aの長女	5,000
E	Aの友人	25,000
F	Eの長男	12,000
G	Eの二男	12,000
	（議決権総数）	100,000個

◆解　答◆

項　目	内　容
同族株主の議決権割合の計算	1　株主Aとその同族関係者（B、C、D）が所有する議決権の数と議決権割合 （A）　（B）　（C）　（D） (1)　30,000個＋11,000個＋5,000個＋5,000個 ＝51,000個……株主Aのグループの議決権の数 (2)　51,000個÷100,000個（議決権総数）＝51％……議決権割合 2　株主Eとその同族関係者（F、G）が所有する議決権の数と議決権割合 （E）　（F）　（G） (1)　25,000個＋12,000個＋12,000個＝49,000個……株主Eのグループの議決権の数 (2)　49,000個÷100,000個（議決権総数）＝49％……議決権割合
判　定	株主Aのグループは、甲社の議決権総数の50％超（51％）を所有していますので、株主A、B、C及びDは同族株主となります。 なお、株主Eのグループはその議決権割合が30％以上（49％）となっていますが、株主Aのグループの議決権割合が50％超であることから株主E、F及びGは同族株主以外の株主となります。

【設例２】株主の判定――筆頭株主グループの議決権割合が30％以上50％以下の場合（株式の種類：普通株式）

乙社の株主構成等は、次のとおりです。

株　主	Ａとの続柄	議決権の数
A	本　　人	5,000個
B	Ａの長男	15,000
C	Ａの二男	15,000
D	Ａの長女	5,000
E	Ｂの配偶者	5,000
F	Ａの友人	15,000
G	Ｆの配偶者	5,000
H	Ｆの友人	35,000
I	Ｈの配偶者	20,000
	（議決権総数）	120,000個

◆解　答◆

項　目	内　容
同族株主の議決権割合の計算	１　株主Ａとその同族関係者（Ｂ、Ｃ、Ｄ、Ｅ）が所有する議決権の数と議決権割合 （Ａ）　（Ｂ）　（Ｃ）　（Ｄ）　（Ｅ） (1)　5,000個＋15,000個＋15,000個＋5,000個＋5,000個 ＝45,000個……株主Ａのグループの議決権の数 (2)　45,000個÷120,000個（議決権総数）＝37％……議決権割合 ２　株主Ｆとその同族関係者（Ｇ）が所有する議決権の数と議決権割合 （Ｆ）　（Ｇ） (1)　15,000個＋5,000個＝20,000個…株主Ｆのグループの議決権の数 (2)　20,000個÷120,000個（議決権総数）＝16％……議決権割合 ３　株主Ｈとその同族関係者（Ｉ）が所有する議決権の数と議決権割合 （Ｈ）　（Ｉ） (1)　35,000個＋20,000個＝55,000個…株主Ｈのグループの議決権の数 (2)　55,000個÷120,000個（議決権総数）＝45％……議決権割合
判　定	乙社の筆頭株主グループは株主Ｈのグループで、その議決権割合は30％以上50％以下（45％）ですから、30％以上の議決権割合の株主グループに属する株主が同族株主となります。

	したがって、株主Aのグループ及び株主Hのグループに属する株主が同族株主と判定され、残りの株主FとGは同族株主以外の株主となります。

※　議決権割合の計算の際に１％未満の端数は切り捨てます。なお、これらの割合が50％超から51％未満までの範囲内にある場合には、取引相場のない株式（出資）の評価明細書の記載に当たり、１％未満の端数を切り上げて「51％」とします。

【設例３】株主の判定――同族株主のいない会社で筆頭株主グループの議決権割合が30％未満の場合（株式の種類：普通株式）

丙社の株主構成等は、次のとおりです。

株　主	Aとの続柄	議決権の数
A	本　　人	15,000個
B	Aの配偶者	5,000
C	Aの長男	5,000
D	Aの友人	10,000
E	Dの配偶者	5,000
F	Dの長男	5,000
G	Aの友人	15,000
H	Gの配偶者	5,000
I	Dの友人	15,000
J	Gの友人	10,000
K	Iの友人	10,000
	（議決権総数）	100,000個

◆解　答◆

項　目	内　容
同族株主の議決権割合の計算	1　株主Aとその同族関係者（B、C）が所有する議決権の数と議決権割合 　　（A）　　（B）　　（C） ⑴　15,000個＋5,000個＋5,000個＝25,000個…株主Aのグループの議決権の数 ⑵　25,000個÷100,000個（議決権総数）＝25％……議決権割合
	2　株主Dとその同族関係者（E、F）が所有する議決権の数と議決権割合

	（D）　　（E）　　（F） ⑴　10,000 個＋5,000 個＋5,000 個＝20,000 個…株主Dのグループの議決権の数 ⑵　20,000 個÷100,000 個（議決権総数）＝20 %……議決権割合 3　株主Gとその同族関係者（H）が所有する議決権の数と議決権割合 　　　（G）　　（H） ⑴　15,000 個＋5,000 個＝20,000 個…株主Gのグループの議決権の数 ⑵　20,000 個÷100,000 個（議決権総数）＝20 %……議決権割合 4　その他の株主の議決権割合 　　　（議決権の数）　（議決権総数）　（議決権割合） 株主I　15,000 個　÷　100,000 個　＝　15 % 株主J　10,000 個　÷　100,000 個　＝　10 % 株主K　10,000 個　÷　100,000 個　＝　10 %
判　　定	丙社には、議決権割合が 30 %以上となる株主グループがいないので、同族株主のいない会社になります。 したがって、議決権割合が 15 %以上となる株主グループに属する株主が同族株主等と判定され、それ以外の株主は同族株主等以外の株主と判定されます。 この設例の場合は、株主Aのグループ、株主Dのグループ及び株主Gのグループに属する株主並びに株主Iが同族株主等と判定され、株主JとKは同族株主等以外の株主となります。

⑺　評価方法の判定例

【設例1】評価方法の判定――同族株主グループの中に中心的な同族株主がいる場合

甲社の同族株主グループの株主であるA～Gは、相続又は遺贈により株式を取得し、その取得後の議決権割合等は次のとおりです。

なお、甲社の役員となっている者は、株主Aのみとします。

株　主	Aとの続柄	議決権割合
A	本　人	15 %
B	妻	11
C	長　男	11
D	父	3
E	弟	3
F	甥（弟の息子）	4
G	い と こ	4

◆判　定◆

判　　定　　内　　容
1　株主Aとその同族関係者で、甲社の議決権の数の50％超（51％）を所有しているので、株主A～Gは同族株主となります。 2　この同族株主グループの中では、例えば、株主Aを中心としてみた場合には、A、B、C、D及びEが中心的な同族株主判定の基礎となる株主グループ（議決権割合43％）となり、また、株主Eを中心としてみた場合には、A、D、E及びFが中心的な同族株主判定の基礎となる株主グループ（議決権割合25％）となります。 　したがって、株主A、B及びCは議決権割合が5％以上であり、また、株主D及びEは、議決権割合は5％未満ですが中心的な同族株主に該当しますので、いずれも原則的評価方式によって評価します。 3　株主F及びGは、同族株主ですが、議決権割合が5％未満で、かつ、中心的な同族株主にも該当しないため、F及びGの取得した株式は配当還元方式によって評価します。 （注）　株主Fは、株主Eを中心としてみた場合には中心的な同族株主（議決権割合25％）判定の基礎となる株主になりますが、株主Fを中心としてみた場合は、F、D及びEが中心的な同族株主判定の基礎となる株主グループ（議決権割合10%）となることから、中心的な同族株主には該当しません。

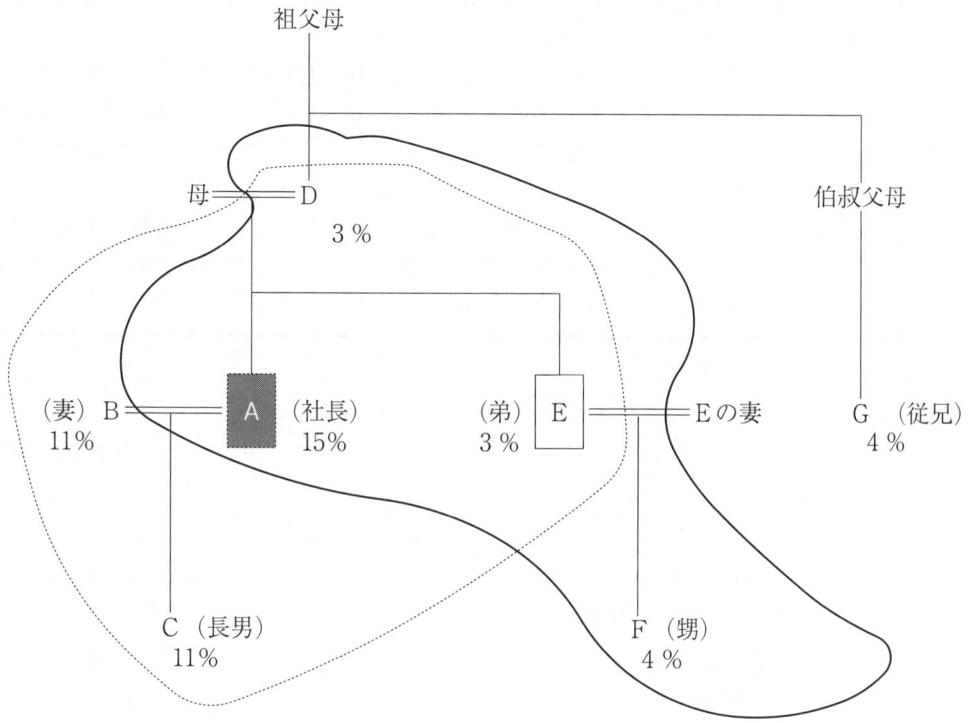

（注）　点線（株主Aからみた場合）及び実線（株主Eからみた場合）で囲んだ株主が中心的な同族株主を判定する基礎となる株主グループです。

【設例２】評価方法の判定――同族株主グループの中に中心的な同族株主がいない場合

乙社の同族株主グループ（筆頭株主グループ）の株主であるＡ～Ｆは、相続又は遺贈により株式を取得し、その取得後の議決権割合等は次のとおりです。

なお、乙社の役員となっている者は、Ａ（社長）とＦ（専務）の２人とします。

株　主	Ａとの続柄	議決権割合
A	本　　人	10％
B	妻	3
C	長　　男	3
D	兄	8
E	甥（兄の息子）	4
F	叔　　父	4

◆判　定◆

判　定　内　容
1　株主Ａとその同族関係者で、乙社の議決権総数の30％以上（32％）を所有していますので、株主Ａ～Ｆは同族株主となります。 2　この同族株主グループの中で、中心的な同族株主判定の基礎となる株主グループのうち、議決権割合が最も多いグループは、Ａ、Ｂ、Ｃ及びＤの４人のグループですが、それらの者の議決権割合の合計は25％未満（24％）であるため、乙社は中心的な同族株主のいない会社となります。 3　同族株主グループの中に中心的な同族株主がいない場合には、同族株主グループに属する株主のすべてが原則的評価方式を適用されるため、株主Ａ、Ｂ、Ｃ、Ｄ、Ｅ及びＦの取得した株式は、原則的評価方式によって評価することとなります。

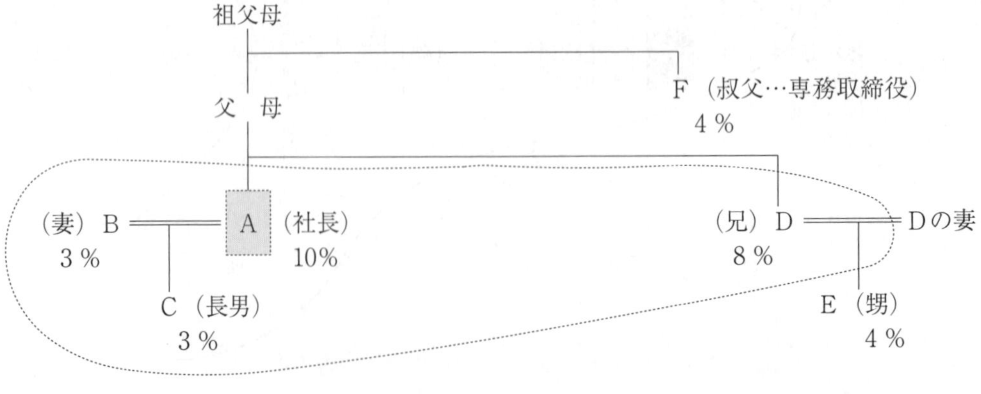

(注)　点線で囲んだ株主が、中心的な同族株主の判定の基礎となる株主が構成するグループのうち、議決権割合が最も多いグループです。

【設例3】評価方法の判定――発行済株式の中に種類株式がある場合

丙社の株主であるA、Bは、相続又は遺贈により株式を取得し、その取得後の議決権割合等は次のとおりです。

なお、丙社は種類株式を発行しており、普通株式の1単元の株式の数は100株ですが、種類株式の1単元の株式の数は25株となっています。

株主＼株式数等	株式の種類	所有株式数		議決権の数		同族株主判定
			割　合		割　合	
		株	%	個	%	
A（本　人）	普通株式	5,500	55.0	55	37.9	×
B（Aの友人）	普通株式	2,000	20.0	20	13.8	○
	種類株式	1,500	15.0	60	41.4	
その他多数の株主	普通株式	1,000	10.0	10	6.9	×
合　計		10,000	100.0	145	100.0	

◆判　定◆

判　定　内　容

1　会社法第108条第1項において、株式会社は、剰余金の分配や残余財産の分配、株主総会において議決権を行使することができる事項など一定の事項について、内容の異なる二以上の株式を発行できると規定されていますが、評価会社が、この会社法第108条第1項に規定する数種の株式（以下「種類株式」といいます。）を発行している場合の議決権の数又は議決権総数の判定に当たっては、種類株式のうち株主総会の一部の事項について議決権を行使できない株式に係る議決権の数を含めることとされています【評基通188-5】。

2　株主Aについては、丙社の普通株式を5,500株持っておりその株式の議決権の数は55個ですので、丙社の議決権総数145個の37.9％となります。

一方、株主Bは、普通株式を2,000株、種類株式を1,500株持っており、その議決権の数はそれぞれ20個（2,000株÷100株）と60個（1,500株÷25株）で合計80個となり、議決権割合は、55.2％となります。

したがって、株主Bの有する議決権の数は議決権総数の50％超となりますので同族株主となり原則的評価方式により評価し、株主Aは同族株主以外の株主となり、配当還元方式により評価します。

（注）　会社法第308条第1項の規定により評価会社の株式につき議決権を有しないこととされる会社については、その会社の有する評価会社の議決権の数は0として同族株主の判定をします【評基通188-4】。

【設例４】評価方法の判定――転換権を付した種類株式がある場合

丁社の株主であるＡ、Ｂは、相続又は遺贈により株式を取得し、その取得後の議決権割合等は次のとおりです。

なお、丁社は種類株式を発行しており、普通株式の１単元の株式の数は100株ですが、種類株式の１単元の株式の数は20株となっています。

また、その種類株式は１株につき普通株式10株に転換する権利を持っています。

株式数等／株主	株式の種類	所有株式数	議決権の数	割合	同族株主判定	転換後の株式数	議決権の数	割合	同族株主判定
		株	個	%		株	個	%	
Ａ（本人）	普通株式	12,000	120	37.5	○	12,000	120	25.5	×
	種類株式	1,000	50	15.6		10,000	100	21.3	
Ｂ（Ａの友人）	普通株式	4,000	40	12.5	×	4,000	40	8.5	○
	種類株式	2,000	100	31.3		20,000	200	42.6	
その他多数の株主	普通株式	1,000	10	3.1	×	1,000	10	2.1	×
合計		20,000	320	100.0		47,000	470	100.0	

◆判　定◆

判　定　内　容
１　普通株式転換前の議決権の数により判定すると、株主Ａの有する議決権の数が議決権総数に占める割合は53.1％（＝37.5％＋15.6％）となるため、株主Ａが同族株主となります。 一方、普通株式転換後の議決権の数で判定すると、株主Ｂの有する議決権の数が議決権総数に占める割合は51.1％（＝8.5％＋42.6％）となるため、株主Ｂが同族株主となります。 ２　したがって、このような場合には、株主Ａ及び株主Ｂのいずれもが同族株主となりますので、原則的評価方式により評価します。

(8) 会社規模の判定

取引相場のない株式は、原則として、その株式の発行会社の事業規模の大小に応じ、大会社の株式、中会社の株式及び小会社の株式に区分して評価します。

この会社規模に応ずる区分は、その会社の①従業員数、②課税時期の直前に終了した事業年度の末日における総資産価額及び③課税時期の直前期末以前1年間における取引金額の三要素を基として次のように判定します【評基通 178】。

規模区分	区分の内容		総資産価額（帳簿価額によって計算した金額）及び従業員数	直前期末以前1年間における取引金額
大会社	従業員数が70人以上の会社又は右のいずれかに該当する会社	卸売業	20億円以上（従業員数が35人以下の会社を除きます。）	30億円以上
		小売・サービス業	15億円以上（従業員数が35人以下の会社を除きます。）	20億円以上
		卸売業、小売・サービス業以外	15億円以上（従業員数が35人以下の会社を除きます。）	15億円以上
中会社	従業員数が70人未満の会社で右のいずれかに該当する会社（大会社に該当する場合を除きます。）	卸売業	7,000万円以上（従業員数が5人以下の会社を除きます。）	2億円以上 30億円未満
		小売・サービス業	4,000万円以上（従業員数が5人以下の会社を除きます。）	6,000万円以上 20億円未満
		卸売業、小売・サービス業以外	5,000万円以上（従業員数が5人以下の会社を除きます。）	8,000万円以上 15億円未満
小会社	従業員数が70人未満の会社で右のいずれにも該当する会社	卸売業	7,000万円未満又は従業員数が5人以下	2億円未満
		小売・サービス業	4,000万円未満又は従業員数が5人以下	6,000万円未満
		卸売業、小売・サービス業以外	5,000万円未満又は従業員数が5人以下	8,000万円未満

※ 業種の区分は、原則として総務省で公表している日本標準産業分類に基づいて行います。
「卸売業」、「小売・サービス業」又は「卸売業、小売・サービス業以外」のいずれの業種に該当するかは、直前期末以前1年間における取引金額に基づいて判定し、その取引金額のうちに2以上の業種に係る取引金額が含まれている場合には、それらの取引金額のうち最も多い取引金額に係る業種により判定します。

※　前ページの「総資産価額(帳簿価額によって計算した金額)」、「従業員数」及び「直前期末以前１年間における取引金額」は、それぞれ次によります。

項　　目	内　　容
総資産価額（帳簿価額によって計算した金額）	課税時期の直前に終了した事業年度の末日（以下「直前期末」といいます。）における評価会社の各資産の帳簿価額の合計額によります。（評価会社が固定資産の償却費の計算を間接法によって行っているときは、その合計から減価償却累計額を控除して計算します。また、売掛金、受取手形、貸付金等に対する貸倒引当金は控除しないで計算します。）
従　業　員　数	次の算式によって計算した人数が従業員数となります。 〈算式〉 $$\text{直前期末以前１年間における継続勤務従業員数（※１）} + \frac{\text{継続勤務従業員以外の従業員（※２）の直前期末以前１年間における労働時間の合計時間数}}{1,800\text{時間}}$$ ※１　継続勤務従業員＝直前期末以前１年間においてその期間継続して評価会社に勤務していた従業員（就業規則等で定められた１週間当たりの労働時間が30時間未満である従業員を除きます。）をいいます。 ※２　継続勤務従業員以外の従業員＝直前期末以前１年間において評価会社に勤務していた従業員（継続勤務従業員を除きます。）をいいます。 （注１）　従業員とは、評価会社との雇用契約に基づき使用される個人で、賃金を支払われる者をいいます。 （注２）　上記算式により求めた評価会社の従業員数が、例えば、5.1人となる場合には、従業員数「５人超」に、4.9人となる場合は「５人以下」に該当することになります。 （注３）　従業員には、社長、理事長並びに法人税法施行令第71条《使用人兼務役員とされない役員》第１項第１号、第２号及び第４号に掲げる役員（代表取締役、副社長、専務、監査役等）は含まれません。
直前期末以前１年間における取引金額	直前期の事業上の収入金額（売上高）によります。この場合の事業上の収入金額とは、評価会社の目的とする事業に係る収入金額（金融業・証券業については収入利息及び収入手数料）をいいます。 （注）　直前期の事業年度が１年未満であるときには、課税時期の直前期末以前１年間の実際の収入金額によることとなりますが、実際の収入金額を明確に区分することが困難な期間がある場合は、その期間の収入金額を月数あん分して求めた金額によっても差し支えありません。

※評価会社の事業が該当する業種目の判定【評基通 181-2】

評価会社の事業が該当する業種目は、直前期末以前1年間における取引金額に基づいて判定した業種目によりますが、その取引金額のうちに2以上の業種目に係る取引金額が含まれている場合のその評価会社の事業が該当する業種目は、取引金額全体に占める業種目別の取引金額の割合が50％を超える業種目とし、その割合が50％を超える業種目がない場合には、次に掲げる場合に応じたそれぞれの業種目とします。

①　評価会社の事業が一つの中分類の業種目中の2以上の類似する小分類の業種目に属し、それらの業種目別の割合の合計が50％を超える場合
➡その中分類の中にある類似する小分類の「その他の○○業」

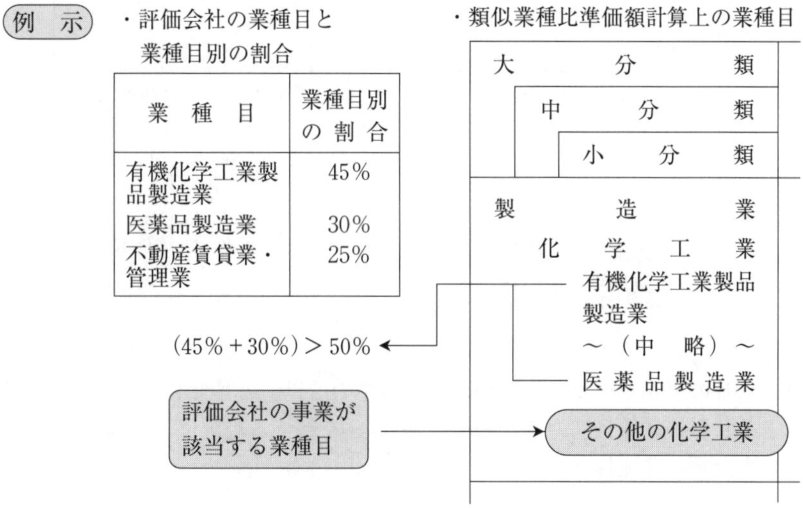

業　種　目	業種目別の割合
有機化学工業製品製造業	45％
医薬品製造業	30％
不動産賃貸業・管理業	25％

②　評価会社の事業が一つの中分類の業種目中の2以上の類似しない小分類の業種目に属し、それらの業種目別の割合の合計が50％を超える場合（①の場合を除きます。）
➡その中分類の業種目

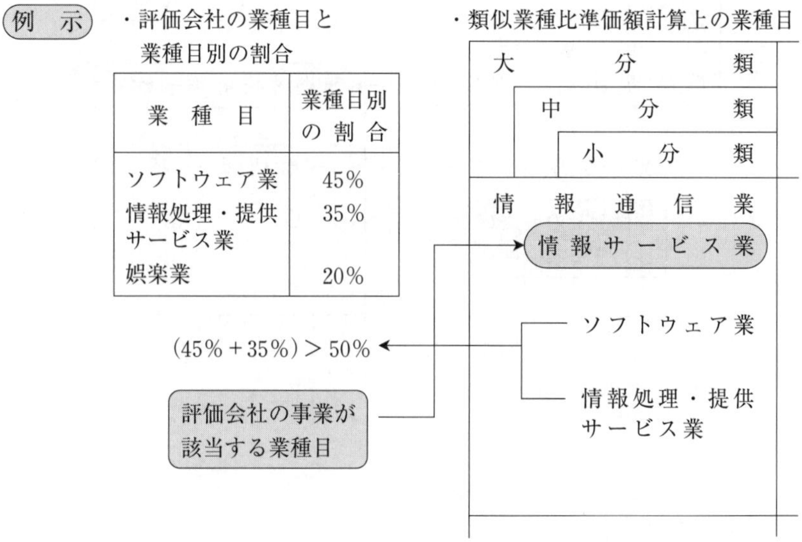

業　種　目	業種目別の割合
ソフトウェア業	45％
情報処理・提供サービス業	35％
娯楽業	20％

③　評価会社の事業が一つの大分類の業種目中の２以上の類似する中分類の業種目に属し､それらの業種目別の割合の合計が50％を超える場合
➡その大分類の中にある類似する中分類の「その他の○○業」

例　示

・評価会社の業種目と業種目別の割合

業　種　目	業種目別の割合
プラスチック製品製造業	45%
ゴム製品製造業	35%
不動産賃貸業・管理業	20%

(45%+35%)>50%

評価会社の事業が該当する業種目

・類似業種比準価額計算上の業種目

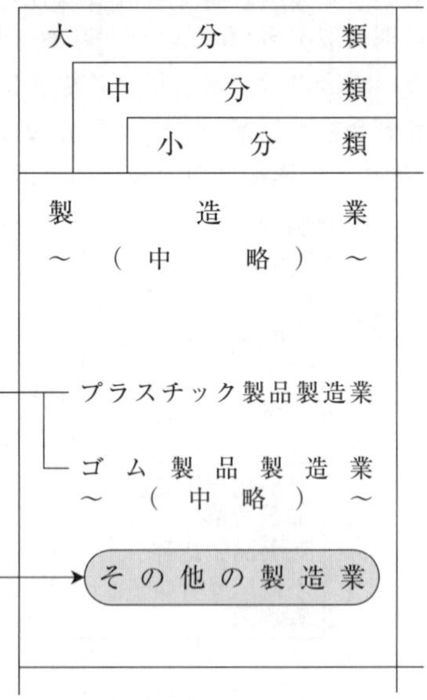

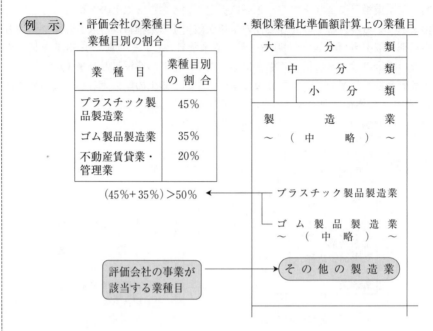

④　評価会社の事業が一つの大分類の業種目中の２以上の類似しない中分類の業種目に属し、それらの業種目別の割合の合計が50％を超える場合（③の場合を除きます。）
➡その大分類の業種目

例　示

・評価会社の業種目と業種目別の割合

業　種　目	業種目別の割合
専門サービス業	45%
広　告　業	35%
物品賃貸業	20%

(45%+35%)>50%

評価会社の事業が該当する業種目

・類似業種比準価額計算上の業種目

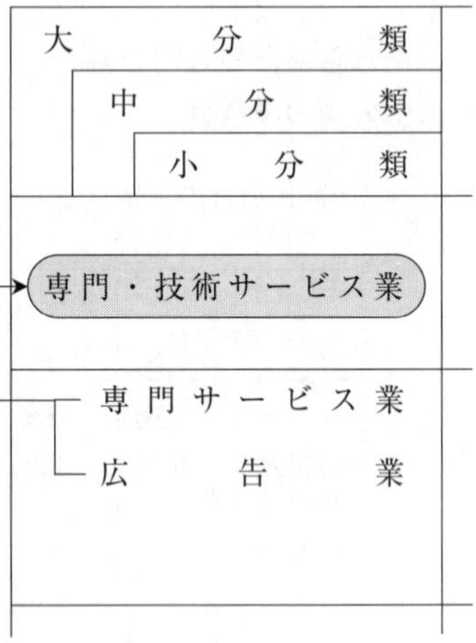

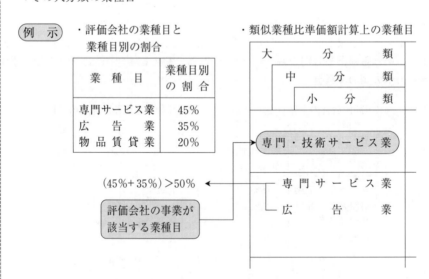

⑤　①～④のいずれにも該当しない場合
➡大分類の業種目の中の「その他の産業」

(9) 一般の評価会社の株式の評価方式

イ　類似業種比準方式…………大会社の株式の評価

類似業種比準方式とは、類似業種の株価を基として、評価会社と類似業種の１株当たりの配当金額、年利益金額及び純資産価額（帳簿価額によって計算した金額）を比較して求めた比準割合を乗じ、その70％相当額によって評価する方式をいいます【評基通180】。ただし、納税義務者の選択により、１株当たりの純資産価額（相続税評価額によって計算した金額）によって評価することができます。

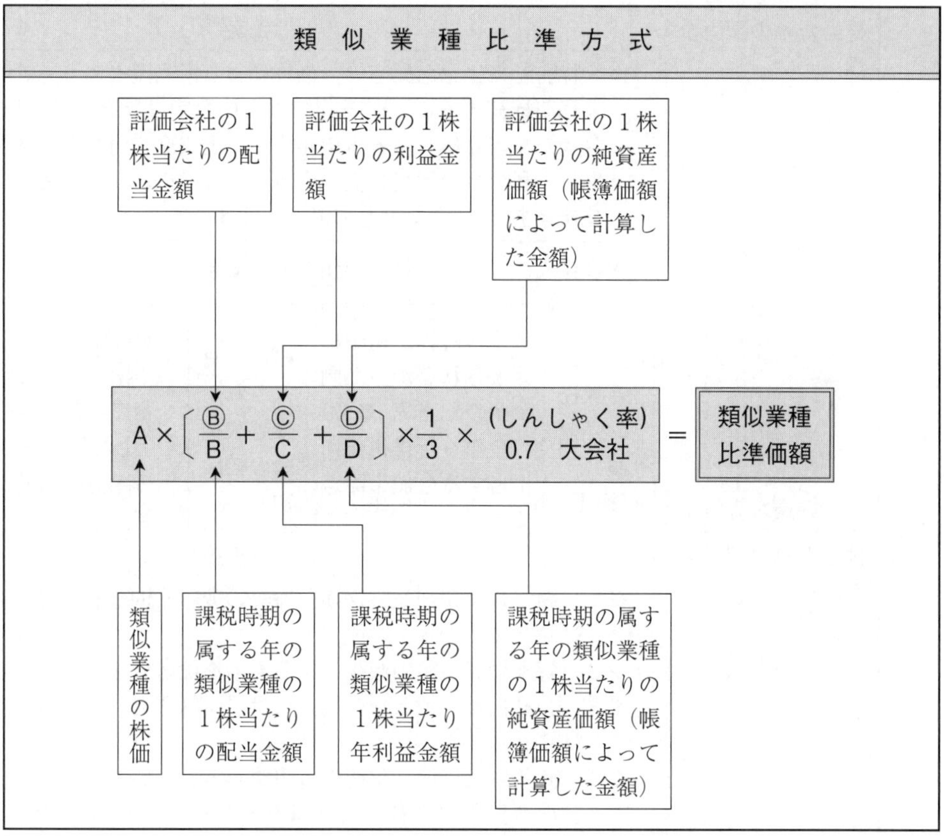

上記のⒷ（評価会社の１株当たりの配当金額）、Ⓒ（評価会社の１株当たりの利益金額）、Ⓓ（評価会社の１株当たりの純資産価額《帳簿価額によって計算した金額》）、B（類似業種の１株当たりの配当金額）、C（類似業種の１株当たりの年利益金額）及びD（類似業種の１株当たりの純資産価額《帳簿価額によって計算した金額》）は次によります。

(イ)　Ⓑ（評価会社の１株当たりの配当金額）、Ⓒ（評価会社の１株当たりの利益金額）及びⒹ（評価会社の１株当たりの純資産価額《帳簿価額によって計算した金額》）【評基通 183】

項　　目	内　　容
Ⓑ（評価会社の1株当たりの配当金額）	次の算式によって計算した額をいいます。 《算式》 直前期末以前２年間の剰余金の配当金額（※）／２ ÷ 直前期末における資本金等の額を50円で除して計算した数 ※　特別配当、記念配当等の名称による配当金額のうち、将来毎期継続することが予想できない金額は除きます。「剰余金の配当金額」は各事業年度中に配当金交付の効力が発生した剰余金の配当金額（資本金等の額の減少によるものを除きます。）を基として計算します。
Ⓒ（評価会社の1株当たりの利益金額）	次の算式によって計算した額をいいます。 《算式》 ｛法人税の課税所得金額（※１）＋所得の計算上益金に算入されなかった剰余金の配当等（※２）の金額（所得税額に相当する金額を除きます。）＋損金に算入された繰越欠損金の控除額｝÷直前期末における１株当たりの資本金等の額を50円とした場合における直前期末の発行済株式数 （※３）（※４） ※１　固定資産売却益、保険差益等の非経常的な利益の金額は除きます。 ※２　資本金等の額の減少によるものを除きます。 ※３　合計額が負数となる場合には、１株当たりの利益金額は０とします。 ※４　直前期末以前２年間の各事業年度について計算した金額の合計額（負数のときは０とします。）の２分の１に相当する金額を選択することができます。
Ⓓ（評価会社の1株当たりの純資産価額《帳簿価額によって計算した金額》）	次の算式によって計算した額をいいます。 《算式》 ｛資本金等の額＋法人税法に規定する利益積立金額｝÷直前期末における１株当たりの資本金等の額を50円とした場合における直前期末の発行済株式数 （※１）　（※２） ※１　直前期の法人税の申告書別表五（一）「利益積立金額及び資本金等の額の計算に関する明細書」の差引翌期首現在利益積立金額の差引合計額をいいます（利益積立金額に相当する金額が負数の場合は、その負数に相当する金額を資本金等の額から控除します。）。 ※２　合計額が負数となる場合には、１株当たりの純資産価額は０とします。

(ロ) B(類似業種の1株当たりの配当金額)、C(類似業種の1株当たりの年利益金額)及びD(類似業種の1株当たりの純資産価額《帳簿価額によって計算した金額》)

項目	内容
B(類似業種の1株当たりの配当金額)	A(類似業種の株価)とともに別途「類似業種比準価額計算上の業種目及び業種目別株価等(法令解釈通達)」により定められています。
C(類似業種の1株当たりの年利益金額)	〃
D(類似業種の1株当たりの純資産価額《帳簿価額によって計算した金額》)	〃

ロ 類似業種比準方式と純資産価額方式との併用方式…………中会社の株式の評価

類似業種比準方式と純資産価額方式との併用方式とは、それぞれの方式により評価した価額をそれぞれ一定の割合(これを「Lの割合」といいます。)を加味して評価額を求める方式をいいます【評基通 179】。

ただし、納税義務者の選択によって、算式中の類似業種比準価額に代えて、評価会社の株式1株当たりの純資産価額(相続税評価額によって計算した金額)により計算したときは、その計算した金額によって評価することができます。

類似業種比準方式と純資産価額方式との併用方式

(注)
類似業種比準価額×L+ 1株当たりの純資産価額(相続税評価額によって計算した金額) ×(1－L)＝評価額

↑ 類似業種比準価額に代え、純資産価額(相続税評価額)によって計算する場合には同族株主等の議決権割合が50％以下であっても20％減の適用はありません。

⇧ 同族株主等の議決権割合が50％以下であるときは20％減ができます。

(注) 中会社の株式を評価する場合の類似業種比準価額のしんしゃく率は60％となります。

$$A\times\left[\frac{Ⓑ}{B}+\frac{Ⓒ}{C}+\frac{Ⓓ}{D}\right]\times\frac{1}{3}\times\underset{0.6}{(\text{しんしゃく率})}=\text{類似業種比準価額}$$

※ Lの割合

Lの割合(類似業種比準価額のウエイト)は評価会社の総資産価額(帳簿価額によって計算した金額)及び従業員数又は直前期末以前1年間における取引金額に応じて、それぞれ次に定める割合のうちいずれか大きい方の割合によります。

①　総資産価額（帳簿価額によって計算した金額）及び従業員数に応ずる割合

卸売業	小売・サービス業	卸売業、小売・サービス業以外	割合
4億円以上20億円未満（従業員数が35人以下の会社を除きます。）	5億円以上15億円未満（従業員数が35人以下の会社を除きます。）	5億円以上15億円未満（従業員数が35人以下の会社を除きます。）	0.90
2億円以上4億円未満（従業員数が20人以下の会社を除きます。）	2億5,000万円以上5億円未満（従業員数が20人以下の会社を除きます。）	2億5,000万円以上5億円未満（従業員数が20人以下の会社を除きます。）	0.75
7,000万円以上2億円未満（従業員数が5人以下の会社を除きます。）	4,000万円以上2億5,000万円未満（従業員数が5人以下の会社を除きます。）	5,000万円以上2億5,000万円未満（従業員数が5人以下の会社を除きます。）	0.60

（注）　複数の区分に該当する場合には、上位の区分に該当するものとします。

②　直前期末以前1年間における取引金額に応ずる割合

卸売業	小売・サービス業	卸売業、小売・サービス業以外	割合
7億円以上30億円未満	5億円以上20億円未満	4億円以上15億円未満	0.90
3億5,000万円以上7億円未満	2億5,000万円以上5億円未満	2億円以上4億円未満	0.75
2億円以上3億5,000万円未満	6,000万円以上2億5,000万円未満	8,000万円以上2億円未満	0.60

ハ　純資産価額方式……小会社の株式の評価

純資産価額方式とは、課税時期において評価会社が所有する各資産の相続税評価額により評価した価額の合計額から、課税時期における各負債の金額の合計額及び評価差額に対する法人税額等に相当する金額を控除した金額を、課税時期における発行済株式数（自己株式を除きます。）で除して求めた金額により評価する方式をいいます【評基通185】。ただし、小会社の株式の評価についても、納税義務者の選択によって、純資産価額方式に代えて、Lを0.5として上記ロの類似業種比準方式と純資産価額方式との併用方式により計算したときは、その計算した金額によって評価することができます。

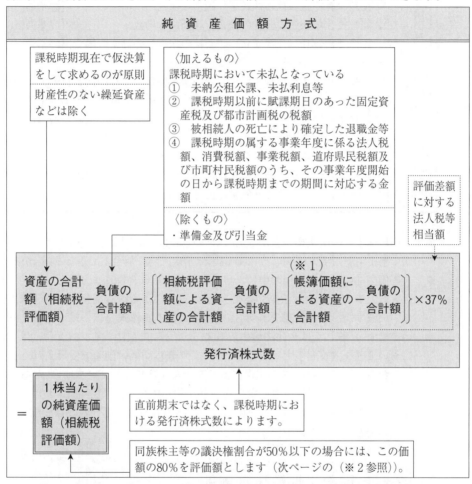

純 資 産 価 額 方 式

課税時期現在で仮決算をして求めるのが原則
財産性のない繰延資産などは除く

〈加えるもの〉
課税時期において未払となっている
① 未納公租公課、未払利息等
② 課税時期以前に賦課期日のあった固定資産税及び都市計画税の税額
③ 被相続人の死亡により確定した退職金等
④ 課税時期の属する事業年度に係る法人税額、消費税額、事業税額、道府県民税額及び市町村民税額のうち、その事業年度開始の日から課税時期までの期間に対応する金額

〈除くもの〉
・準備金及び引当金

評価差額に対する法人税等相当額

$$\frac{資産の合計額（相続税評価額）-負債の合計額-\overbrace{\left\{\left(相続税評価額による資産の合計額-負債の合計額\right)-\left(帳簿価額による資産の合計額-負債の合計額\right)\right\}\times 37\%}^{（※1）}}{発行済株式数}$$

＝ 1株当たりの純資産価額（相続税評価額）

直前期末ではなく、課税時期における発行済株式数によります。

同族株主等の議決権割合が50％以下の場合には、この価額の80％を評価額とします（次ページの（※2参照））。

類 似 業 種 比 準 方 式 と 純 資 産 価 額 方 式 と の 併 用 方 式

（注）
類似業種比準価額×0.5＋1株当たりの純資産価額（相続税評価額によって計算した金額）×（1－0.5）＝評価額

（注）　小会社の株式を評価する場合の類似業種比準価額のしんしゃく率は50％となります。

$$A\times\left[\frac{Ⓑ}{B}+\frac{Ⓒ}{C}+\frac{Ⓓ}{D}\right]\times\frac{1}{3}\times\underset{0.5}{（しんしゃく率）}=類似業種比準価額$$

80%評価できる場合	①　中会社の株式の評価のうち純資産価額で評価する部分【評基通 179(2)、185ただし書】 　類似業種比準価額 × L ＋ 1株当たりの純資産価額 ×（1－L） ②　小会社の株式を純資産価額で評価する場合（併用方式を使う場合は中会社の場合と同じです。）【評基通 179(3)、185ただし書】 ③　比準要素数1（2要素0）の会社の株式を評価する場合【評基通 189-2】 ④　株式等保有特定会社の株式を評価する場合【評基通 189-3】 ⑤　土地保有特定会社の株式を評価する場合【評基通 189-4】 ⑥　開業後3年未満の会社の株式を評価する場合【評基通 189-4】 ⑦　比準要素数0（3要素0）の会社の株式を評価する場合【評基通 189-4】
80%評価できない場合	①　大会社の株式を純資産価額で評価する場合【評基通 179(1)、185】 ②　中会社の株式の評価のうち類似業種比準価額で計算する部分を純資産価額で計算する場合【評基通 179(2)】 　類似業種比準価額 × L ＋ 1株当たりの純資産価額 ×（1－L） ③　開業前又は休業中の会社の株式を評価する場合【評基通 189-5】 ④　医療法人の出資の評価をする場合【評基通 194-2】 ⑤　企業組合等の出資を評価する場合【評基通 196】

※1　同族株主等の議決権割合が50％以下の場合は、原則として80％で評価することができますが、上記の表のように80%評価が適用できる場合とできない場合があります。

※2　評価会社の有する資産の中に、現物出資若しくは合併により著しく低い価額で受け入れた資産又は会社法第2条第31号の規定による株式交換（以下「株式交換」といいます。）、会社法第2条第32号の規定による株式移転（以下「株式移転」といいます。）若しくは会社法第2条第32号の2の規定による株式交付（以下この項において「株式交付」といいます。）により著しく低い価額で受け入れた株式（以下これらの資産又は株式を「現物出資等受入れ資産」といいます。）がある場合には、次に掲げる算式で計算した現物出資等受入れ差額を課税時期における相続税評価額による資産の合計額の計算の基とした帳簿価額による資産の合計額に加算します【評基通 186-2(2)】。

〔現物出資、合併、株式交換、株式移転又は株式交付の時における現物出資等受入れ資産の相続税評価額〕－〔現物出資等受入れ資産の帳簿価額〕＝現物出資等受入れ差額

（注1）　現物出資等受入れ資産が合併により著しく低い価額で受け入れた資産である場合において、その資産に係る上記算式の相続税評価額が、その資産に係る被合併会社の帳簿価額を超えるときには、その帳簿価額にとどめて計算します。

（注2）「現物出資等受入れ差額」は、現物出資、合併、株式交換、株式移転又は株式交付の時において、現物出資等受入れ資産の相続税評価額が課税時期における現物出資等受入れ資産の相続税評価額を上回る場合には、次により算出した金額とします。

〔課税時期における現物出資等受入れ資産の相続税評価額〕－〔現物出資等受入れ資産の帳簿価額〕

（注3）　上記の「現物出資等受入れ差額の加算」の取扱いは、課税時期における相続税

評価額による総資産価額に占める現物出資等受入れ資産の価額の合計額の割合が20％以下である場合には適用しません。

ニ　特例的評価方式……配当還元方式

同族株主以外の株主等の取得した株式（評基通 188）は、特例的評価方式である配当還元方式によって評価します【評基通 188-2】。

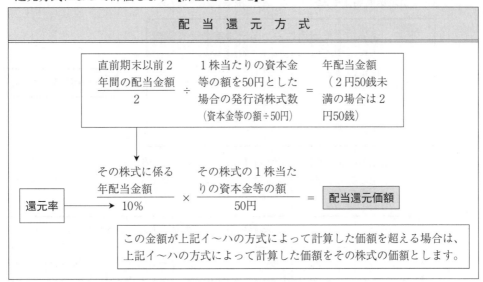

配　当　還　元　方　式

$$\frac{\text{直前期末以前2年間の配当金額}}{2} \div \text{1株当たりの資本金等の額を50円とした場合の発行済株式数（資本金等の額÷50円）} = \text{年配当金額（2円50銭未満の場合は2円50銭）}$$

↓

還元率 → $$\frac{\text{その株式に係る年配当金額}}{10\%} \times \frac{\text{その株式の1株当たりの資本金等の額}}{50\text{円}} = \text{配当還元価額}$$

この金額が上記イ～ハの方式によって計算した価額を超える場合は、上記イ～ハの方式によって計算した価額をその株式の価額とします。

※　株式の割当てを受ける権利等が発生している場合

課税時期において株式の割当てを受ける権利等が発生している場合でも、配当還元方式で計算した株式の価額の修正は行いません。

これは、配当還元方式による配当還元価額が、課税時期の直前期末以前2年間の配当金だけを株価の価値算定の要素としており、かつ、その配当金は企業の実績からみた安定配当によることとしていることに基づいているからです。

⑽　特定の評価会社の株式の評価

イ　特定の評価会社の種類

次の各要件を満たす会社は、それぞれ特定の評価会社に当たることとなります【評基通 189】。

(イ)　比準要素数1の会社

類似業種比準価額の計算の基となる次の①～③のそれぞれの金額のうち、いずれか2が0であり、かつ、直前々期末においてもいずれか2以上が0である会社

①　1株当たりの配当金額

②　1株当たりの利益金額

③　1株当たりの純資産価額

(ロ)　株式等保有特定会社

総資産に占める株式等※の保有割合		
50％以上	→	株式等保有特定会社

※　平成30年1月1日以後に相続、遺贈又は贈与により取得した取引相場のない株式等の評価における株式保有特定会社の判定については、「株式等」に「新株予約権付社債（会社法第2条第22号に規定するもの）」が含まれます。

(ハ)　土地保有特定会社

区　　分	総資産に占める土地等の保有割合
大会社・特定の小会社（※1）	70％以上
中会社・特定の小会社（※2）	90％以上

→ 土地保有特定会社

（注1）　上記の総資産及び土地等の価額は、いずれも相続税評価額により計算します。

（注2）　上記の※1及び※2の特定の小会社は、従業員数5人以下で次の要件を満たす会社をいいます。

	総資産価額（帳簿価額によって計算した金額）		
	卸　売　業	小売・サービス業	卸売業、小売・サービス業以外
※1の小会社	20億円以上	15億円以上	15億円以上
※2の小会社	7,000万円以上20億円未満	4,000万円以上15億円未満	5,000万円以上15億円未満

(ニ)　開業後3年未満の会社等、開業前、休業中又は清算中である会社

<table>
<tr><th>種　　類</th><th colspan="2">内　　　容</th></tr>
<tr><td rowspan="2">開業後3年未満の会社等</td><td colspan="2">課税時期において、開業後3年未満の会社</td></tr>
<tr><td colspan="2">類似業種比準価額の計算の基となる次の①～③のそれぞれの金額がいずれも0である会社
①　1株当たりの配当金額
②　1株当たりの利益金額
③　1株当たりの純資産価額
※　配当金額及び利益金額については、直前期末以前2年間の実績を反映して判定します。</td></tr>
<tr><td rowspan="2">開業前又は休業中の会社</td><td>開業前の会社</td><td>その会社が目的とする事業活動を開始する前の場合をいいます。</td></tr>
<tr><td>休業中の会社</td><td>課税時期において相当長期間にわたって休業中である会社をいいます。</td></tr>
</table>

清算中の会社	課税時期において、清算手続に入っている会社をいいます。

ロ 特定の評価会社の株式の評価方法

(イ) 比準要素数1（2要素0）の会社の株式の評価方法【評基通189-2】

区　分	評価方法	
同族株主が取得した場合	原　則	純資産価額方式
	特　例（純資産価額方式に代えて選択可）	類似業種比準方式と純資産価額方式との併用方式（ただし、「Ｌの割合」は0.25とします。） 類似業種比準価額×Ｌ＋純資産価額×（１－Ｌ） Ｌ＝0.25、（１－Ｌ）＝0.25
同族株主以外の株主等が取得した場合	配当還元方式 （この金額が上記「同族株主が取得した場合」の評価額を超える場合は、当該評価額とします。）	

(ロ) 株式等保有特定会社の株式の評価方法【評基通 189-3】

区　分	評価方法	
同族株主が取得した場合	原　則	純資産価額方式
	特　例（純資産価額方式に代えて選択可）	「S_1+S_2」方式 ※　S_1＝株式等保有特定会社が所有する株式等とその株式等に係る受取配当金等の収入がなかったとした場合のその株式等保有特定会社の株式を、会社の規模に応じた原則的評価方式によって評価した額 ただし、評価会社の株式が「比準要素数１の会社の株式」にも該当する場合には、上記(イ)の評価方法に準じて評価した金額 ※　S_2＝株式等保有特定会社が所有する株式等のみを評価会社の資産としてとらえ、１株当たりの純資産価額（相続税評価額による金額）によって評価した額
同族株主以外の株主等が取得した場合	配当還元方式 （この金額が上記「同族株主が取得した場合」の評価額を超える場合は、当該評価額とします。）	

(ハ)　**土地保有特定会社の株式又は開業後３年未満の会社等の株式の評価方法【評基通 189-4】**

区　　分	評　　価　　方　　法
同族株主が取得した場合	純資産価額方式
同族株主以外の株主等が取得した場合	配当還元方式 （この金額が純資産価額方式による評価額を超える場合は、当該評価額とします。）

(ニ)　**開業前又は休業中の会社の株式の評価方法【評基通 189-5】**

評　　価　　方　　法
純資産価額方式（議決権割合が50％以下でも 80％評価はできません。）

(ホ)　**清算中である会社の株式の評価方法【評基通 189-6】**

評　　価　　方　　法
清算の結果分配を受けると見込まれる金額（※１）の課税時期から分配を受けると見込まれる日までの期間（※２）に応ずる基準年利率による複利現価の額（※３）によって評価 ※１　清算の結果分配を受けると見込まれる金額で２回以上にわたり分配を受ける見込みの場合は、そのそれぞれの金額によります。 ※２　課税時期から分配を受けると見込まれる日までの期間が１年未満であるとき又はその期間に１年未満の端数があるときのその端数は、これを１年とします。 ※３　基準年利率による複利現価の額については、２回以上にわたり分配を受ける見込みの場合には、その合計額とします。

（注１）　分配を行わず長期にわたり清算中のままになっているような会社については、清算の結果分配を受ける見込みの金額や分配を受けると見込まれる日までの期間の算定が困難であると認められることから、１株当たりの純資産価額（相続税評価額によって計算した金額）によって評価して差し支えありません。

（注２）　上記の基準年利率については、該当年分の「令和○年分の基準年利率について（法令解釈通達）」をご確認ください。なお、この通達については、国税庁ホームページ【https://www.nta.go.jp/】上でご覧いただけます。

第２章 株式に関する権利及び出資の評価

第１節　株式に関する権利

1　株式に関する権利の区分

株式に関する権利は、財産評価基本通達では次のとおり区分されています【評基通 168】。

区　分	内　容
株式の割当てを受ける権利	株式の割当基準日の翌日から株式の割当ての日までの間における株式の割当てを受ける権利をいいます。
株主となる権利	株式の申込みに対して割当てがあった日の翌日（※１）から会社の設立登記の日の前日（※２）までの間における株式の引受けに係る権利をいいます。 ※１　会社の設立に際し発起人が引受けをする株式にあっては、その引受けの日をいいます。 ※２　会社設立後の株式の割当ての場合にあっては、払込期日（払込期日の定めがある場合には払込みの日）をいいます。
株式無償交付期待権	株式無償交付の基準日の翌日から株式無償交付の効力が発生する日までの間における株式の無償交付を受けることができる権利をいいます。
配当期待権	配当金交付の基準日の翌日から配当金交付の効力が発生する日までの間における配当金を受けることができる権利をいいます。
ストックオプション	会社法第２条第21号に規定する新株予約権が無償で付与されたもののうち、次の「上場新株予約権」に該当するものを除いたものをいいます。ただし、その目的たる株式が上場株式又は気配相場等のある株式であり、かつ、課税時期が権利行使可能期間内にあるものに限ります。 ※　新株予約権とは、「会社に対して一定の期間あらかじめ定めた一定の価額で新株の発行を請求することができる権利」であり、その権利が行使されたときは、会社がその権利者に対して新株を発行し又はこれに代えて会社が有する自己株式を移転する義務を負うものをいいます。

上場新株予約権	会社法第277条の規定により無償で割り当てられた新株予約権のうち、金融商品取引所に上場されているもの及び上場廃止後権利行使可能期間内にあるものをいいます。

2　株式に関する権利の評価

株式に関する権利については、次のとおり評価することとされています。

<table>
<tr><th>区　分</th><th colspan="2">評　価　方　法</th></tr>
<tr><td>株式の割当てを受ける権利
【評基通 190】</td><td colspan="2">次の算式によって計算した価額によります。
＜算式＞
財産評価基本通達の定めにより評価した株式(※)の価額(権利落後の株式の価額) － 割当てを受けた株式1株につき払い込むべき金額 ＝ 株式の割当てを受ける権利の価額
※　株式の割当てを受ける権利の発生している株式（上場株式、気配相場等のある株式及び取引相場のない株式）について、それぞれの株式の区分ごとに評価します。</td></tr>
<tr><td rowspan="2">株主となる権利
【評基通 191】</td><td>会社設立の場合</td><td>課税時期以前にその株式1株につき払い込んだ価額によって評価します。</td></tr>
<tr><td>上記以外の場合</td><td>株主となる権利の発生している株式（上場株式、気配相場等のある株式及び取引相場のない株式）について、それぞれの株式の区分ごとに、財産評価基本通達の定めにより評価した株式の価額に相当する金額により評価します。
ただし、課税時期の翌日以後その株主となる権利につき払い込むべき金額がある場合には、その金額からその割当てを受けた株式1株につき払い込むべき金額を控除します。</td></tr>
<tr><td>株式無償交付期待権
【評基通 192】</td><td colspan="2">株式無償交付期待権の発生している株式（上場株式、気配相場等のある株式及び取引相場のない株式）について、それぞれの株式の区分ごとに、財産評価基本通達の定めにより評価した株式の価額に相当する金額により評価します。</td></tr>
</table>

配当期待権 【評基通 193】	次の算式によって計算した価額により評価します。 <算式> 課税時期後に受けると見込まれる予想配当金額（①） − ①につき源泉徴収されるべき所得税の額に相当する金額(※) ＝ 配当期待権の価額 ※　特別徴収されるべき道府県民税の額に相当する金額を含みます。
ストックオプション 【評基通 193-2】	次の算式によって計算した価額により評価します。 <算式> （課税時期における株式の価額 − 権利行使価額） × ストックオプション１個の行使により取得できる株式数 ＝ ストックオプションの価額 （負数のときは、０とする。）
上場新株予約権 【評基通 193-3】	新株予約権無償割当てにより株主に割り当てられた新株予約権で、①金融商品取引所に上場されているもの、及び②上場廃止後権利行使期間内にあるものを「上場新株予約権」と定義し、①と②の期間の別に、それぞれ次のように評価します。 ①　上場期間内にある場合 その新株予約権が上場されている金融商品取引所が公表する課税時期の最終価格と上場期間中の新株予約権の毎日の最終価格の平均額のいずれか低い金額 ※　負担付贈与又は個人間の対価を伴う取引により取得した場合には、金融商品取引所が公表する課税時期の最終価格 ②　上場廃止後権利行使期間内にある場合 課税時期におけるその目的たる株式の価額から権利行使価額を控除した金額に、新株予約権１個の行使により取得できる株式数を乗じて計算した金額（その金額が負数のときは、０とする） ※　権利行使期間内に権利行使されなかった新株予約権について発行法人が取得する旨の条項が付されている場合には、上記②の金額と取得条項に基づく取得価格のいずれか低い金額

第2節　出　　資

出資の評価方法は、次のとおりです。

区　　分	評　　価　　方　　法
持分会社 【評基通 194】	会社法第575条第1項に規定する持分会社に対する出資の価額は、取引相場のない株式の評価方法に準じて計算した価額によって評価します。
医療法人 【評基通 194-2】	医療法人に対する出資の価額は、取引相場のない株式の評価に準じて計算した価額により評価します。ただし、次の事項等については取引相場のない株式と異なります。 1　特例的評価方式（配当還元方式）の適用はありません。 2　類似業種比準価額の計算式は次のとおりとなります。 ⑴　特定の評価会社以外の医療法人 $A \times \left(\frac{\frac{\text{Ⓒ}}{C} + \frac{\text{Ⓓ}}{D}}{2} \right) \times 0.7 \left(\begin{array}{l} \text{中会社相当 } 0.6 \\ \text{小会社相当 } 0.5 \end{array} \right)$ ⑵「比準要素数1」の医療法人 類似業種比準価額×0.25＋純資産価額×（1－0.25） (注)　この場合の類似業種比準価額を計算する際の算式は、⑴のとおりです。 ⑶　株式等保有特定会社に該当する医療法人 株式等保有特定会社の株式の評価方法（純資産価額方式又は「S_1＋S_2」方式）に準じた方法で評価します。 上記医療法人の出資の評価方法における算式中「A」「Ⓒ」「Ⓓ」「C」「D」はそれぞれ次のとおりです。 A：類似業種の株価　　Ⓒ：評価会社の利益金額 C：類似業種の年利益金額　　Ⓓ：評価会社の簿価純資産価額 D：類似業種の簿価純資産価額 3　純資産価額方式については、出資割合が50％以下でも財産評価基本通達185のただし書による80％評価はできません。
農業協同組合等 【評基通 195】	農業協同組合、漁業協同組合等の一般的な産業団体に対する出資の価額は、原則として、払込済出資金額によって評価します。
企業組合等 【評基通 196】	企業組合、漁業生産組合その他これに類似する組合等に対する出資の価額は、取引相場のない株式の評価方法を準用して、課税時期における出資1口当たりの純資産価額（相続税評価額によって計算した金額）により評価します。 この場合、出資割合が50％以下でも財産評価基本通達185のただし書による80％評価はできません。

第3章 公社債等の評価

第1節 公社債等の区分

公社債等については、財産評価基本通達では次のとおり区分されています。

1 公 社 債【評基通 197】

区 分	内 容
利付公社債	券面に利札の付いている債券で、利払いは年間の一定期日に、その利札を切り取って行われます。
割引発行の公社債	券面額を下回る価格（利子相当分を割り引いた値段）で発行される債券で、事実上、券面額と発行価額との差額が利子に代えられているものです。
元利均等償還が行われる公社債	元本と利息が毎年均等額で償還される公社債をいいます。
転換社債型新株予約権付社債	一定の条件のもとに、発行会社の株式に自由に転換できる権利を付与されている社債をいいます。

2 貸付信託受益証券及び証券投資信託受益証券【評基通 198、199】

種類	内 容
貸付信託受益証券	貸付信託とは、貸付信託法第２条第１項に基づく信託で、合同指定金銭信託（信託財産の運用方法や運用対象が、信託契約によって指定されているものを指定金銭信託といいますが、このうち受託者が委託者から引き受けたその指定金銭信託の金銭をプールし、集中して合同運用を行うものをいいます。）の一種です。 貸付信託受益証券とは、その信託財産を運用することによって得られる利益を受けることができる権利（受益権）を表示した有価証券をいいます。
証券投資信託受益証券	証券投資信託とは、不特定多数の投資家から集めた資金を、投資信託委託会社が株式や公社債などの有価証券に分散投資し、その運用によって得た利益を投資家に分配する制度で、主たる投資対象が何であるかによって、株式投資信託、公社債投資信託、転換社債投資信託などに分けられます。 証券投資信託受益証券とは、証券投資信託法に基づいて募集発行される証券をいい、いつでも売買できるほか、中途解約の方法によって証券会社で換金することもできます。

第２節　公社債等の評価方法

1　利付公社債の評価【評基通 197-2】

評　　価　　方　　法
(1)　金融商品取引所に上場されている利付公社債 金融商品取引所の公表する課税時期の最終価格 ＋ 源泉所得税相当額(注)控除後の既経過利息の額
(2)　日本証券業協会において売買参考統計値が公表される銘柄として選定された利付公社債 日本証券業協会から公表された課税時期の平均値 ＋ 源泉所得税相当額控除後の既経過利息の額
(3)　上記(1)又は(2)以外の利付公社債 発行価額 ＋ 源泉所得税相当額控除後の既経過利息の額

（注）　源泉所得税相当額には、「東日本大震災からの復興のための施策を実施するために必要な財源の確保に関する特別措置法」における復興特別所得税（以下「復興特別所得税」といいます。）及び特別徴収されるべき都道府県民税の額に相当する金額を含みます。

2　割引発行の公社債の評価【評基通 197-3】

評　価　方　法
(1)　金融商品取引所に上場されている割引発行の公社債 金融商品取引所の公表する課税時期の最終価格
(2)　日本証券業協会において売買参考統計値が公表される銘柄として選定された割引発行の公社債（(1)及び割引金融債を除きます。） 課税時期の平均値 （注）　割引金融債の評価方法は、下記(3)により評価します。
(3)　上記(1)又は(2)以外の割引発行の公社債 $$\text{発行価額}+\frac{\text{券面額と発行価額との}}{\text{差額に相当する金額}}\times\frac{\text{発行日から課税時期までの日数}}{\text{発行日から償還期限までの日数}}$$

（注）　課税時期において割引発行の公社債の差益金額につき源泉徴収されるべき所得税の額に相当する金額がある場合には、上記の区分に従って評価した金額からその差益金額につき源泉徴収されるべき所得税の額に相当する金額を控除した金額によって評価します。

3　元利均等償還が行われる公社債の評価【評基通 197-4】

評　価　方　法
相続税法第24条《定期金に関する権利の評価》第1項第1号の規定を準用して計算した金額 すなわち、次に掲げる金額のうちいずれか多い金額によって評価します。 イ　定期金給付契約に関する権利を取得した時においてその契約を解約するとしたならば支払われるべき解約返戻金の金額 ロ　定期金に代えて一時金の給付を受けることができる場合には、定期金給付契約に関する権利を取得した時においてその一時金の給付を受けるとしたならば給付されるべき一時金の金額 ハ　定期金給付契約に関する権利を取得した時におけるその契約に基づき定期金の給付を受けるべき残りの期間に応じ、その契約に基づき給付を受けるべき金額の1年当たりの平均額に、その契約に係る予定利率による複利年金現価率を乗じて得た金額

4　転換社債型新株予約権付社債の評価【評基通 197-5】

評　価　方　法
(1)　**金融商品取引所に上場されている転換社債型新株予約権付社債**(平 14. 3.31 以前に発行された転換社債を含め、以下「転換社債」といいます。) 上場されている金融商品取引所の公表する課税時期の最終価格 ＋ 源泉所得税相当額控除後の既経過利息の額
(2)　**日本証券業協会において店頭転換社債として登録された転換社債** 日本証券業協会の公表する課税時期の最終価格 ＋ 源泉所得税相当額控除後の既経過利息の額
(3)　**上記(1)又は(2)に掲げる転換社債以外の転換社債** イ　ロに該当しない転換社債 転換社債の発行価額 ＋ 源泉所得税相当額控除後の既経過利息の額 ロ　転換社債の発行会社の株式の価額が、その転換社債の転換価格を超える場合の転換社債 ＜算式＞ ※転換社債の発行会社の株式の価額 × $\dfrac{100円}{その転換社債の転換価格}$ ※　転換社債の発行会社の株式の価額 ①　上場株式又は気配相場のある株式の場合 その株式について評価通達の定めにより評価した課税時期における株式1株当たりの価額 ②　取引相場のない株式の場合 評価通達の定めにより評価した課税時期における株式1株当たりの価額を基として、次の算式により修正した金額 ＜算式＞ $\dfrac{N+P\times Q}{1+Q}$ 上記算式中の「N」、「P」及び「Q」は、それぞれ次によります。 「N」＝評価通達の定めにより評価したその転換社債の発行会社の課税時期における株式1株当たりの価額 「P」＝その転換社債の転換価格 「Q」＝次の算式によって計算した未転換社債のすべてが株式に転換されたものとした場合の増資割合 ＜算式＞ $\dfrac{\dfrac{転換社債のうち課税時期において株式に転換されていないものの券面総額}{その転換社債の転換価格}}{課税時期における発行済株式数}$

5　貸付信託受益証券の評価【評基通 198】

区　　分	評　　価　　方　　法
課税時期において貸付信託設定日から１年以上を経過しているもの	その証券の受託者が課税時期においてその証券を買い取るとした場合における次の算式により計算した金額により評価します。 ＜算式＞ 元本の額＋既経過収益の額－（既経過収益の額につき源泉徴収されるべき所得税の額に相当する金額）－買取割引料
上記以外の貸付信託受益証券	上記の算式に準じて計算した金額により評価します。

6　証券投資信託受益証券の評価【評基通 199】

評　　価　　方　　法
(1)　**中期国債ファンド、MMF（マネー・マネージメント・ファンド）等の日々決算型の証券投資信託の受益証券** 課税時期において解約請求又は買取請求（以下「解約請求等」といいます。）により、証券会社等（金融商品取引業者）から支払いを受けることができる価額として、次の算式により計算した金額によって評価します。 １口当たりの基準価額×口数＋再投資されていない未収分配金（A）－Aにつき源泉徴収されるべき所得税の額に相当する金額－信託財産留保額及び解約手数料（消費税額に相当する額を含みます。）
(2)　**上記(1)以外の証券投資信託の受益証券** 課税時期において解約請求等により、証券会社等（金融商品取引業者）から支払いを受けることができる価額として、次の算式により計算した金額によって評価します。この場合において、例えば、１万口当たりの基準価額が公表されているものについては、次の算式の「課税時期の１口当たりの基準価額」を「課税時期の１万口当たりの基準価額」と、「口数」を「口数を１万で除して求めた数」と読み替えて計算した金額とします。 なお、課税時期の基準価額がない場合には、課税時期前の基準価額のうち、課税時期に最も近い日の基準価額を課税時期の基準価額として計算します。 課税時期の１口当たりの基準価額×口数－課税時期において解約請求等した場合に源泉徴収されるべき所得税の額に相当する金額－信託財産留保額及び解約手数料（消費税額に相当する額を含みます。）

（注）　金融商品取引所に上場されている証券投資信託の受益証券については、第１章第２節の１《上場株式》の(1)《評価の原則》から(3)《最終価格の月平均額の特例》までの定めに準じて評価します。また、証券投資信託証券に係る金銭分配期待権の価額は、第２章第１節の２の《配当期待権》の評価に準じて評価します。

7　受益証券発行信託証券等の評価【評価通達 213-2】

評　　　価　　　方　　　法
上場されている受益証券発行信託の受益証券については、上場株式と同様に、金融商品取引所において取引され、日々の取引価格及び最終価格の月平均額が公表されていること、上場株式における権利落又は配当落に相当する事象が生じることから、第1章第2節の1《上場株式》に準じて評価することとします。 また、株式に係る配当期待権に相当する受益証券発行信託における金銭分配期待権については、第2章第1節の2《株式に関する権利の評価》の「配当期待権」に準じて評価することとします。 ※「受益証券発行信託」とは、1又は2以上の受益権を表示する証券（受益証券）を発行する旨の定めがある信託をいいます（信託法185①）。

8　個人向け国債の評価

評　　　価　　　方　　　法
個人向け国債は、課税時期において中途換金した場合に取扱機関から支払いを受けることができる価額により評価します。 具体的には、次に掲げる算式により計算した金額によって評価します。 （算式）額面金額＋経過利子相当額－中途換金調整額

取引相場のない株式（出資）の評価明細書の記載方法等

取引相場のない株式（出資）の評価明細書は、相続、遺贈又は贈与により取得した取引相場のない株式及び持分会社の出資等並びにこれらに関する権利の価額を評価するために使用します。

なお、この明細書は、第１表の１及び第１表の２で納税義務者である株主の態様の判定及び評価会社の規模（Ｌの割合）の判定を行い、また、第１表の１、第１表の２、第４表及び第５表に基づいて第２表を作成し、特定の評価会社に該当するかどうかの判定を行い、判定結果に応じて、第３表以下又は第６表以下を記載し作成します。

(注) １　各欄の金額の記載に当たっては、上記に定めるもののほか、次のことに留意してください。

⑴　各欄の金額のうち、他の欄から転記するものについては、転記元の金額をそのまま記載します。

⑵　各欄の金額のうち、各表の記載方法等において、表示単位未満の端数を切り捨てることにより０となる場合に、次のイ又はロ（各表の記載方法等には、これらを区分して表記しています。）により記載することとされているものについては、当該端数を切り捨てず、分数により記載します。ただし、納税義務者の選択により、当該金額については、小数により記載することができます。

当該金額を小数により記載する場合には、小数点以下の金額のうち、次のイ又はロの区分に応じ、それぞれイ又はロに掲げる株式数の桁数に相当する数の位未満の端数を切り捨てたものを当該各欄に記載します（端数処理の例参照）。

イ　分数等（課税時期基準）

課税時期現在の発行済株式数（第１表の１の「１．株主及び評価方式の判定」の「評価会社の発行済株式又は議決権の総数」欄の①の株式数（評価会社が課税時期において自己株式を有する場合には、その自己株式の数を控除したもの）をいいます。）

ロ　分数等（直前期末基準）

直前期末の発行済株式数（第４表の「１．１株当たりの資本金等の額等の計算」の「直前期末の発行済株式数」欄の②の株式数（評価会社が直前期末において自己株式を有する場合には、その自己株式の数を控除したもの）をいいます。）

（端数処理の例）第４表の④の金額を計算する場合

	直前期末の資本金等の額	直前期末の発行済株式数	直前期末の自己株式数	１株当たりの資本金等の額（①÷（②−③））
１．１株当たりの資本金等の額等の計算	①　千円 3,000	②　株 4,500,000	③　株 0	④　円 0.6666666

④の金額の計算　3,000千円　÷（4,500,000株－０株）＝ 0.6666666 66……

この場合、発行済株式数（②－③ ＝ 4,500,000 株）が７桁であるため、その桁数（小数点以下７位）未満の端数を切り捨てた金額を④の金額として記載します。

２　評価会社が一般の評価会社（特定の評価会社に該当しない会社をいいます。）である場合には、第６表以下を記載する必要はありません。

３　評価会社が「清算中の会社」に該当する場合には、適宜の様式により計算根拠等を示してください。

第１表の１　評価上の株主の判定及び会社規模の判定の明細書

１　この表は、評価上の株主の区分及び評価方式の判定に使用します。

評価会社が「開業前又は休業中の会社」に該当する場合には、「１．株主及び評価方式の判定」欄及び「２．少数株式所有者の評価方式の判定」欄を記載する必要はありません。

なお、この表のそれぞれの「判定基準」欄及び「判定」欄は、該当する文字を○で囲んで表示します。

２　「**事業内容**」の各欄は、次により記載します。

(1)　「**取扱品目及び製造、卸売、小売等の区分**」欄には、評価会社の事業内容を具体的に記載します。

(2)　「**業種目番号**」欄には、別に定める類似業種比準価額計算上の業種目の番号を記載します（類似業種比準価額を計算しない場合は省略しても差し支えありません。）。

(3)　「**取引金額の構成比**」欄には、評価会社の取引金額全体に占める事業別の構成比を記載します。

(注)「取引金額」は直前期末以前１年間における評価会社の目的とする事業に係る収入金額（金融業・証券業については収入利息及び収入手数料）をいいます。

３　「**１．株主及び評価方式の判定**」の「**判定要素（課税時期現在の株式等の所有状況）**」の各欄は、次により記載します。

(1)　「**氏名又は名称**」欄には、納税義務者が同族株主等の原則的評価方式等（配当還元方式以外の評価方式をいいます。）を適用する株主に該当するかどうかを判定するために必要な納税義務者の属する同族関係者グループ（株主の１人とその同族関係者のグループをいいます。）の株主の氏名又は名称を記載します。

この場合における同族関係者とは、株主の１人とその配偶者、６親等内の血族及び３親等内の姻族等をいいます（88ページの付表を参照）。

(2)　「**続柄**」欄には、納税義務者との続柄を記載します。

(3)　「**会社における役職名**」欄には、課税時期又は法定申告期限における役職名を、社長、代表取締役、副社長、専務、常務、会計参与、監査役等と具体的に記載します。

(4)　「**㋑　株式数（株式の種類）**」の各欄には、相続、遺贈又は贈与による取得後の株式数を記載します（評価会社が会社法第108条第１項に掲げる事項について内容の異なる２以上の種類の株式（以下「種類株式」といいます。）を発行している場合には、次の(5)のニにより記載します。なお、評価会社が種類株式を発行していない場合には、株式の種類（「普通株式」）の記載を省略しても差し支えありません。）。

「**㋺　議決権数**」の各欄には、各株式数に応じた議決権数（個）を記載します（議決権数は㋑株式数÷１単元の株式数により計算し、１単元の株式数に満たない株式に係る議決権数は切り捨てて記載します。なお、会社法第188条に規定する単元株制度を採用していない会社は、１株式＝１議決権となります。）。

「**㋩　議決権割合（㋺／④）**」の各欄には、評価会社の議決権の総数（④欄の議決権の総数）に占める議決権数（それぞれの株主の㋺欄の議決権数）の割合を１％未満の端数を切り捨てて記載します（「納税義務者の属する同族関係者グループの議決権の合計数（⑤（②／④））」欄及び「筆頭株主グループの議決権の合計数（⑥（③／④））」欄は、各欄において、１％未満の端数を切り捨てて記載します。なお、これらの割合が50％超から51％未満までの範囲内にある場合には、１％未満の端数を切り上げて「51％」と記載します。）。

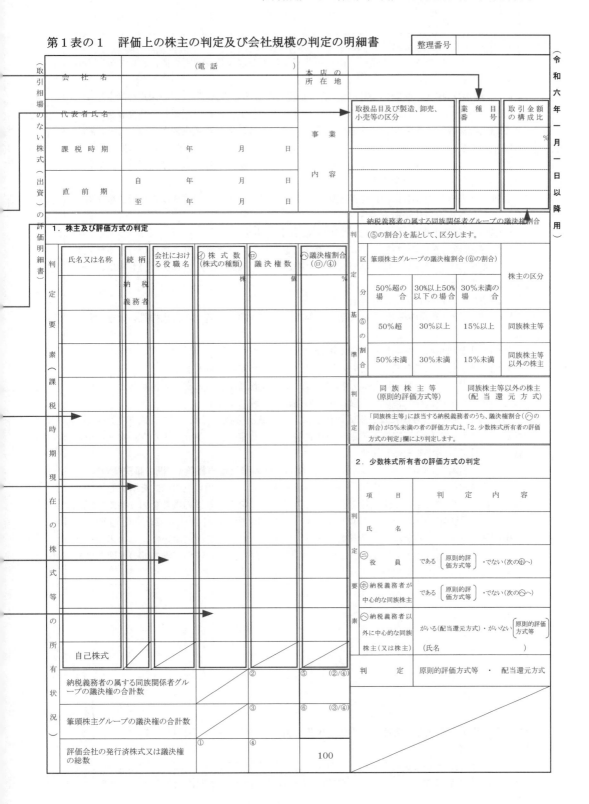

第１表の１　評価上の株主の判定及び会社規模の判定の明細書

整理番号	

（取引相場のない株式（出資）の評価明細書）

（令和六年一月一日以降用）

会社名	（電話　　　）	本店の所在地			
代表者氏名		事業内容	取扱品目及び製造、卸売、小売等の区分	業種目番号	取引金額の構成比
課税時期	年　月　日				%
直前期	自　年　月　日 至　年　月　日				

1．株主及び評価方式の判定

判定要素（課税時期現在の株式等の所有状況）

氏名又は名称	続柄	会社における役職名	㋑株式数（株式の種類）	㋺議決権数	㋩議決権割合（㋺/④）
	納税義務者		株	個	%
自己株式					

納税義務者の属する同族関係者グループの議決権の合計数		②	⑤（②/④）
筆頭株主グループの議決権の合計数		③	⑥（③/④）
評価会社の発行済株式又は議決権の総数	①	④	100

判定基準

納税義務者の属する同族関係者グループの議決権割合（⑤の割合）を基として、区分します。

区分	筆頭株主グループの議決権割合（⑥の割合）			株主の区分
	50%超の場合	30%以上50%以下の場合	30%未満の場合	
⑤の割合	50%超	30%以上	15%以上	同族株主等
	50%未満	30%未満	15%未満	同族株主等以外の株主

判定

同族株主等（原則的評価方式等）	同族株主等以外の株主（配当還元方式）

「同族株主等」に該当する納税義務者のうち、議決権割合（㋩の割合）が5%未満の者の評価方式は、「2. 少数株式所有者の評価方式の判定」欄により判定します。

2．少数株式所有者の評価方式の判定

判定要素

項目	判定内容
氏名	
㋥ 役員	である（原則的評価方式等）・でない（次の㋭へ）
㋭ 納税義務者が中心的な同族株主	である（原則的評価方式等）・でない（次の㋬へ）
㋬ 納税義務者以外に中心的な同族株主（又は株主）	がいる（配当還元方式）・がいない（原則的評価方式等） （氏名　　　）
判定	原則的評価方式等　・　配当還元方式

(5)　次に掲げる場合には、それぞれ次によります。

イ　相続税の申告書を提出する際に、株式が共同相続人及び包括受遺者の間において分割されていない場合

「㋑　株式数(株式の種類)」欄には、納税義務者が有する株式(未分割の株式を除きます。)の株式数の上部に、未分割の株式の株式数を㊟と表示の上、外書で記載し、納税義務者が有する株式の株式数に未分割の株式の株式数を加算した数に応じた議決権数を「㋺　議決権数」に記載します。また、「納税義務者の属する同族関係者グループの議決権の合計数 (⑤ (②／④))」欄には、納税義務者の属する同族関係者グループが有する実際の議決権数（未分割の株式に応じた議決権数を含みます。）を記載します。

ロ　評価会社の株主のうちに会社法第308条第1項の規定によりその株式につき議決権を有しないこととされる会社がある場合

「氏名又は名称」欄には、その会社の名称を記載します。

「㋑　株式数（株式の種類）」欄には、議決権を有しないこととされる会社が有する株式数を㊮と表示の上、記載し、「㋺　議決権数」欄及び「㋩　議決権割合（㋺／④)」欄は、「－」で表示します。

ハ　評価会社が自己株式を有する場合

「㋑　株式数（株式の種類)」欄に会社法第113条第4項に規定する自己株式の数を記載します。

ニ　評価会社が種類株式を発行している場合

評価会社が種類株式を発行している場合には、次のとおり記載します。

「㋑　株式数（株式の種類)」欄の各欄には、納税義務者が有する株式の種類ごとに記載するものとし、上段に株式数を、下段に株式の種類を記載します。

「㋺　議決権数」の各欄には、株式の種類に応じた議決権数を記載します (議決権数は㋑株式数÷その株式の種類に応じた1単元の株式数により算定し、1単元に満たない株式に係る議決権数は切り捨てて記載します。)。

「㋩　議決権割合 (㋺／④)」の各欄には、評価会社の議決権の総数 (④欄の議決権の総数) に占める議決権数（それぞれの株主の㋺欄の議決権数で、2種類以上の株式を所有している場合には、各株式に係る議決権数を合計した数）の割合を1％未満の端数を切り捨てて記載します (「納税義務者の属する同族関係者グループの議決権の合計数（⑤（②／④))」欄及び「筆頭株主グループの議決権の合計数（⑥（③／④))」欄は、各欄において、1％未満の端数を切り捨てて記載します。なお、これらの割合が50％超から51％未満までの範囲内にある場合には、1％未満の端数を切り上げて「51％」と記載します。)。

4　「**1．株主及び評価方式の判定**」の「**判定基準**」欄及び「**判定**」欄の各欄は、該当する文字を○で囲んで表示します。

なお、「判定」欄において、「同族株主等」に該当した納税義務者のうち、議決権割合 (㋩の割合) が5％未満である者については、「**2．少数株式所有者の評価方式の判定**」欄により評価方式の判定を行います。

また、評価会社の株主のうち中小企業投資育成会社がある場合は、財産評価基本通達188-6《投資育成会社が株主である場合の同族株主等》の定めがありますので、留意してください。

（取引相場のない株式（出資）の評価明細書）

第１表の１　評価上の株主の判定及び会社規模の判定の明細書

整理番号	

（令和六年一月一日以降用）

会社名	（電話　　　）	本店の所在地			
代表者氏名		事業内容	取扱品目及び製造、卸売、小売等の区分	業種目番号	取引金額の構成比
課税時期	年　月　日				%
直前期	自　年　月　日 至　年　月　日				

1．株主及び評価方式の判定

判定要素（課税時期現在の株式等の所有状況）

氏名又は名称	続柄	会社における役職名	㋑株式数（株式の種類）	㋺議決権数	㋩議決権割合（㋺/④）
	納税義務者		株	個	%
自己株式					
納税義務者の属する同族関係者グループの議決権の合計数				②	⑤（②/④）
筆頭株主グループの議決権の合計数				③	⑥（③/④）
評価会社の発行済株式又は議決権の総数			①	④	100

判定基準

納税義務者の属する同族関係者グループの議決権割合（⑤の割合）を基として、区分します。

区分	筆頭株主グループの議決権割合（⑥の割合）			株主の区分
	50%超の場合	30%以上50%以下の場合	30%未満の場合	
⑤の割合	50%超	30%以上	15%以上	同族株主等
	50%未満	30%未満	15%未満	同族株主等以外の株主

判定

同族株主等（原則的評価方式等）	同族株主等以外の株主（配当還元方式）

「同族株主等」に該当する納税義務者のうち、議決権割合（㋩の割合）が5%未満の者の評価方式は、「2．少数株式所有者の評価方式の判定」欄により判定します。

2．少数株式所有者の評価方式の判定

判定要素

項目	判定内容
氏名	
㊁役員	である〔原則的評価方式等〕・でない（次の㋭へ）
㋭納税義務者が中心的な同族株主	である〔原則的評価方式等〕・でない（次の㋬へ）
㋬納税義務者以外に中心的な同族株主（又は株主）	がいる（配当還元方式）・がいない〔原則的評価方式等〕 （氏名　　　）
判定	原則的評価方式等　・　配当還元方式

5 「**2．少数株式所有者の評価方式の判定**」欄は、「判定要素」欄に掲げる項目の「[ニ]　役員」、「[ホ]　納税義務者が中心的な同族株主」及び「[ヘ]　納税義務者以外に中心的な同族株主（又は株主）」の順に次により判定を行い、それぞれの該当する文字を○で囲んで表示します（「判定内容」欄のかっこ内は、それぞれの項目の判定結果を表します。）。

なお、「役員」、「中心的な同族株主」及び「中心的な株主」については、88ページの付表「同族関係者の範囲等」を参照してください。

(1) 「[ニ]　**役員**」欄は、納税義務者が課税時期において評価会社の役員である場合及び課税時期の翌日から法定申告期限までに役員となった場合に「である」とし、その他の者については「でない」として判定します。

(2) 「[ホ]　**納税義務者が中心的な同族株主**」欄は、納税義務者が中心的な同族株主に該当するかどうかの判定に使用しますので、納税義務者が同族株主のいない会社（⑥の割合が30％未満の場合）の株主である場合には、この欄の判定は必要ありません。

(3) 「[ヘ]　**納税義務者以外に中心的な同族株主（又は株主）**」欄は、納税義務者以外の株主の中に中心的な同族株主（納税義務者が同族株主のいない会社の株主である場合には、中心的な株主）がいるかどうかを判定し、中心的な同族株主又は中心的な株主がいる場合には、下段の氏名欄にその中心的な同族株主又は中心的な株主のうち1人の氏名を記載します。

第１表の１　評価上の株主の判定及び会社規模の判定の明細書

（取引相場のない株式（出資）の評価明細書）

（令和六年一月一日以降用）

整理番号	

会社名	（電話　　）	本店の所在地	
代表者氏名		事業内容	
課税時期	年　月　日		
直前期	自　年　月　日 至　年　月　日		

取扱品目及び製造、卸売、小売等の区分	業種目番号	取引金額の構成比
		%

1．株主及び評価方式の判定

判定要素（課税時期現在の株式等の所有状況）

氏名又は名称	続柄	会社における役職名	㋑株式数（株式の種類）	㋺議決権数	㋩議決権割合（㋺/④）
	納税義務者		株	個	%
自己株式					
納税義務者の属する同族関係者グループの議決権の合計数				②	⑤（②/④）
筆頭株主グループの議決権の合計数				③	⑥（③/④）
評価会社の発行済株式又は議決権の総数			①	④	100

判定基準

納税義務者の属する同族関係者グループの議決権割合（⑤の割合）を基として、区分します。

区分	筆頭株主グループの議決権割合（⑥の割合）			株主の区分
	50％超の場合	30％以上50％以下の場合	30％未満の場合	
⑤の割合	50％超	30％以上	15％以上	同族株主等
⑤の割合	50％未満	30％未満	15％未満	同族株主等以外の株主

判定

同族株主等（原則的評価方式等）	同族株主等以外の株主（配当還元方式）

「同族株主等」に該当する納税義務者のうち、議決権割合（㋩の割合）が5％未満の者の評価方式は、「2．少数株式所有者の評価方式の判定」欄により判定します。

2．少数株式所有者の評価方式の判定

判定要素

項目	判定内容
氏名	
㊁役員	である〔原則的評価方式等〕・でない（次の㋭へ）
㋭納税義務者が中心的な同族株主	である〔原則的評価方式等〕・でない（次の㋬へ）
㋬納税義務者以外に中心的な同族株主（又は株主）	がいる（配当還元方式）・がいない〔原則的評価方式等〕 （氏名　　）
判定	原則的評価方式等　・　配当還元方式

第１表の２　評価上の株主の判定及び会社規模の判定の明細書(続)

1　「3．会社の規模（Ｌの割合）の判定」の「判定要素」の各欄は、次により記載します。

なお、評価会社が「開業前又は休業中の会社」に該当する場合及び「開業後３年未満の会社等」に該当する場合には、「3．　会社の規模（Ｌの割合）の判定」欄を記載する必要はありません。

(1)　「**直前期末の総資産価額（帳簿価額）**」欄には、直前期末における各資産の確定決算上の帳簿価額の合計額を記載します。

(注)　1　固定資産の減価償却累計額を間接法によって表示している場合には、各資産の帳簿価額の合計額から減価償却累計額を控除します。

2　売掛金、受取手形、貸付金等に対する貸倒引当金は控除しないことに留意してください。

3　前払費用、繰延資産、税効果会計の適用による繰延税金資産など、確定決算上の資産として計上されている資産は、帳簿価額の合計額に含めて記載します。

4　収用や特定の資産の買換え等の場合において、圧縮記帳引当金勘定に繰り入れた金額及び圧縮記帳積立金として積み立てた金額、並びに翌事業年度以降に代替資産等を取得する予定であることから特別勘定に繰り入れた金額は、帳簿価額の合計額から控除しないことに留意してください。

(2)　「**直前期末以前１年間における従業員数**」欄には、直前期末以前１年間においてその期間継続して評価会社に勤務していた従業員（就業規則等で定められた１週間当たりの労働時間が30時間未満である従業員を除きます。以下「継続勤務従業員」といいます。）の数に、直前期末以前１年間において評価会社に勤務していた従業員（継続勤務従業員を除きます。）のその１年間における労働時間の合計時間数を従業員１人当たり年間平均労働時間数（1,800時間）で除して求めた数を加算した数を記載します。

(注)　1　上記により計算した評価会社の従業員数が、例えば5.1人となる場合は従業員数「５人超」に、4.9人となる場合は従業員数「５人以下」に該当します。

2　従業員には、社長、理事長並びに法人税法施行令第71条《使用人兼務役員とされない役員》第１項第１号、第２号及び第４号に掲げる役員は含まないことに留意してください。

(3)　「**直前期末以前１年間の取引金額**」欄には、直前期の事業上の収入金額(売上高)を記載します。

この場合の事業上の収入金額とは、その会社の目的とする事業に係る収入金額（金融業・証券業については収入利息及び収入手数料）をいいます。

(注)　直前期の事業年度が１年未満であるときには、課税時期の直前期末以前１年間の実際の収入金額によることとなりますが、実際の収入金額を明確に区分することが困難な期間がある場合は、その期間の収入金額を月数あん分して求めた金額によっても差し支えありません。

(4)　評価会社が「**卸売業**」、「**小売・サービス業**」又は「**卸売業、小売・サービス業以外**」のいずれの業種に該当するかは、直前期末以前１年間の取引金額に基づいて判定し、その取引金額のうちに２以上の業種に係る取引金額が含まれている場合には、それらの取引金額のうち最も多い取引金額に係る業種によって判定します。

(5)　「**会社規模とＬの割合（中会社）の区分**」欄は、㋠欄の区分（「総資産価額（帳簿価額）」と「従業員数」とのいずれか下位の区分）と㋷欄（取引金額）の区分とのいずれか上位の区分により判定します。

(注)　大会社及びＬの割合が0.90の中会社の従業員数はいずれも「35人超」のため、この場合の㋠欄の区分は、「総資産価額（帳簿価額）」欄の区分によります。

第１表の２　評価上の株主の判定及び会社規模の判定の明細書（続）

会社名

（令和六年一月一日以降用）

（取引相場のない株式（出資）の評価明細書）

３．会社の規模（Ｌの割合）の判定

	項目	金額	項目	人数
判定要素	直前期末の総資産価額（帳簿価額）	千円	直前期末以前１年間における従業員数	人 〔従業員数の内訳〕 （継続勤務従業員数）（継続勤務従業員以外の従業員の労働時間の合計時間数） （　　人）＋（　　時間）／1,800時間
	直前期末以前１年間の取引金額	千円		

㋷　直前期末以前１年間における従業員数に応ずる区分	70人以上の会社は、大会社（㋠及び㋷は不要）
	70人未満の会社は、㋠及び㋷により判定

	㋠　直前期末の総資産価額（帳簿価額）及び直前期末以前１年間における従業員数に応ずる区分				㋷　直前期末以前１年間の取引金額に応ずる区分			会社規模とＬの割合（中会社）の区分	
	総資産価額（帳簿価額）			従業員数	取引金額				
	卸売業	小売・サービス業	卸売業、小売・サービス業以外		卸売業	小売・サービス業	卸売業、小売・サービス業以外		
判定基準	20億円以上	15億円以上	15億円以上	35人超	30億円以上	20億円以上	15億円以上	大会社	
	４億円以上 20億円未満	５億円以上 15億円未満	５億円以上 15億円未満	35人超	７億円以上 30億円未満	５億円以上 20億円未満	４億円以上 15億円未満	０．９０	中会社
	２億円以上 ４億円未満	2億5,000万円以上 ５億円未満	2億5,000万円以上 ５億円未満	20人超 35人以下	3億5,000万円以上 ７億円未満	2億5,000万円以上 ５億円未満	２億円以上 ４億円未満	０．７５	
	7,000万円以上 ２億円未満	4,000万円以上 2億5,000万円未満	5,000万円以上 2億5,000万円未満	５人超 20人以下	２億円以上 3億5,000万円未満	6,000万円以上 2億5,000万円未満	8,000万円以上 ２億円未満	０．６０	
	7,000万円未満	4,000万円未満	5,000万円未満	５人以下	２億円未満	6,000万円未満	8,000万円未満	小会社	

・「会社規模とＬの割合（中会社）の区分」欄は、㋠欄の区分（「総資産価額（帳簿価額）」と「従業員数」とのいずれか下位の区分）と㋷欄（取引金額）の区分とのいずれか上位の区分により判定します。

判定	大会社	中会社（Ｌの割合）			小会社	
		０．９０	０．７５	０．６０		

４．増（減）資の状況その他評価上の参考事項

2 **「4．増（減）資の状況その他評価上の参考事項」**欄には、次のような事項を記載します。

(1) 課税時期の直前期末以後における増（減）資に関する事項
例えば、増資については、次のように記載します。

増資年月日	令和○年○月○日
増資金額	○　○　○　千円
増資内容	1：0.5（1株当たりの払込金額50円、株主割当）
増資後の資本金額	○　○　○　千円

(2) 課税時期以前3年間における社名変更、増（減）資、事業年度の変更、合併及び転換社債型新株予約権付社債（財産評価基本通達197(4)に規定する転換社債型新株予約権付社債、以下「転換社債」といいます。）の発行状況に関する事項
(3) 種類株式に関する事項
例えば、種類株式の内容、発行年月日、発行株式数等を、次のように記載します。

種類株式の内容	議決権制限株式
発行年月日	令和○年○月○日
発行株式数	○○○○○株
発行価額	1株につき○○円（うち資本金に組み入れる金額○○円）
1単元の株式の数	○○○株
議決権	○○の事項を除き、株主総会において議決権を有しない。
転換条項	令和○年○月○日から令和○年○月○日までの間は株主からの請求により普通株式への転換可能（当初の転換価額は○○円）
償還条項	なし
残余財産の分配	普通株主に先立ち、1株につき○○円を支払う。

(4) 剰余金の配当の支払いに係る基準日及び効力発生日
(5) 剰余金の配当のうち、資本金等の額の減少に伴うものの金額
(6) その他評価上参考となる事項

第１表の２　評価上の株主の判定及び会社規模の判定の明細書（続）

会社名

（取引相場のない株式（出資）の評価明細書）

（令和六年一月一日以降用）

３．会社の規模（Ｌの割合）の判定

判定要素	項目	金額	項目	人数
	直前期末の総資産価額（帳簿価額）	千円	直前期末以前１年間における従業員数	人 〔従業員数の内訳〕 〔継続勤務従業員数〕〔継続勤務従業員以外の従業員の労働時間の合計時間数〕 （　人）＋（　時間）／1,800時間
	直前期末以前１年間の取引金額	千円		

判定基準		
㋭　直前期末以前１年間における従業員数に応ずる区分	70人以上の会社は、大会社（㋠及び㋷は不要）	
	70人未満の会社は、㋠及び㋷により判定	

㋠　直前期末の総資産価額（帳簿価額）及び直前期末以前１年間における従業員数に応ずる区分

㋷　直前期末以前１年間の取引金額に応ずる区分

総資産価額（帳簿価額）卸売業	総資産価額（帳簿価額）小売・サービス業	総資産価額（帳簿価額）卸売業、小売・サービス業以外	従業員数	取引金額 卸売業	取引金額 小売・サービス業	取引金額 卸売業、小売・サービス業以外	会社規模とＬの割合（中会社）の区分
20億円以上	15億円以上	15億円以上	35人超	30億円以上	20億円以上	15億円以上	大会社
４億円以上 20億円未満	５億円以上 15億円未満	５億円以上 15億円未満	35人超	７億円以上 30億円未満	５億円以上 20億円未満	４億円以上 15億円未満	中会社　0.90
２億円以上 ４億円未満	2億5,000万円以上 ５億円未満	2億5,000万円以上 ５億円未満	20人超 35人以下	3億5,000万円以上 ７億円未満	2億5,000万円以上 ５億円未満	２億円以上 ４億円未満	中会社　0.75
7,000万円以上 ２億円未満	4,000万円以上 2億5,000万円未満	5,000万円以上 2億5,000万円未満	５人超 20人以下	２億円以上 3億5,000万円未満	6,000万円以上 2億5,000万円未満	8,000万円以上 ２億円未満	中会社　0.60
7,000万円未満	4,000万円未満	5,000万円未満	５人以下	２億円未満	6,000万円未満	8,000万円未満	小会社

・「会社規模とＬの割合（中会社）の区分」欄は、㋠欄の区分（「総資産価額（帳簿価額）」と「従業員数」とのいずれか下位の区分）と㋷欄（取引金額）の区分とのいずれか上位の区分により判定します。

判定	大会社	中会社 Ｌの割合 0.90	中会社 Ｌの割合 0.75	中会社 Ｌの割合 0.60	小会社

４．増（減）資の状況その他評価上の参考事項

第２表　特定の評価会社の判定の明細書

1　この表は、評価会社が特定の評価会社に該当するかどうかの判定に使用します。

評価会社が特定の評価会社に明らかに該当しないものと認められる場合には、記載する必要はありません。また、配当還元方式を適用する株主について、原則的評価方式等の計算を省略する場合（原則的評価方式等により計算した価額が配当還元価額よりも高いと認められる場合）には、記載する必要はありません。

なお、この表のそれぞれの「判定基準」欄及び「判定」欄は、該当する文字を○で囲んで表示します。

2　「**1．比準要素数１の会社**」欄は、次により記載します。

なお、評価会社が「3．土地保有特定会社」から「6．清算中の会社」のいずれかに該当する場合には、記載する必要はありません。

(1)「**判定要素**」の「(1)　**直前期末を基とした判定要素**」及び「(2)　**直前々期末を基とした判定要素**」の各欄は、当該各欄が示している第４表の「2．比準要素等の金額の計算」の各欄の金額を記載します。

(2)「**判定基準**」欄は、「(1)　**直前期末を基とした判定要素**」欄の判定要素のいずれか２が０で、かつ、「(2)　**直前々期末を基とした判定要素**」欄の判定要素のいずれか２以上が０の場合に、「である（該当）」を○で囲んで表示します。

(注)「(1)　直前期末を基とした判定要素」欄の判定要素がいずれも０である場合は、「**4．開業後３年未満の会社等**」欄の「(2)　比準要素数０の会社」に該当することに留意してください。

3　「**2．株式等保有特定会社**」及び「**3．土地保有特定会社**」の「**総資産価額**」欄等には、課税時期における評価会社の各資産を財産評価基本通達（以下「評価基本通達」といいます。）の定めにより評価した金額（第５表の①の金額等）を記載します。

ただし、１株当たりの純資産価額（相続税評価額）の計算に当たって、第５表の記載方法等の２の(4)により直前期末における各資産及び各負債に基づいて計算を行っている場合には、当該直前期末において計算した第５表の当該各欄の金額により記載することになります（これらの場合、株式等保有特定会社及び土地保有特定会社の判定時期と純資産価額及び株式等保有特定会社のS_2の計算時期を同一とすることになりますから留意してください。）。

なお、「2．株式等保有特定会社」欄は、評価会社が「3．土地保有特定会社」から「6．清算中の会社」のいずれかに該当する場合には記載する必要はなく、「3．土地保有特定会社」欄は、評価会社が「4．開業後３年未満の会社等」から「6．清算中の会社」のいずれかに該当する場合には、記載する必要はありません。

(注)「2．株式等保有特定会社」の「株式保有割合」欄の③の割合及び「3．土地保有特定会社」の「土地保有割合」欄の⑥の割合は、１％未満の端数を切り捨てて記載します。

4　「**4．開業後３年未満の会社等**」の「(2)　**比準要素数０の会社**」の「**判定要素**」の「**直前期末を基とした判定要素**」の各欄は、当該各欄が示している第４表の「2．比準要素等の金額の計算」の各欄の金額（第２表の「**1．比準要素数１の会社**」の「**判定要素**」の「(1)　**直前期末を基とした判定要素**」の各欄の金額と同一となります。）を記載します。

なお、評価会社が「(1)　開業後３年未満の会社」に該当する場合には、「(2)　比準要素数０の会社」の各欄は記載する必要はありません。

また、評価会社が「5．開業前又は休業中の会社」又は「6．清算中の会社」に該当する場合には、「4．開業後３年未満の会社等」の各欄は、記載する必要はありません。

5　「**5．開業前又は休業中の会社**」の各欄は、評価会社が「6．清算中の会社」に該当する場合には、記載する必要はありません。

第２表　特定の評価会社の判定の明細書

会社名

（取引相場のない株式（出資）の評価明細書）

（令和六年一月一日以降用）

	判定要素						判定基準	
	（1）直前期末を基とした判定要素			（2）直前々期末を基とした判定要素				
1．比準要素数１の会社	第４表のⒷ₁の金額	第４表のⒸ₁の金額	第４表のⒹ₁の金額	第４表のⒷ₂の金額	第４表のⒸ₂の金額	第４表のⒹ₂の金額	⑴欄のいずれか２の判定要素が０であり、かつ、⑵欄のいずれか２以上の判定要素が０ である（該当）・でない（非該当）	
	円　銭 0	円	円	円　銭 0	円	円	判定	該当　　非該当

	判定要素			判定基準		
2．株式等保有特定会社	総資産価額（第５表の①の金額）	株式等の価額の合計額（第５表の㋑の金額）	株式等保有割合（②／①）		③の割合が50%以上である	③の割合が50%未満である
	①　千円	②　千円	③　%	判定	該当	非該当

	判定要素									
3．土地保有特定会社	総資産価額（第５表の①の金額）		土地等の価額の合計額（第５表の㋩の金額）		土地保有割合（⑤／④）		会社の規模の判定（該当する文字を○で囲んで表示します。）			
	④　千円		⑤　千円		⑥　%		大会社・中会社・小会社			
	判定基準	会社の規模	大会社		中会社		小会社（総資産価額（帳簿価額）が次の基準に該当する会社）			
							・卸売業　20億円以上 ・小売・サービス業　15億円以上 ・上記以外の業種　15億円以上		・卸売業　7,000万円以上20億円未満 ・小売・サービス業　4,000万円以上15億円未満 ・上記以外の業種　5,000万円以上15億円未満	
		⑥の割合	70%以上	70%未満	90%以上	90%未満	70%以上	70%未満	90%以上	90%未満
	判定		該当	非該当	該当	非該当	該当	非該当	該当	非該当

4．開業後３年未満の会社等						
⑴開業後３年未満の会社	判定要素		判定基準	課税時期において開業後３年未満である	課税時期において開業後３年未満でない	
	開業年月日	年　月　日	判定	該当	非該当	
⑵比準要素数０の会社	判定要素	直前期末を基とした判定要素			判定基準	直前期末を基とした判定要素がいずれも0 である（該当）・でない（非該当）
		第４表のⒷ₁の金額	第４表のⒸ₁の金額	第４表のⒹ₁の金額		
		円　銭 0	円	円	判定	該当　　非該当

5．開業前又は休業中の会社	開業前の会社の判定		休業中の会社の判定		6．清算中の会社	判定	
	該当	非該当	該当	非該当		該当	非該当

7．特定の評価会社の判定結果	
	1．比準要素数１の会社　　2．株式等保有特定会社 3．土地保有特定会社　　4．開業後３年未満の会社等 5．開業前又は休業中の会社　　6．清算中の会社 （該当する番号を○で囲んでください。なお、上記の「1．比準要素数１の会社」欄から「6．清算中の会社」欄の判定において２以上に該当する場合には、後の番号の判定によります。）

第３表　一般の評価会社の株式及び株式に関する権利の価額の計算明細書

1　この表は、一般の評価会社の株式及び株式に関する権利の評価に使用します（特定の評価会社の株式及び株式に関する権利の評価については、「第６表　特定の評価会社の株式及び株式に関する権利の価額の計算明細書」を使用します。）。

2　「**１．原則的評価方式による価額**」の各欄は、次により記載します。

⑴　「**１株当たりの価額の計算**」欄の⑤及び⑥の各金額について、表示単位未満の端数を切り捨てることにより０となる場合は、分数等（課税時期基準）により記載します。

⑵　「**株式の価額の修正**」の各欄は、次により記載します。

イ　「**課税時期において配当期待権の発生している場合**」欄の⑦及び「**課税時期において株式の割当てを受ける権利、株主となる権利又は株式無償交付期待権の発生している場合**」欄の⑧の各金額について、表示単位未満の端数を切り捨てることにより０となる場合は、分数等（課税時期基準）により記載します。

ロ　「１株当たりの割当株式数」及び「１株当たりの割当株式数又は交付株式数」は、１株未満の株式数を切り捨てずに実際の株式数を記載します。

3　「**２．配当還元方式による価額**」欄は、第１表の１の「１．株主及び評価方式の判定」欄又は「２．少数株式所有者の評価方式の判定」欄の判定により納税義務者が配当還元方式を適用する株主に該当する場合に、次により記載します。

⑴　「**１株当たりの資本金等の額、発行済株式数等**」の各欄は、次により記載します。

イ　「直前期末の資本金等の額」欄の⑨の金額は、法人税申告書別表五（一）利益積立金額及び資本金等の額の計算に関する明細書））（以下「別表五（一）」といいます。）の「差引翌期首現在資本金等の額」の「差引合計額」欄の金額を記載します。

ロ　「１株当たりの資本金等の額」欄の⑬の金額について、表示単位未満の端数を切り捨てることにより０となる場合は、分数等（直前期末基準）により記載します。

⑵　「**直前期末以前２年間の配当金額**」欄は、評価会社の年配当金額の総額を基に、第４表の記載方法等の３の⑴に準じて記載します。

⑶　「**配当還元価額**」の各欄は、次により記載します。

イ　⑲の金額について、表示単位未満の端数を切り捨てることにより０となる場合は、分数等（直前期末基準）により記載します。

ロ　⑳の金額の記載に当たっては、原則的評価方式により計算した価額が配当還元価額よりも高いと認められる場合には、「１．原則的評価方式による価額」欄の計算を省略しても差し支えありません

（取引相場のない株式（出資）の評価明細書）

（令和六年一月一日以降用）

第３表　一般の評価会社の株式及び株式に関する権利の価額の計算明細書　会社名

１．原則的評価方式による価額

1株当たりの価額の計算の基となる金額	類似業種比準価額（第4表の㉖、㉗又は㉘の金額）	1株当たりの純資産価額（第5表の⑪の金額）	1株当たりの純資産価額の80%相当額（第5表の⑫の記載がある場合のその金額）
	①　円	②　円	③　円

1株当たりの価額の計算	区分	1株当たりの価額の算定方法	1株当たりの価額
	大会社の株式の価額	次のうちいずれか低い方の金額（②の記載がないときは①の金額） イ　①の金額 ロ　②の金額	④　円
	中会社の株式の価額	（①と②とのいずれか低い方の金額 × Lの割合 0.）＋（②の金額（③の金額があるときは③の金額）×（1－Lの割合 0.））	⑤　円
	小会社の株式の価額	次のうちいずれか低い方の金額 イ　②の金額（③の金額があるときは③の金額） ロ　（①の金額 × 0.50）＋（イの金額 × 0.50）	⑥　円

株式の価額の修正			修正後の株式の価額
	課税時期において配当期待権の発生している場合	株式の価額［④、⑤又は⑥の金額］－ 1株当たりの配当金額　円　銭	⑦　円
	課税時期において株式の割当てを受ける権利、株主となる権利又は株式無償交付期待権の発生している場合	株式の価額［④、⑤又は⑥（⑦があるときは⑦）の金額］＋ 割当株式1株当たりの払込金額　円 × 1株当たりの割当株式数　株 ）÷（1株＋ 1株当たりの割当株式数又は交付株式数　株）	⑧　円

２．配当還元方式による価額

1株当たりの資本金等の額、発行済株式数等	直前期末の資本金等の額	直前期末の発行済株式数	直前期末の自己株式数	1株当たりの資本金等の額を50円とした場合の発行済株式数（⑨÷50円）	1株当たりの資本金等の額（⑨÷（⑩－⑪））
	⑨　千円	⑩　株	⑪　株	⑫　株	⑬　円

直前期末以前2年間の配当金額	事業年度	⑭ 年配当金額	⑮ 左のうち非経常的な配当金額	⑯ 差引経常的な年配当金額（⑭－⑮）	年平均配当金額
	直前期	千円	千円	㋑　千円	⑰（㋑＋㋺）÷２　千円
	直前々期	千円	千円	㋺　千円	

1株（50円）当たりの年配当金額	年平均配当金額（⑰の金額）÷ ⑫の株式数 ＝ ⑱　円　銭	（この金額が2円50銭未満の場合は2円50銭とします。）
配当還元価額	⑱の金額／10% × ⑬の金額／50円 ＝ ⑲　円	⑳　円（⑲の金額が、原則的評価方式により計算した価額を超える場合には、原則的評価方式により計算した価額とします。）

３．株式に関する権利の価額（１．及び２．に共通）

配当期待権	1株当たりの予想配当金額（　円　銭）－ 源泉徴収されるべき所得税相当額（　円　銭）	㉑　円　銭	**4．株式及び株式に関する権利の価額**（１．及び２．に共通）
株式の割当てを受ける権利（割当株式1株当たりの価額）	⑧（配当還元方式の場合は⑳）の金額 － 割当株式1株当たりの払込金額　円	㉒　円	株式の評価額　円
株主となる権利（割当株式1株当たりの価額）	⑧（配当還元方式の場合は⑳）の金額（課税時期後にその株主となる権利につき払い込むべき金額があるときは、その金額を控除した金額）	㉓　円	株式に関する権利の評価額　円（円　銭）
株式無償交付期待権（交付される株式1株当たりの価額）	⑧（配当還元方式の場合は⑳）の金額	㉔　円	

4 「**3．株式に関する権利の価額**」欄の㉒及び㉓の各金額について、表示単位未満の端数を切り捨てることにより0となる場合は、分数等（課税時期基準）により記載します。

5 「**4．株式及び株式に関する権利の価額**」の各欄は、次により記載します。

⑴ 「**株式の評価額**」欄には、「①」欄から「⑳」欄までにより計算したその株式の価額を記載します。

⑵ 「**株式に関する権利の評価額**」欄には、「㉑」欄から「㉔」欄までにより計算した株式に関する権利の価額を記載します。
　なお、株式に関する権利が複数発生している場合には、それぞれの金額ごとに別に記載します（配当期待権の価額は、円単位で円未満2位（銭単位）により記載します。）。

第３表　一般の評価会社の株式及び株式に関する権利の価額の計算明細書　会社名

（取引相場のない株式（出資）の評価明細書）

（令和六年一月一日以降用）

１．原則的評価方式による価額

1株当たりの価額の計算の基となる金額	類似業種比準価額（第４表の㉖、㉗又は㉘の金額）	1株当たりの純資産価額（第５表の⑪の金額）	1株当たりの純資産価額の80％相当額（第５表の⑫の記載がある場合のその金額）
	①　　円	②　　円	③　　円

区分		1株当たりの価額の算定方法	1株当たりの価額
1株当たりの価額の計算	大会社の株式の価額	次のうちいずれか低い方の金額（②の記載がないときは①の金額） イ　①の金額 ロ　②の金額	④　　円
	中会社の株式の価額	（①と②とのいずれか低い方の金額 × Lの割合 0.　）＋（②の金額（③の金額があるときは③の金額） ×（1－Lの割合 0.　））	⑤　　円
	小会社の株式の価額	次のうちいずれか低い方の金額 イ　②の金額（③の金額があるときは③の金額） ロ　（①の金額 × 0.50）＋（イの金額 × 0.50）	⑥　　円

株式の価額の修正			修正後の株式の価額
	課税時期において配当期待権の発生している場合	株式の価額（④、⑤又は⑥の金額）－ 1株当たりの配当金額　円　銭	⑦　　円
	課税時期において株式の割当てを受ける権利、株主となる権利又は株式無償交付期待権の発生している場合	株式の価額（④、⑤又は⑥（⑦があるときは⑦）の金額）＋ 割当株式1株当たりの払込金額　円 × 1株当たりの割当株式数　株 ）÷（1株＋ 1株当たりの割当株式数又は交付株式数　株）	⑧　　円

２．配当還元方式による価額

1株当たりの資本金等の額、発行済株式数等	直前期末の資本金等の額	直前期末の発行済株式数	直前期末の自己株式数	1株当たりの資本金等の額を50円とした場合の発行済株式数（⑨÷50円）	1株当たりの資本金等の額（⑨÷（⑩－⑪））
	⑨　　千円	⑩　　株	⑪　　株	⑫　　株	⑬　　円

直前期末以前2年間の配当金額	事業年度	⑭ 年配当金額	⑮ 左のうち非経常的な配当金額	⑯ 差引経常的な年配当金額（⑭－⑮）	年平均配当金額
	直前期	千円	千円	㋑　　千円	⑰（㋑＋㋺）÷２　　千円
	直前々期	千円	千円	㋺　　千円	

1株（50円）当たりの年配当金額	年平均配当金額（⑰の金額）÷ ⑫の株式数 ＝ ⑱　　円　　銭	（この金額が2円50銭未満の場合は2円50銭とします。）
配当還元価額	⑱の金額／10% × ⑬の金額／50円 ＝ ⑲　　円	⑳　　円（⑲の金額が、原則的評価方式により計算した価額を超える場合には、原則的評価方式により計算した価額とします。）

３．株式に関する権利の価額（１．及び２．に共通）

配当期待権	1株当たりの予想配当金額（　円　銭）－ 源泉徴収されるべき所得税相当額（　円　銭）	㉑　　円　　銭	**４．株式及び株式に関する権利の価額**（１．及び２．に共通）
株式の割当てを受ける権利（割当株式1株当たりの価額）	⑧（配当還元方式の場合は⑳）の金額 － 割当株式1株当たりの払込金額　円	㉒　　円	株式の評価額　　円
株主となる権利（割当株式1株当たりの価額）	⑧（配当還元方式の場合は⑳）の金額（課税時期後にその株主となる権利につき払い込むべき金額があるときは、その金額を控除した金額）	㉓　　円	株式に関する権利の評価額　　円（円　銭）
株式無償交付期待権（交付される株式1株当たりの価額）	⑧（配当還元方式の場合は⑳）の金額	㉔　　円	

第４表　類似業種比準価額等の計算明細書

1　この表は、評価会社の「類似業種比準価額」の計算を行うために使用します。

2 「1．1株当たりの資本金等の額等の計算」の「1株当たりの資本金等の額」欄の④の金額について、表示単位未満の端数を切り捨てることにより0となる場合は、分数等（直前期末基準）により記載します。

3 「2．比準要素等の金額の計算」の各欄は、次により記載します。

(1) 「1株（50円）当たりの年配当金額」の「直前期末以前2（3）年間の年平均配当金額」欄は、評価会社の剰余金の配当金額を基に次により記載します。

イ 「⑥年配当金額」欄には、各事業年度中に配当金交付の効力が発生した剰余金の配当（資本金等の額の減少によるものを除きます。）の金額を記載します。

ロ 「⑦左のうち非経常的な配当金額」欄には、剰余金の配当金額の算定の基となった配当金額のうち、特別配当、記念配当等の名称による配当金額で、将来、毎期継続することが予想できない金額を記載します。

ハ 「直前期」欄の記載に当たって、1年未満の事業年度がある場合には、直前期末以前1年間に対応する期間に配当金交付の効力が発生した剰余金の配当金額の総額を記載します。

なお、「直前々期」及び「直前々期の前期」の各欄についても、これに準じて記載します。

(2) 「1株（50円）当たりの年配当金額」の「Ⓑ」欄は、「比準要素数1の会社・比準要素数0の会社の判定要素の金額」の「B_1」欄の金額を記載します。

第４表　類似業種比準価額等の計算明細書

会社名

（取引相場のない株式（出資）の評価明細書）

（令和六年一月一日以降用）

１．１株当たりの資本金等の額等の計算	直前期末の資本金等の額	直前期末の発行済株式数	直前期末の自己株式数	１株当たりの資本金等の額（①÷（②−③））	１株当たりの資本金等の額を50円とした場合の発行済株式数（①÷50円）
	①　千円	②　株	③　株	④　円	⑤　株

２．比準要素等の金額の計算

１株（50円）当たりの年配当金額

直前期末以前２（３）年間の年平均配当金額				
事業年度	⑥ 年配当金額	⑦ 左のうち非経常的な配当金額	⑧ 差引経常的な年配当金額（⑥−⑦）	年平均配当金額
直前期	千円	千円	㋑　千円	⑨（㋑＋㋺）÷２　千円
直前々期	千円	千円	㋺　千円	
直前々期の前期	千円	千円	㋩　千円	⑩（㋺＋㋩）÷２　千円

比準要素数１の会社・比準要素数０の会社の判定要素の金額	
⑨／⑤	Ⓑ1　円　銭 0
⑩／⑤	Ⓑ2　円　銭 0
１株（50円）当たりの年配当金額（Ⓑ1の金額）	
Ⓑ　円　銭	

１株（50円）当たりの年利益金額

直前期末以前２（３）年間の利益金額						
事業年度	⑪法人税の課税所得金額	⑫非経常的な利益金額	⑬受取配当等の益金不算入額	⑭左の所得税額	⑮損金算入した繰越欠損金の控除額	⑯差引利益金額（⑪−⑫＋⑬−⑭＋⑮）
直前期	千円	千円	千円	千円	千円	㋥　千円
直前々期	千円	千円	千円	千円	千円	㋭　千円
直前々期の前期	千円	千円	千円	千円	千円	㋬　千円

比準要素数１の会社・比準要素数０の会社の判定要素の金額	
㋥／⑤ 又は （㋥＋㋭）÷２／⑤	Ⓒ1　円
㋭／⑤ 又は （㋭＋㋬）÷２／⑤	Ⓒ2　円
１株（50円）当たりの年利益金額〔㋥／⑤ 又は （㋥＋㋭）÷２／⑤ の金額〕	
Ⓒ　円	

１株（50円）当たりの純資産価額

直前期末（直前々期末）の純資産価額			
事業年度	⑰ 資本金等の額	⑱ 利益積立金額	⑲ 純資産価額（⑰＋⑱）
直前期	千円	千円	㋣　千円
直前々期	千円	千円	㋠　千円

比準要素数１の会社・比準要素数０の会社の判定要素の金額	
㋣／⑤	Ⓓ1　円
㋠／⑤	Ⓓ2　円
１株（50円）当たりの純資産価額（Ⓓ1の金額）	
Ⓓ　円	

３．類似業種比準価額の計算

１株（50円）当たりの比準価額の計算

類似業種と業種目番号		(No.　　)
類似業種の株価	課税時期の属する月　月	㋷　円
	課税時期の属する月の前月　月	㋦　円
	課税時期の属する月の前々月　月	㋸　円
	前年平均株価	㋾　円
	課税時期の属する月以前２年間の平均株価	㋻　円
	A〔㋷、㋦、㋸、㋾及び㋻のうち最も低いもの〕	⑳　円

比準割合の計算 区分	１株（50円）当たりの年配当金額	１株（50円）当たりの年利益金額	１株（50円）当たりの純資産価額	１株（50円）当たりの比準価額
評価会社	Ⓑ　円　銭 0	Ⓒ　円	Ⓓ　円	⑳ × ㉑ × 0.7※
類似業種	B　円　銭 0	C　円	D　円	※（中会社は0.6、小会社は0.5とします。）
要素別比準割合	Ⓑ／B　．	Ⓒ／C　．	Ⓓ／D　．	
比準割合	（Ⓑ／B ＋ Ⓒ／C ＋ Ⓓ／D）／３ ＝ ㉑　．			㉒　円　銭 0

類似業種と業種目番号		(No.　　)
類似業種の株価	課税時期の属する月　月	㋕　円
	課税時期の属する月の前月　月	㋵　円
	課税時期の属する月の前々月　月	㋟　円
	前年平均株価	㋹　円
	課税時期の属する月以前２年間の平均株価	㋞　円
	A〔㋕、㋵、㋟、㋹及び㋞のうち最も低いもの〕	㉓　円

比準割合の計算 区分	１株（50円）当たりの年配当金額	１株（50円）当たりの年利益金額	１株（50円）当たりの純資産価額	１株（50円）当たりの比準価額
評価会社	Ⓑ　円　銭 0	Ⓒ　円	Ⓓ　円	㉓ × ㉔ × 0.7※
類似業種	B　円　銭 0	C　円	D　円	※（中会社は0.6、小会社は0.5とします。）
要素別比準割合	Ⓑ／B　．	Ⓒ／C　．	Ⓓ／D　．	
比準割合	（Ⓑ／B ＋ Ⓒ／C ＋ Ⓓ／D）／３ ＝ ㉔　．			㉕　円　銭 0

１株当たりの比準価額	比準価額（㉒と㉕とのいずれか低い方の金額） × ④の金額／50円	㉖　円

比準価額の修正		
直前期末の翌日から課税時期までの間に配当金交付の効力が発生した場合	比準価額（㉖の金額） − １株当たりの配当金額　円　銭	修正比準価額　㉗　円
直前期末の翌日から課税時期までの間に株式の割当て等の効力が発生した場合	比準価額（㉖（㉗がある ときは㉗）の金額） ＋ 割当株式１株当たりの払込金額　円　銭 × １株当たりの割当株式数　株） ÷ （１株＋ １株当たりの割当株式数又は交付株式数　株）	修正比準価額　㉘　円

(3)「**1株（50円）当たりの年利益金額**」の「**直前期末以前2（3）年間の利益金額**」欄は、次により記載します。
イ「⑫非経常的な利益金額」欄には、固定資産売却益、保険差益等の非経常的な利益の金額を記載します。この場合、非経常的な利益の金額は、非経常的な損失の金額を控除した金額(負数の場合は0）とします。
ロ「直前期」欄の記載に当たって、1年未満の事業年度がある場合には、直前期末以前1年間に対応する期間の利益の金額を記載します。この場合、実際の事業年度に係る利益の金額をあん分する必要があるときは、月数により行います。
なお、「直前々期」及び「直前々期の前期」の各欄についても、これに準じて記載します。

(4)「**1株（50円）当たりの年利益金額**」の「**比準要素数1の会社・比準要素数0の会社の判定要素の金額**」の「[C1]」欄及び「[C2]」欄は、それぞれ次により記載します。
イ「[C1]」欄は、㋥の金額（ただし、納税義務者の選択により、㋥の金額と㋭の金額との平均額によることができます。）を⑤の株式数で除した金額を記載します。
ロ「[C2]」欄は、㋭の金額（ただし、納税義務者の選択により、㋭の金額と㋬の金額との平均額によることができます。）を⑤の株式数で除した金額を記載します。
（注）1　[C1]又は[C2]の金額が負数のときは、0とします。
　　2「直前々期の前期」の各欄は、上記のロの計算において、㋭の金額と㋬の金額との平均額によらない場合には記載する必要はありません。

(5)「**1株（50円）当たりの年利益金額**」の「Ⓒ」欄には、㋥の金額を⑤の株式数で除した金額を記載します。ただし、納税義務者の選択により、直前期末以前2年間における利益金額を基として計算した金額（(㋥＋㋭)÷2）を⑤の株式数で除した金額をⒸの金額とすることができます。
（注）Ⓒの金額が負数のときは、0とします。

(6)「**1株（50円）当たりの純資産価額**」の「**直前期末（直前々期末）の純資産価額**」の「**⑰　資本金等の額**」欄は、第3表の記載方法等の3の(1)に基づき記載します。また、「**⑱　利益積立金額**」欄には、別表五（一）の「差引翌期首現在利益積立金額」の「差引合計額」欄の金額を記載します。

(7)「**1株（50円）当たりの純資産価額**」の「**比準要素数1の会社・比準要素数0の会社の判定要素の金額**」の「[D1]」欄及び「[D2]」欄は、それぞれ㋣及び㋠の金額を⑤の株式数で除した金額を記載します。
（注）[D1]及び[D2]の金額が負数のときは、0とします。

(8)「**1株（50円）当たりの純資産価額**」の「Ⓓ」欄は、「**比準要素数1の会社・比準要素数0の会社の判定要素の金額**」の「[D1]」欄の金額を記載します。

第４表　類似業種比準価額等の計算明細書

会社名

（取引相場のない株式（出資）の評価明細書）　（令和六年一月一日以降用）

1．1株当たりの資本金等の額等の計算	直前期末の資本金等の額	直前期末の発行済株式数	直前期末の自己株式数	1株当たりの資本金等の額（①÷（②−③））	1株当たりの資本金等の額を50円とした場合の発行済株式数（①÷50円）
	①　千円	②　株	③　株	④　円	⑤　株

2．比準要素等の金額の計算

1株（50円）当たりの年配当金額

事業年度	⑥ 年配当金額	⑦ 左のうち非経常的な配当金額	⑧ 差引経常的な年配当金額（⑥−⑦）	年平均配当金額
直前期	千円	千円	㋑　千円	⑨（㋑+㋺）÷2　千円
直前々期	千円	千円	㋺　千円	
直前々期の前期	千円	千円	㋩　千円	⑩（㋺+㋩）÷2　千円

（直前期末以前２（３）年間の年平均配当金額）

比準要素数1の会社・比準要素数0の会社の判定要素の金額		
⑨/⑤	Ⓑ₁　円	銭 0
⑩/⑤	Ⓑ₂　円	銭 0
1株(50円)当たりの年配当金額（Ⓑ₁の金額）	Ⓑ　円	銭

1株（50円）当たりの年利益金額

（直前期末以前２（３）年間の利益金額）

事業年度	⑪法人税の課税所得金額	⑫非経常的な利益金額	⑬受取配当等の益金不算入額	⑭左の所得税額	⑮損金算入した繰越欠損金の控除額	⑯差引利益金額（⑪−⑫+⑬−⑭+⑮）
直前期	千円	千円	千円	千円	千円	㊁　千円
直前々期	千円	千円	千円	千円	千円	㋭　千円
直前々期の前期	千円	千円	千円	千円	千円	㋬　千円

比準要素数1の会社・比準要素数0の会社の判定要素の金額	
㊁/⑤ 又は （㊁+㋭）÷2/⑤	Ⓒ₁　円
㋭/⑤ 又は （㋭+㋬）÷2/⑤	Ⓒ₂　円
1株(50円)当たりの年利益金額〔㊁/⑤ 又は （㊁+㋭）÷2/⑤ の金額〕	Ⓒ　円

1株（50円）当たりの純資産価額

（直前期末（直前々期末）の純資産価額）

事業年度	⑰ 資本金等の額	⑱ 利益積立金額	⑲ 純資産価額（⑰+⑱）
直前期	千円	千円	㋣　千円
直前々期	千円	千円	㋠　千円

比準要素数1の会社・比準要素数0の会社の判定要素の金額	
㋣/⑤	Ⓓ₁　円
㋠/⑤	Ⓓ₂　円
1株(50円)当たりの純資産価額（Ⓓ₁の金額）	Ⓓ　円

3．類似業種比準価額の計算

1株（50円）当たりの比準価額の計算

類似業種と業種目番号	(No.　　)
類似業種の株価：課税時期の属する月　　月	㋷　円
課税時期の属する月の前月　　月	㋦　円
課税時期の属する月の前々月　　月	㋸　円
前年平均株価	㋾　円
課税時期の属する月以前2年間の平均株価	㋻　円
A〔㋷、㋦、㋸、㋾及び㋻のうち最も低いもの〕	⑳　円

比準割合の計算：区分	1株(50円)当たりの年配当金額	1株(50円)当たりの年利益金額	1株(50円)当たりの純資産価額	1株(50円)当たりの比準価額
評価会社	Ⓑ　円　銭 0	Ⓒ　円	Ⓓ　円	⑳ × ㉑ × 0.7 ※
類似業種	B　円　銭 0	C　円	D　円	※中会社は0.6　小会社は0.5　とします。
要素別比準割合	Ⓑ/B　．	Ⓒ/C　．	Ⓓ/D　．	
比準割合	（Ⓑ/B + Ⓒ/C + Ⓓ/D）/3 =		㉑　．	㉒　円　銭 0

類似業種と業種目番号	(No.　　)
類似業種の株価：課税時期の属する月　　月	㋕　円
課税時期の属する月の前月　　月	㋵　円
課税時期の属する月の前々月　　月	㋟　円
前年平均株価	㋹　円
課税時期の属する月以前2年間の平均株価	㋞　円
A〔㋕、㋵、㋟、㋹及び㋞のうち最も低いもの〕	㉓　円

比準割合の計算：区分	1株(50円)当たりの年配当金額	1株(50円)当たりの年利益金額	1株(50円)当たりの純資産価額	1株(50円)当たりの比準価額
評価会社	Ⓑ　円　銭 0	Ⓒ　円	Ⓓ　円	㉓ × ㉔ × 0.7 ※
類似業種	B　円　銭 0	C　円	D　円	※中会社は0.6　小会社は0.5　とします。
要素別比準割合	Ⓑ/B　．	Ⓒ/C　．	Ⓓ/D　．	
比準割合	（Ⓑ/B + Ⓒ/C + Ⓓ/D）/3 =		㉔　．	㉕　円　銭 0

1株当たりの比準価額	比準価額（㉒と㉕とのいずれか低い方の金額） × ④の金額/50円	㉖　円
比準価額の修正：直前期末の翌日から課税時期までの間に配当金交付の効力が発生した場合	比準価額（㉖の金額） − 1株当たりの配当金額　円　銭	修正比準価額 ㉗　円
比準価額の修正：直前期末の翌日から課税時期までの間に株式の割当て等の効力が発生した場合	比準価額〔㉖（㉗があるときは㉗）の金額〕+ 割当株式1株当たりの払込金額　円　銭 × 1株当たりの割当株式数　株）÷（1株+ 1株当たりの割当株式数又は交付株式数　株）	修正比準価額 ㉘　円

4 「3．**類似業種比準価額の計算**」の各欄は、次により記載します。

(1) 「**類似業種と業種目番号**」欄には、第1表の1の「事業内容」欄に記載された評価会社の事業内容に応じて、別に定める類似業種比準価額計算上の業種目及びその番号を記載します。

この場合において、評価会社の事業が該当する業種目は直前期末以前1年間の取引金額に基づいて判定した業種目とします。

なお、直前期末以前1年間の取引金額に2以上の業種目に係る取引金額が含まれている場合の業種目は、業種目別の割合が50％を超える業種目とし、その割合が50％を超える業種目がない場合は、次に掲げる場合に応じたそれぞれの業種目とします。

イ　評価会社の事業が一つの中分類の業種目中の2以上の類似する小分類の業種目に属し、それらの業種目別の割合の合計が50％を超える場合……その中分類の中にある類似する小分類の「その他の○○業」

ロ　評価会社の事業が一つの中分類の業種目中の2以上の類似しない小分類の業種目に属し、それらの業種目別の割合の合計が50％を超える場合（イに該当する場合は除きます。）……その中分類の業種目

ハ　評価会社の事業が一つの大分類の業種目中の2以上の類似する中分類の業種目に属し、それらの業種目別の割合の合計が50％を超える場合……その大分類の中にある類似する中分類の「その他の○○業」

ニ　評価会社の事業が一つの大分類の業種目中の2以上の類似しない中分類の業種目に属し、それらの業種目別の割合の合計が50％を超える場合（ハに該当する場合は除きます。）……その大分類の業種目

ホ　イからニのいずれにも該当しない場合……大分類の業種目の中の「その他の産業」

（注）業種目別の割合 $= \dfrac{\text{業種目別の取引金額}}{\text{評価会社全体の取引金額}}$

また、類似業種は、業種目の区分の状況に応じて、次によります。

業種目の区分の状況	類　似　業　種
上記により判定した業種目が小分類に区分されている業種目の場合	小分類の業種目とその業種目の属する中分類の業種目とをそれぞれ記載します。
上記により判定した業種目が中分類に区分されている業種目の場合	中分類の業種目とその業種目の属する大分類の業種目とをそれぞれ記載します。
上記により判定した業種目が大分類に区分されている業種目の場合	大分類の業種目を記載します。

(2) 「**類似業種の株価**」及び「**比準割合の計算**」の各欄には、別に定める類似業種の株価A、1株（50円）当たりの年配当金額B、1株（50円）当たりの年利益金額C及び1株（50円）当たりの純資産価額Dの金額を記載します。

(3) 「比準割合の計算」欄の要素別比準割合及び比準割合は、それぞれ小数点以下2位未満を切り捨てて記載します。

(4) 「**比準割合の計算**」の「**比準割合**」欄の比準割合（㉑及び㉔）は、「1株（50円）当たりの年配当金額」、「1株（50円）当たりの年利益金額」及び「1株（50円）当たりの純資産価額」の各欄の要素別比準割合を基に、次の算式により計算した割合を記載します。

$$\text{比準割合} = \frac{\dfrac{Ⓑ}{B} + \dfrac{Ⓒ}{C} + \dfrac{Ⓓ}{D}}{3}$$

(5) 「**1株（50円）当たりの比準価額**」欄は、評価会社が第1表の2の「**3．会社の規模（Lの割合）の判定**」欄により、中会社に判定される会社にあっては算式中の「0.7」を「0.6」、小会社に判定される会社にあっては算式中の「0.7」を「0.5」として計算した金額を記載します。

第４表　類似業種比準価額等の計算明細書

会社名

（取引相場のない株式（出資）の評価明細書）

（令和六年一月一日以降用）

1．1株当たりの資本金等の額等の計算	直前期末の資本金等の額	直前期末の発行済株式数	直前期末の自己株式数	1株当たりの資本金等の額（①÷（②−③））	1株当たりの資本金等の額を50円とした場合の発行済株式数（①÷50円）
	①　千円	②　株	③　株	④　円	⑤　株

2　比準要素等の金額の計算

1株（50円）当たりの年配当金額 — 直前期末以前２（３）年間の年平均配当金額

事業年度	⑥ 年配当金額	⑦ 左のうち非経常的な配当金額	⑧ 差引経常的な年配当金額（⑥−⑦）	年平均配当金額
直前期	千円	千円	㋑　千円	⑨（㋑＋㋺）÷２　千円
直前々期	千円	千円	㋺　千円	
直前々期の前期	千円	千円	㋩　千円	⑩（㋺＋㋩）÷２　千円

比準要素数１の会社・比準要素数０の会社の判定要素の金額		
⑨/⑤	Ⓑ₁　円	銭 0
⑩/⑤	Ⓑ₂　円	銭 0
1株（50円）当たりの年配当金額（Ⓑ₁の金額）	Ⓑ　円	銭

1株（50円）当たりの年利益金額 — 直前期末以前２（３）年間の利益金額

事業年度	⑪法人税の課税所得金額	⑫非経常的な利益金額	⑬受取配当等の益金不算入額	⑭左の所得税額	⑮損金算入した繰越欠損金の控除額	⑯差引利益金額（⑪−⑫＋⑬−⑭＋⑮）
直前期	千円	千円	千円	千円	千円	㊁　千円
直前々期	千円	千円	千円	千円	千円	㋭　千円
直前々期の前期	千円	千円	千円	千円	千円	㋬　千円

比準要素数１の会社・比準要素数０の会社の判定要素の金額	
㊁/⑤ 又は （㊁＋㋭）÷２/⑤	Ⓒ₁　円
㋭/⑤ 又は （㋭＋㋬）÷２/⑤	Ⓒ₂　円
1株（50円）当たりの年利益金額〔㊁/⑤ 又は （㊁＋㋭）÷２/⑤ の金額〕	Ⓒ　円

1株（50円）当たりの純資産価額 — 直前期末（直前々期末）の純資産価額

事業年度	⑰ 資本金等の額	⑱ 利益積立金額	⑲ 純資産価額（⑰＋⑱）
直前期	千円	千円	㋣　千円
直前々期	千円	千円	㋠　千円

比準要素数１の会社・比準要素数０の会社の判定要素の金額	
㋣/⑤	Ⓓ₁　円
㋠/⑤	Ⓓ₂　円
1株（50円）当たりの純資産価額（Ⓓ₁の金額）	Ⓓ　円

3　類似業種比準価額の計算

1株（50円）当たりの比準価額の計算

類似業種と業種目番号	（No.　　）
類似業種の株価：課税時期の属する月	月　㋷　円
課税時期の属する月の前月	月　㋦　円
課税時期の属する月の前々月	月　㋸　円
前年平均株価	㋾　円
課税時期の属する月以前２年間の平均株価	㋻　円
A〔㋷、㋦、㋸、㋾及び㋻のうち最も低いもの〕	⑳　円

比準割合の計算：区分	1株（50円）当たりの年配当金額	1株（50円）当たりの年利益金額	1株（50円）当たりの純資産価額	1株（50円）当たりの比準価額
評価会社	Ⓑ　円　銭 0	Ⓒ　円	Ⓓ　円	⑳ × ㉑ × 0.7 ※
類似業種	B　円　銭 0	C　円	D　円	※（中会社は0.6 小会社は0.5 とします。）
要素別比準割合	Ⓑ/B　.	Ⓒ/C　.	Ⓓ/D　.	
比準割合	（Ⓑ/B ＋ Ⓒ/C ＋ Ⓓ/D）/3 ＝ ㉑　.			㉒　円　銭 0

類似業種と業種目番号	（No.　　）
類似業種の株価：課税時期の属する月	月　㋕　円
課税時期の属する月の前月	月　㋵　円
課税時期の属する月の前々月	月　㋟　円
前年平均株価	㋹　円
課税時期の属する月以前２年間の平均株価	㋞　円
A〔㋕、㋵、㋟、㋹及び㋞のうち最も低いもの〕	㉓　円

比準割合の計算：区分	1株（50円）当たりの年配当金額	1株（50円）当たりの年利益金額	1株（50円）当たりの純資産価額	1株（50円）当たりの比準価額
評価会社	Ⓑ　円　銭 0	Ⓒ　円	Ⓓ　円	㉓ × ㉔ × 0.7 ※
類似業種	B　円　銭 0	C　円	D　円	※（中会社は0.6 小会社は0.5 とします。）
要素別比準割合	Ⓑ/B　.	Ⓒ/C　.	Ⓓ/D　.	
比準割合	（Ⓑ/B ＋ Ⓒ/C ＋ Ⓓ/D）/3 ＝ ㉔　.			㉕　円　銭 0

1株当たりの比準価額	比準価額（㉒と㉕とのいずれか低い方の金額） × ④の金額/50円	㉖　円

比準価額の修正

		修正比準価額
直前期末の翌日から課税時期までの間に配当交付の効力が発生した場合	比準価額（㉖の金額） − 1株当たりの配当金額　円　銭	㉗　円
直前期末の翌日から課税時期までの間に株式の割当て等の効力が発生した場合	比準価額（㉖（㉗があるときは㉗）の金額） ＋ 割当株式1株当たりの払込金額　円　銭 × 1株当たりの割当株式数　株）÷（1株＋ 1株当たりの割当株式数又は交付株式数　株）	㉘　円

(6)「**1株当たりの比準価額**」欄の㉖の金額について、表示単位未満の端数を切り捨てることにより0となる場合は、分数等（直前期末基準）により記載します。

(7)「**比準価額の修正**」の各欄は、次により記載します。
イ「**直前期末の翌日から課税時期までの間に配当金交付の効力が発生した場合**」欄の㉗の金額について、表示単位未満の端数を切り捨てることにより0となる場合は、分数等（直前期末基準）により記載します。
ロ「**直前期末の翌日から課税時期までの間に株式の割当て等の効力が発生した場合**」欄の㉘の金額について、表示単位未満の端数を切り捨てることにより0となる場合は、分数等（課税時期基準）により記載します。
ハ「1株当たりの割当株式数」及び「1株当たりの割当株式数又は交付株式数」は、1株未満の株式数を切り捨てずに実際の株式数を記載します。

(注) (1)の類似業種比準価額計算上の業種目及びその番号、並びに、(2)の類似業種の株価A、1株（50円）当たりの年配当金額B、1株（50円）当たりの年利益金額C及び1株（50円）当たりの純資産価額Dの金額については、該当年分の「令和○年分の類似業種比準価額計算上の業種目及び業種目別株価等について（法令解釈通達）」でご確認の上記入してください。なお、この通達については、国税庁ホームページ【https://www.nta.go.jp】上でご覧いただけます。

第４表　類似業種比準価額等の計算明細書

会社名

（取引相場のない株式（出資）の評価明細書）

（令和六年一月一日以降用）

1．1株当たりの資本金等の額等の計算	直前期末の資本金等の額	直前期末の発行済株式数	直前期末の自己株式数	1株当たりの資本金等の額（①÷（②－③））	1株当たりの資本金等の額を50円とした場合の発行済株式数（①÷50円）
	①　千円	②　株	③　株	④　円	⑤　株

2．比準要素等の金額の計算

1株（50円）当たりの年配当金額

直前期末以前２（３）年間の年平均配当金額					比準要素数1の会社・比準要素数0の会社の判定要素の金額	
事業年度	⑥ 年配当金額	⑦ 左のうち非経常的な配当金額	⑧ 差引経常的な年配当金額（⑥－⑦）	年平均配当金額	⑨／⑤	Ⓑ₁　円　銭　0
直前期	千円	千円	㋑　千円	⑨（㋑＋㋺）÷2　千円	⑩／⑤	Ⓑ₂　円　銭　0
直前々期	千円	千円	㋺　千円		1株（50円）当たりの年配当金額（Ⓑ₁の金額）	
直前々期の前期	千円	千円	㋩　千円	⑩（㋺＋㋩）÷2　千円	Ⓑ　円	銭

1株（50円）当たりの年利益金額

直前期末以前２（３）年間の利益金額							比準要素数1の会社・比準要素数0の会社の判定要素の金額	
事業年度	⑪法人税の課税所得金額	⑫非経常的な利益金額	⑬受取配当等の益金不算入額	⑭左の所得税額	⑮損金算入した繰越欠損金の控除額	⑯差引利益金額（⑪－⑫＋⑬－⑭＋⑮）	㋥／⑤ 又は（㋥＋㋭）÷2／⑤	Ⓒ₁　円
直前期	千円	千円	千円	千円	千円	㋥　千円	㋭／⑤ 又は（㋭＋㋬）÷2／⑤	Ⓒ₂　円
直前々期	千円	千円	千円	千円	千円	㋭　千円	1株（50円）当たりの年利益金額〔㋥／⑤ 又は（㋥＋㋭）÷2／⑤ の金額〕	
直前々期の前期	千円	千円	千円	千円	千円	㋬　千円	Ⓒ　円	

1株（50円）当たりの純資産価額

直前期末（直前々期末）の純資産価額				比準要素数1の会社・比準要素数0の会社の判定要素の金額	
事業年度	⑰ 資本金等の額	⑱ 利益積立金額	⑲ 純資産価額（⑰＋⑱）	㋣／⑤	Ⓓ₁　円
直前期	千円	千円	㋣　千円	㋠／⑤	Ⓓ₂　円
直前々期	千円	千円	㋠　千円	1株（50円）当たりの純資産価額（Ⓓ₁の金額）	Ⓓ　円

3．類似業種比準価額の計算

1株（50円）当たりの比準価額の計算

類似業種と業種目番号		（No.　　）	比準割合の計算 区分	1株（50円）当たりの年配当金額	1株（50円）当たりの年利益金額	1株（50円）当たりの純資産価額	1株（50円）当たりの比準価額
類似業種の株価	課税時期の属する月　月	㋷　円	評価会社	Ⓑ　円　銭　0	Ⓒ　円	Ⓓ　円	⑳ × ㉑ × 0.7 ※
	課税時期の属する月の前月　月	㋦　円	類似業種	B　円　銭　0	C　円	D　円	※（中会社は0.6 小会社は0.5 とします。）
	課税時期の属する月の前々月　月	㋸　円	要素別比準割合	Ⓑ／B　.	Ⓒ／C　.	Ⓓ／D　.	
	前年平均株価	㋾　円					
	課税時期の属する月以前２年間の平均株価	㋻　円					
	A（㋷、㋦、㋸、㋾及び㋻のうち最も低いもの）	⑳　円	比準割合	（Ⓑ／B ＋ Ⓒ／C ＋ Ⓓ／D）／3 ＝ ㉑　.			㉒　円　銭　0

類似業種と業種目番号		（No.　　）	比準割合の計算 区分	1株（50円）当たりの年配当金額	1株（50円）当たりの年利益金額	1株（50円）当たりの純資産価額	1株（50円）当たりの比準価額
類似業種の株価	課税時期の属する月　月	㋕　円	評価会社	Ⓑ　円　銭　0	Ⓒ　円	Ⓓ　円	㉓ × ㉔ × 0.7 ※
	課税時期の属する月の前月　月	㋵　円	類似業種	B　円　銭　0	C　円	D　円	※（中会社は0.6 小会社は0.5 とします。）
	課税時期の属する月の前々月　月	㋟　円	要素別比準割合	Ⓑ／B　.	Ⓒ／C　.	Ⓓ／D　.	
	前年平均株価	㋹　円					
	課税時期の属する月以前２年間の平均株価	㋡　円					
	A（㋕、㋵、㋟、㋹及び㋡のうち最も低いもの）	㉓　円	比準割合	（Ⓑ／B ＋ Ⓒ／C ＋ Ⓓ／D）／3 ＝ ㉔　.			㉕　円　銭　0

1株当たりの比準価額	比準価額（㉒と㉕とのいずれか低い方の金額）×（④の金額／50円）	㉖　円
比準価額の修正：直前期末の翌日から課税時期までの間に配当金交付の効力が発生した場合	比準価額（㉖の金額）－ 1株当たりの配当金額　円　銭	修正比準価額　㉗　円
比準価額の修正：直前期末の翌日から課税時期までの間に株式の割当て等の効力が発生した場合	比準価額（㉖（㉗があるときは㉗）の金額）＋ 割当株式1株当たりの払込金額　円　銭 × 1株当たりの割当株式数　株）÷（1株＋ 1株当たりの割当株式数又は交付株式数　株）	修正比準価額　㉘　円

第５表　１株当たりの純資産価額（相続税評価額）の計算明細書

1　この表は、「１株当たりの純資産価額（相続税評価額）」の計算のほか、株式等保有特定会社及び土地保有特定会社の判定に必要な「総資産価額」、「株式等の価額の合計額」及び「土地等の価額の合計額」の計算にも使用します。

2　「**1．資産及び負債の金額（課税時期現在）**」の各欄は、課税時期における評価会社の各資産及び各負債について、次により記載します。

(1)　「**資産の部**」の「**相続税評価額**」欄には、課税時期における評価会社の各資産について、評価基本通達の定めにより評価した価額（以下「相続税評価額」といいます。）を次により記載します。

イ　課税時期前３年以内に取得又は新築した土地及び土地の上に存する権利（以下「土地等」といいます。）並びに家屋及びその附属設備又は構築物（以下「家屋等」といいます。）がある場合には、当該土地等又は家屋等の相続税評価額は、課税時期における通常の取引価額に相当する金額（ただし、その土地等又は家屋等の帳簿価額が課税時期における通常の取引価額に相当すると認められる場合には、その帳簿価額に相当する金額）によって評価した価額を記載します。この場合、その土地等又は家屋等は、他の土地等又は家屋等と「科目」欄を別にして、「課税時期前３年以内に取得した土地等」などと記載します。

ロ　取引相場のない株式、出資又は転換社債（評価基本通達197-5《転換社債型新株予約権付社債の評価》の(3)のロに定めるものをいいます。）の価額を純資産価額（相続税評価額）で評価する場合には、評価差額に対する法人税額等相当額の控除を行わないで計算した金額を「相続税評価額」として記載します（なお、その株式などが株式等保有特定会社の株式などである場合において、納税義務者の選択により、「S_1+S_2」方式によって評価する場合のS_2の金額の計算においても、評価差額に対する法人税額等相当額の控除は行わないで計算することになります。）。この場合、その株式などは、他の株式などと「科目」欄を別にして、「法人税額等相当額の控除不適用の株式」などと記載します。

ハ　評価の対象となる資産について、帳簿価額がないもの（例えば、借地権、営業権等）であっても相続税評価額が算出される場合には、その評価額を「相続税評価額」欄に記載し、「帳簿価額」欄には０と記載します。

ニ　評価の対象となる資産で帳簿価額のあるもの（例えば、借家権、営業権等）であっても、その課税価格に算入すべき相続税評価額が算出されない場合には、「相続税評価額」欄に０と記載し、その帳簿価額を「帳簿価額」欄に記載します。

ホ　評価の対象とならないもの（例えば、財産性のない創立費、新株発行費等の繰延資産、繰延税金資産）については、記載しません。

第5表　1株当たりの純資産価額（相続税評価額）の計算明細書　会社名

（取引相場のない株式（出資）の評価明細書）

（令和六年一月一日以降用）

1. 資産及び負債の金額（課税時期現在）

資産の部				負債の部			
科目	相続税評価額	帳簿価額	備考	科目	相続税評価額	帳簿価額	備考
	千円	千円			千円	千円	
合計	①	②		合計	③	④	
株式等の価額の合計額	㋑	㋺					
土地等の価額の合計額	㋩						
現物出資等受入れ資産の価額の合計額	㋥	㋭					

2. 評価差額に対する法人税額等相当額の計算

相続税評価額による純資産価額（①－③）	⑤	千円
帳簿価額による純資産価額（（②＋㋥－㋭）－④）、マイナスの場合は0）	⑥	千円
評価差額に相当する金額（⑤－⑥、マイナスの場合は0）	⑦	千円
評価差額に対する法人税額等相当額（⑦×37%）	⑧	千円

3. 1株当たりの純資産価額の計算

課税時期現在の純資産価額（相続税評価額）（⑤－⑧）	⑨	千円
課税時期現在の発行済株式数（（第1表の1の①）－自己株式数）	⑩	株
課税時期現在の1株当たりの純資産価額（相続税評価額）（⑨÷⑩）	⑪	円
同族株主等の議決権割合（第1表の1の⑤の割合）が50%以下の場合（⑪×80%）	⑫	円

ヘ　**「株式等の価額の合計額」**欄の[イ]の金額は、評価会社が有している（又は有しているとみなされる）株式、出資及び新株予約権付社債（会社法第2条第22号に規定する新株予約権付社債をいいます。）（以下「株式等」といいます。）の相続税評価額の合計額を記載します。この場合、次のことに留意してください。

(イ)　所有目的又は所有期間のいかんにかかわらず、すべての株式等の相続税評価額を合計します。

(ロ)　法人税法第12条《信託財産に属する資産及び負債並びに信託財産に帰せられる収益及び費用の帰属》の規定により評価会社が信託財産を有するものとみなされる場合（ただし、評価会社が明らかに当該信託財産の収益の受益権のみを有している場合を除きます。）において、その信託財産に株式等が含まれているときには、評価会社が当該株式等を所有しているものとみなします。

(ハ)　「出資」とは、「法人」に対する出資をいい、民法上の組合等に対する出資は含まれません。

ト　**「土地等の価額の合計額」**欄の[ハ]の金額は、上記のヘに準じて評価会社が所有している（又は所有しているとみなされる）土地等の相続税評価額の合計額を記載します。

チ　**「現物出資等受入れ資産の価額の合計額」**欄の[ニ]の金額は、各資産の中に、現物出資、合併、株式交換又は株式移転により著しく低い価額で受け入れた資産（以下「現物出資等受入れ資産」といいます。）がある場合に、現物出資、合併、株式交換、株式移転又は株式交付の時におけるその現物出資等受入れ資産の相続税評価額の合計額を記載します。

ただし、その相続税評価額が、課税時期におけるその現物出資等受入れ資産の相続税評価額を上回る場合には、課税時期におけるその現物出資等受入れ資産の相続税評価額を記載します。

また、現物出資等受入れ資産が合併により著しく低い価額で受け入れた資産（以下「合併受入れ資産」といいます。）である場合に、合併の時又は課税時期におけるその合併受入れ資産の相続税評価額が、合併受入れ資産に係る被合併会社の帳簿価額を上回るときは、その帳簿価額を記載します。

(注)「相続税評価額」の「合計」欄の①の金額に占める課税時期における現物出資等受入れ資産の相続税評価額の合計の割合が20％以下の場合には、「現物出資等受入れ資産の価額の合計額」欄は記載しません。

(2)　**「資産の部」**の**「帳簿価額」**欄には、「資産の部」の「相続税評価額」欄に評価額が記載された各資産についての課税時期における税務計算上の帳簿価額を記載します。

(注)　1　固定資産に係る減価償却累計額、特別償却準備金及び圧縮記帳に係る引当金又は積立金の金額がある場合には、それらの金額をそれぞれの引当金等に対応する資産の帳簿価額から控除した金額をその固定資産の帳簿価額とします。

2　営業権に含めて評価の対象となる特許権、漁業権等の資産の帳簿価額は、営業権の帳簿価額に含めて記載します。

第5表　1株当たりの純資産価額（相続税評価額）の計算明細書　会社名

（令和六年一月一日以降用）

（取引相場のない株式（出資）の評価明細書）

1. 資産及び負債の金額（課税時期現在）

資産の部				負債の部			
科目	相続税評価額	帳簿価額	備考	科目	相続税評価額	帳簿価額	備考
	千円	千円			千円	千円	
合計	①	②		合計	③	④	
株式等の価額の合計額	㋑	㋺					
土地等の価額の合計額	㋩						
現物出資等受入れ資産の価額の合計額	㋥	㋭					

2. 評価差額に対する法人税額等相当額の計算		3. 1株当たりの純資産価額の計算	
相続税評価額による純資産価額（①－③）	⑤ 千円	課税時期現在の純資産価額（相続税評価額）（⑤－⑧）	⑨ 千円
帳簿価額による純資産価額（(②＋㋥－㋭－④)、マイナスの場合は0）	⑥ 千円	課税時期現在の発行済株式数（(第1表の1の①)－自己株式数）	⑩ 株
評価差額に相当する金額（⑤－⑥、マイナスの場合は0）	⑦ 千円	課税時期現在の1株当たりの純資産価額（相続税評価額）（⑨÷⑩）	⑪ 円
評価差額に対する法人税額等相当額（⑦×37%）	⑧ 千円	同族株主等の議決権割合（第1表の1の⑤の割合）が50%以下の場合（⑪×80%）	⑫ 円

(3)「**負債の部**」の「**相続税評価額**」欄には、評価会社の課税時期における各負債の金額を、「**帳簿価額**」欄には、「負債の部」の「相続税評価額」欄に評価額が記載された各負債の税務計算上の帳簿価額をそれぞれ記載します。この場合、貸倒引当金、退職給与引当金、納税引当金及びその他の引当金、準備金並びに繰延税金負債に相当する金額は、負債に該当しないものとします。

なお、次の金額は、帳簿に負債としての記載がない場合であっても、課税時期において未払いとなっているものは負債として「相続税評価額」欄及び「帳簿価額」欄のいずれにも記載します。

イ　未納公租公課、未払利息等の金額

ロ　課税時期以前に賦課期日のあった固定資産税及び都市計画税の税額

ハ　被相続人の死亡により、相続人その他の者に支給することが確定した退職手当金、功労金その他これらに準ずる給与の金額

ニ　課税時期の属する事業年度に係る法人税額（地方法人税額を含みます。）、消費税額（地方消費税額を含みます。）、事業税額（特別法人事業税額を含みます。）、都道府県民税額及び市区町村民税額のうち、その事業年度開始の日から課税時期までの期間に対応する金額

(4)　1株当たりの純資産価額（相続税評価額）の計算は、上記(1)から(3)のとおり課税時期における各資産及び各負債の金額によることとしていますが、評価会社が課税時期において仮決算を行っていないため、課税時期における資産及び負債の金額が明確でない場合において、直前期末から課税時期までの間に資産及び負債について著しく増減がないため評価額の計算に影響が少ないと認められるときは、課税時期における各資産及び各負債の金額は、次により計算しても差し支えありません。このように計算した場合には、第２表の「２．株式等保有特定会社」欄及び「３．土地保有特定会社」欄の判定における総資産価額等についても、同様に取り扱われることになりますので、これらの特定の評価会社の判定時期と純資産価額及び株式保有特定会社のS_2の計算時期は同一となります。

イ「**相続税評価額**」欄については、直前期末の資産及び負債の課税時期の相続税評価額

ロ「**帳簿価額**」欄については、直前期末の資産及び負債の帳簿価額

（注）1　イ及びロの場合において、帳簿に負債としての記載がない場合であっても、次の金額は、負債として取り扱うことに留意してください。

(1)　未納公租公課、未払利息等の金額

(2)　直前期末日以前に賦課期日のあった固定資産税及び都市計画税の税額のうち、未払いとなっている金額

(3)　直前期末日後から課税時期までに確定した剰余金の配当等の金額

(4)　被相続人の死亡により、相続人その他の者に支給することが確定した退職手当金、功労金その他これらに準ずる給与の金額

2　被相続人の死亡により評価会社が生命保険金を取得する場合には、その生命保険金請求権（未収保険金）の金額を「資産の部」の「相続税評価額」欄及び「帳簿価額」欄のいずれにも記載します。

（取引相場のない株式（出資）の評価明細書）

第5表　1株当たりの純資産価額（相続税評価額）の計算明細書

会社名

（令和六年一月一日以降用）

1. 資産及び負債の金額（課税時期現在）

資産の部				負債の部			
科目	相続税評価額	帳簿価額	備考	科目	相続税評価額	帳簿価額	備考
	千円	千円			千円	千円	
合計	①	②		合計	③	④	
株式等の価額の合計額	㋑	㋺					
土地等の価額の合計額	㋩						
現物出資等受入れ資産の価額の合計額	㋥	㋭					

2. 評価差額に対する法人税額等相当額の計算		3. 1株当たりの純資産価額の計算	
相続税評価額による純資産価額（①－③）	⑤ 千円	課税時期現在の純資産価額（相続税評価額）（⑤－⑧）	⑨ 千円
帳簿価額による純資産価額（(②＋㋥－㋭)－④)、マイナスの場合は0）	⑥ 千円	課税時期現在の発行済株式数（(第1表の1の①)－自己株式数）	⑩ 株
評価差額に相当する金額（⑤－⑥、マイナスの場合は0）	⑦ 千円	課税時期現在の1株当たりの純資産価額（相続税評価額）（⑨÷⑩）	⑪ 円
評価差額に対する法人税額等相当額（⑦×37%）	⑧ 千円	同族株主等の議決権割合（第1表の1の⑤の割合）が50%以下の場合（⑪×80%）	⑫ 円

3　「**2．評価差額に対する法人税額等相当額の計算**」欄の「**帳簿価額による純資産価額**」及び「**評価差額に相当する金額**」がマイナスとなる場合は、0と記載します。

4　「**3．1株当たりの純資産価額の計算**」の各欄は、次により記載します。

(1)「**課税時期現在の発行済株式数**」欄は、課税時期における発行済株式の総数を記載しますが、評価会社が自己株式を有している場合には、その自己株式の数を控除した株式数を記載します。

(2)「**課税時期現在の1株当たりの純資産価額（相続税評価額）**」欄及び「**同族株主等の議決権割合（第1表の1の⑤の割合）が50%以下の場合**」欄の各金額について、表示単位未満の端数を切り捨てることにより0となる場合は、分数等（課税時期基準）により記載します。

(3)「**同族株主等の議決権割合（第1表の1の⑤の割合）が50％以下の場合**」欄は、納税義務者が議決権割合（第1表の1の⑤の割合）50％以下の株主グループに属するときにのみ記載します。

(注) 納税義務者が議決権割合50％以下の株主グループに属するかどうかの判定には、第1表の1の記載方法等の3の(5)に留意してください。

第5表　1株当たりの純資産価額（相続税評価額）の計算明細書

会社名

（取引相場のない株式（出資）の評価明細書）

（令和六年一月一日以降用）

1. 資産及び負債の金額（課税時期現在）

資産の部				負債の部			
科目	相続税評価額	帳簿価額	備考	科目	相続税評価額	帳簿価額	備考
	千円	千円			千円	千円	
合計	①	②		合計	③	④	
株式等の価額の合計額	㋑	㋺					
土地等の価額の合計額	㋩						
現物出資等受入れ資産の価額の合計額	㋥	㋭					

2. 評価差額に対する法人税額等相当額の計算		3. 1株当たりの純資産価額の計算	
相続税評価額による純資産価額　（①－③）	⑤　千円	課税時期現在の純資産価額（相続税評価額）　（⑤－⑧）	⑨　千円
帳簿価額による純資産価額　（（②＋㋥－㋭－④）、マイナスの場合は0）	⑥　千円	課税時期現在の発行済株式数　（（第1表の1の①）－自己株式数）	⑩　株
評価差額に相当する金額　（⑤－⑥、マイナスの場合は0）	⑦　千円	課税時期現在の1株当たりの純資産価額（相続税評価額）　（⑨÷⑩）	⑪　円
評価差額に対する法人税額等相当額　（⑦×37％）	⑧　千円	同族株主等の議決権割合（第1表の1の⑤の割合）が50％以下の場合　（⑪×80％）	⑫　円

第６表　特定の評価会社の株式及び株式に関する権利の価額の計算明細書

1　この表は、特定の評価会社の株式及び株式に関する権利の評価に使用します(一般の評価会社の株式及び株式に関する権利の評価については、「第３表　一般の評価会社の株式及び株式に関する権利の価額の計算明細書」を使用します。)。

2 「**1．純資産価額方式等による価額**」の各欄は、次により記載します。

(1) 「**１株当たりの価額の計算**」欄の④の金額について、表示単位未満の端数を切り捨てることにより０となる場合は、分数等（課税時期基準）により記載します。

(2) 「**株式の価額の修正**」の各欄は、次により記載します。
イ 「**課税時期において配当期待権の発生している場合**」欄の⑨及び「**課税時期において株式の割当てを受ける権利、株主となる権利又は株式無償交付期待権の発生している場合**」欄の⑩の各金額について、表示単位未満の端数を切り捨てることにより０となる場合は、分数等（課税時期基準）により記載します。
ロ 「１株当たりの割当株式数」及び「１株当たりの割当株式数又は交付株式数」は、第３表の記載方法等の２の(2)のロに準じて記載します。

3 「**2．配当還元方式による価額**」欄は、第１表の１の「1．株主及び評価方式の判定」欄又は「2．少数株式所有者の評価方式の判定」欄の判定により納税義務者が配当還元方式を適用する株主に該当する場合に、次により記載します。

(1) 「**１株当たりの資本金等の額、発行済株式数等**」の「１株当たりの資本金等の額」欄の⑮の金額について、表示単位未満の端数を切り捨てることにより０となる場合は、分数等（直前期末基準）により記載します。

(2) 「**直前期末以前２年間の配当金額**」欄は、第４表の記載方法等の３の(1)に準じて記載します。

(3) 「**配当還元価額**」の各欄は、次により記載します。
イ　㉑の金額について、表示単位未満の端数を切り捨てることにより０となる場合は、分数等（直前期末基準）により記載します。
ロ　㉒の金額の記載に当たっては、純資産価額方式等により計算した価額が配当還元価額よりも高いと認められる場合には、「1．純資産価額方式等による価額」欄の計算を省略しても差し支えありません。

4 「**3．株式に関する権利の価額**」欄の㉔及び㉕の各金額について、表示単位未満の端数を切り捨てることにより０となる場合は、分数等（課税時期基準）により記載します。

5 「**4．株式及び株式に関する権利の価額**」の各欄は、第３表の記載方法等の５に準じて記載します。

第６表　特定の評価会社の株式及び株式に関する権利の価額の計算明細書

会社名

（取引相場のない株式（出資）の評価明細書）

（令和六年一月一日以降用）

１．純資産価額方式等による価額

1株当たりの価額の計算の基となる金額	類似業種比準価額（第４表の㉖、㉗又は㉘の金額）	1株当たりの純資産価額（第５表の⑪の金額）	1株当たりの純資産価額の80％相当額（第５表の⑫の記載がある場合のその金額）
	① 円	② 円	③ 円

	株式の区分	1株当たりの価額の算定方法等	1株当たりの価額
1株当たりの価額の計算	比準要素数１の会社の株式	次のうちいずれか低い方の金額 イ　②の金額（③の金額があるときは③の金額） ロ　（①の金額 × 0.25）＋（イの金額 × 0.75）	④ 円
	株式等保有特定会社の株式	（第８表の㉗の金額）	⑤ 円
	土地保有特定会社の株式	（②の金額（③の金額があるときはその金額））	⑥ 円
	開業後３年未満の会社等の株式	（②の金額（③の金額があるときはその金額））	⑦ 円
	開業前又は休業中の会社の株式	（②の金額）	⑧ 円

			修正後の株式の価額
株式の価額の修正	課税時期において配当期待権の発生している場合	株式の価額（④、⑤、⑥、⑦又は⑧の金額）－ 1株当たりの配当金額　円　銭	⑨ 円
	課税時期において株式の割当てを受ける権利、株主となる権利又は株式無償交付期待権の発生している場合	（株式の価額（④、⑤、⑥、⑦又は⑧（⑨があるときは⑨）の金額）＋ 割当株式1株当たりの払込金額　円 × 1株当たりの割当株式数　株）÷（1株＋ 1株当たりの割当株式数又は交付株式数　株）	⑩ 円

２．配当還元方式による価額

1株当たりの資本金等の額、発行済株式数等	直前期末の資本金等の額	直前期末の発行済株式数	直前期末の自己株式数	1株当たりの資本金等の額を50円とした場合の発行済株式数（⑪÷50円）	1株当たりの資本金等の額（⑪÷（⑫－⑬））
	⑪ 千円	⑫ 株	⑬ 株	⑭ 株	⑮ 円

直前期末以前２年間の配当金額	事業年度	⑯ 年配当金額	⑰ 左のうち非経常的な配当金額	⑱ 差引経常的な年配当金額（⑯－⑰）	年平均配当金額
	直前期	千円	千円	㋑ 千円	⑲ （㋑＋㋺）÷２　千円
	直前々期	千円	千円	㋺ 千円	

1株（50円）当たりの年配当金額	年平均配当金額（⑲の金額）÷ ⑭の株式数 ＝ ⑳　円　銭	この金額が2円50銭未満の場合は2円50銭とします。
配当還元価額	⑳の金額／10% × ⑮の金額／50円 ＝ ㉑　円	㉒　円 ㉑の金額が、純資産価額方式等により計算した価額を超える場合には、純資産価額方式等により計算した価額とします。

３．株式に関する権利の価額（１．及び２．に共通）

配当期待権	1株当たりの予想配当金額（　円　銭）－ 源泉徴収されるべき所得税相当額（　円　銭）	㉓　円　銭
株式の割当てを受ける権利（割当株式1株当たりの価額）	⑩（配当還元方式の場合は㉒）の金額 － 割当株式1株当たりの払込金額　円	㉔　円
株主となる権利（割当株式1株当たりの価額）	⑩（配当還元方式の場合は㉒）の金額（課税時期後にその株主となる権利につき払い込むべき金額があるときは、その金額を控除した金額）	㉕　円
株式無償交付期待権（交付される株式1株当たりの価額）	⑩（配当還元方式の場合は㉒）の金額	㉖　円

４．株式及び株式に関する権利の価額（１．及び２．に共通）

株式の評価額	円
株式に関する権利の評価額	円 （円　銭）

第７表　株式等保有特定会社の株式の価額の計算明細書

1　この表は、評価会社が株式等保有特定会社である場合において、その株式の価額を「S_1+S_2」方式によって評価するときにおいて、「S_1」における類似業種比準価額の修正計算を行うために使用します。

2　「1．S_1 の金額（類似業種比準価額の修正計算）」の各欄は、次により記載します。

(1)「**受取配当金等収受割合の計算**」の各欄は、次により記載します。

イ　「受取配当金等の額」欄は、直前期及び直前々期の各事業年度における評価会社の受取配当金等の額（法人から受ける剰余金の配当（株式又は出資に係るものに限るものとし、資本金等の額の減少によるものを除きます。）、利益の配当、剰余金の分配（出資に係るものに限ります。）及び新株予約権付社債に係る利息の額をいいます。）の総額を、それぞれの各欄に記載し、その合計額を「合計」欄に記載します。

ロ　「営業利益の金額」欄は、イと同様に、各事業年度における評価会社の営業利益の金額（営業利益の金額に受取配当金等の額が含まれている場合には、受取配当金等の額を控除した金額）について記載します。

ハ　「①直前期」及び「②直前々期」の各欄の記載に当たって、1年未満の事業年度がある場合には、第4表の記載方法等の2の(1)のハに準じて記載します。

ニ　「受取配当金等収受割合」欄は、小数点以下3位未満の端数を切り捨てて記載します。

(2)「**直前期末の株式等の帳簿価額の合計額**」欄の⑩の金額は、直前期末における株式等の税務計算上の帳簿価額の合計額を記載します（第5表を直前期末における各資産に基づいて作成しているときは、第5表の㋩の金額を記載します。）。

(3)「**1株（50円）当たりの比準価額の計算**」欄、「**1株当たりの比準価額**」欄及び「**比準価額の修正**」欄は、第4表の記載方法等の4に準じて記載します。

第７表　株式等保有特定会社の株式の価額の計算明細書

会社名

（取引相場のない株式（出資）の評価明細書）

（令和六年一月一日以降用）

1．S₁の金額

受取配当金等収受割合の計算	事業年度	① 直前期	② 直前々期	合計(①＋②)	受取配当金等収受割合 (㋑÷(㋑＋㋺)) ※小数点以下３位未満切り捨て
	受取配当金等の額	千円	千円	㋑ 千円	㋩
	営業利益の金額	千円	千円	㋺ 千円	

Ⓑ－ⓑの金額	1株（50円）当たりの年配当金額（第４表のⒷ） ③ 円 銭 0	ⓑの金額 (③×㋩) ④ 円 銭 0	Ⓑ－ⓑの金額 (③－④) ⑤ 円 銭 0	
Ⓒ－ⓒの金額	1株（50円）当たりの年利益金額（第４表のⒸ） ⑥ 円	ⓒの金額 (⑥×㋩) ⑦ 円	Ⓒ－ⓒの金額 (⑥－⑦) ⑧ 円	

Ⓓ－ⓓの金額					
（イ）の金額	1株（50円）当たりの純資産価額（第４表のⒹ） ⑨ 円	直前期末の株式等の帳簿価額の合計額 ⑩ 千円	直前期末の総資産価額（帳簿価額） ⑪ 千円	（イ）の金額 (⑨×(⑩÷⑪)) ⑫ 円
（ロ）の金額	利益積立金額（第４表の⑱の「直前期」欄の金額） ⑬ 千円		1株当たりの資本金等の額を50円とした場合の発行済株式数（第４表の⑤の株式数） ⑭ 株	（ロ）の金額 ((⑬÷⑭)×㋩) ⑮ 円
	ⓓの金額 (⑫＋⑮) ⑯ 円	Ⓓ－ⓓの金額 (⑨－⑯) ⑰ 円		

（注）1　㋩の割合は、１を上限とします。
　　　2　⑯の金額は、Ⓓの金額（⑨の金額）を上限とします。

（類似業種比準価額の修正計算）

1株（50円）当たりの比準価額の計算

類似業種と業種目番号	(No.　)	比準割合の計算 区分	1株(50円)当たりの年配当金額	1株(50円)当たりの年利益金額	1株(50円)当たりの純資産価額	1株(50円)当たりの比準価額
類似業種の株価 課税時期の属する月	月 ㋥ 円	評価会社	(⑤) 円 銭 0	(⑧) 円	(⑰) 円	⑱ × ⑲ × 0.7 ※
課税時期の属する月の前月	月 ㋭ 円	類似業種	B 円 銭 0	C 円	D 円	※中会社は0.6 小会社は0.5 とします。
課税時期の属する月の前々月	月 ㋬ 円	要素別比準割合	(⑤)/B .	(⑧)/C .	(⑰)/D .	
前年平均株価	㋣ 円					
課税時期の属する月以前２年間の平均株価	㋠ 円					
A (㋥、㋭、㋬、㋣及び㋠のうち最も低いもの)	⑱ 円	比準割合	$\frac{\frac{(⑤)}{B}+\frac{(⑧)}{C}+\frac{(⑰)}{D}}{3}$ ＝ ⑲ .			⑳ 円 銭 0

類似業種と業種目番号	(No.　)	比準割合の計算 区分	1株(50円)当たりの年配当金額	1株(50円)当たりの年利益金額	1株(50円)当たりの純資産価額	1株(50円)当たりの比準価額
類似業種の株価 課税時期の属する月	月 ㋷ 円	評価会社	(⑤) 円 銭 0	(⑧) 円	(⑰) 円	㉑ × ㉒ × 0.7 ※
課税時期の属する月の前月	月 ㋦ 円	類似業種	B 円 銭 0	C 円	D 円	※中会社は0.6 小会社は0.5 とします。
課税時期の属する月の前々月	月 ㋸ 円	要素別比準割合	(⑤)/B .	(⑧)/C .	(⑰)/D .	
前年平均株価	㋾ 円					
課税時期の属する月以前２年間の平均株価	㋻ 円					
A (㋷、㋦、㋸、㋾及び㋻のうち最も低いもの)	㉑ 円	比準割合	$\frac{\frac{(⑤)}{B}+\frac{(⑧)}{C}+\frac{(⑰)}{D}}{3}$ ＝ ㉒ .			㉓ 円 銭 0

1株当たりの比準価額	比準価額（⑳と㉓とのいずれか低い方の金額） × 第４表の④の金額／50円	㉔ 円

比準価額の修正

直前期末の翌日から課税時期までの間に配当金交付の効力が発生した場合	比準価額（㉔の金額） － 1株当たりの配当金額 円 銭	修正比準価額 ㉕ 円
直前期末の翌日から課税時期までの間に株式の割当て等の効力が発生した場合	比準価額（㉔（㉕があるときは㉕）の金額） ＋ 割当株式1株当たりの払込金額 円 銭 × 1株当たりの割当株式数 株）÷（1株＋ 1株当たりの割当株式数又は交付株式数 株）	修正比準価額 ㉖ 円

第8表　株式等保有特定会社の株式の価額の計算明細書（続）

1　この表は、評価会社が株式等保有特定会社である場合において、その株式の価額を「S_1+S_2」方式によって評価するときのS_1における純資産価額の修正計算及び1株当たりのS_1の金額の計算並びにS_2の金額の計算を行うために使用します。

2「1．S_1の金額（続）」の各欄は、次により記載します。

⑴「**純資産価額（相続税評価額）の修正計算**」の「課税時期現在の修正後の1株当たりの純資産価額（相続税評価額）」欄の⑪の金額について、表示単位未満の端数を切り捨てることにより0となる場合は、分数等（課税時期基準）により記載します。

⑵「**1株当たりのS_1の金額の計算**」欄の⑭、⑯及び⑰の各金額について、表示単位未満の端数を切り捨てることにより0となる場合は、分数等（課税時期基準）により記載します。

3「2．S_2の金額」の各欄は、次により記載します。

⑴「**課税時期現在の株式等の価額の合計額**」欄の⑱の金額は、課税時期における株式等の相続税評価額を記載しますが、第5表の記載方法等の2の⑴のロに留意するほか、同表の記載方法等の2の⑷により株式等保有特定会社の判定時期と純資産価額の計算時期が直前期末における決算に基づいて行われている場合には、S_2の計算時期も同一とすることに留意してください。

⑵「**株式等に係る評価差額に相当する金額**」欄の⑳の金額は、株式等の相続税評価額と帳簿価額の差額に相当する金額を記載しますが、その金額が負数のときは、0と記載することに留意してください。

⑶「**S_2の金額**」欄の㉔の金額について、表示単位未満の端数を切り捨てることにより0となる場合は、分数等（課税時期基準）により記載します。

4「**3．株式等保有特定会社の株式の価額**」欄の㉖の金額について、表示単位未満の端数を切り捨てることにより0となる場合は、分数等（課税時期基準）により記載します。

第８表　株式等保有特定会社の株式の価額の計算明細書（続）

会社名

（取引相場のない株式（出資）の評価明細書）

（令和六年一月一日以降用）

1．S_1の金額（続）

純資産価額（相続税評価額）の修正計算	相続税評価額による純資産価額（第５表の⑤の金額）	課税時期現在の株式等の価額の合計額　（第５表の㋑の金額）	差引（①－②）
	①　千円	②　千円	③　千円
	帳簿価額による純資産価額（第５表の⑥の金額）	株式等の帳簿価額の合計額（第５表の㋺＋（㋥－㋭）の金額）（注）	差引（④－⑤）
	④　千円	⑤　千円	⑥　千円
	評価差額に相当する金額（③－⑥）	評価差額に対する法人税額等相当額（⑦×37%）	課税時期現在の修正純資産価額（相続税評価額）（③－⑧）
	⑦　千円	⑧　千円	⑨　千円
	課税時期現在の発行済株式数（第５表の⑩の株式数）	課税時期現在の修正後の１株当たりの純資産価額（相続税評価額）（⑨÷⑩）	（注）第５表の㋥及び㋭の金額に株式等以外の資産に係る金額が含まれている場合には、その金額を除いて計算します。
	⑩　株	⑪　円	

１株当たりのS_1の金額の計算の基となる金額	修正後の類似業種比準価額（第７表の㉔、㉕又は㉖の金額）	修正後の１株当たりの純資産価額（相続税評価額）（⑪の金額）
	⑫　円	⑬　円

１株当たりのS_1の金額の計算	区分	１株当たりのS_1の金額の算定方法	１株当たりのS_1の金額
	比準要素数１である会社のS_1の金額	次のうちいずれか低い方の金額 イ　⑬の金額 ロ　（⑫の金額 × 0.25）＋（⑬の金額 × 0.75）	⑭　円
上記以外の会社	大会社のS_1の金額	次のうちいずれか低い方の金額（⑬の記載がないときは⑫の金額） イ　⑫の金額 ロ　⑬の金額	⑮　円
上記以外の会社	中会社のS_1の金額	（⑫と⑬とのいずれか低い方の金額 × Lの割合 0.　）＋（⑬の金額 ×（1 － Lの割合 0.　））	⑯　円
上記以外の会社	小会社のS_1の金額	次のうちいずれか低い方の金額 イ　⑬の金額 ロ　（⑫の金額 × 0.50）＋（⑬の金額 × 0.50）	⑰　円

2．S_2の金額

課税時期現在の株式等の価額の合計額（第５表の㋑の金額）	株式等の帳簿価額の合計額（第５表の㋺＋（㋥－㋭）の金額）（注）	株式等に係る評価差額に相当する金額（⑱－⑲）	⑳の評価差額に対する法人税額等相当額（⑳×37%）
⑱　千円	⑲　千円	⑳　千円	㉑　千円
S_2の純資産価額相当額（⑱－㉑）	課税時期現在の発行済株式数（第５表の⑩の株式数）	S_2の金額（㉒÷㉓）	（注）第５表の㋥及び㋭の金額に株式等以外の資産に係る金額が含まれている場合には、その金額を除いて計算します。
㉒　千円	㉓　株	㉔　円	

3．株式等保有特定会社の株式の価額

１株当たりの純資産価額（第５表の⑪の金額（第５表の⑫の金額があるときはその金額））	S_1の金額とS_2の金額との合計額（（⑭、⑮、⑯又は⑰）＋㉔）	株式等保有特定会社の株式の価額（㉕と㉖とのいずれか低い方の金額）
㉕　円	㉖　円	㉗　円

＜付　表＞　同族関係者の範囲等

項　目		内　　　容
同族株主等の判定	同族関係者	1　個人たる同族関係者（法人税法施行令第４条第１項） (1)　株主等の親族（親族とは、配偶者、６親等内の血族及び３親等内の姻族をいいます。） (2)　株主等と婚姻の届出をしていないが事実上婚姻関係と同様の事情にある者 (3)　個人である株主等の使用人 (4)　上記に掲げる者以外の者で個人である株主等から受ける金銭その他の資産によって生計を維持しているもの (5)　上記(2)、(3)及び(4)に掲げる者と生計を一にするこれらの者の親族 2　法人たる同族関係者（法人税法施行令第４条第２項～第４項、第６項） (1)　株主等の１人が他の会社（同族会社かどうかを判定しようとする会社以外の会社。以下同じ。）を支配している場合における当該他の会社 　ただし、同族関係会社であるかどうかの判定の基準となる株主等が個人の場合は、その者及び上記１の同族関係者が他の会社を支配している場合における当該他の会社（以下(2)及び(3)において同じ。） (2)　株主等の１人及びこれと特殊の関係にある(1)の会社が他の会社を支配している場合における当該他の会社 (3)　株主等の１人並びにこれと特殊の関係にある(1)及び(2)の会社が他の会社を支配している場合における当該他の会社 (注) 1　上記(1)から(3)に規定する「他の会社を支配している場合」とは、次に掲げる場合のいずれかに該当する場合をいいます。 イ　他の会社の発行済株式又は出資（自己の株式又は出資を除きます。）の総数又は総額の50％超の数又は金額の株式又は出資を有する場合 ロ　他の会社の次に掲げる議決権のいずれかにつき、その総数（当該議決権を行使することができない株主等が有する当該議決権の数を除きます。）の50％超の数を有する場合 ①　事業の全部若しくは重要な部分の譲渡、解散、継続、合併、分割、株式交換、株式移転又は現物出資に関する決議に係る議決権 ②　役員の選任及び解任に関する決議に係る議決権 ③　役員の報酬、賞与その他の職務執行の対価として会社が供与する財産上の利益に関する事項についての決議に係る議決権 ④　剰余金の配当又は利益の配当に関する決議に係る議決権 ハ　他の会社の株主等（合名会社、合資会社又は合同会社の社員（当該他の会社が業務を執行する社員を定めた場合にあっては、業務を執行する社員）に限ります。）の総数の半数を超える数を占める場合 2　個人又は法人との間で当該個人又は法人の意思と同一の内容の議決権を行使することに同意している者がある場合には、当該者が有する議決権は当該個人又は法人が有するものとみなし、かつ、当該個人又は法人（当該議決権に係る会社の株主等であるものを除きます。）は当該議決権に係る会社の株主等であるものとみなして、他の会社を支配しているかどうかを判定します。 (4)　上記(1)から(3)の場合に、同一の個人又は法人の同族関係者である２以上の会社が判定しようとする会社の株主等(社員を含みます。)である場合には、その同族関係者である２以上の会社は、相互に同族関係者であるものとみなされます。

少数株式所有者の評価方法の判定	役員	社長、理事長のほか、次に掲げる者（法人税法施行令第71条第1項第1号、第2号、第4号） ⑴　代表取締役、代表執行役、代表理事 ⑵　副社長、専務、常務その他これらに準ずる職制上の地位を有する役員 ⑶　取締役（指名委員会等設置会社の取締役及び監査等委員である取締役に限ります。）、会計参与及び監査役並びに監事
	中心的な同族株主	同族株主のいる会社の株主で、課税時期において同族株主の1人並びにその株主の配偶者、直系血族、兄弟姉妹及び1親等の姻族（これらの者の同族関係者である会社のうち、これらの者が有する議決権の合計数がその会社の議決権総数の25%以上である会社を含みます。）の有する議決権の合計数がその会社の議決権総数の25%以上である場合におけるその株主
	中心的な株主	同族株主のいない会社の株主で、課税時期において株主の1人及びその同族関係者の有する議決権の合計数がその会社の議決権総数の15%以上である株主グループのうち、いずれかのグループに単独でその会社の議決権総数の10%以上の株式を有している株主がいる場合におけるその株主

（別表）　純資産価額方式における帳簿価額等の記載例について　（単位：千円）

資産の部				
科目	決算上の帳簿価額	相続税評価額	帳簿価額	摘要
現金	1,000	1,000	1,000	
預金	50,000	50,765	50,000	既経過利子の額 765 千円【評基通 203】
受取手形 （受取手形） （貸倒引当金）	27,500 (30,000) (2,500)	29,500	30,000	帳簿価額は貸倒引当金を控除しない。評価減 500 千円【評基通 206】
売掛金 （売掛金） （貸倒引当金）	64,000 (70,000) (6,000)	67,000	70,000	帳簿価額は貸倒引当金を控除しない。回収不能分 3,000 千円【評基通 204、205】
未収入金 （未収入金） （貸倒引当金）	4,500 (5,000) (　500)	5,000	5,000	帳簿価額は貸倒引当金を控除しない【評基通 204】
貸付金	3,000	3,050	3,000	既経過利息の額 50 千円【評基通 204】
前渡金	500	500	500	
仮払金	500	500	500	
株式	20,000	30,000	20,000	上場株式の評価増 10,000 千円【評基通 169～172】
法人税額等相当額の控除不適用の株式	5,000	8,000	5,000	関連会社の株式（取引相場のない株式）の評価増 3,000 千円【評基通 186-2】
ゴルフ会員権	8,000	13,000	8,000	ゴルフ会員権(入会金等）の評価増 5,000 千円【評基通 211】
商品	15,000	15,000	15,000	【評基通 133】
製品	12,000	12,000	12,000	〃
半製品	3,500	3,500	3,500	〃
仕掛品	3,000	3,000	3,000	〃
原材料	12,000	12,000	12,000	〃
貯蔵品	500	200	500	〃
土地 （土地） （圧縮調整勘定）	13,000 (25,000) (12,000)	188,000	13,000	帳簿価額は圧縮調整勘定の控除後の金額【評基通 7～87-7】
課税時期前3年以内に取得した土地	10,000	12,000	10,000	課税時期における通常の取引価額 12,000 千円【評基通 185】
借地権	0	50,000	0	帳簿価額は「0」と記載する。ただし、有償取得のものについ

				ては、その取得価額を記載する【評基通 27】
建　　　物 （建　　物） （減価償却累計額）	37,000 (50,000) (13,000)	32,000	37,000	帳簿価額は減価償却累計額の控除後の金額。固定資産税評価額32,000千円【評基通 89】
構　築　物 （構　築　物） （減価償却累計額）	3,500 (5,000) (1,500)	3,700	3,500	帳簿価額は減価償却累計額の控除後の金額【評基通 97】
借　家　権	2,000	0	2,000	相続税評価額は権利金の名称をもって取引される慣行のある地域にあるものを除き評価しないこととされているが、財産性のあるものは相続税評価額が零であっても帳簿価額を計上する。 【評基通 94】
船　　　舶 （船　　舶） （減価償却累計額）	95,000 (105,000) (10,000)	80,000	95,000	帳簿価額は減価償却累計額の控除後の金額【評基通 136】
車両運搬具 （車両運搬具） （減価償却累計額）	6,000 (8,500) (2,500)	6,000	6,000	同　上【評基通 129】
什器備品 （什器備品） （減価償却累計額）	2,000 (3,500) (1,500)	2,000	2,000	同　上【評基通 129】
機械装置 （機械装置） （圧縮調整勘定） （減価償却累計額）	56,500 (82,000) (10,000) (15,500)	66,500	49,000	帳簿価額は圧縮調整勘定及び減価償却累計額並びに負債の部の特別償却準備金(7,500千円)控除後の金額
特　許　権	30,000			自らが、特許発明を実施している場合は営業権として一括評価する。帳簿価額は、特許権から商標権までの合計額とする。なお、営業権の評価額が零であっても帳簿価額は計上する。 【評基通 145、146、147】
意　匠　権	12,000			
商　標　権	8,000			
営　業　権		28,000	50,000	
鉱　業　権	5,300	2,700	5,300	【評基通 156】
採　石　権	3,000	1,000	3,000	【評基通 160】
著　作　権	0	1,000	0	【評基通 148】
電話加入権	1,500	150	1,500	【評基通 161】
未収利息	200	200	200	
未収地代	300	300	300	
創　立　費	1,200			財産性のない資産（評価の対象とならない資産）の帳簿価額は、決算上の帳簿残高があ
開　業　費	300			
株式交付費	200			
社債発行費	500			
社債発行差金	300			

開発費	2,000			
試験研究費	2,500			る場合であっても計上しない。
建設利息	2,700			
合計	525,000	① 727,565	② 516,800	

（単位：千円）

負債の部				
科目	決算上の帳簿価額	相続税評価額	帳簿価額	摘要
支払手形	25,000	25,000	25,000	
買掛金	30,000	29,500	30,000	事実上支払を要しないもの 500千円
借入金	60,000	60,000	60,000	
無利息借入金	100,000	65,000	100,000	無利息の長期借入金で経済的利益 35,000 千円
未払金	500	500	500	
未払費用	200	200	200	
前受金	300	300	300	
仮受金	100	100	100	
預り金	600	600	600	
保証金	1,000	1,000	1,000	
前受利益	300	300	300	
社債	20,000	20,000	20,000	
賞与引当金	18,000			純資産価額及び評価差額の計算上負債に計上しない【評基通 186】
退職給与引当金	25,500			
特別修繕引当金	20,000			
納税引当金	21,000			
特別償却準備金	7,500			機械装置の特別償却分（対応資産の帳簿価額から除去する。）
資本金等	90,000			純資産価額及び評価差額の計算上無関係のもの
利益積立金	45,000			（発行済株式数　18 万株）
繰越利益剰余金	60,000			
未納法人税等		23,000	23,000	課税時期後に支給することとした被相続人の退職手当金その他の簿外負債については、評価差額の計算に影響させないため帳簿価額にも計上する。
未納消費税		5,000	5,000	
未納固定資産税		1,500	1,500	
未払配当金		5,500	5,500	
未払退職金		45,000	45,000	

合　　　　　計	525,000	③ 282,500	④ 318,000	

(注) 1　資産の評価換えによって生ずる評価差額

①　　　　③　　　　　　②　　　　　④

(727,565千円－282,500千円)－(516,800千円－318,000千円)＝246,265千円

2　1株当たりの純資産価額

①　　　　③

(727,565千円－282,500千円)－(246,265千円×0.37)＝353,947千円

353,947 千円÷180,000株＝ 1,966円……1株当たりの純資産価額

3　本表は、説明のために一部便宜的な表示を行っています。

第二編

設例による
評価明細書等の書き方

第1章　上　場　株　式

1　上場株式の評価方法

設　例

Ａ社、Ｂ社及びＣ社の株式について評価します。

◇相続開始日（課税時期）　　　3月5日

◇相続により取得した上場株式　　Ａ社（東証プライムと名証メインに上場）、Ｂ社（東証プライムと名証メインに上場）、Ｃ社（東証プライムと福証に上場）

区分／銘柄	上場金融商品取引所	3月5日の最終価格	3月中の毎日の最終価格の月平均額	2月中の毎日の最終価格の月平均額	1月中の毎日の最終価格の月平均額
Ａ社	東証プライム	548円	585円	525円	510円
	名証メイン	551	589	530	513
Ｂ社	東証プライム	436	439	445	440
	名証メイン	439	442	446	441
Ｃ社	東証プライム	1,143	1,142	1,215	1,222
	福証	1,141	1,140	1,210	1,220

評価上の取扱い

上場株式の価額は、その株式が上場されている金融商品取引所の公表する相続、遺贈又は贈与のあった日（以下「課税時期」といいます。）の最終価格によって評価することになっています。

ただし、その最終価格が次の①から③のうち最も低い価額を超える場合には、その最も低い価額によって評価することになります。

①　課税時期の属する月の毎日の最終価格の月平均額

②　課税時期の属する月の前月の毎日の最終価格の月平均額

③　課税時期の属する月の前々月の毎日の最終価格の月平均額

また、国内の2以上の金融商品取引所に上場されている株式については、納税義務者が選択した金融商品取引所とします。（評基通 169(1)）。金融商品取引所は、銘柄ごとに選択して差し支えありません。

評価明細書の書き方

上場株式の評価明細書

銘柄	取引所等の名称	課税時期の最終価格 月日	課税時期の最終価格 ①価額	最終価格の月平均額 課税時期の属する月 ② 3月	最終価格の月平均額 課税時期の属する月の前月 ③ 2月	最終価格の月平均額 課税時期の属する月の前々月 ④ 1月	評価額（①の金額又は①から④までのうち最も低い金額）	増資による権利落等の修正計算その他の参考事項
A社	東P	3.5	548円	585円	525円	510円	510円	
B社	東P	3.5	436	439	445	440	436	
C社	福	3.5	1,141	1,140	1,210	1,220	1,140	

記載方法等

1　**「取引所等の名称」**欄には、課税時期の最終価格等について採用した金融商品取引所名及び市場名を記載します（例えば、東京証券取引所のプライム市場の場合は「東P」、名古屋証券取引所のメイン市場の場合は「名M」など）。

2　**「課税時期の最終価格」**の**「月日」**欄には、課税時期を記載します。ただし、課税時期に取引がない場合等には、課税時期の最終価格として採用した最終価格についての取引月日を記載します。

3　**「最終価格の月平均額」**の「②」欄、「③」欄及び「④」欄には、それぞれの月の最終価格の月平均額を記載します。ただし、最終価格の月平均額について増資による権利落等の修正計算を必要とする場合には、修正計算後の最終価格の月平均額を記載するとともに、修正計算前の最終価格の月平均額をかっこ書きします。

4　**「評価額」**欄には、負担付贈与又は個人間の対価を伴う取引により取得した場合には、「①」欄の金額を、その他の場合には、「①」欄から「④」欄までのうち最も低い金額を記載します。

5　各欄の金額は、各欄の表示単位未満の端数を切り捨てます。

解　説

それぞれ株式の1株当たりの評価額は、次のとおりとなります。

A社……510円

東証プライムの1月中の毎日の最終価格の月平均額510円が最も低い価額ですので、東京証券取引所の価額を選択しました。

B社……436円

東証プライムの課税時期の最終価格である436円が最も低い価額ですので、東京証券取引所の価額を選択しました。

C社……1,140円

福証の3月中の毎日の最終価格の月平均額1,140円が最も低い価額ですので、福岡証券取引所の価額を選択しました。

≪最終価格≫

日刊新聞の株式欄の見方

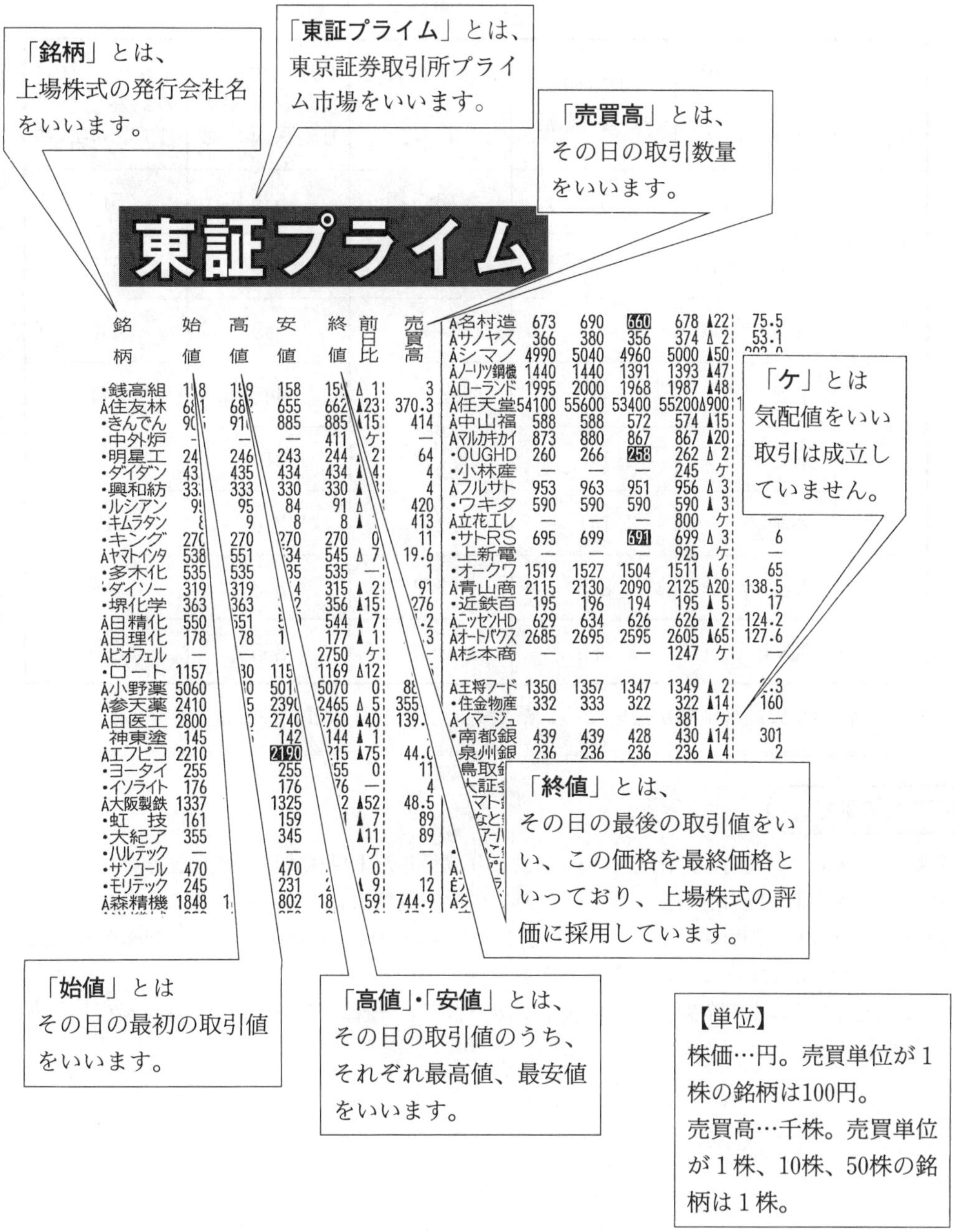
「銘柄」とは、上場株式の発行会社名をいいます。
「東証プライム」とは、東京証券取引所プライム市場をいいます。
「売買高」とは、その日の取引数量をいいます。
東証プライム
銘柄　始値　高値　安値　終値　前日比　売買高
「ケ」とは気配値をいい取引は成立していません。
「終値」とは、その日の最後の取引値をいい、この価格を最終価格といっており、上場株式の評価に採用しています。
「始値」とはその日の最初の取引値をいいます。
「高値」・「安値」とは、その日の取引値のうち、それぞれ最高値、最安値をいいます。
【単位】
株価…円。売買単位が1株の銘柄は100円。
売買高…千株。売買単位が1株、10株、50株の銘柄は1株。

（注）　この資料は、説明上の資料で、実際の数値等とは異なります。

2　負担付贈与等により取得した場合

設　例

3月5日、父の銀行からの借入金100万円を代わって返済することを条件に父より、A社、B社、C社、D社の株式それぞれ1,000株の贈与を受けました。

A社、B社、C社及びD社の株式について評価します。

◇贈与を受けた上場株式　A社（東証プライムと名証メインに上場）、B社（東証プライムと名証メインに上場）、C社（東証プライムと名証メインに上場）、D社（東証プライムと福証に上場）

区分／銘柄	上場 金融商品取引所	3月5日の最終価格	3月中の毎日の最終価格の月平均額	2月中の毎日の最終価格の月平均額	1月中の毎日の最終価格の月平均額
A　社	東証プライム	548円	585円	525円	510円
	名証メイン	551	589	530	513
B　社	東証プライム	436	439	445	440
	名証メイン	439	442	446	441
C　社	東証プライム	1,143	1,142	1,215	1,222
	名証メイン	1,141	1,140	1,210	1,220
D　社	東証プライム	865	862	863	869
	福　証	※863	859	865	870

※　課税時期に最終価格がないため、最も近い日（3月3日）の価格です。

評価上の取扱い

負担付贈与又は個人間の対価を伴う取引により取得した上場株式の価額は、その株式が上場されている金融商品取引所の公表する課税時期の最終価格によって評価することになっており（評基通 169(2)）、課税時期の属する月以前3か月間の毎日の最終価格の月平均額のうち最も低い価額により評価することはできません。

なお、国内の2以上の金融商品取引所に上場されている株式については、納税義務者が選択した金融商品取引所とします。

評価明細書の書き方

上場株式の評価明細書

銘柄	取引所等の名称	課税時期の最終価格 月日	課税時期の最終価格 ① 価額	最終価格の月平均額 課税時期の属する月 ② 月	最終価格の月平均額 課税時期の属する月の前月 ③ 月	最終価格の月平均額 課税時期の属する月の前々月 ④ 月	評価額（①の金額又は①から④までのうち最も低い金額）	増資による権利落等の修正計算その他の参考事項
A社	東P	3.5	円 548	円	円	円	円 548	負担付贈与
B社	東P	3.5	436				436	〃
C社	名M	3.5	1,141				1,141	〃
D社	福	3.3	863				863	〃

記載方法等

1 **「取引所等の名称」**欄には、課税時期の最終価格等について採用した金融商品取引所名及び市場名を記載します（例えば、東京証券取引所のプライム市場の場合は「東P」、名古屋証券取引所のメイン市場の場合は「名M」など）。

2 **「課税時期の最終価格」**の**「月日」**欄には、課税時期を記載します。ただし、課税時期に取引がない場合等には、課税時期の最終価格として採用した最終価格についての取引月日を記載します。

3 **「最終価格の月平均額」**の「②」欄、「③」欄及び「④」欄には、それぞれの月の最終価格の月平均額を記載します。ただし、最終価格の月平均額について増資による権利落等の修正計算を必要とする場合には、修正計算後の最終価格の月平均額を記載するとともに、修正計算前の最終価格の月平均額をかっこ書きします。

4 **「評価額」**欄には、負担付贈与又は個人間の対価を伴う取引により取得した場合には、「①」欄の金額を、その他の場合には、「①」欄から「④」欄までのうち最も低い金額を記載します。

5 各欄の金額は、各欄の表示単位未満の端数を切り捨てます。

解 説

負担付贈与の場合は、課税時期の最終価格で評価します。

したがって、設例の場合は、

A社株式　548円×1,000株＝548,000円…………………①
B社株式　436円×1,000株＝436,000円…………………②
C社株式　1,141円×1,000株＝1,141,000円……………③
D社株式　863円×1,000株＝863,000円…………………④

となり、取得した株式の価額から負担する債務の額を控除したものが、贈与税の課税価格となります。

（贈与税の課税価格）

①	②	③	④	負担する債務の額	
548,000円＋	436,000円＋	1,141,000円＋	863,000円－	1,000,000円	＝1,988,000円

3　課税時期の最終価格（権利落等の場合）

設　例

次の場合のＡ鉄鋼及びＢ電鉄の株式の課税時期の最終価格について説明します。

◇課税時期　　　　9月29日

◇相続により取得した株式

Ａ鉄鋼（東証プライム上場）2,000株（被相続人は内1,000株を9月29日購入後に死亡）

Ｂ電鉄（東証プライム上場）5,000株

○Ａ鉄鋼

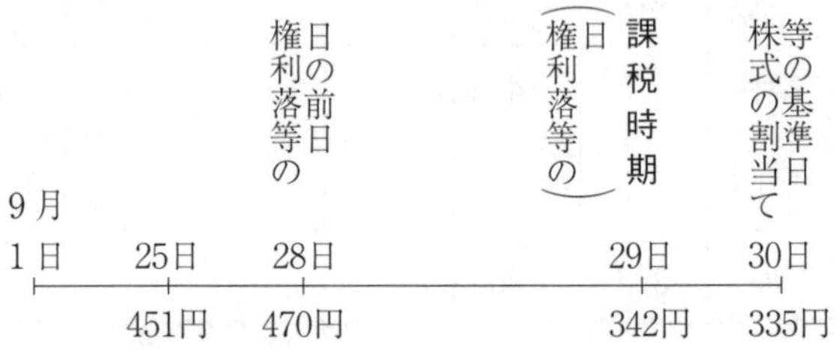

○Ｂ電鉄

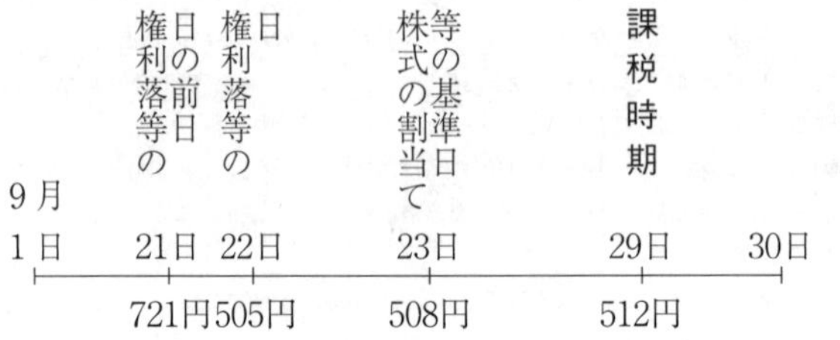

評価明細書の書き方

課税時期が権利落又は配当落（以下「権利落等」といいます。）の日から株式の割当て、株式の無償交付又は配当金の交付（以下「株式の割当て等」といいます。）の基準日までの間にある場合は、その権利落等の日の前日以前の最終価格のうち、課税時期に最も近い日の最終価格をもって、課税時期の最終価格とすることになっています（評基通170）。

これは、課税時期が権利落等の日から株式の割当て等の基準日までの間にある場合には、課税時期における取引価格は権利落等の価額となっていることから、権利落等の日の前日以前から所有していた株式をその間に相続等により取得した場合には、その株式は割当てを受ける権利又は配当期待権が付与されているにもかかわらず、課税時期の最終価格により評価すると、これらの権利が付与されていない状態により評価することとなることから、上記のとおり取り扱うこととされたものです。

（注）「権利落」とは、株式の割当ての権利がつかなくなり株価が値下がりすることをいいます。「配当落」とは、配当の権利がつかなくなり株価が値下がりすることをいいます。

評価明細書の書き方

上 場 株 式 の 評 価 明 細 書

銘柄	取引所等の名称	課税時期の最終価格 月日	課税時期の最終価格 ① 価額	最終価格の月平均額 課税時期の属する月 ② 月	最終価格の月平均額 課税時期の属する月の前月 ③ 月	最終価格の月平均額 課税時期の属する月の前々月 ④ 月	評価額 （①の金額又は①から④までのうち最も低い金額）	増資による権利落等の修正計算その他の参考事項
A 鉄鋼	東P	9.28	470円	円	円	円	円	9月29日権利落
A 鉄鋼	東P	9.29	342		省	略		9月29日購入
B 電鉄	東P	9.29	512					

記載方法等

1 **「取引所等の名称」**欄には、課税時期の最終価格等について採用した金融商品取引所名及び市場名を記載します（例えば、東京証券取引所のプライム市場の場合は「東P」、名古屋証券取引所のメイン市場の場合は「名M」など）。

2 **「課税時期の最終価格」**の**「月日」**欄には、課税時期を記載します。ただし、課税時期に取引がない場合等には、課税時期の最終価格として採用した最終価格についての取引月日を記載します。

3 **「最終価格の月平均額」**の「②」欄、「③」欄及び「④」欄には、それぞれの月の最終価格の月平均額を記載します。ただし、最終価格の月平均額について増資による権利落等の修正計算を必要とする場合には、修正計算後の最終価格の月平均額を記載するとともに、修正計算前の最終価格の月平均額をかっこ書きします。

4 **「評価額」**欄には、負担付贈与又は個人間の対価を伴う取引により取得した場合には、「①」欄の金額を、その他の場合には、「①」欄から「④」欄までのうち最も低い金額を記載します。

5 各欄の金額は、各欄の表示単位未満の端数を切り捨てます。

解 説

A鉄鋼の株式のうち1,000株については、権利落等の日以後に取得しており、株式の割当てを受ける権利が付与されていないため、課税時期の最終価格（342円）によりますが、残りの1,000株は株式の割当てを受ける権利が付与されていることから、権利落等の日の前日の最終価格（470円）を課税時期の最終価格とします。

B電鉄の株式については、株式の割当ての基準日以後に課税時期があることから、通常のとおり、課税時期の最終価格（512円）によります。

（注） この場合は、別途株式の割当てを受ける権利を相続財産に計上する必要があります。
（株式の割当てを受ける権利の評価については162ページを参照してください。）

4　課税時期に最終価格がない場合等

設　例

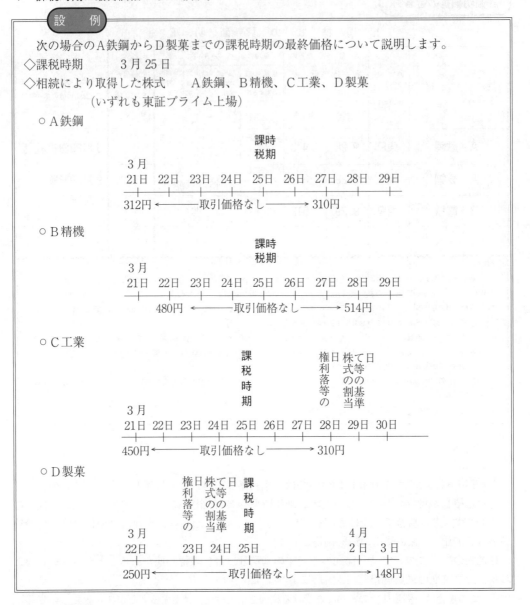

次の場合のA鉄鋼からD製菓までの課税時期の最終価格について説明します。

◇課税時期　　　3月25日

◇相続により取得した株式　　A鉄鋼、B精機、C工業、D製菓

（いずれも東証プライム上場）

○A鉄鋼

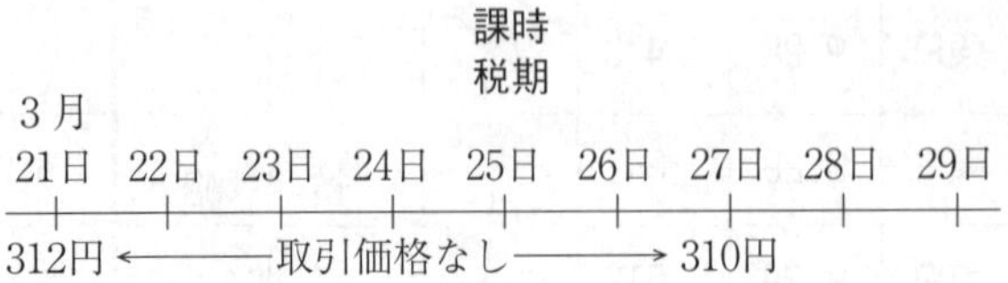

○B精機

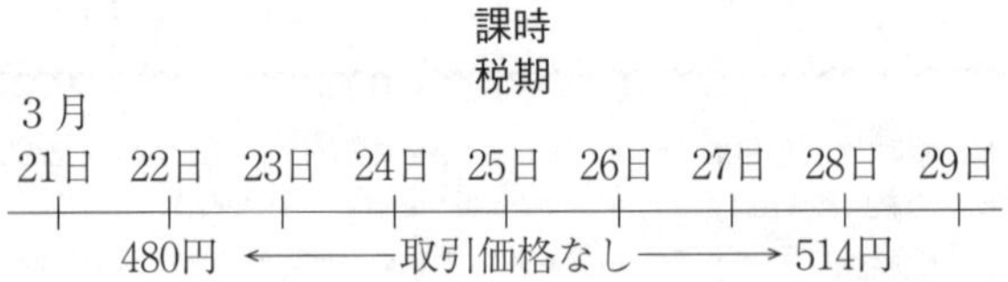

○C工業

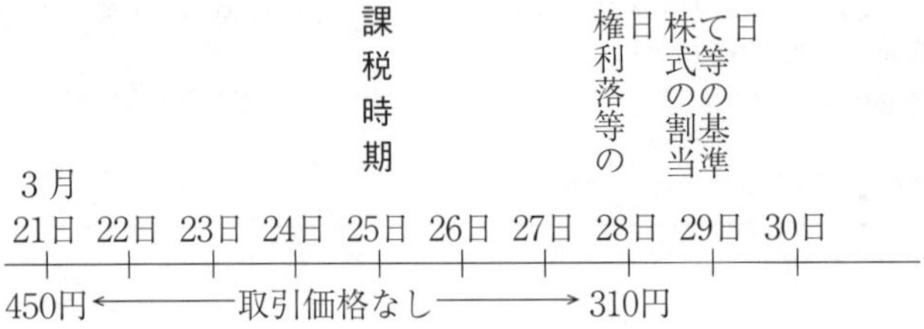

○D製菓

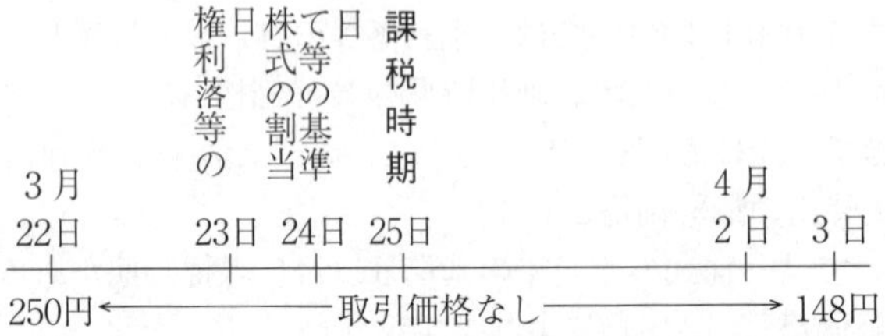

評価上の取扱い

(1)　課税時期に最終価格がない場合には、課税時期の前日以前の最終価格又は翌日以後の最終価格のうち、課税時期に最も近い日の最終価格を採用します。

なお、課税時期に最も近い日の最終価格が２つある場合には、その平均額が課税時期の最終価格となります（評基通171(1)）。

(2)　課税時期が権利落等の日の前日以前で、課税時期に最も近い日の最終価格が、権利落等の日以後のもののみである場合又は権利落等の日の前日以前のものと権利落等の日以後のものとの２つある場合は、課税時期の前日以前の最終価格のうち、課税時期に最も近い日の最終価格を採用します（評基通171(2)）。

(3)　課税時期が株式の割当て等の基準日の翌日以後で、課税時期に最も近い日の最終価格が、その基準日に係る権利落等の日の前日以前のもののみである場合又は権利落等の日の前日以前のものと権利落等の日以後のものとの2つある場合は、課税時期の翌日以後の最終価格のうち、課税時期に最も近い日の最終価格を採用します（評基通171(3)）。

評価明細書の書き方

上場株式の評価明細書

銘柄	取引所等の名称	課税時期の最終価格 月日	課税時期の最終価格 ①価額	最終価格の月平均額 課税時期の属する月 ② 月	最終価格の月平均額 課税時期の属する月の前月 ③ 月	最終価格の月平均額 課税時期の属する月の前々月 ④ 月	評価額（①の金額又は①から④までのうち最も低い金額）	増資による権利落等の修正計算その他の参考事項
A　鉄鋼	東P	3.27	円 310	円	円	円	円	
B　精機	東P	3.22 3.28	497	省略				$\frac{480+514}{2}=497$
C　工業	東P	3.21	450					3月28日権利落
D　製菓	東P	4.3	148					3月24日割当の基準日

記載方法等

1　**「取引所等の名称」**欄には、課税時期の最終価格等について採用した金融商品取引所名及び市場名を記載します（例えば、東京証券取引所のプライム市場の場合は「東P」、名古屋証券取引所のメイン市場の場合は「名M」など）。

2　**「課税時期の最終価格」**の**「月日」**欄には、課税時期を記載します。ただし、課税時期に取引がない場合等には、課税時期の最終価格として採用した最終価格についての取引月日を記載します。

3　**「最終価格の月平均額」**の「②」欄、「③」欄及び「④」欄には、それぞれの月の最終価格の月平均額を記載します。ただし、最終価格の月平均額について増資による権利落等の修正計算を必要とする場合には、修正計算後の最終価格の月平均額を記載するとともに、修正計算前の最終価格の月平均額をかっこ書きします。

4　**「評価額」**欄には、負担付贈与又は個人間の対価を伴う取引により取得した場合には、「①」欄の金額を、その他の場合には、「①」欄から「④」欄までのうち最も低い金額を記載します。

5　各欄の金額は、各欄の表示単位未満の端数を切り捨てます。

解　説

A鉄鋼……310円

課税時期に最も近い日（3月27日）の最終価格を採用します。

B精機……497円

課税時期に最も近い日の最終価格（3月22日·480円、3月28日·514円）が2つあることから、その平均額497円を採用します。

C工業……450円

3月28日の最終価格が課税時期に最も近い日ですが、課税時期が権利落等の日の前日以前ですから、課税時期以前の最終価格（株式の割当てを受ける権利含みの価格）のうち、課税時期に最も近い日（3月21日）の最終価格を採用します。

D製菓……148円

3月22日の最終価格が課税時期に最も近い日の最終価格ですが、課税時期が株式の割当て等の基準日の翌日ですから、権利落後の最終価格（株式の割当てを受ける権利を含まない価格）のうち、課税時期に最も近い日（4月3日）の最終価格を採用します。

(注)　この場合は、別途株式の割当てを受ける権利を相続財産に計上する必要があります。
（株式の割当てを受ける権利の評価については162ページを参照してください。）

5　最終価格の月平均額

(1)　課税時期が株式の割当て等の基準日以前の場合

設　例

次の場合のＡ銀行及びＢ証券の株式について評価します。

(1)　Ａ銀行（東証プライム上場）

課税時期　　　３月28日

株式の割当ての基準日等は次のとおり

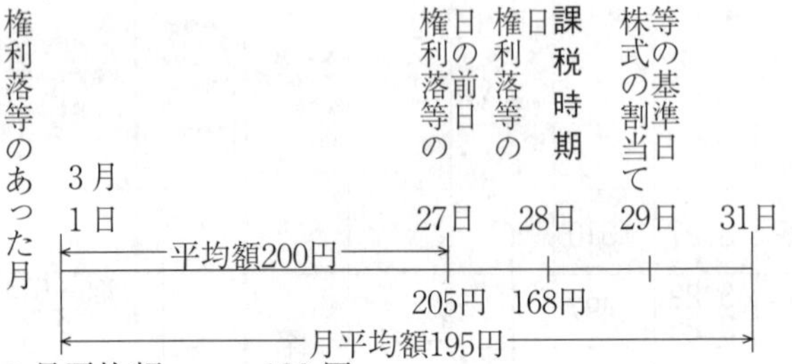

２月の最終価格の月平均額　　　198円

１月の最終価格の月平均額　　　205円

(2)　Ｂ証券（東証プライム上場）

課税時期　　　４月１日

株式の割当条件

①　株式の割当数　株式１株に対し0.5株を割当て

②　株式１株につき払い込むべき金額50円

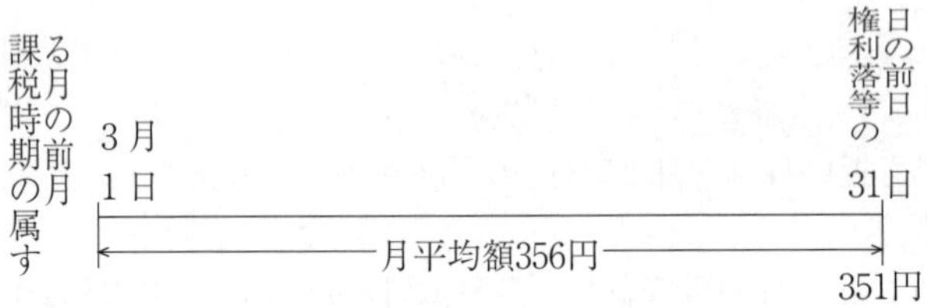

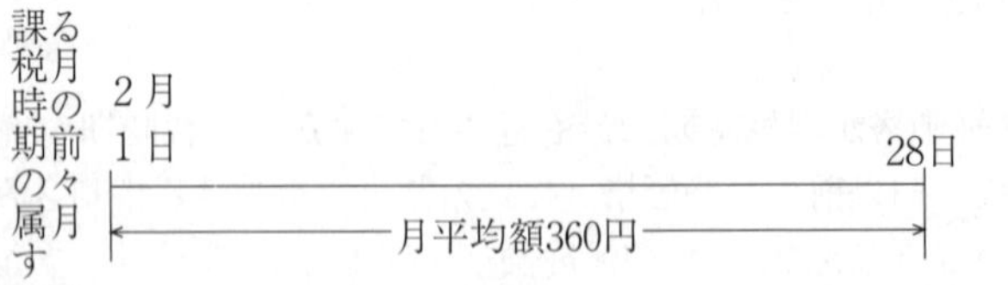

評価上の取扱い

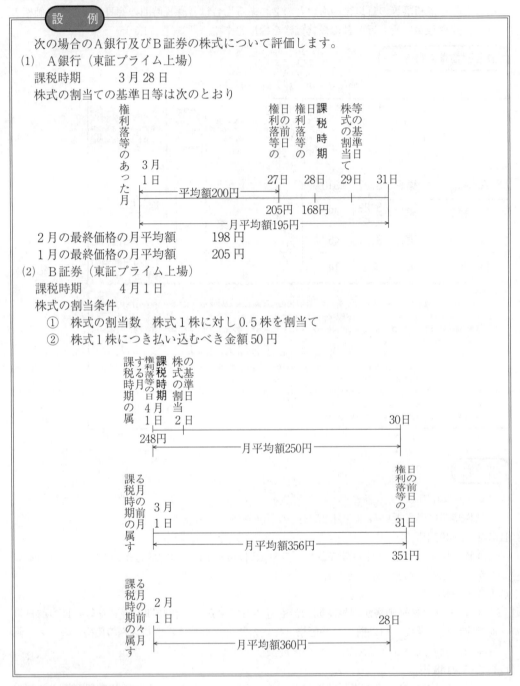

課税時期が株式の割当ての基準日以前の場合、課税時期における株式の価額は、株式の割当てを受ける権利含みのものとなります。

したがって、課税時期の属する月以前３か月間の毎日の最終価格の月平均額についても、株式の割当てを受ける権利含みの価格の平均による必要があります。

課税時期が株式の割当て等の基準日以前である場合におけるその権利落等の日が属する月の最終価格の月平均額は、その月の初日からその権利落等の日の前日までの毎日の最終価格の平均額によることとされています（評基通172(1)）。

なお、課税時期が株式の割当て等の基準日以前で、その権利落等の日が課税時期の属する月の初日以前である場合における課税時期の属する月の最終価格の月平均額は、次の算式によって計算した金額とされています（評基通172(2)）。

$$\text{課税時期の属する月の最終価格の月平均額} \times \left(1 + \text{株式1株に対する割当株式数又は交付株式数}\right) - \text{割当てを受けた株式1株につき払い込むべき金額} \times \text{株式1株に対する割当株式数}$$

これらの月平均額の特例は、権利落があった場合についてのみ適用され、配当落の場合は適用されません。

評価明細書の書き方と解説

(1)

上場株式の評価明細書

銘柄	取引所等の名称	課税時期の最終価格 月日	課税時期の最終価格 ①価額	最終価格の月平均額 ②課税時期の属する月 3月	最終価格の月平均額 ③課税時期の属する月の前月 2月	最終価格の月平均額 ④課税時期の属する月の前々月 1月	評価額（①の金額又は①から④までのうち最も低い金額）	増資による権利落等の修正計算その他の参考事項
A　銀行	東P	3.27	205円	200円	198円	205円	198円	3月28日権利落

課税時期が3月28日で、株式の割当て等の基準日以前であることから、課税時期における株式の価額は株式の割当てを受ける権利含みの価格となります。

したがって、課税時期の属する月の最終価格の月平均額は、その月の初日から権利落等の日の前日までの平均額200円を採用します。

(2)

上場株式の評価明細書

銘柄	取引所等の名称	課税時期の最終価格 月日	課税時期の最終価格 ①価額	最終価格の月平均額 ②課税時期の属する月 4月	最終価格の月平均額 ③課税時期の属する月の前月 3月	最終価格の月平均額 ④課税時期の属する月の前々月 2月	評価額（①の金額又は①から④までのうち最も低い金額）	増資による権利落等の修正計算その他の参考事項
B　証券	東P	3.30	351円	(250)円 350	356円	360円	350円	4月1日権利落 250×(1+0.5)−50×0.5

(1)と同様、課税時期における株式の価額は、株式の割当てを受ける権利含みのものとなりますが、課税時期の属する月の最終価格の月平均額は、権利落後のものしかありません。

このため、課税時期の属する月の最終価格の月平均額を権利落等がなかったものとして、次の算式により修正します。

課税時期の属する月の最終価格の月平均額		株式1株に対する割当株式数		株式1株につき払い込むべき金額			
250円	×	(1+0.5)	−	50円	×	0.5	=350円

(2)　課税時期が株式の割当て等の基準日の翌日以後である場合

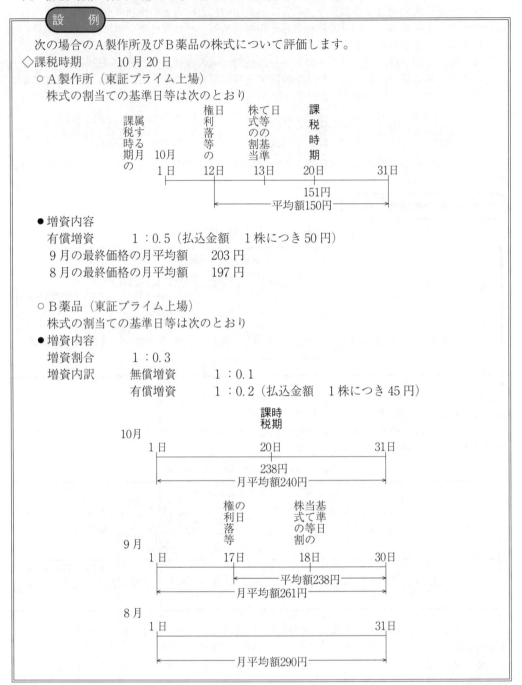

設　例

次の場合のＡ製作所及びＢ薬品の株式について評価します。

◇課税時期　　　10 月 20 日

○Ａ製作所（東証プライム上場）

株式の割当ての基準日等は次のとおり

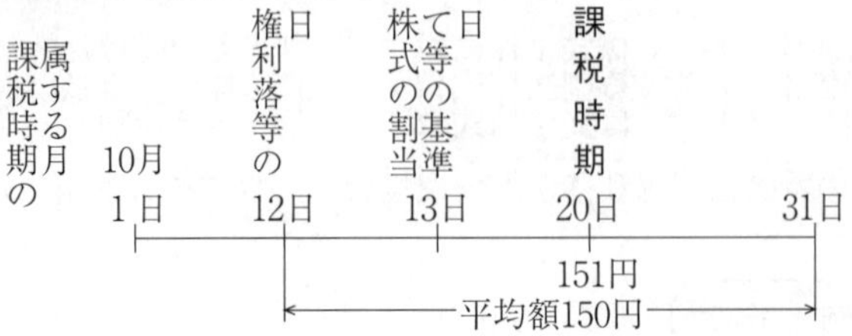

●増資内容

有償増資　　　1：0.5（払込金額　1株につき 50 円）

9 月の最終価格の月平均額　　203 円

8 月の最終価格の月平均額　　197 円

○Ｂ薬品（東証プライム上場）

株式の割当ての基準日等は次のとおり

●増資内容

増資割合　　　1：0.3

増資内訳　　　無償増資　　　1：0.1

　　　　　　　有償増資　　　1：0.2（払込金額　1株につき 45 円）

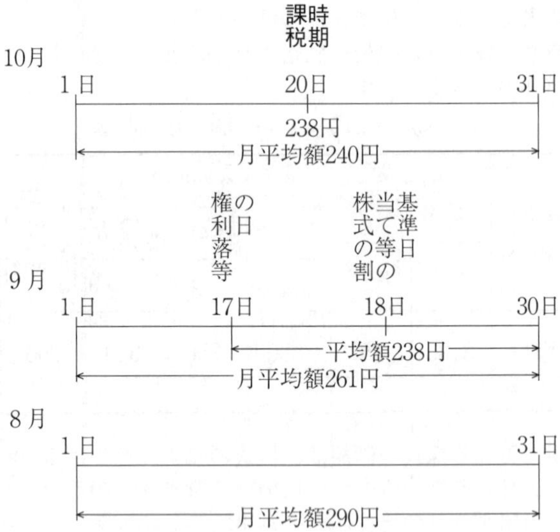

評価上の取扱い

課税時期が株式の割当て等の基準日の翌日以後の場合、課税時期における株式の価額は、株式の割当てを受ける権利落後のものとなります。

したがって、課税時期の属する月以前３か月間の最終価格の月平均額について調整する必要があります。

課税時期が株式の割当て等の基準日の翌日以後である場合におけるその権利落等の日が属する月の最終価格の月平均額は、その権利落等の日からその月の末日までの毎日の最終価格の平均額によることとされています（評基通172(3)）。

なお、課税時期が株式の割当て等の基準日の翌日以後である場合におけるその権利落等の日が属する月の前月以前の各月の最終価格の月平均額は、次の算式によって計算した金額によることとされています（評基通172(4)）。

（その月の最終価格の月平均額＋割当てを受けた株式１株につき払い込むべき金額×株式１株に対する割当株式数）÷（１＋株式１株に対する割当株式数又は交付株式数）

これらの月平均額の特例も、権利落等があった場合についてのみ適用され、配当落の場合は適用されません。

評価明細書の書き方

上 場 株 式 の 評 価 明 細 書

銘柄	取引所等の名称	課税時期の最終価格 月日	① 価額	最終価格の月平均額 ② 課税時期の属する月 10月	③ 課税時期の属する月の前月 9月	④ 課税時期の属する月の前々月 8月	評価額（①の金額又は①から④までのうち最も低い金額）	増資による権利落等の修正計算その他の参考事項
A 製作所	東P	10.20	151円	150円	(203)円 152	(197)円 148	148円	10月12日権利落 9月分 $\frac{203+50\times0.5}{1+0.5}$
								8月分 $\frac{197+50\times0.5}{1+0.5}$
B 薬品	東P	10.20	238	240	238	(290) 230	230	9月17日権利落
								8月分 $\frac{290+45\times0.2}{1+0.2+0.1}$

解 説

A製作所

課税時期が株式の割当て等の基準日の翌日以後ですから、10月の最終価格の月平均額は、権利落後の平均額150円を採用します。

9月及び8月については、権利落前の価額しかありませんので、これを調整する必要があります。

	その月の最終価格の月平均額		株式１株につき払い込む金額		株式１株に対する割当株式数		
9月分：（	203円	＋	50円	×	0.5	）	÷（1＋0.5）＝152円
8月分：（	197円	＋	50円	×	0.5	）	÷（1＋0.5）＝148円

B薬品

A製作所と同様、課税時期が株式の割当て等の基準日翌日以後ですから、9月の最終価格の月平均額は権利落等後の平均額238円を採用します。

8月については、権利落等前の価額しかありませんのでこれを調整する必要があります。

	その月の最終価格の月平均額		株式１株につき払い込む金額	株式１株に対する有償払込みの割当株式数		株式１株に対する無償交付株式数	
（	290円	＋	45円	×0.2）÷（1＋0.2＋		0.1	）＝230円

（注） 上記の場合において、株式の割当て等の基準日現在の所有者には、次のような権利が発生しています（株式の割当てを受ける権利の評価については162ページを参照してください。）。

A製作所：株式の割当てを受ける権利

旧株１株当たり49円〔（評価額148円－払込金額50円）×0.5〕

B 薬 品…株式の割当てを受ける権利

旧株１株当たり37円〔（評価額230円－払込金額45円）×0.2〕

株式無償交付期待権　旧株１株当たり23円（評価額230円×0.1）

⑶　配当落があった場合

設　例

次の場合の甲造船所及び乙興業の株式について評価します。

⑴　甲　造船所（東証プライム上場）
課税時期　　　4月2日
配当金交付の基準日等は次のとおり

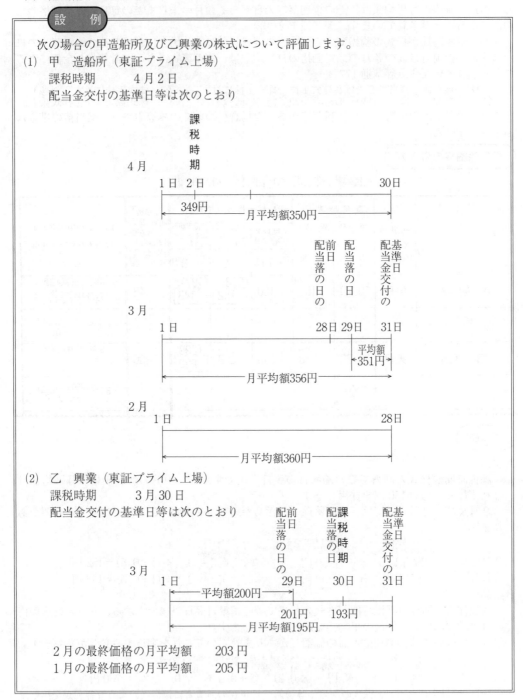

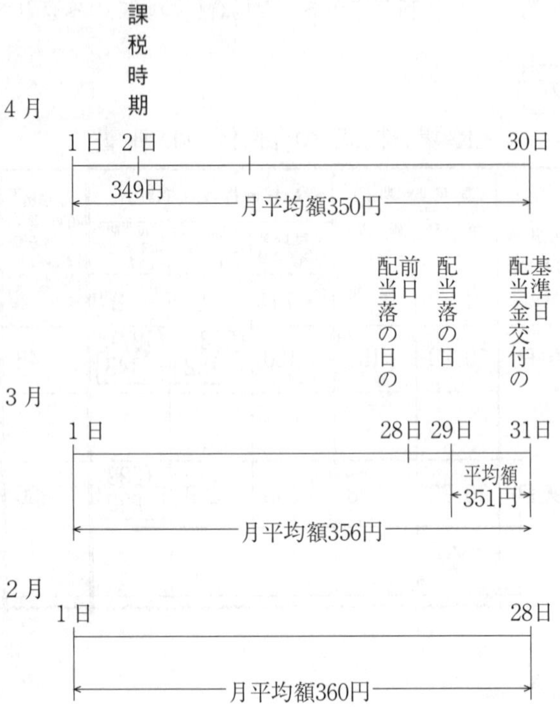

⑵　乙　興業（東証プライム上場）
課税時期　　　3月30日
配当金交付の基準日等は次のとおり

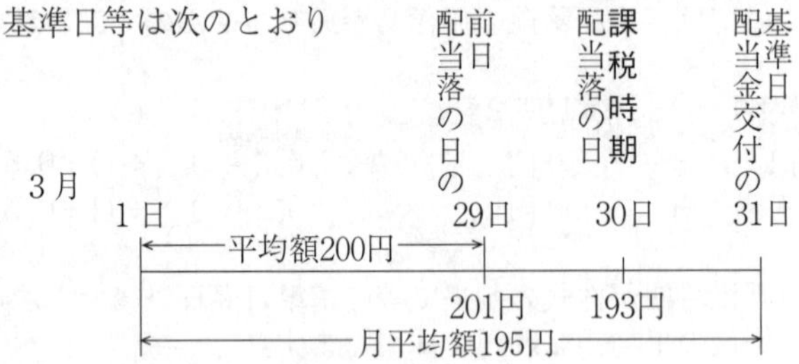

2月の最終価格の月平均額　　203円
1月の最終価格の月平均額　　205円

評価上の取扱い

課税時期が権利落等の日から株式の割当て等の交付の基準日までの間にある場合における課税時期の最終価格の特例については、権利落、配当落のいずれの場合についても適用されます（3　課税時期の最終価格（権利落等の場合）参照）。

ところが、月平均額の特例は、権利落があった場合についてのみ適用され、配当落の場合には適用されません（評基通172）。

これは、権利落の場合と同様に配当落があった場合にも株式とは別に配当期待権が独立して課税対象となるので、月平均額を修正することになるわけですが、①月初から配当落の日の前日までと、配当落の日から月末までの平均額を算出するということは極めて煩雑であること、②上場株式の配当利回りは平均１％程度と低く、配当落の金額はそれからみてもわずかなものであること、③その上、配当金交付の基準日は通常は月末であるために、仮に月初から配当落の前日までの平均額を求めてみても、その金額と月平均額との差はごくきん少のものとなることなどの理由から、実務上の便宜を考慮し、配当落の場合には課税時期が配当金交付の基準日の前後いずれにある場合でも、その前後で区分することを行わず、月初から月末までの月平均額によることとしたものです。

評価明細書の書き方と解説

⑴　甲　造船所

上場株式の評価明細書

銘柄	取引所等の名称	課税時期の最終価格		最終価格の月平均額			評価額（①の金額又は①から④までのうち最も低い金額）	増資による権利落等の修正計算その他の参考事項
		月　日	① 価額	課税時期の属する月 ② 4月	課税時期の属する月の前月 ③ 3月	課税時期の属する月の前々月 ④ 2月		
甲　造船所	東P	4.2	349円	350円	356円	360円	349円	

課税時期の前月（３月）に配当金交付の基準日がありますが、３月の最終価格の月平均額は、配当落の日以後のもの（351円）ではなく、月の初日から末日までの平均額（356円）を採用します。２月についても、配当落による調整をする必要はありません。

⑵　乙　興業

上場株式の評価明細書

銘柄	取引所等の名称	課税時期の最終価格		最終価格の月平均額			評価額（①の金額又は①から④までのうち最も低い金額）	増資による権利落等の修正計算その他の参考事項
		月　日	① 価額	課税時期の属する月 ② 3月	課税時期の属する月の前月 ③ 2月	課税時期の属する月の前々月 ④ 1月		
乙　興業	東P	3.29	201円	195円	203円	205円	195円	

課税時期が、配当落の日から配当金交付の基準日までの間にあることから、課税時期の最終価格は、配当落の日の前日以前のうち課税時期に最も近い日（３月29日）の価格（201円）を採用します（評基通170）。

最終価格の月平均額は、配当落ですから、３月については、月の初日から配当落の日の前日まで（200円）ではなく、月の初日から末日までの平均（195円）を採用します。

２月、１月も同様で、配当落による調整をする必要はありません。

第2章　気配相場等のある株式

公開途上にある株式の評価方法

設　例

4月1日、父よりA社の株式1,000株の贈与を受けました。
このA社の株式の評価をします。
（参考）　A社の株式は、贈与後（4月16日）に東京証券取引所（スタンダード）に上場されました。
1　金融商品取引所が株式の上場を承認したことを明らかにした日　　3月17日
2　公開価格　　1,500円

評価上の取扱い

株式の上場又は登録に際して、株式の公募又は売出し（以下「公募等」といいます。）が行われる場合における公開途上にある株式の価額は、その株式の公開価格（金融商品取引所又は日本証券業協会の内規によって行われるブックビルディング方式又は競争入札方式のいずれかの方式により決定される公募等の価格をいいます。）によって評価することになっています。

なお、株式の上場又は登録に際して、公募等が行われない場合における公開途上にある株式の価額は、課税時期以前の取引価格等を勘案して評価することになっています（評基通174(2)）。

(注)「ブックビルディング方式」は、機関投資家の意見を基に仮条件を決定し、この仮条件を基に投資家が提示した価格、購入株式数により公開価格を決定する方式である。

解　説

課税時期におけるA社の株式は、公開途上の株式に該当しますから、公開価格の1,500円で評価します（評価明細書はありません。）。

なお、A社の株式については、課税時期により、次の表のとおり評価することとなります。

課　税　時　期	株式評価上の区分	評　価　方　法
3月17日から 4月15日まで	公開途上にある株式	公開価格の1,500円で評価
4月16日以後	上　場　株　式	財産評価基本通達169《上場株式の評価》に掲げる方法

第3章　取引相場のない株式

1　同族株主等の判定

(1)　議決権数

設　例

甲社の株式（取引相場のない株式）について、被相続人Aの死亡により次のとおり相続しました。

B及びCについて同族株主等の判定を行います（1単元の株式の数は1,000株）。

	相続開始前の議決権数	相続開始後の議決権数	相続開始後の所有株数
被相続人A	100個	0個	0株
相続人B（社　長）	30個	90個	90,000株
相続人C（専　務）	20個	60個	60,000株
その他多数の株主	50個	50個	50,000株
合　　計	200個	200個	200,000株

※　BはAの長男、CはAの次男です。

評価上の取扱い

相続税及び贈与税は、相続、遺贈又は贈与によって財産を取得した者に対して課税する取得者課税の方式をとっています。

したがって、取引相場のない株式を評価する場合の同族株主等の判定においても、この取得者課税の原則により、取得後の議決権数を基に、①評価会社に同族株主がいるか、②株式の取得者が同族株主に該当するか、③株式の取得者が中心的な同族株主又は中心的な株主に該当するか、④株式の取得者の議決権割合がいくらであるかについて判定することとされています。

評価明細書の書き方

第1表の1　評価上の株主の判定及び会社規模の判定の明細書

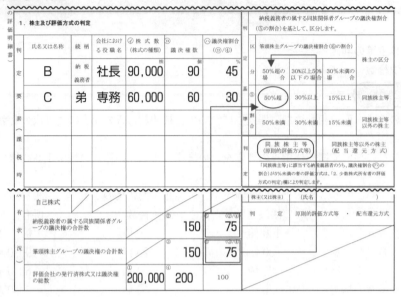

Bの同族株主等の判定

1．株主及び評価方式の判定

判定要素（課税時期現在の株式等の所有状況）	氏名又は名称	続柄	会社における役職名	㋑株式数（株式の種類）	㋺議決権数	㋩議決権割合（㋺/④）
	B	納税義務者	社長	90,000株	90個	45%
	C	弟	専務	60,000	60	30
	自己株式					
	納税義務者の属する同族関係者グループの議決権の合計数				② 150	⑤（②/④） 75
	筆頭株主グループの議決権の合計数				③ 150	⑥（③/④） 75
	評価会社の発行済株式又は議決権の総数			① 200,000	④ 200	100

判定基準	納税義務者の属する同族関係者グループの議決権割合（⑤の割合）を基として、区分します。			
区分	筆頭株主グループの議決権割合（⑥の割合）			株主の区分
	50%超の場合	30%以上50%以下の場合	30%未満の場合	
⑤の割合	（50%超）	30%以上	15%以上	同族株主等
	50%未満	30%未満	15%未満	同族株主等以外の株主
判定	（同族株主等（原則的評価方式等））		同族株主等以外の株主（配当還元方式）	
	「同族株主等」に該当する納税義務者のうち、議決権割合（㋩の割合）が5%未満の者の評価方式は、「2．少数株式所有者の評価方式の判定」欄により判定します。			

株主（又は株主）	（氏名　　　　）
判定	原則的評価方式等　・　配当還元方式

Cの同族株主等の判定

1．株主及び評価方式の判定

判定要素（課税時期現在の株式等の所有状況）	氏名又は名称	続柄	会社における役職名	㋑株式数（株式の種類）	㋺議決権数	㋩議決権割合（㋺/④）
	C	納税義務者	専務	60,000株	60個	30%
	B	兄	社長	90,000	90	45
	自己株式					
	納税義務者の属する同族関係者グループの議決権の合計数				② 150	⑤（②/④） 75
	筆頭株主グループの議決権の合計数				③ 150	⑥（③/④） 75
	評価会社の発行済株式又は議決権の総数			① 200,000	④ 200	100

判定基準	納税義務者の属する同族関係者グループの議決権割合（⑤の割合）を基として、区分します。			
区分	筆頭株主グループの議決権割合（⑥の割合）			株主の区分
	50%超の場合	30%以上50%以下の場合	30%未満の場合	
⑤の割合	（50%超）	30%以上	15%以上	同族株主等
	50%未満	30%未満	15%未満	同族株主等以外の株主
判定	（同族株主等（原則的評価方式等））		同族株主等以外の株主（配当還元方式）	
	「同族株主等」に該当する納税義務者のうち、議決権割合（㋩の割合）が5%未満の者の評価方式は、「2．少数株式所有者の評価方式の判定」欄により判定します。			

株主（又は株主）	（氏名　　　　）
判定	原則的評価方式等　・　配当還元方式

解　説

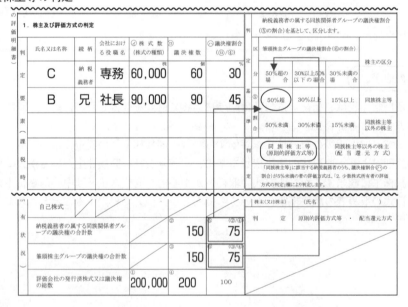

Bの相続開始後の議決権数は90個、Cの相続開始後の議決権数は60個となりますので、その議決権数を基に同族株主等に該当するか否かについて判定することになります。

B、Cは同一の同族関係者グループに属し、その議決権割合が50％を超えていますので、いずれも同族株主に該当します。

(2) 筆頭株主グループの議決権割合が30％以上50％以下の場合

設　例

相続開始後の甲社の株主構成は次のとおりです。
この場合、
① Aの父親について相続開始があったとき
② Fの父親について相続開始があったとき
③ Iの父親について相続開始があったとき
のA、F及びIについて同族株主等の判定を行います。
なお、1単元の株式の数は1,000株です。

◇甲　社◇

株　主	続　　柄	所有株数	議決権数	議決権割合
A	本　　人	20,000株	20個	20％
B	A の 妻	5,000	5	5
C	Aの長男	10,000	10	10
D	A の 弟	4,000	4	4
E	D の 妻	1,000	1	1
F	Aの友人	20,000	20	20
G	F の 妻	8,000	8	8
H	Fの長男	7,000	7	7
I	Fの友人	20,000	20	20
J	Iの長男	5,000	5	5
	発行済株式数 又は議決権総数	100,000	100	100

評価上の取扱い

同族株主等が取得した取引相場のない株式のうち一般の評価会社の株式の価額は、会社の規模に応じて類似業種比準方式、純資産価額方式、又はこれらの併用方式（以下「原則的評価方式」といいます。）により評価することとされています（評基通179）が、同族株主以外の株主等が取得した株式については、特例的評価方式（配当還元方式）によって評価することとされています（評基通 188-2）。

この場合の同族株主とは、課税時期における評価会社の株主のうち、株主の1人及びその同族関係者の有する議決権の合計数がその会社の議決権総数の30％以上（筆頭株主グループの議決権割合が50％超である会社にあっては50％超）である場合におけるその株主及びその同族関係者をいいます（評基通 188(1)）。

評価明細書の書き方　第１表の１　評価上の株主の判定及び会社規模の判定の明細書

①　Aの同族株主等の判定

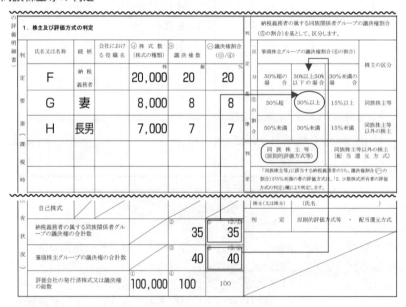

1．株主及び評価方式の判定

氏名又は名称	続柄	会社における役職名	㋑株式数（株式の種類）	㋺議決権数	㋩議決権割合（㋺/④）
			株	個	%
A	納税義務者		20,000	20	20
B	妻		5,000	5	5
C	長男		10,000	10	10
D	弟		4,000	4	4
E	Dの妻		1,000	1	1
自己株式					
納税義務者の属する同族関係者グループの議決権の合計数				② 40	⑤（②/④） 40
筆頭株主グループの議決権の合計数				③ 40	⑥（③/④） 40
評価会社の発行済株式又は議決権の総数			① 100,000	④ 100	100

判定基準：納税義務者の属する同族関係者グループの議決権割合（⑤の割合）を基として、区分します。

区分 筆頭株主グループの議決権割合（⑥の割合）			株主の区分
50%超の場合	30%以上50%以下の場合	30%未満の場合	
50%超	30%以上	15%以上	同族株主等
50%未満	30%未満	15%未満	同族株主等以外の株主

判定	
同族株主等（原則的評価方式等）	同族株主等以外の株主（配当還元方式）

「同族株主等」に該当する納税義務者のうち、議決権割合（㋩の割合）が5%未満の者の評価方式は、「2．少数株式所有者の評価方式の判定」欄により判定します。

株主（又は株主）	（氏名　　　）
判定	原則的評価方式等　・　配当還元方式

②　Fの同族株主等の判定

1．株主及び評価方式の判定

氏名又は名称	続柄	会社における役職名	㋑株式数（株式の種類）	㋺議決権数	㋩議決権割合（㋺/④）
			株	個	%
F	納税義務者		20,000	20	20
G	妻		8,000	8	8
H	長男		7,000	7	7
自己株式					
納税義務者の属する同族関係者グループの議決権の合計数				② 35	⑤（②/④） 35
筆頭株主グループの議決権の合計数				③ 40	⑥（③/④） 40
評価会社の発行済株式又は議決権の総数			① 100,000	④ 100	100

判定基準：納税義務者の属する同族関係者グループの議決権割合（⑤の割合）を基として、区分します。

区分 筆頭株主グループの議決権割合（⑥の割合）			株主の区分
50%超の場合	30%以上50%以下の場合	30%未満の場合	
50%超	30%以上	15%以上	同族株主等
50%未満	30%未満	15%未満	同族株主等以外の株主

判定	
同族株主等（原則的評価方式等）	同族株主等以外の株主（配当還元方式）

「同族株主等」に該当する納税義務者のうち、議決権割合（㋩の割合）が5%未満の者の評価方式は、「2．少数株式所有者の評価方式の判定」欄により判定します。

株主（又は株主）	（氏名　　　）
判定	原則的評価方式等　・　配当還元方式

③　Ｉの同族株主等の判定

（評価明細書）

1．株主及び評価方式の判定

判定要素（課税時期現在の株式等の所有状況）	氏名又は名称	続柄	会社における役職名	㋑株式数（株式の種類）	㋺議決権数	㋩議決権割合（㋺/④）
	I	納税義務者		20,000株	20個	20%
	J	長男		5,000	5	5
	自己株式					
	納税義務者の属する同族関係者グループの議決権の合計数				② 25	⑤（②/④） 25
	筆頭株主グループの議決権の合計数				③ 40	⑥（③/④） 40
	評価会社の発行済株式又は議決権の総数			① 100,000	④ 100	100

判定基準：納税義務者の属する同族関係者グループの議決権割合（⑤の割合）を基として、区分します。

区分	筆頭株主グループの議決権割合（⑥の割合）50%超の場合	30%以上50%以下の場合	30%未満の場合	株主の区分
⑤の割合	50%超	30%以上	15%以上	同族株主等
	50%未満	30%未満	15%未満	同族株主等以外の株主

判定	
同族株主等（原則的評価方式等）	同族株主等以外の株主（配当還元方式）

「同族株主等」に該当する納税義務者のうち、議決権割合（㋩の割合）が5%未満の者の評価方式は、「2．少数株式所有者の評価方式の判定」欄により判定します。

株主（又は株主）	（氏名　　　　）
判定	原則的評価方式等　・　配当還元方式

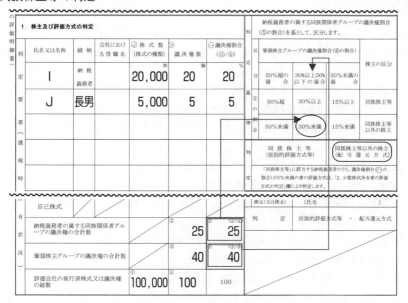

解　説

1　株主グループ別の議決権割合の計算

⑴　株主Aとその同族関係者（B、C、D及びE）が所有する議決権の合計数と議決権割合

　　A　　B　　C　　D　　E

イ　20個＋5個＋10個＋4個＋1個＝40個……所有議決権の合計数

ロ　40個÷100個（議決権総数）＝40％……議決権割合

⑵　株主Fとその同族関係者（G及びH）が所有する議決権の合計数と議決権割合

　　F　　G　　H

イ　20個＋8個＋7個＝35個……所有議決権の合計数

ロ　35個÷100個＝35％……議決権割合

⑶　株主Iとその同族関係者Jが所有する議決権の合計数と議決権割合

　　I　　J

イ　20個＋5個＝25個……所有議決権の合計数

ロ　25個÷100個＝25％……議決権割合

（注）　議決権割合の計算の際、1％未満の端数は切り捨てます。なお、これらの割合が50％超から51％未満までの範囲内にある場合のみ、1％未満の端数を切り上げます。

2　判　定

株主Aのグループは、甲社の筆頭株主グループでその議決権割合は40％となることから株主Aのグループに属する株主は同族株主となります。

甲社は、筆頭株主グループの議決権割合が30％以上50％以下の会社で、株主Fのグループは議決権割合が35％となることから株主Fのグループに属する株主も同族株主となります。

株主Iのグループに属する株主は議決権割合が30％未満（25％）のため同族株主以外の株主となります。

(3)　筆頭株主グループの議決権割合が50％超の場合

設　例

相続開始後の甲社の株主構成は次のとおりです。
この場合、
①　Ａの父親について相続開始があったとき
②　Ｅの父親について相続開始があったとき
のＡ及びＥについて同族株主等の判定を行います。
なお、１単元の株式の数は1,000株です。

◇甲　社◇

株　主	続　　柄	所有株数	議決権数	議決権割合
Ａ	本　　人	25,000株	25個	25％
Ｂ	Ａ の 妻	10,000	10	10
Ｃ	Ａの長男	15,000	15	15
Ｄ	Ａの次男	10,000	10	10
Ｅ	Ａの友人	20,000	20	20
Ｆ	Ｅ の 妻	10,000	10	10
Ｇ	Ｅの長男	10,000	10	10
	発行済株式数又は議決権総数	100,000	100	100

評価上の取扱い

取引相場のない株式のうち同族株主が取得した一般の評価会社の株式の価額は、原則的評価方式により評価することとされていますが、同族株主以外の株主等が取得した株式については、特例的評価方式（配当還元方式）によって評価することとされています（評基通 188-２）。

この場合の同族株主とは、課税時期における評価会社の株主のうち、株主の１人及びその同族関係者の有する議決権の合計数がその会社の議決権総数の30％以上である場合におけるその株主及びその同族関係者をいいます。

ただし、その株式の発行会社の株主のうち、株主の１人及びその同族関係者の有する株式の合計数が最も多いグループの有する議決権の合計数が、その会社の議決権総数の50％超である会社については、その50％超の株式を有するグループに属する株主のみが同族株主となり、その他の株主は、たとえ30％以上の株式を有するグループに属する株主であっても、すべて同族株主以外の株主となります（評基通 188(1)）。

評価明細書の書き方　第１表の１　評価上の株主の判定及び会社規模の判定の明細書

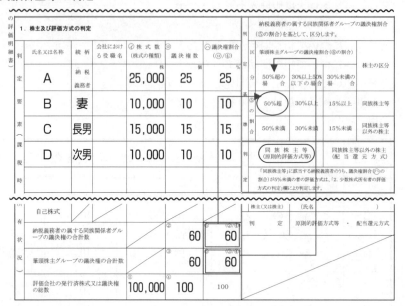

①　Aの同族株主等の判定

（…の評価明細書）

1．株主及び評価方式の判定

判定要素（課税時…

氏名又は名称	続柄	会社における役職名	㋑株式数（株式の種類）	㋺議決権数	㋩議決権割合（㋺/④）
			株	個	%
A	納税義務者		25,000	25	25
B	妻		10,000	10	10
C	長男		15,000	15	15
D	次男		10,000	10	10

…所有状況）

自己株式			
納税義務者の属する同族関係者グループの議決権の合計数		② 60	⑤（②/④） 60
筆頭株主グループの議決権の合計数		③ 60	⑥（③/④） 60
評価会社の発行済株式又は議決権の総数	① 100,000	④ 100	100

判定基準	納税義務者の属する同族関係者グループの議決権割合（⑤の割合）を基として、区分します。			
区分	筆頭株主グループの議決権割合（⑥の割合）			株主の区分
	50%超の場合	30%以上50%以下の場合	30%未満の場合	
⑤の割合	50%超	30%以上	15%以上	同族株主等
⑤の割合	50%未満	30%未満	15%未満	同族株主等以外の株主
判定	同族株主等（原則的評価方式等）		同族株主等以外の株主（配当還元方式）	
	「同族株主等」に該当する納税義務者のうち、議決権割合（㋩の割合）が5%未満の者の評価方式は、「2. 少数株式所有者の評価方式の判定」欄により判定します。			

株主（又は株主）	（氏名　　　　）
判定	原則的評価方式等　・　配当還元方式

②　Eの同族株主等の判定

（…の評価明細書）

1．株主及び評価方式の判定

判定要素（課税時…

氏名又は名称	続柄	会社における役職名	㋑株式数（株式の種類）	㋺議決権数	㋩議決権割合（㋺/④）
			株	個	%
E	納税義務者		20,000	20	20
F	妻		10,000	10	10
G	長男		10,000	10	10

…所有状況）

自己株式			
納税義務者の属する同族関係者グループの議決権の合計数		② 40	⑤（②/④） 40
筆頭株主グループの議決権の合計数		③ 60	⑥（③/④） 60
評価会社の発行済株式又は議決権の総数	① 100,000	④ 100	100

判定基準	納税義務者の属する同族関係者グループの議決権割合（⑤の割合）を基として、区分します。			
区分	筆頭株主グループの議決権割合（⑥の割合）			株主の区分
	50%超の場合	30%以上50%以下の場合	30%未満の場合	
⑤の割合	50%超	30%以上	15%以上	同族株主等
⑤の割合	50%未満	30%未満	15%未満	同族株主等以外の株主
判定	同族株主等（原則的評価方式等）		同族株主等以外の株主（配当還元方式）	
	「同族株主等」に該当する納税義務者のうち、議決権割合（㋩の割合）が5%未満の者の評価方式は、「2. 少数株式所有者の評価方式の判定」欄により判定します。			

株主（又は株主）	（氏名　　　　）
判定	原則的評価方式等　・　配当還元方式

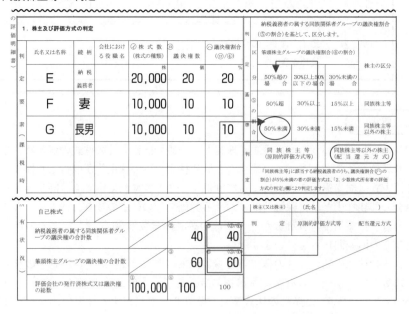

解　説

1　**株主グループ別の議決権割合の計算**

⑴　株主Ａとその同族関係者（Ｂ、Ｃ及びＤ）が所有する議決権の合計数と議決権割合

　　　　Ａ　　Ｂ　　Ｃ　　Ｄ

イ　25 個＋10 個＋15 個＋10 個＝60 個……所有議決権の合計数

ロ　60 個÷100 個（議決権総数）＝60 ％……議決権割合

⑵　株主Ｅとその同族関係者（Ｆ及びＧ）が所有する議決権の合計数と議決権割合

　　　　Ｅ　　Ｆ　　Ｇ

イ　20 個＋10 個＋10 個＝40 個……所有議決権の合計数

ロ　40 個÷100 個＝40 ％……議決権割合

2　**判　定**

⑴　株主Ａのグループは議決権割合が 60 ％（50 ％超）となりますので、そのグループに属するＡ、Ｂ、Ｃ及びＤは同族株主となります。

⑵　株主Ｅのグループの議決権割合は 40 ％で 30 ％以上となっていますが、株主Ａのグループの議決権割合が 50 ％超ですから、株主Ｅのグループに属するＥ、Ｆ及びＧは同族株主以外の株主となります。

⑷　筆頭株主グループの議決権割合が30％未満の場合

設　例

相続開始後の甲社の株主構成は次のとおりです。
この場合、
①　Aの父親について相続開始があったとき
②　Cの父親について相続開始があったとき
③　Eの父親について相続開始があったとき
④　Gの父親について相続開始があったとき
のA、C、E及びGについて同族株主等の判定を行います。
なお、1単元の株式の数は1,000株です。

◇甲　社◇

株主	続柄	所有株数	議決権数	議決権割合
A	本人	15,000株	15個	15％
B	Aの長男	5,000	5	5
C	Aの友人	13,000	13	13
D	Cの妻	4,000	4	4
E	Aの友人	7,000	7	7
F	Eの妻	3,000	3	3
G	Aの友人	10,000	10	10
	その他多数の株主	43,000	43	43
	発行済株式数又は議決権総数	100,000	100	100

評価上の取扱い

同族株主のいる会社では、原則として議決権割合が30％以上のグループに属する株主が同族株主と判定されますが、同族株主のいない会社では、原則として議決権割合の合計が15％以上のグループに属する株主が同族株主等と判定されて、その所有する株式は原則的評価方式で評価し、それ以外の株主は同族株主等以外の株主と判定されて、その所有する株式は特例的評価方式により評価します（評基通188⑶）。

なお、同族株主のいない会社において、同族株主等のグループのうちに中心的な株主がいる場合における同族株主等で、株式取得後の議決権割合が5％未満である者（その会社の役員である者及び法定申告期限までに役員となる者を除きます。）が取得した株式については、特例的評価方式で評価します（評基通188⑷）。

この場合「中心的な株主」とは、同族株主等のうち、単独でその会社の議決権総数の10％以上の株式を所有している者をいいます。

評価明細書の書き方　第１表の１　評価上の株主の判定及び会社規模の判定の明細書

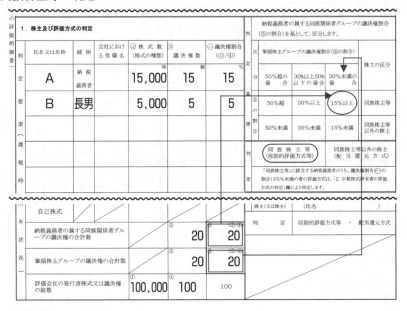

① Aの同族株主等の判定

1．株主及び評価方式の判定

判定要素（課税時期現在の株式等の所有状況）					
氏名又は名称	続柄	会社における役職名	㋑株式数（株式の種類）	㋺議決権数	㋩議決権割合（㋺/④）
A	納税義務者		15,000 株	15 個	15 %
B	長男		5,000	5	5
自己株式					
納税義務者の属する同族関係者グループの議決権の合計数				② 20	⑤（②/④） 20
筆頭株主グループの議決権の合計数				③ 20	⑥（③/④） 20
評価会社の発行済株式又は議決権の総数			① 100,000	④ 100	100

判定基準：納税義務者の属する同族関係者グループの議決権割合（⑤の割合）を基として、区分します。

区分 ⑤の割合	筆頭株主グループの議決権割合（⑥の割合）50%超の場合	30%以上50%以下の場合	30%未満の場合	株主の区分
	50%超	30%以上	(15%以上)	同族株主等
	50%未満	30%未満	15%未満	同族株主等以外の株主

判定：(同族株主等（原則的評価方式等）)　同族株主等以外の株主（配当還元方式）

「同族株主等」に該当する納税義務者のうち、議決権割合（㋩の割合）が5%未満の者の評価方式は、「2．少数株式所有者の評価方式の判定」欄により判定します。

株主（又は株主）	（氏名　　　）
判定	原則的評価方式等 ・ 配当還元方式

② Cの同族株主等の判定

1．株主及び評価方式の判定

判定要素（課税時期現在の株式等の所有状況）					
氏名又は名称	続柄	会社における役職名	㋑株式数（株式の種類）	㋺議決権数	㋩議決権割合（㋺/④）
C	納税義務者		13,000 株	13 個	13 %
D	妻		4,000	4	4
自己株式					
納税義務者の属する同族関係者グループの議決権の合計数				② 17	⑤（②/④） 17
筆頭株主グループの議決権の合計数				③ 20	⑥（③/④） 20
評価会社の発行済株式又は議決権の総数			① 100,000	④ 100	100

判定基準：納税義務者の属する同族関係者グループの議決権割合（⑤の割合）を基として、区分します。

区分 ⑤の割合	筆頭株主グループの議決権割合（⑥の割合）50%超の場合	30%以上50%以下の場合	30%未満の場合	株主の区分
	50%超	30%以上	(15%以上)	同族株主等
	50%未満	30%未満	15%未満	同族株主等以外の株主

判定：(同族株主等（原則的評価方式等）)　同族株主等以外の株主（配当還元方式）

「同族株主等」に該当する納税義務者のうち、議決権割合（㋩の割合）が5%未満の者の評価方式は、「2．少数株式所有者の評価方式の判定」欄により判定します。

株主（又は株主）	（氏名　　　）
判定	原則的評価方式等 ・ 配当還元方式

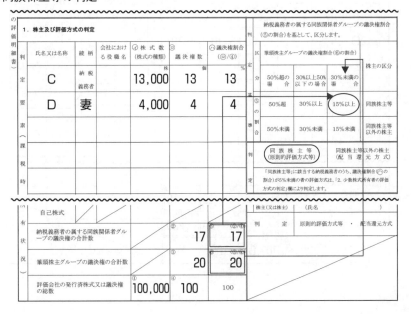

③　Eの同族株主等の判定

1．株主及び評価方式の判定

判定要素（課税時期現在の株式等の所有状況）	氏名又は名称	続柄	会社における役職名	㋑株式数（株式の種類）	㋺議決権数	㋩議決権割合（㋺/④）
	E	納税義務者		7,000株	7個	7%
	F	妻		3,000	3	3
	自己株式					
	納税義務者の属する同族関係者グループの議決権の合計数				② 10	⑤(②/④) 10
	筆頭株主グループの議決権の合計数				③ 20	⑥(③/④) 20
	評価会社の発行済株式又は議決権の総数			① 100,000	④ 100	100

判定基準	納税義務者の属する同族関係者グループの議決権割合（⑤の割合）を基として、区分します。			
区分	筆頭株主グループの議決権割合（⑥の割合）			株主の区分
	50%超の場合	30%以上50%以下の場合	30%未満の場合	
⑤の割合	50%超	30%以上	15%以上	同族株主等
	50%未満	30%未満	（15%未満）	同族株主等以外の株主
判定	同族株主等（原則的評価方式等）		（同族株主等以外の株主（配当還元方式））	

「同族株主等」に該当する納税義務者のうち、議決権割合（㋩の割合）が5%未満の者の評価方式は、「2．少数株式所有者の評価方式の判定」欄により判定します。

株主（又は株主）	（氏名　　）
判定	原則的評価方式等　・　配当還元方式

④　Gの同族株主等の判定

1．株主及び評価方式の判定

判定要素（課税時期現在の株式等の所有状況）	氏名又は名称	続柄	会社における役職名	㋑株式数（株式の種類）	㋺議決権数	㋩議決権割合（㋺/④）
	G	納税義務者		10,000株	10個	10%
	自己株式					
	納税義務者の属する同族関係者グループの議決権の合計数				② 10	⑤(②/④) 10
	筆頭株主グループの議決権の合計数				③ 20	⑥(③/④) 20
	評価会社の発行済株式又は議決権の総数			① 100,000	④ 100	100

判定基準	納税義務者の属する同族関係者グループの議決権割合（⑤の割合）を基として、区分します。			
区分	筆頭株主グループの議決権割合（⑥の割合）			株主の区分
	50%超の場合	30%以上50%以下の場合	30%未満の場合	
⑤の割合	50%超	30%以上	15%以上	同族株主等
	50%未満	30%未満	（15%未満）	同族株主等以外の株主
判定	同族株主等（原則的評価方式等）		（同族株主等以外の株主（配当還元方式））	

「同族株主等」に該当する納税義務者のうち、議決権割合（㋩の割合）が5%未満の者の評価方式は、「2．少数株式所有者の評価方式の判定」欄により判定します。

株主（又は株主）	（氏名　　）
判定	原則的評価方式等　・　配当還元方式

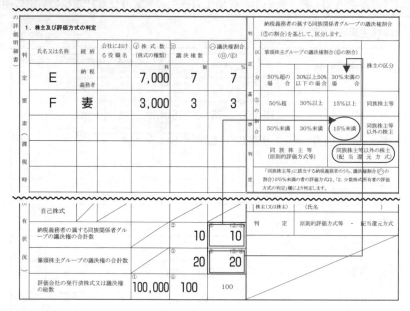

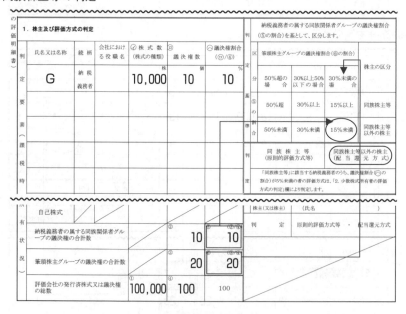

解　説

1　株主グループ別の議決権割合の計算

⑴　株主Ａとその同族関係者Ｂが所有する議決権の合計数と議決権割合

　　　　Ａ　　Ｂ

イ　15個＋５個＝20個……所有議決権の合計数

ロ　20個÷100個（議決権総数）＝20％……議決権割合

⑵　株主Ｃとその同族関係者Ｄが所有する議決権の合計数と議決権割合

　　　　Ｃ　　Ｄ

イ　13個＋４個＝17個……所有議決権の合計数

ロ　17個÷100個＝17％……議決権割合

⑶　株主Ｅとその同族関係者Ｆが所有する議決権の合計数と議決権割合

　　　　Ｅ　　Ｆ

イ　７個＋３個＝10個……所有議決権の合計数

ロ　10個÷100個＝10％……議決権割合

⑷　株主Ｇが所有する議決権数と議決権割合

イ　所有議決権数　　10個

ロ　議決権割合　　　10個÷100個＝10％

2　判　定

Ａグループは甲社の筆頭株主グループで、その議決権割合が20％(30％未満)ですから、甲社は同族株主のいない会社となります。

したがって､議決権割合が15%以上となる株主グループに属する株主が同族株主等と判定され、それ以外の株主は同族株主以外の株主等と判定されます。

そこで、この設例の場合には、株主Ａのグループ（議決権割合20％）と、株主Ｃのグループ（議決権割合17％)に属する株主が同族株主等と判定され、株主Ｅ及びＧのグループに属する株主は議決権割合が15％未満ですから、同族株主以外の株主等となります。

(注)　株主Ｄが納税義務者である場合、株主Ｃと同族関係者である株主Ｄは同族株主等と判定されますが、議決権割合が５％未満（４％）で、かつ、同族株主等の中に中心的な株主（Ａ、Ｃ）がいますので、株主Ｄの所有する株式については特例的評価方式が適用されます。この場合の判定は、評価明細書第１表の１の「２．少数株式所有者の評価方式の判定」欄で行います。

(5)　法人株主がいる場合

設　例

相続開始後の甲社の株主構成は次のとおりです。

この場合、

①　Aの父親について相続開始があったとき
②　Cの父親について相続開始があったとき

のA及びCについて同族株主等の判定を行います。

なお、1単元の株式の数は1,000株です。

◇甲　社◇

株主	続柄	所有株数	議決権数	議決権割合
A	本人	25,000株	25個	25％
B社※		30,000	30	30
C	Aの友人	20,000	20	20
D	Cの長男	15,000	15	15
	その他多数の株主	10,000	10	10
	発行済株式数又は議決権総数	100,000	100	100

※B　社

株主	続柄	所有株数	株式割合	所有議決権数(注)	議決権割合
A	本人	30,000株	30％	30個	30％
X	Aの妻	10,000	10	10	10
Y	Aの長男	20,000	20	20	20
Z	Aの次男	5,000	5	5	5
	その他の多数株主	35,000	35	35	35
	発行済株式数及び議決権総数	100,000	100	100	100

(注)　この場合の議決権は、次に掲げる議決権のいずれかにつき所有する議決権数です。

イ　事業の全部若しくは重要な部分の譲渡、解散、継続、合併、分割、株式交換、株式移転又は現物出資に関する決議に係る議決権

ロ　役員の選任及び解任に関する決議に係る議決権

ハ　役員の報酬、賞与その他の職務執行の対価として会社が供与する財産上の利益に関する事項についての決議に係る議決権

ニ　剰余金の配当又は利益の配当に関する決議に係る議決権

評価上の取扱い

同族株主とは、株主の1人及びその同族関係者の有する議決権の合計数がその会社の議決権総数の30％以上（筆頭株主グループの議決権割合が50％超である会社にあっては50％超）である場合におけるその株主及びその同族関係者をいうこととされています（評基通 188(1)）。

なお、株主及び株主の親族等が他の会社を支配している場合における当該他の会社も同族関係者とされますが、この他の会社を支配している場合とは、次に掲げるいずれかに該当する場合などをいいます（法人税法施行令第4条）。

1　他の会社の発行済株式数（自己株式を除く）の総数の50％超の株式を有する場合

2　他の会社の上記設例の（注）のイからニの議決権のいずれかにつき、その総数（当該議決権を行使することができない株主等が有する当該議決権の数を除く。）の50％超に相当する数を有する場合

評価明細書の書き方

第1表の1　評価上の株主の判定及び会社規模の判定の明細書

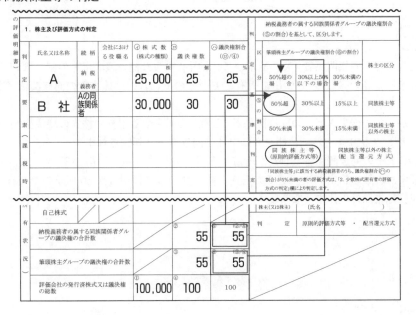

① Aの同族株主等の判定

1．株主及び評価方式の判定

判定要素（課税時期現在の株式等の所有状況）	氏名又は名称	続柄	会社における役職名	㋑株式数（株式の種類）	㋺議決権数	㋩議決権割合（㋺/④）
	A	納税義務者		25,000 株	25 個	25 %
	B　社	Aの同族関係者		30,000	30	30
	自己株式					
	納税義務者の属する同族関係者グループの議決権の合計数				② 55	⑤（②/④） 55
	筆頭株主グループの議決権の合計数				③ 55	⑥（③/④） 55
	評価会社の発行済株式又は議決権の総数			① 100,000	④ 100	100

判定基準：納税義務者の属する同族関係者グループの議決権割合（⑤の割合）を基として、区分します。

区分	筆頭株主グループの議決権割合（⑥の割合）50%超の場合	30%以上50%以下の場合	30%未満の場合	株主の区分
⑤の割合	50%超	30%以上	15%以上	同族株主等
	50%未満	30%未満	15%未満	同族株主等以外の株主

判定	
同族株主等（原則的評価方式等）	同族株主等以外の株主（配当還元方式）

「同族株主等」に該当する納税義務者のうち、議決権割合（㋩の割合）が5%未満の者の評価方式は、「2．少数株式所有者の評価方式の判定」欄により判定します。

株主（又は株主）	（氏名　　　　）
判定	原則的評価方式等 ・ 配当還元方式

②　Cの同族株主等の判定

1．株主及び評価方式の判定

判定要素（課税時期現在の株式等の所有状況）	氏名又は名称	続柄	会社における役職名	㋑株式数（株式の種類）	㋺議決権数	㋩議決権割合（㋺/④）
				株	個	%
	C	納税義務者		20,000	20	20
	D	長男		15,000	15	15
	自己株式					
	納税義務者の属する同族関係者グループの議決権の合計数				② 35	⑤（②/④） 35
	筆頭株主グループの議決権の合計数				③ 55	⑥（③/④） 55
	評価会社の発行済株式又は議決権の総数			① 100,000	④ 100	100

判定基準：納税義務者の属する同族関係者グループの議決権割合（⑤の割合）を基として、区分します。

区分	筆頭株主グループの議決権割合（⑥の割合）50%超の場合	30%以上50%以下の場合	30%未満の場合	株主の区分
⑤の割合	50%超	30%以上	15%以上	同族株主等
	（50%未満）	30%未満	15%未満	同族株主等以外の株主

判定	
同族株主等（原則的評価方式等）	（同族株主等以外の株主（配当還元方式））

「同族株主等」に該当する納税義務者のうち、議決権割合（㋩の割合）が5%未満の者の評価方式は、「2．少数株式所有者の評価方式の判定」欄により判定します。

株主（又は株主）	（氏名　　　）
判定	原則的評価方式等　・　配当還元方式

解　説

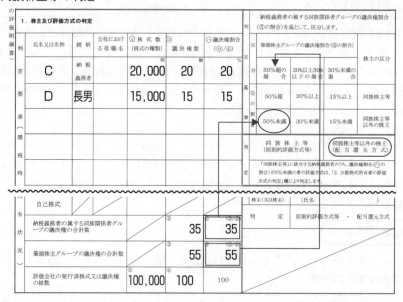

①　株主Aとその同族関係者（X、Y及びZ）が所有するB社の議決権等の割合は65％となり、B社の議決権等の総数の50％超を所有しているので、B社は株主Aの同族関係者となります。

　したがって、株主Aとその同族関係者（B社）で所有する甲社の株式の議決権割合は55％（50％超）となりますので、株主Aは甲社の同族株主と判定されます。

②　株主Cとその同族関係者（D）が所有する甲社の株式は議決権割合35％（30％以上）となりますが、筆頭株主グループであるAグループの議決権割合が50％超のため株主C及びDは同族株主以外の株主となります。

甲社及びＢ社の株主を図で示すと次のとおりとなります。

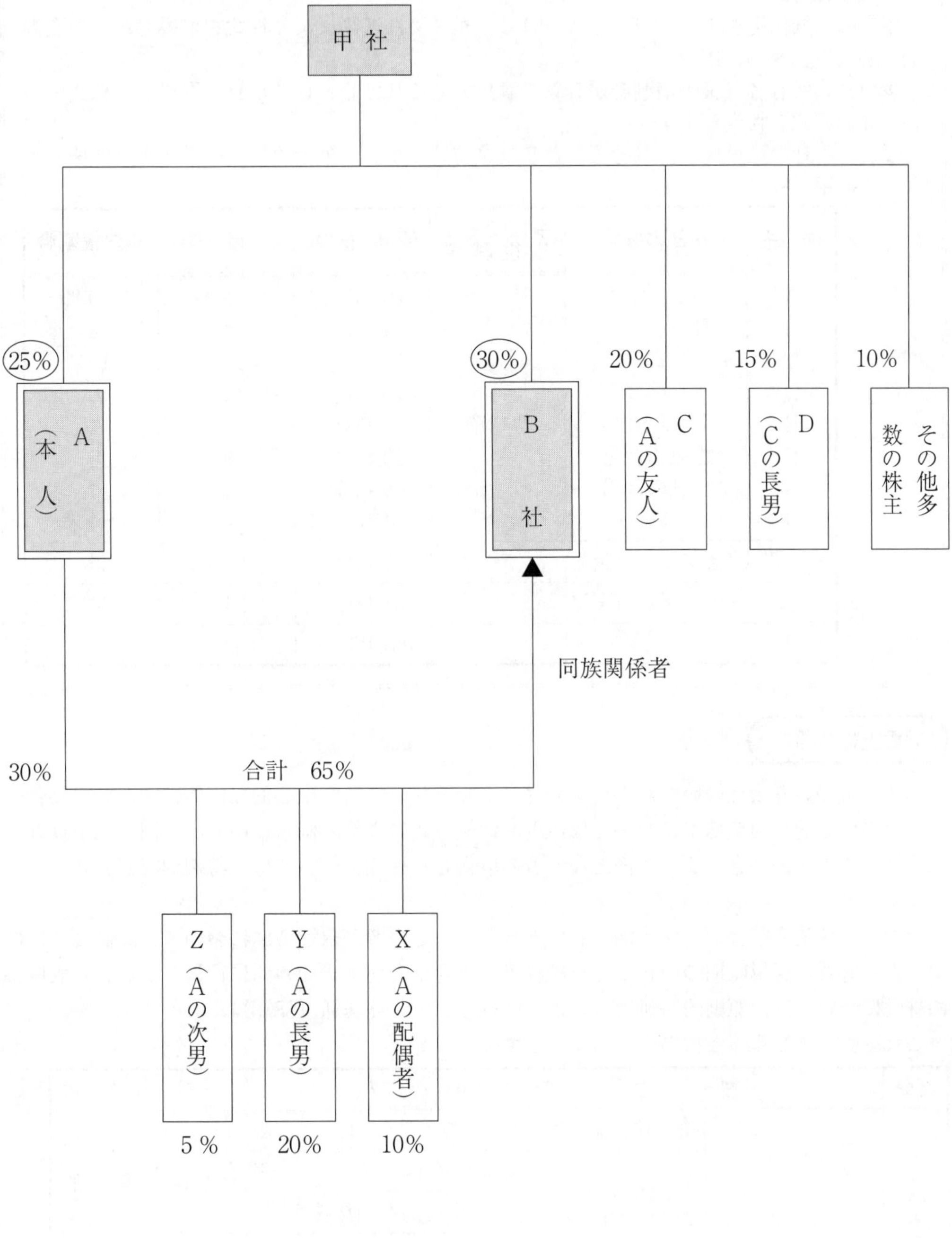

(6) 同族株主グループの中に中心的な同族株主がいる場合

設　例

甲社の同族株主グループであるA～Hは、相続又は遺贈により株式を取得し、その取得後の議決権割合は、次のとおりです。

少数株式所有者（議決権割合が5％未満）であるB、E、G及びHが取得した株式について評価方式を判定します。

なお、甲社の役員は、A（社長）とE（専務）です。1単元の株式の数は1,000株です。

◇甲　社◇

株　主	Aとの続柄	甲社における役職名	所有株数	所有議決権数	議決権割合
A	本　　人	社　長	20,000株	20個	20％
B	長　　男		4,000	4	4
C	母		10,000	10	10
D	弟		10,000	10	10
E	弟の長男	専　務	4,000	4	4
F	亡兄の長男		10,000	10	10
G	亡兄の次男		4,000	4	4
H	妹		4,000	4	4
小　計	（Aグループ計）		66,000	66	66
	その他多数の株主		34,000	34	34
計	―		100,000	100	100

評価上の取扱い

同族株主のいる会社のいずれかの同族株主グループの中に、中心的な同族株主がいる場合には、その中心的な同族株主については原則的評価方式により評価し、中心的な同族株主以外の同族株主で議決権割合が5％未満となる者の取得した株式については、特例的評価方式により評価します。

ただし、議決権割合が5％未満の者であっても、その者が課税時期において、評価会社の役員である者及び課税時期の翌日から相続税等の法定申告期限までの間に役員となる者の取得した株式については、原則的評価方式により評価します（評基通 188(2)）。

これを表にまとめると次のようになります。

<table>
<tr><th>区分</th><th colspan="4">株　主　の　態　様</th><th>評価方式</th></tr>
<tr><td rowspan="6">同族株主のいる会社</td><td rowspan="5">同族株主</td><td colspan="3">議決権割合が5%以上の株主</td><td rowspan="4">原則的評価方式</td></tr>
<tr><td rowspan="4">取得後の議決権割合が5%未満の株主</td><td colspan="2">中心的な同族株主がいない場合</td></tr>
<tr><td rowspan="3">中心的な同族株主がいる場合</td><td>中心的な同族株主</td></tr>
<tr><td>役員である株主又は役員となる株主</td></tr>
<tr><td>その他の株主</td><td rowspan="2">特例的評価方式</td></tr>
<tr><td colspan="4">同族株主以外の株主</td></tr>
</table>

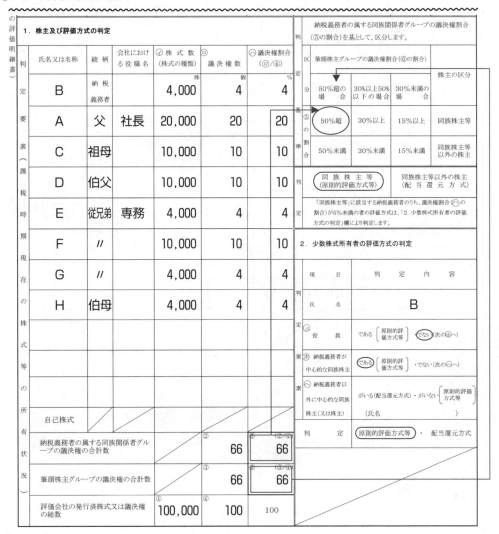

※　中心的な同族株主及び役員の意義は、次のとおりです。

イ　**「中心的な同族株主」**とは、同族株主のいる会社の株主で課税時期において同族株主の１人並びにその株主の配偶者、直系血族、兄弟姉妹及び一親等の姻族（これらの者と特殊の関係にある会社（法人税法施行令第４条第２項に掲げる会社をいいます。）のうち、これらの者が有する議決権の合計数がその会社の議決権総数の25％以上である会社を含みます。）の有する議決権の合計数がその会社の議決権総数の25％以上である場合におけるその株主をいいます（評基通 188(2)）。

ロ　**「役員」**とは、社長、理事長、代表取締役、代表執行役、代表理事、清算人、副社長、専務、専務理事、常務、常務理事、その他これらに準ずる職制の地位を有する役員、取締役（委員会設置会社の取締役）、会計参与、監査役並びに監事（法人税法施行令第71条第１項第１号、第２号及び第４号）をいいます。

評価明細書の書き方　第１表の１　評価上の株主の判定及び会社規模の判定の明細書

①　Ｂの評価方式の判定

（…の評価明細書）

１．株主及び評価方式の判定

判定要素（課税時期現在の株式等の所有状況）

氏名又は名称	続柄	会社における役職名	㋑株式数（株式の種類）	㋺議決権数	㋩議決権割合（㋺/④）
B	納税義務者		4,000株	4個	4%
A	父	社長	20,000	20	20
C	祖母		10,000	10	10
D	伯父		10,000	10	10
E	従兄弟	専務	4,000	4	4
F	〃		10,000	10	10
G	〃		4,000	4	4
H	伯母		4,000	4	4
自己株式					
納税義務者の属する同族関係者グループの議決権の合計数				② 66	⑤（②/④） 66
筆頭株主グループの議決権の合計数				③ 66	⑥（③/④） 66
評価会社の発行済株式又は議決権の総数			① 100,000	④ 100	100

判定基準

納税義務者の属する同族関係者グループの議決権割合（⑤の割合）を基として、区分します。

区分	筆頭株主グループの議決権割合（⑥の割合）			株主の区分
	50%超の場合	30%以上50%以下の場合	30%未満の場合	
⑤の割合	50%超（○）	30%以上	15%以上	同族株主等
	50%未満	30%未満	15%未満	同族株主等以外の株主

判定	
同族株主等（原則的評価方式等）（○）	同族株主等以外の株主（配当還元方式）

「同族株主等」に該当する納税義務者のうち、議決権割合（㋩の割合）が5%未満の者の評価方式は、「2．少数株式所有者の評価方式の判定」欄により判定します。

２．少数株式所有者の評価方式の判定

項目	判定内容
氏名	B
㋥ 役員	である〔原則的評価方式等〕・でない（○）（次の㋭へ）
㋭ 納税義務者が中心的な同族株主	である（○）〔原則的評価方式等〕・でない（次の㋬へ）
㋬ 納税義務者以外に中心的な同族株主（又は株主）	がいる（配当還元方式）・がいない〔原則的評価方式等〕（氏名　　）
判定	原則的評価方式等（○）・配当還元方式

②　Eの評価方式の判定

の評価明細書）

1．株主及び評価方式の判定

判定要素（課税時期現在の株式等の所有状況）

氏名又は名称	続柄	会社における役職名	㋑株式数（株式の種類）	㋺議決権数	㋩議決権割合（㋺/④）
			株	個	%
E	納税義務者	専務	4,000	4	4
A	伯父	社長	20,000	20	20
B	従兄弟		4,000	4	4
C	祖母		10,000	10	10
D	父		10,000	10	10
F	従兄弟		10,000	10	10
G	〃		4,000	4	4
H	伯母		4,000	4	4
自己株式					
納税義務者の属する同族関係者グループの議決権の合計数				② 66	⑤（②/④） 66
筆頭株主グループの議決権の合計数				③ 66	⑥（③/④） 66
評価会社の発行済株式又は議決権の総数			① 100,000	④ 100	100

判定基準

納税義務者の属する同族関係者グループの議決権割合（⑤の割合）を基として、区分します。

区分	筆頭株主グループの議決権割合（⑥の割合）			株主の区分
	50%超の場合	30%以上50%以下の場合	30%未満の場合	
⑤の割合	50%超	30%以上	15%以上	同族株主等
⑤の割合	50%未満	30%未満	15%未満	同族株主等以外の株主

判定	
同族株主等（原則的評価方式等）	同族株主等以外の株主（配当還元方式）

「同族株主等」に該当する納税義務者のうち、議決権割合（㋩の割合）が5%未満の者の評価方式は、「2. 少数株式所有者の評価方式の判定」欄により判定します。

2．少数株式所有者の評価方式の判定

判定要素

項目	判定内容
氏名	E
㋥役員	である〔原則的評価方式等〕・でない（次の㋭へ）
㋭納税義務者が中心的な同族株主	である〔原則的評価方式等〕・でない（次の㋬へ）
㋬納税義務者以外に中心的な同族株主（又は株主）	がいる（配当還元方式）・がいない〔原則的評価方式等〕（氏名　　）
判定	原則的評価方式等・配当還元方式

③　Ｇの評価方式の判定

（の評価明細書）

1．株主及び評価方式の判定

判定要素（課税時期現在の株式等の所有状況）

氏名又は名称	続柄	会社における役職名	㋑株式数（株式の種類）	㋺議決権数	㋩議決権割合（㋺/④）
			株	個	%
G	納税義務者		4,000	4	4
A	伯父	社長	20,000	20	20
B	従兄弟		4,000	4	4
C	祖母		10,000	10	10
D	伯父		10,000	10	10
E	従兄弟	専務	4,000	4	4
F	兄		10,000	10	10
H	伯母		4,000	4	4
自己株式					
納税義務者の属する同族関係者グループの議決権の合計数				② 66	⑤（②/④） 66
筆頭株主グループの議決権の合計数				③ 66	⑥（③/④） 66
評価会社の発行済株式又は議決権の総数			① 100,000	④ 100	100

判定基準

納税義務者の属する同族関係者グループの議決権割合（⑤の割合）を基として、区分します。

区分	筆頭株主グループの議決権割合（⑥の割合）			株主の区分
	50％超の場合	30％以上50％以下の場合	30％未満の場合	
⑤の割合	（50％超）	30％以上	15％以上	同族株主等
	50％未満	30％未満	15％未満	同族株主等以外の株主

判定

（同族株主等（原則的評価方式等））	同族株主等以外の株主（配当還元方式）

「同族株主等」に該当する納税義務者のうち、議決権割合（㋩の割合）が5％未満の者の評価方式は、「2．少数株式所有者の評価方式の判定」欄により判定します。

2．少数株式所有者の評価方式の判定

判定要素 項目	判定内容
氏名	G
㊁役員	である〔原則的評価方式等〕・（でない）（次の㋭へ）
㋭納税義務者が中心的な同族株主	である〔原則的評価方式等〕・（でない）（次の㋬へ）
㋬納税義務者以外に中心的な同族株主（又は株主）	（がいる）（配当還元方式）・がいない〔原則的評価方式等〕（氏名　B・H　）
判定	原則的評価方式等・（配当還元方式）

④　Hの評価方式の判定

（の評価明細書）

1．株主及び評価方式の判定

判定要素（課税時期現在の株式等の所有状況）

氏名又は名称	続柄	会社における役職名	㋑株式数（株式の種類）	㋺議決権数	㋩議決権割合（㋺/④）
			株	個	%
H	納税義務者		4,000	4	4
A	兄	社長	20,000	20	20
B	甥		4,000	4	4
C	母		10,000	10	10
D	兄		10,000	10	10
E	甥	専務	4,000	4	4
F	〃		10,000	10	10
G	〃		4,000	4	4
自己株式					
納税義務者の属する同族関係者グループの議決権の合計数				② 66	⑤（②/④） 66
筆頭株主グループの議決権の合計数				③ 66	⑥（③/④） 66
評価会社の発行済株式又は議決権の総数			① 100,000	④ 100	100

判定基準

区分	納税義務者の属する同族関係者グループの議決権割合（⑤の割合）を基として、区分します。			
	筆頭株主グループの議決権割合（⑥の割合）			株主の区分
	50%超の場合	30%以上50%以下の場合	30%未満の場合	
⑤の割合	[50%超]	30%以上	15%以上	同族株主等
⑤の割合	50%未満	30%未満	15%未満	同族株主等以外の株主

判定	
[同族株主等（原則的評価方式等）]	同族株主等以外の株主（配当還元方式）

「同族株主等」に該当する納税義務者のうち、議決権割合（㋩の割合）が5%未満の者の評価方式は、「2．少数株式所有者の評価方式の判定」欄により判定します。

2．少数株式所有者の評価方式の判定

項目	判定内容
氏名	H
㋥ 役員	である〔原則的評価方式等〕・[でない]（次の㋭へ）
㋭ 納税義務者が中心的な同族株主	[である]〔原則的評価方式等〕・でない（次の㋬へ）
㋬ 納税義務者以外に中心的な同族株主（又は株主）	がいる（配当還元方式）・がいない〔原則的評価方式等〕 （氏名　　　）
判定	[原則的評価方式等]・配当還元方式

解　説

株主Ａとその同族関係者が所有する甲社の議決権割合の合計は、66％ですから、株主Ａ～Ｈは、同族株主となります。

この同族株主グループのうち、株主Ａ、Ｃ、Ｄ及びＦの議決権割合は、５％以上ですから、原則的な評価方式によって評価します。

次に、議決権割合が５％未満の株主（以下「少数株式所有者」といいます。）であるＢ、Ｅ、Ｇ及びＨについて①役員であるか、②中心的な同族株主に該当するか、並びに、③他に中心的な同族株主がいるか検討し、それぞれの評価方式を判定します。

まず、株主Ｅは甲社の役員（専務）ですから、原則的な評価方式を適用して評価します。

次に、Ｂ、Ｇ及びＨについて中心的な同族株主に該当するかどうかを、また、他に中心的な同族株主がいるか否かについて次の判定表により判定します。

◇判定表◇　　会社：甲　社

判定者＼範囲	Ａ	Ｂ	Ｃ	Ｄ	Ｅ	Ｆ	Ｇ	Ｈ	計	判　定
Ａの場合	20％	4％	10％	10％	—％	—％	—％	4％	48％	○
Ｂ　〃	20	4	10	—	—	—	—	—	34	○
Ｃ　〃	20	4	10	10	4	10	4	4	66	○
Ｄ　〃	20	—	10	10	4	—	—	4	48	○
Ｅ　〃	—	—	10	10	4	—	—	—	24	×
Ｆ　〃	—	—	10	—	—	10	4	—	24	×
Ｇ　〃	—	—	10	—	—	10	4	—	24	×
Ｈ　〃	20	—	10	10	—	—	—	4	44	○

(注)「判定」欄の「○」印は、中心的な同族株主に該当する場合、「×」印は、中心的な同族株主に該当しない場合を示します。

この結果、Ｂ及びＨは中心的な同族株主に該当しますので、原則的な評価方式によって評価することとなり、株主Ｇは、中心的な同族株主に該当せず、かつ、他に中心的な同族株主がいることから、特例的評価方式によって評価することになります。

(7) 課税時期において未分割の場合

設　例

甲社の株主構成は次の表のとおりですが、今回Aが死亡したため、相続税の申告が必要となりました。

相続税の申告期限までに、この株式が分割されていない場合におけるB及びCの同族株主等の判定を行います。

なお、1単元は1,000株です。

◇甲　社◇

株　主	続　　柄	所　有　株　数	所有議決権数	議決権割合
A	被相続人	40,000株	40個	40％
B	Aの妻	26,000	26	26
C	Aの長男	4,000	4	4
	その他多数の株主	30,000	30	30
	発行済株式数 及び議決権総数	100,000	100	100

評価上の取扱い

相続又は遺贈（包括遺贈）により株式を取得した場合において、相続税の申告書を提出する際に当該株式が共同相続人間で分割されていないときは、納税義務者である相続人又は包括受遺者ごとに未分割の株式をすべて取得したものとして「取得後の議決権数」を判定することになります。

この場合、取引相場のない株式（出資）の評価明細書第1表の1の「株主及び評価方式の判定」の「㋑株式数（株式の種類）」欄には、納税義務者が有する株式（未分割の株式を除きます。）の株式数の上部に、未分割の株式の株式数を㊌と表示の上、外書で記載し、納税義務者が有する株式の株式数に未分割の株式の株式数を加算した数に応じた議決権数を「㋺議決権数」に記載します。また、「納税義務者の属する同族関係者グループの議決権の合計数（⑤（②／④））」欄には、納税義務者の属する同族関係者グループが有する実際の議決権数（未分割の株式に応じた議決権数を含みます。）が評価会社の議決権の総数に占める割合を記載します。

評価明細書の書き方　第１表の１　評価上の株主の判定及び会社規模の判定の明細書

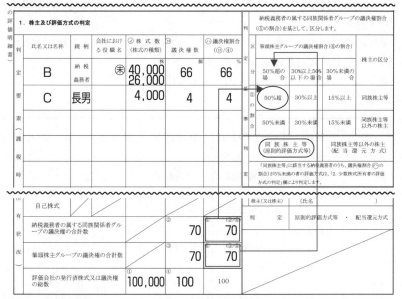

①　Ｂの同族株主等の判定

1．株主及び評価方式の判定

氏名又は名称	続柄	会社における役職名	㋑株式数（株式の種類）	㋺議決権数	㋩議決権割合（㋺/④）
B	納税義務者		㊈40,000株 26,000	66個	66%
C	長男		4,000	4	4

自己株式			
納税義務者の属する同族関係者グループの議決権の合計数		② 70	⑤（②/④） 70
筆頭株主グループの議決権の合計数		③ 70	⑥（③/④） 70
評価会社の発行済株式又は議決権の総数	① 100,000	④ 100	100

判定基準：納税義務者の属する同族関係者グループの議決権割合（⑤の割合）を基として、区分します。

区分	筆頭株主グループの議決権割合（⑥の割合）			株主の区分
	50%超の場合	30%以上50%以下の場合	30%未満の場合	
⑤の割合	50%超	30%以上	15%以上	同族株主等
	50%未満	30%未満	15%未満	同族株主等以外の株主

判定：同族株主等（原則的評価方式等）（〇印）・同族株主等以外の株主（配当還元方式）

「同族株主等」に該当する納税義務者のうち、議決権割合（㋩の割合）が5%未満の者の評価方式は、「2．少数株式所有者の評価方式の判定」欄により判定します。

株主（又は株主）	（氏名　　　　　　）	
判定	原則的評価方式等　・　配当還元方式	

②　Ｃの同族株主等の判定

1．株主及び評価方式の判定

氏名又は名称	続柄	会社における役職名	㋑株式数（株式の種類）	㋺議決権数	㋩議決権割合（㋺/④）
C	納税義務者		㊈40,000株 4,000	44個	44%
B	母		26,000	26	26

自己株式			
納税義務者の属する同族関係者グループの議決権の合計数		② 70	⑤（②/④） 70
筆頭株主グループの議決権の合計数		③ 70	⑥（③/④） 70
評価会社の発行済株式又は議決権の総数	① 100,000	④ 100	100

判定基準：納税義務者の属する同族関係者グループの議決権割合（⑤の割合）を基として、区分します。

区分	筆頭株主グループの議決権割合（⑥の割合）			株主の区分
	50%超の場合	30%以上50%以下の場合	30%未満の場合	
⑤の割合	50%超	30%以上	15%以上	同族株主等
	50%未満	30%未満	15%未満	同族株主等以外の株主

判定：同族株主等（原則的評価方式等）（〇印）・同族株主等以外の株主（配当還元方式）

「同族株主等」に該当する納税義務者のうち、議決権割合（㋩の割合）が5%未満の者の評価方式は、「2．少数株式所有者の評価方式の判定」欄により判定します。

株主（又は株主）	（氏名　　　　　　）	
判定	原則的評価方式等　・　配当還元方式	

解　説

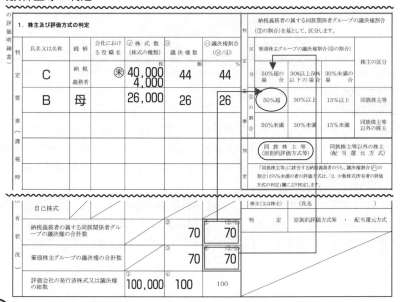

Ｂの所有議決権数26個に、未分割の議決権数40個を合計して判定することとなります。

Ｃの場合も同様にＣの所有議決権数４個に未分割の議決権数40個を合計して判定することとなります。

Ｂ、Ｃは同一の同族関係者グループに属し、その議決権割合が50％を超えていますので、いずれも同族株主に該当します。

なお、その後遺産分割協議が成立した場合は、取得した株式を基に判定をやり直すことになります。

(8) 評価会社の発行株式の中に種類株式がある場合

設　例

甲社の株主であるA及びBは、相続又は遺贈により株式を取得し、その取得後の議決権割合は次のとおりです。

なお、甲社は種類株式を発行しており、普通株式の1単元の株式の数は100株ですが、種類株式の1単元の株式の数は25株となっています。

A及びBが取得した株式について評価方法を判定します。

◇甲　社◇

株　主	続柄	株式の種類	所有株数	所有議決権数	議決権割合
A	本人	普通株式	5,500株	55個	37.9％
B	Aの友人	普通株式	2,000	20	13.8
		種類株式	1,500	60	41.4
その他多数の　株　主		普通株式	1,000	10	6.9
	発行済株式数及び議決権総数		10,000	145	100.0

評価上の取扱い

評価会社が一部の事項について議決権を行使できない株式（議決権制限株式）等の種類株式を発行している場合において、議決権制限株式の議決権には、普通株式と同様の議決権があるものとして、その議決権の数を「株主の有する議決権の数」及び「評価会社の議決権総数」に含めます（評基通 188-5）。

この場合、取引相場のない株式（出資）の評価明細書第1表の1の「1．　株主及び評価方式の判定」の「㋑　株式数（株式の種類）」欄の各欄には、株式の種類ごとに上段に株式数、下段に株式の種類を二段書きで記載します。「㋺　議決権数」の各欄には、株式の種類に応じた議決権数を記載します。

評価明細書の書き方　第1表の1　評価上の株主の判定及び会社規模の判定の明細書

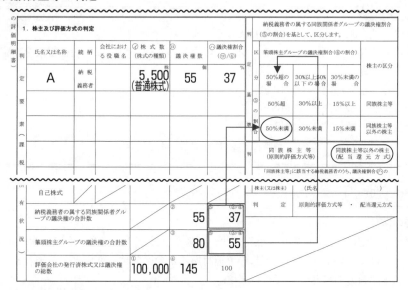

①　Aの同族株主等の判定

1．株主及び評価方式の判定

氏名又は名称	続柄	会社における役職名	㋑株式数(株式の種類)	㋺議決権数	㋩議決権割合(㋺/④)
A	納税義務者		5,500株(普通株式)	55個	37%
自己株式					
納税義務者の属する同族関係者グループの議決権の合計数				② 55	⑤(②/④) 37
筆頭株主グループの議決権の合計数				③ 80	⑥(③/④) 55
評価会社の発行済株式又は議決権の総数			① 100,000	④ 145	100

判定基準：納税義務者の属する同族関係者グループの議決権割合(⑤の割合)を基として、区分します。

区分	筆頭株主グループの議決権割合(⑥の割合) 50%超の場合	30%以上50%以下の場合	30%未満の場合	株主の区分
⑤の割合	50%超	30%以上	15%以上	同族株主等
	50%未満	30%未満	15%未満	同族株主等以外の株主
判定	同族株主等(原則的評価方式等)		同族株主等以外の株主(配当還元方式)	

「同族株主等」に該当する納税義務者のうち、議決権割合(㋩)の……株主(又は株主)(氏名　　　)

判定　原則的評価方式等・配当還元方式

②　Bの同族株主等の判定

1．株主及び評価方式の判定

氏名又は名称	続柄	会社における役職名	㋑株式数(株式の種類)	㋺議決権数	㋩議決権割合(㋺/④)
B	納税義務者		2,000株(普通株式)	20個	55%
〃	〃		1,500(種類株式)	60	
自己株式					
納税義務者の属する同族関係者グループの議決権の合計数				② 80	⑤(②/④) 55
筆頭株主グループの議決権の合計数				③ 80	⑥(③/④) 55
評価会社の発行済株式又は議決権の総数			① 100,000	④ 145	100

判定基準：納税義務者の属する同族関係者グループの議決権割合(⑤の割合)を基として、区分します。

区分	筆頭株主グループの議決権割合(⑥の割合) 50%超の場合	30%以上50%以下の場合	30%未満の場合	株主の区分
⑤の割合	50%超	30%以上	15%以上	同族株主等
	50%未満	30%未満	15%未満	同族株主等以外の株主
判定	同族株主等(原則的評価方式等)		同族株主等以外の株主(配当還元方式)	

「同族株主等」に該当する納税義務者のうち、議決権割合(㋩)の……株主(又は株主)(氏名　　　)

判定　原則的評価方式等・配当還元方式

解　説

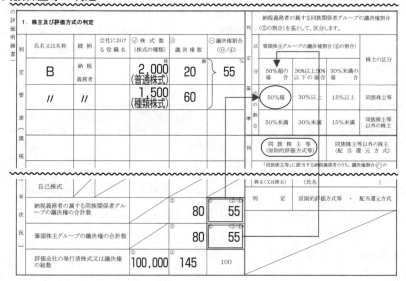

Bは、普通株式と種類株式を所有しており、各株式に係る議決権数を合計して判定することになります。Bの所有議決権数は80個で、議決権割合は50％を超えますので同族株主に該当します。

また、Aの議決権割合は30％以上(37.9%)ですが、筆頭株主グループBの議決権割合が50％を超えていますので、Aは同族株主には該当しません。

2　会社規模の判定

(1)　会社規模の判定

設　例

A社は、紳士服の卸売と小売を兼業しています。

A社の売上高等は次のとおりですが、この場合のA社について、会社規模を判定します。

◇売上高　　卸売部門　　15億円
　　　　　　小売部門　　10億円
◇総資産価額（帳簿価額）　10億円
◇従業員数等　継続勤務従業員　25人
　　　　　　　パート等の労働時間の合計時間数　4,200時間

評価上の取扱い

1　業種の区分

会社規模の判定は、「卸売業」、「小売・サービス業」及び「卸売業、小売・サービス業以外」の3業種に分けて行いますが、いずれの業種であるかの区分は、原則として総務省で公表している日本標準産業分類に基づいて行います。

また、評価会社が「卸売業」「小売・サービス業」又は「卸売業、小売・サービス業以外」のいずれの業種に該当するかは、直前期末以前1年間の取引金額に基づいて判定します。

なお、その取引金額のうちに2以上の業種に係る取引金額が含まれている場合には、それらの取引金額のうち最も多い取引金額に係る業種によって判定します（詳細は27ページ参照）。

2　従業員の範囲

従業員の範囲は次のとおりです（評基通178(2)）。

区分		説明	従業員数の計算
従業員	継続勤務従業員	課税時期の直前期末以前1年間を通じてその期間継続して評価会社に勤務していた従業員で、かつ、就業規則等で定められた1週間当たりの労働時間が30時間以上である従業員をいいます。	従業員1人を1として計算します。
	継続勤務従業員以外の従業員	課税時期の直前期末以前1年間において評価会社に勤務していた従業員（継続勤務従業員を除きます。）をいいます。	従業員の1年間の労働時間の合計時間数を1,800時間で除した数値を従業員数として計算します。
従業員に含まれない者		社長、理事長、代表取締役、代表執行役、代表理事、清算人、副社長、専務、専務理事、常務、常務理事、その他これらに準ずる職制の地位を有する役員、取締役（指名委員会等設置会社の取締役及び監査等委員である取締役に限ります。）、会計参与、監査役並びに監事（法人税法施行令第71条第1項第1号、第2号及び第4号）	

〈継続勤務従業員〉

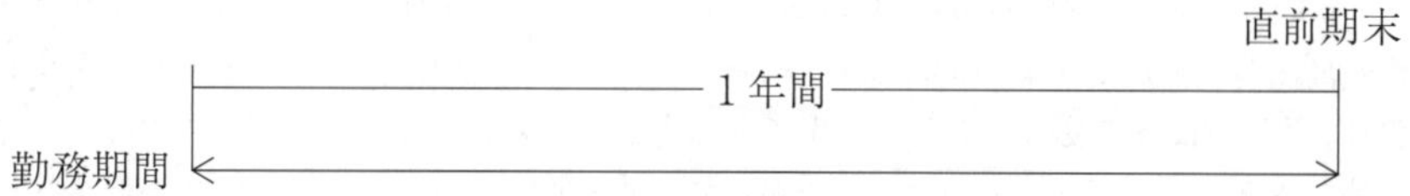

・1年間継続して勤務

・週30時間以上勤務

〈継続勤務従業員以外の従業員〉

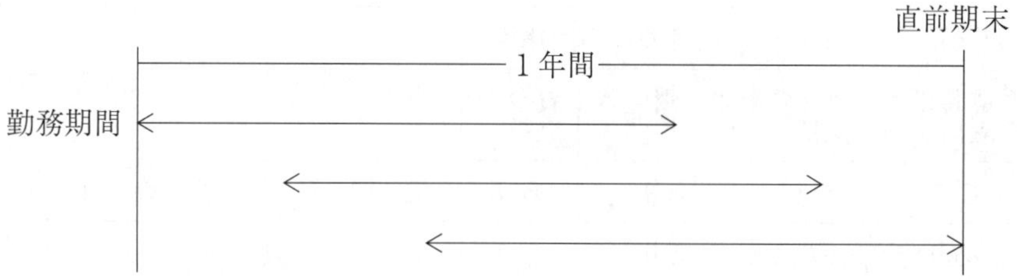

・勤務期間が1年間未満の者

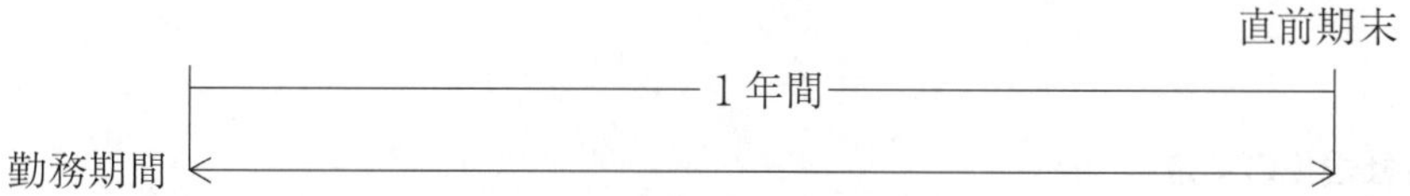

・1年間継続して勤務

・勤務時間が週30時間未満

（参考）

1　出向中の者

従業員数基準における従業員とは、原則として評価会社との雇用契約に基づき使用される個人で賃金を支払われるものをいいますから、例えば、出向元との雇用関係を解消し、出向先で雇用されている出向者の場合には、出向先の従業員としてカウントすることとなります。

2　人材派遣会社より派遣されている者

「労働者派遣事業の適正な運営の確保及び派遣労働者の保護等に関する法律（昭和60年法律第88号）」（労働者派遣法）による労働者派遣事業における派遣元事業所と派遣労働者の関係は、次の2通りあります。

①　通常は労働者派遣の対象となる者が派遣元事業所に登録されるのみで、派遣される期間に限り、派遣元事業所と登録者の間で雇用契約が締結され賃金が支払われるケース

②　労働者派遣の対象となる者が派遣元事業所との雇用契約関係に基づく従業員（社員）であり、派遣の有無にかかわらず、派遣元事業所から賃金が支払われるケース

これに基づけば、評基通178《取引相場のない株式の評価上の区分》⑵の従業員数基準の適用については、上記①に該当する個人は派遣元事業所の「継続勤務従業員以外」の従業員となり、②に該当する個人は「継続勤務従業員」となり、いずれも派遣元事業所の従業員としてカウントすることになります。

（注）　派遣先事業所における従業員数基準の適用について

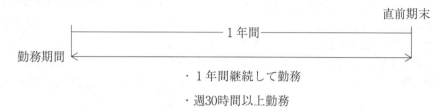

評基通178⑵の「評価会社に勤務していた従業員」とは、評価会社において使用される個人（評価会社内の使用者の指揮命令を受けて労働に従事するという実態をもつ個人をいいます。）で、評

価会社から賃金を支払われる者（無償の奉仕作業に従事している者以外の者をいいます。）をいいます。しかし、現在における労働力の確保は、リストラ、人件費などの管理コスト削減のため、正社員の雇用のみで対応するのではなく、臨時、パートタイマー、アルバイターの採用など多様化しており、派遣労働者の受入れもその一環であると認められ、実質的に派遣先における従業員と認めても差し支えないと考えられます。したがって、派遣労働者を受け入れている評価会社における従業員基準の適用については、受け入れた派遣労働者の勤務実態に応じて継続勤務従業員とそれ以外の従業員に区分した上で判定しても差し支えありません。

○　参考～派遣労働者の雇用関係等と従業員数基準の判定

イ　派遣元事業所

派遣元における派遣労働者の雇用関係等				派遣元事業所における従業員数基準の判定
派遣時以外の雇用関係	賃金の支払	派遣時の雇用関係	賃金の支払	
なし	なし	あり	あり	継続勤務従業員以外
あり	あり	あり	あり	継続勤務従業員

ロ　派遣先事業所

勤務実態に応じて判定します。

3　会社規模の判定

会社規模の判定の手順を図で示しますと、次のようになります。

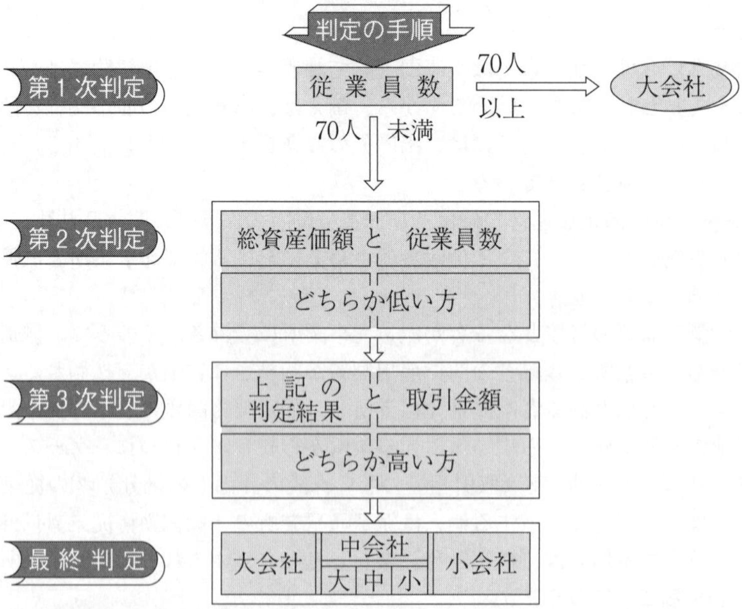

評価明細書の書き方

第１表の１　評価上の株主の判定及び会社規模の判定の明細書　　整理番号

（取引相場のない株式（出資）の評価明細書）

会社名	（電話　　　） A　社	本店の所在地			
代表者氏名		事業	取扱品目及び製造、卸売、小売等の区分	業種目番号	取引金額の構成比
課税時期	年　月　日		衣服等卸売業	67	60 %
			衣服小売業	81	40

第１表の２　評価上の株主の判定及び会社規模の判定の明細書（続）　会社名　A　社

3．会社の規模（Lの割合）の判定

	項目	金額	項目	人数
判定要素	直前期末の総資産価額（帳簿価額）	1,000,000 千円	直前期末以前１年間における従業員数	27.3 人 〔従業員数の内訳〕 〔継続勤務従業員数〕〔継続勤務従業員以外の従業員の労働時間の合計時間数〕 （25人）＋（4,200時間）／1,800時間
	直前期末以前１年間の取引金額	2,500,000 千円		

㋐ 直前期末の総資産価額（帳簿価額）及び直前期末以前１年間における従業員数に応ずる区分				㋑ 直前期末以前１年間の取引金額に応ずる区分			会社規模とLの割合（中会社）の区分	
総資産価額（帳簿価額）			従業員数	取引金額				
卸売業	小売・サービス業	卸売業、小売・サービス業以外		卸売業	小売・サービス業	卸売業、小売・サービス業以外		
20億円以上	15億円以上	15億円以上	35人超	30億円以上	20億円以上	15億円以上	大会社	
4億円以上 20億円未満	5億円以上 15億円未満	5億円以上 15億円未満	35人超	7億円以上 30億円未満	5億円以上 20億円未満	4億円以上 15億円未満	0.90	中会社
2億円以上 4億円未満	2億5,000万円以上 5億円未満	2億5,000万円以上 5億円未満	20人超 35人以下	3億5,000万円以上 7億円未満	2億5,000万円以上 5億円未満	2億円以上 4億円未満	0.75	
7,000万円以上 2億円未満	4,000万円以上 2億5,000万円未満	5,000万円以上 2億5,000万円未満	5人超 20人以下	2億円以上 3億5,000万円未満	6,000万円以上 2億5,000万円未満	8,000万円以上 2億円未満	0.60	
7,000万円未満	4,000万円未満	5,000万円未満	5人以下	2億円未満	6,000万円未満	8,000万円未満	小会社	

・「会社規模とLの割合（中会社）の区分」欄は、㋐欄の区分（「総資産価額（帳簿価額）」と「従業員数」とのいずれか下位の区分）と㋑欄（取引金額）の区分とのいずれか上位の区分により判定します。

低い方　高い方

判定	大会社	中会社			小会社
		Lの割合			
		0.90	0.75	0.60	

解説

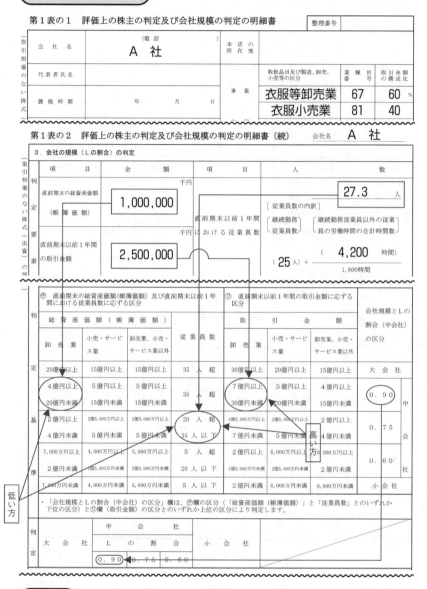

卸売業の取引金額が取引金額全体の60％以上ですので卸売業として会社規模の判定をします。

① A社は従業員数が27.3人ですので、第１次判定により70人未満の会社に区分されます。

② 直前期末の総資産価額（帳簿価額）では中会社の「大」（L＝0.90）、従業員数では中会社の「中」（L＝0.75）と区分されますが、第２次判定では区分の低い方の会社と判定されますので、中会社の「中」となります。

③ 次に直前期末以前１年間の取引金額では中会社の「大」（L＝0.90）と区分されますが、第３次判定では第２次判定による区分とのいずれか高い方の会社と判定されますので中会社の「大」となります。

④ したがって、A社の会社規模は中会社の「大」と判定されます。

（事例１）　大会社と判定される場合

Ｂ社の総資産価額（帳簿価額）等は次のとおりで、同社は総合工事業を営んでいます。

Ｂ社の会社規模は、次のように判定します。

①　**貸借対照表**

科目	金額	科目	金額
資産の部	**2,987,608,581**円	**負債の部**	**2,543,730,651**円
流動資産	**2,241,482,830**	**流動負債**	**2,026,982,936**
現金預金	309,311,064	支払手形	689,329,373
受取手形	837,595,800	買掛金	486,722,457
売掛金	498,537,000	短期借入金	285,000,000
投資有価証券	14,431,724	（当期純利益）	（253,661,808）
長期貸付金	9,300,000		
繰延資産	**671,000**		
繰延資産	671,000		
合計	**2,987,608,581**	**合計**	**2,987,608,581**

②　従業員

直前期末以前１年間継続して勤務していた従業員 395 人

上記以外の従業員の当該期間の労働時間の合計 9,900 時間

③　**損益計算書**

経常損益の部	**営業損益**	売上高	円	8,073,487,056円
		売上原価	6,072,464,298	
		販売費及び一般管理費	1,546,235,187	
		営業利益		**454,787,571**
	営業外損益	**営業外収益**		
		受取利息	16,344,860	
		受取配当	968,000	
		雑収入	13,540,993	30,853,853
		営業外費用		
		支払利息割引料	71,301,727	
		貸倒損失	4,880,000	
		雑損失	2,901,860	79,083,587
	経常利益			**406,557,837**

評価明細書の書き方と解説

第1表の1　評価上の株主の判定及び会社規模の判定の明細書

整理番号	

（取引相場のない株…

会社名	（電話　　　） B 社	本店の所在地			
代表者氏名		事業	取扱品目及び製造、卸売、小売等の区分	業種目番号	取引金額の構成比
課税時期	年　月　日		総合工事業	2	100 %

第1表の2　評価上の株主の判定及び会社規模の判定の明細書（続）

会社名　B 社

（取引相場のない株式（出資）の評価明細書）

3．会社の規模（Lの割合）の判定

	項目	金額	項目	人数
判定要素	直前期末の総資産価額（帳簿価額）	千円 2,987,608	直前期末以前1年間における従業員数	400.5 人 〔従業員数の内訳〕 （継続勤務従業員数）（継続勤務従業員以外の従業員の労働時間の合計時間数） （395 人）＋（9,900 時間）／1,800時間
	直前期末以前1年間の取引金額	千円 8,073,487		

判定基準	
㋣　直前期末以前1年間における従業員数に応ずる区分	70人以上の会社は、大会社（㋠及び㋷は不要）
	70人未満の会社は、㋠及び㋷により判定

㋠ 直前期末の総資産価額（帳簿価額）及び直前期末以前1年間における従業員数に応ずる区分				㋷ 直前期末以前1年間の取引金額に応ずる区分			会社規模とLの割合（中会社）の区分	
総資産価額（帳簿価額）			従業員数	取引金額				
卸売業	小売・サービス業	卸売業、小売・サービス業以外		卸売業	小売・サービス業	卸売業、小売・サービス業以外		
20億円以上	15億円以上	15億円以上	35 人 超	30億円以上	20億円以上	15億円以上	大会社	
4億円以上 20億円未満	5億円以上 15億円未満	5億円以上 15億円未満	35 人 超	7億円以上 30億円未満	5億円以上 20億円未満	4億円以上 15億円未満	0.90	中会社
2億円以上 4億円未満	2億5,000万円以上 5億円未満	2億5,000万円以上 5億円未満	20 人 超 35 人 以 下	3億5,000万円以上 7億円未満	2億5,000万円以上 5億円未満	2億円以上 4億円未満	0.75	中会社
7,000万円以上 2億円未満	4,000万円以上 2億5,000万円未満	5,000万円以上 2億5,000万円未満	5 人 超 20 人 以 下	2億円以上 3億5,000万円未満	6,000万円以上 2億5,000万円未満	8,000万円以上 2億円未満	0.60	中会社
7,000万円未満	4,000万円未満	5,000万円未満	5 人 以 下	2億円未満	6,000万円未満	8,000万円未満	小会社	

・「会社規模とLの割合（中会社）の区分」欄は、㋠欄の区分（「総資産価額（帳簿価額）」と「従業員数」とのいずれか下位の区分）と㋷欄（取引金額）の区分とのいずれか上位の区分により判定します。

判定	中会社				
	Lの割合				
(大会社)	0.90	0.75	0.60	小会社	

4．増（減）資の状況その他評価上の参考事項

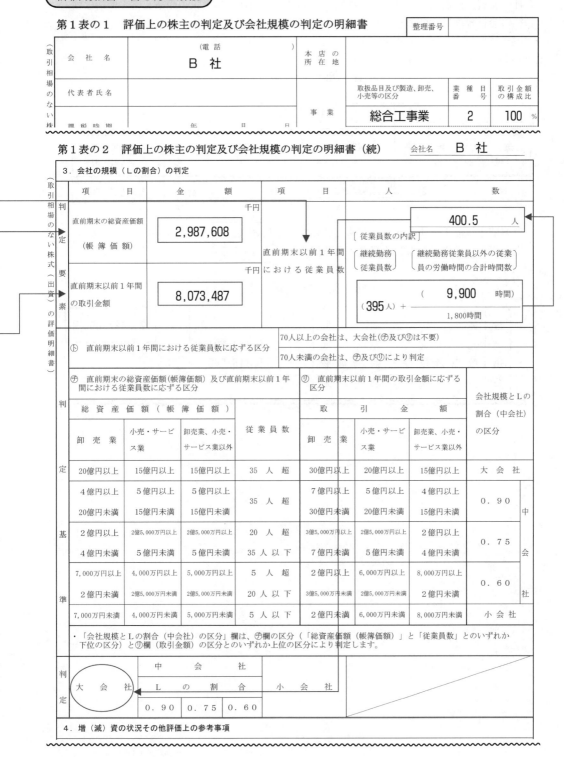

B社は従業員が400.5人ですので、第1次判定により70人以上の会社に区分され、B社は大会社と判定されます。

（事例２）　中会社の「小」と判定される場合

Ｃ社の総資産価額（帳簿価額）等は次のとおりで、同社は紳士服小売業を営んでいます。Ｃ社の会社規模は次のように判定します。

①

貸　借　対　照　表

科目	金額	科目	金額
資産の部	2,987,608,581円	負債の部	2,543,730,651円
流動資産	2,241,482,830	流動負債	2,026,982,936
現金預金	309,311,064	支払手形	689,329,373
合計	2,987,608,581	合計	2,987,608,581

②　従業員

直前期末以前１年間継続して勤務していた従業員３人

上記以外の従業員の当該期間の労働時間の合計2,000時間

③

損　益　計　算　書

営業損益	売上高	円	73,487,056円
	売上原価	65,184,201	
	販売費及び一般管理費	5,115,245	
	営業利益		3,187,610
経			

評価明細書の書き方と解説

第１表の１　評価上の株主の判定及び会社規模の判定の明細書　　整理番号

（取引相場のない株式（

会社名	（電話　　）C 社	本店の所在地			
代表者氏名		事業内容	取扱品目及び製造、卸売、小売等の区分	業種目番号	取引金額の構成比
課税時期	年　月　日		衣服小売業	81	100 %

第１表の２　評価上の株主の判定及び会社規模の判定の明細書（続）　　会社名　C 社

（取引相場のない株式（出資）の評価明細書）

３．会社の規模（Lの割合）の判定

	項目	金額	項目	人数
判定要素	直前期末の総資産価額（帳簿価額）	2,987,608 千円	直前期末以前１年間における従業員数	4.1 人 〔従業員数の内訳〕 〔継続勤務従業員数〕＋〔継続勤務従業員以外の従業員の労働時間の合計時間数〕 （3 人）＋（2,000 時間）／1,800時間
	直前期末以前１年間の取引金額	73,487 千円		

㋑　直前期末以前１年間における従業員数に応ずる区分	70人以上の会社は、大会社（㋺及び㋩は不要）
	70人未満の会社は、㋺及び㋩により判定

判定基準

㋺ 直前期末の総資産価額（帳簿価額）及び直前期末以前１年間における従業員数に応ずる区分				㋩ 直前期末以前１年間の取引金額に応ずる区分			会社規模とLの割合（中会社）の区分
総資産価額（帳簿価額）			従業員数	取引金額			
卸売業	小売・サービス業	卸売業、小売・サービス業以外		卸売業	小売・サービス業	卸売業、小売・サービス業以外	
20億円以上	（15億円以上）	15億円以上	35人超	30億円以上	20億円以上	15億円以上	大会社
4億円以上 20億円未満	5億円以上 15億円未満	5億円以上 15億円未満	35人超	7億円以上 30億円未満	5億円以上 20億円未満	4億円以上 15億円未満	中会社 0.90
2億円以上 4億円未満	2億5,000万円以上 5億円未満	2億5,000万円以上 5億円未満	20人超 35人以下	3億5,000万円以上 7億円未満	2億5,000万円以上 5億円未満	2億円以上 4億円未満	中会社 0.75
7,000万円以上 2億円未満	4,000万円以上 2億5,000万円未満	5,000万円以上 2億5,000万円未満	5人超 20人以下	2億円以上 3億5,000万円未満	（6,000万円以上 2億5,000万円未満）	8,000万円以上 2億円未満	中会社 （0.60）
7,000万円未満	4,000万円未満	5,000万円未満	（5人以下）	2億円未満	6,000万円未満	8,000万円未満	小会社

低い方　　高い方

・「会社規模とＬの割合（中会社）の区分」欄は、㋺欄の区分（「総資産価額（帳簿価額）」と「従業員数」とのいずれか下位の区分）と㋩欄（取引金額）の区分とのいずれか上位の区分により判定します。

	大会社	中会社 L の割合			小会社
判定		0.90	0.75	（0.60）	

４．増（減）資の状況その他評価上の参考事項

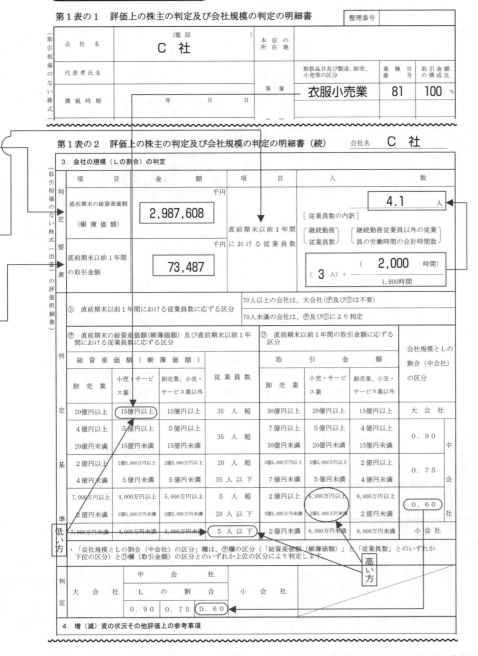

① この会社は従業員数が4.1人ですので、第１次判定により70人未満の会社となります。

② この会社は小売・サービス業を営む会社で、直前期末の総資産価額（帳簿価額）では大会社、従業員数では小会社と判定されますので、第２次判定により小会社となります。

③ 直前期末以前１年間の取引金額では中会社の「小」と判定されますので、第３次判定により中会社の「小」となります。

④ したがって、C社は中会社の「小」と判定されます。

（事例３）　中会社の「大」と判定される場合

D社の総資産価額（帳簿価額）等は次のとおりで、同社は医薬品製造業（70％）及び医薬品小売業（30％）を営んでいます。

D社の会社規模は、次のように判定します。

①

貸　借　対　照　表

科　　目	金　　額	科　　目	金　　額
繰延資産	560,000		
繰延資産	560,000		
合　　計	632,114,952	合　　計	632,114,952

②　従業員

直前期末以前１年間継続して勤務していた従業員 22人

上記以外の従業員の当該期間の労働時間の合計 6,500時間

③

損　益　計　算　書

経	営業損益	売上高	円	1,481,097,291円
		売上原価	1,149,496,394	
		販売費及び一般管理費	249,181,230	
		営業利益		82,419,667

評価明細書の書き方と解説

第1表の1　評価上の株主の判定及び会社規模の判定の明細書　整理番号

（取引相場のない株式（出

会社名	（電話　　）D 社	本店の所在地			
代表者氏名		事業内容	取扱品目及び製造、卸売、小売等の区分	業種目番号	取引金額の構成比
課税時期	年　月　日		医薬品製造業	22	70 %
			医薬品小売業	85	30
	自　年　月　日				

第1表の2　評価上の株主の判定及び会社規模の判定の明細書（続）　会社名　D 社

（取引相場のない株式（出資）の評価明細書）

3．会社の規模（Lの割合）の判定

判定要素

項目	金額	項目	人数
直前期末の総資産価額（帳簿価額）	632,114 千円	直前期末以前1年間における従業員数	25.6 人 ［従業員数の内訳］ （継続勤務従業員数）（継続勤務従業員以外の従業員の労働時間の合計時間数） （22人）＋（6,500時間）／1,800時間
直前期末以前1年間の取引金額	1,481,097 千円		

判定基準

㋣ 直前期末以前1年間における従業員数に応ずる区分	
	70人以上の会社は、大会社（㋠及び㋷は不要）
	70人未満の会社は、㋠及び㋷により判定

㋠ 直前期末の総資産価額（帳簿価額）及び直前期末以前1年間における従業員数に応ずる区分				㋷ 直前期末以前1年間の取引金額に応ずる区分			会社規模とLの割合（中会社）の区分
総資産価額（帳簿価額）			従業員数	取引金額			
卸売業	小売・サービス業	卸売業、小売・サービス業以外		卸売業	小売・サービス業	卸売業、小売・サービス業以外	
20億円以上	15億円以上	15億円以上	35人超	30億円以上	20億円以上	15億円以上	大会社
4億円以上20億円未満	5億円以上15億円未満	5億円以上15億円未満	35人超	7億円以上30億円未満	5億円以上20億円未満	4億円以上15億円未満	0.90（中会社）
2億円以上4億円未満	2億5,000万円以上5億円未満	2億5,000万円以上5億円未満	20人超35人以下	3億5,000万円以上7億円未満	2億5,000万円以上5億円未満	2億円以上4億円未満	0.75（中会社）
7,000万円以上2億円未満	4,000万円以上2億5,000万円未満	5,000万円以上2億5,000万円未満	5人超20人以下	2億円以上3億5,000万円未満	6,000万円以上2億5,000万円未満	8,000万円以上2億円未満	0.60（中会社）
7,000万円未満	4,000万円未満	5,000万円未満	5人以下	2億円未満	6,000万円未満	8,000万円未満	小会社

低い方　高い方

・「会社規模とLの割合（中会社）の区分」欄は、㋠欄の区分（「総資産価額（帳簿価額）」と「従業員数」とのいずれか下位の区分）と㋷欄（取引金額）の区分とのいずれか上位の区分により判定します。

判定	大会社	中会社 Lの割合			小会社
		0.90	0.75	0.60	

4．増（減）資の状況その他評価上の参考事項

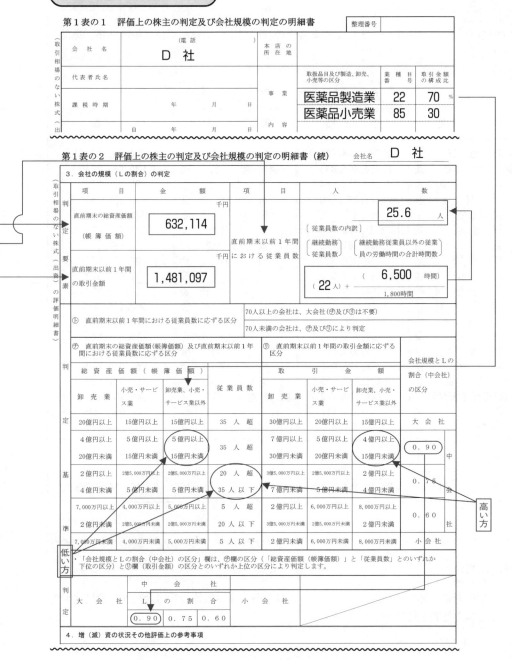

① この会社は従業員数が25.6人ですので、第1次判定により70人未満の会社となります。

② この会社は「卸売業、小売・サービス業以外」の業種（取引金額全体の70％）を営む会社で、直前期末の総資産価額（帳簿価額）では中会社の「大」、従業員数では中会社の「中」と判定されますので、第2次判定により中会社の「中」となります。

③ 直前期末以前1年間の取引金額では中会社の「大」と判定されますので、第3次判定により中会社の「大」となります。

④ したがって、D社は中会社の「大」と判定されます。

(2) 直前期末の総資産価額（帳簿価額）（貸倒引当金を売掛金等から控除している場合）

設　例

貸倒引当金を売掛金等から控除している場合の直前期末の総資産価額（帳簿価額）を計算します。

貸　借　対　照　表

科　目	金　額	科　目	金　額
資産の部	**2,746,164,399円**	**負債の部**	**2,360,355,024円**
流動資産	**2,270,405,893**	**流動負債**	**1,920,087,224**
現金預金	333,053,064	支払手形	689,329,373
受取手形	837,595,800	買掛金	446,722,457
売掛金	496,837,000	短期借入金	245,000,000
貸倒引当金	△21,739,866	未払金	143,496,679
製品	326,001,745	未払費用	44,867,790
半製品	50,098,887	預り金	38,918,049
仕掛品	84,926,925	未払法人税等	77,073,500
主要原材料	104,789,350	未払事業税	20,397,900
補助原材料	20,640,588	賞与引当金	103,042,000
未収入金	15,339,000	返品調整引当金	98,735,476
前渡金	7,619,400	買換資産特別勘定	12,504,000
前払費用	8,519,000	**固定負債**	**440,267,800**
仮払金	6,725,000	長期借入金	260,000,000
固定資産	**475,087,506**	退職給付引当金	180,267,800
（有形固定資産）	**448,512,112**	**純資産の部**	**385,809,375**
建物	49,819,311	資本金	40,000,000
建物附属設備	5,277,314	資本剰余金	84,849
〜〜〜	〜〜〜	〜〜〜	〜〜〜
繰延資産	671,000		
合　計	**2,746,164,399円**	**合　計**	**2,746,164,399円**

評価上の取扱い

貸倒引当金を売掛金等から控除している場合には、各資産の帳簿価額の合計額に貸倒引当金を加算した金額を総資産価額とします。

評価明細書の書き方と解説

第１表の２　評価上の株主の判定及び会社規模の判定の明細書（続）

会社名

（取引相場のない株式（出資）の評価明細書）

３．会社の規模（Ｌの割合）の判定

	項目	金額	項目	人数
判定要素	直前期末の総資産価額（帳簿価額）	千円 2,767,904	直前期末以前１年間における従業員数	人 〔従業員数の内訳〕 〔継続勤務従業員数〕（　人）＋〔継続勤務従業員以外の従業員の労働時間の合計時間数〕（　時間）／1,800時間
	直前期末以前１年間の取引金額	千円		

㋣　直前期末以前１年間における従業員数に応ずる区分	70人以上の会社は、大会社（㋠及び㋷は不要）	
	70人未満の会社は、㋠及び㋷により判定	

㋠　直前期末の総資産価額(帳簿価額）及び直前期末以前１年間における従業員数に応ずる区分				㋷　直前期末以前１年間の取引金額に応ずる区分			会社規模とＬの割合（中会社）の区分	
総資産価額（帳簿価額）			従業員数	取引金額				
卸売業	小売・サービス業	卸売業、小売・サービス業以外		卸売業	小売・サービス業	卸売業、小売・サービス業以外		
20億円以上	15億円以上	15億円以上	35人超	30億円以上	20億円以上	15億円以上	大会社	
4億円以上 20億円未満	5億円以上 15億円未満	5億円以上 15億円未満	35人超	7億円以上 30億円未満	5億円以上 20億円未満	4億円以上 15億円未満	0.90	中会社
2億円以上 4億円未満	2億5,000万円以上 5億円未満	2億5,000万円以上 5億円未満	20人超 35人以下	3億5,000万円以上 7億円未満	2億5,000万円以上 5億円未満	2億円以上 4億円未満	0.75	中会社
7,000万円以上 2億円未満	4,000万円以上 2億5,000万円未満	5,000万円以上 2億5,000万円未満	5人超 20人以下	2億円以上 3億5,000万円未満	6,000万円以上 2億5,000万円未満	8,000万円以上 2億円未満	0.60	中会社
7,000万円未満	4,000万円未満	5,000万円未満	5人以下	2億円未満	6,000万円未満	8,000万円未満	小会社	

判定基準

・「会社規模とＬの割合（中会社）の区分」欄は、㋠欄の区分（「総資産価額（帳簿価額）」と「従業員数」とのいずれか下位の区分）と㋷欄（取引金額）の区分とのいずれか上位の区分により判定します。

判定	大会社	中会社			小会社	
		Ｌの割合				
		0.90	0.75	0.60		

４．増（減）資の状況その他評価上の参考事項

直前期末の総資産価額（帳簿価額）は次のように計算します。

（総資産価額）	（貸倒引当金の額）	
2,746,164,399円＋	21,739,866円	＝2,767,904,265円

(3) 直前期末以前１年間の取引金額（事業年度の中途において合併している場合）

設　例

事業年度の中途において合併している場合の直前期末以前１年間の取引金額を計算します。

①　課税時期　　令和６年10月20日
②　直前期末　　令和６年９月30日
③　合併の日　　令和６年４月１日（Ａ社とＢ社が合併し甲社となりました。）
④　業　　種　　小売業
⑤　合併前後における取引金額

区　　分	決算期間	取引金額
甲　　社	令６．４．１～令６．９．30	524,565千円
Ａ　　社	令５．10．１～令６．３．31	315,624千円
Ｂ　　社	令５．６．１～令６．３．31	286,940千円

（注）Ａ社、Ｂ社は小売業であり、合併の前後で会社実態に変化がないものと認められます。

評価上の取扱い

会社規模は①従業員数、②直前期末の総資産価額及び③直前期末以前１年間の取引金額の３つの要素によって判定します。ところで、事業年度の中途において、評価会社が合併している場合には、その間の取引金額を基に直前期末以前１年間の取引金額を合理的に算定して会社規模を判定する必要があります。

（注） 合併の前後で会社実態に変化のある場合は、類似業種比準方式の適用はできません。

評価明細書の書き方

第１表の２　評価上の株主の判定及び会社規模の判定の明細書（続）　会社名

（取引相場のない株式（出資）の評価明細書）

３．会社の規模（Ｌの割合）の判定

	項目	金額	項目	人数
判定要素	直前期末の総資産価額（帳簿価額）	千円	直前期末以前１年間における従業員数	人 〔従業員数の内訳〕 （継続勤務従業員数）（継続勤務従業員以外の従業員の労働時間の合計時間数） （　　人）＋（　　時間）／1,800時間
	直前期末以前１年間の取引金額	千円 1,012,353		

判定	㊦　直前期末以前１年間における従業員数に応ずる区分				70人以上の会社は、大会社(㋠及び㋷は不要)				
					70人未満の会社は、㋠及び㋷により判定				
	㋠　直前期末の総資産価額(帳簿価額）及び直前期末以前１年間における従業員数に応ずる区分				㋷　直前期末以前１年間の取引金額に応ずる区分			会社規模とＬの割合（中会社）の区分
	総資産価額（帳簿価額）			従業員数	取引金額			
	卸売業	小売・サービス業	卸売業、小売・サービス業以外		卸売業	小売・サービス業	卸売業、小売・サービス業以外	

解　説

甲社の直前期末以前１年間の取引金額は合併前のＡ社、Ｂ社の取引金額も含めて計算します。

そこで、設例の場合は、甲社の令和６年４月１日から同年９月30日までの取引金額に、Ａ社の令和５年10月１日から令和６年３月31日までの取引金額とＢ社の同じ期間の取引金額を加算することになります。なお、Ｂ社の令和５年10月１日から令和６年３月31日までの取引金額（季節的な変動がないとした場合）は期間あん分等の合理的な方法により算定します。

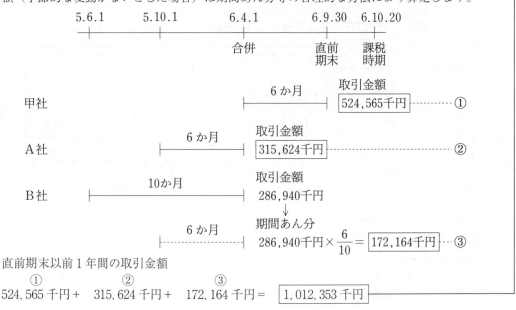

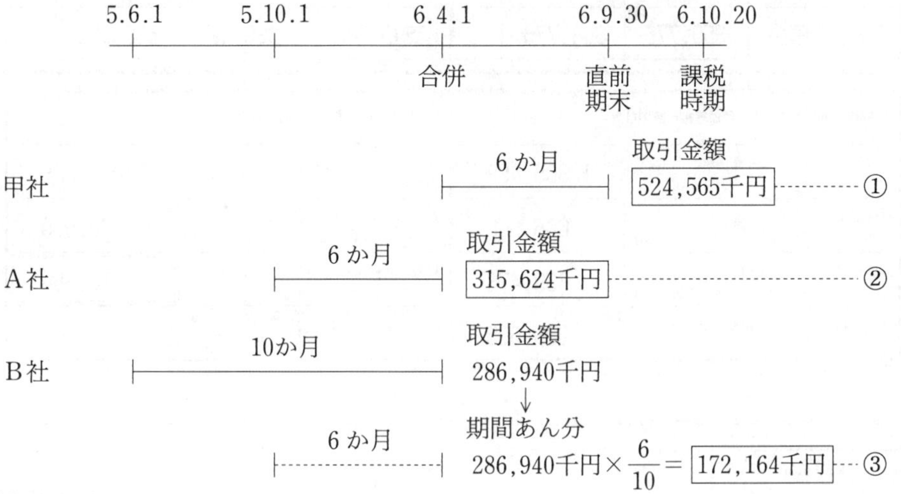

直前期末以前１年間の取引金額

①524,565千円＋②315,624千円＋③172,164千円＝1,012,353千円

3 大会社の株式の評価

設　例

次の大会社の株式を評価します。

◇K服飾㈱

1 類似業種比準価額 8,115円　　（注） 類似業種の株価は仮に設定した株価です。

2 純資産価額 13,360円　　（以下本編において同じ）

第４表 類似業種比準価額等の計算明細書　　会社名 K服飾㈱

（取引相場のない株式…）

1．1株当たりの資本金等の額等の計算	直前期末の資本金等の額	直前期末の発行済株式数	直前期末の自己株式数	1株当たりの資本金等の額（①÷（②−③））	1株当たりの資本金等の額を50円とした場合の発行済株式数（①÷50円）
	① 40,000千円	② 80,000株	③ 株	④ 500円	⑤ 800,000株

〰〰〰

類似業種比準価額の計算

類似業種と業種目番号		卸売業（No. 65）
類似業種の株価	課税時期の属する月 10月	㋕ 182円
	課税時期の属する月の前月 9月	㋵ 184円
	課税時期の属する月の前々月 8月	㋟ 198円
	前年平均株価	㋹ 195円
	課税時期の属する月以前2年間の平均株価	㋡ 188円
	A（㋕、㋵、㋟、㋹及び㋡のうち最も低いもの）	㉓ 182円

比準割合の計算 区分	1株(50円)当たりの年配当金額		1株(50円)当たりの年利益金額		1株(50円)当たりの純資産価額		1株(50円)当たりの比準価額
評価会社	Ⓑ	7円 5銭 0	Ⓒ	344円	Ⓓ	445円	㉓×㉔×0.7※
類似業種	B	3円 3銭 0	C	23円	D	234円	※中会社は0.6 小会社は0.5 とします。
要素別比準割合	Ⓑ/B	2.27	Ⓒ/C	14.95	Ⓓ/D	1.90	
比準割合	$\frac{\frac{Ⓑ}{B}+\frac{Ⓒ}{C}+\frac{Ⓓ}{D}}{3}$ =				㉔	6.37	㉕ 811円 5銭 0

1株当たりの比準価額	比準価額（㉒と㉕とのいずれか低い方の金額） × ④の金額/50円	㉖ 8,115円
比準価額の修正：直前期末の翌日から課税時期までの間に配当金交付の効力が発生した場合	比準価額（㉖の金額） − 1株当たりの配当金額 円 銭	修正比準価額 ㉗ 円

〰〰〰

第5表 1株当たりの純資産価額（相続税評価額）の計算明細書　　会社名 K服飾㈱

（取引相場のない株…）

1．資産及び負債の金額（課税時期現在）

資産の部 科目	相続税評価額	帳簿価額	備考	負債の部 科目	相続税評価額	帳簿価額	備考
現金・預金	350,776千円	348,776千円		支払手形	689,329千円	689,329千円	

〰〰〰

2．評価差額に対する法人税額等相当額の計算		3．1株当たりの純資産価額の計算	
相続税評価額による純資産価額（①−③）	⑤ 1,305,433千円	課税時期現在の純資産価額（相続税評価額）（⑤−⑧）	⑨ 1,068,828千円
帳簿価額による純資産価額（(②+(ニ)−(ホ))−④）、マイナスの場合は0）	⑥ 665,960千円	課税時期現在の発行済株式数（(第1表の1の①)−自己株式数）	⑩ 80,000株
評価差額に相当する金額（⑤−⑥、マイナスの場合は0）	⑦ 639,473千円	課税時期現在の1株当たりの純資産価額（相続税評価額）（⑨÷⑩）	⑪ 13,360円
評価差額に対する法人税額等相当額（⑦×37%）	⑧ 236,605千円	同族株主等の議決権割合（第1表の1の⑤の割合）が50%以下の場合（⑪×80%）	⑫ 円

評価上の取扱い

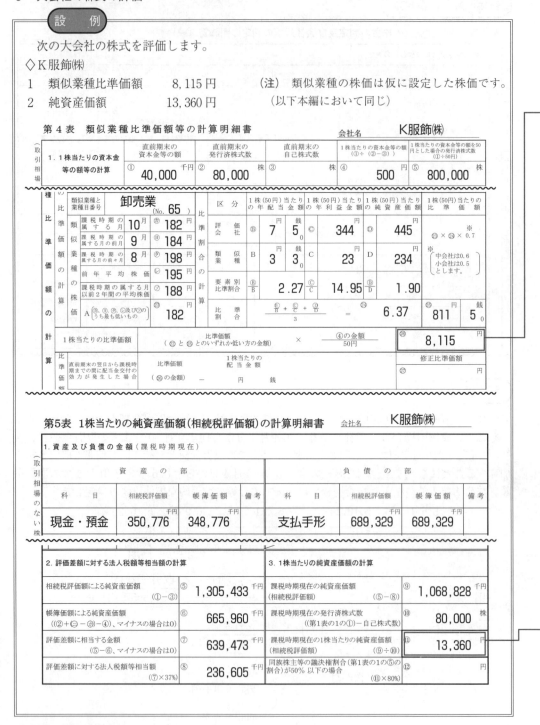

大会社の株式は、原則として類似業種比準価額で評価します。ただし納税者が選択した場合は、１株当たりの純資産価額によって評価することができます（評基通179(1)）。

なお、１株当たりの純資産価額で評価する場合、同族株主等の議決権割合が50％以下であっても、80％相当額で評価することはできません（評基通185ただし書）。

評価明細書の書き方

第３表　一般の評価会社の株式及び株式に関する権利の価額の計算明細書　会社名　K服飾㈱

（取引相場のない株式（出資）の評価明細書）

1. 原則的評価方式による価額

1株当たりの価額の計算の基となる金額	類似業種比準価額（第４表の㉖、㉗又は㉘の金額）	１株当たりの純資産価額（第５表の⑪の金額）	１株当たりの純資産価額の80％相当額（第５表の⑫の記載がある場合のその金額）
	① 8,115 円	② 13,360 円	③ 円

１株当たりの価額の計算 区分	１株当たりの価額の算定方法	１株当たりの価額
大会社の株式の価額	次のうちいずれか低い方の金額（②の記載がないときは①の金額） イ　①の金額 ロ　②の金額	④ 8,115 円
中会社の株式の価額	（①と②とのいずれか低い方の金額 × Lの割合 0.）＋（②の金額（③の金額があるときは③の金額） × （1－ Lの割合 0.））	⑤ 円
小会社の株式の価額	次のうちいずれか低い方の金額 イ　②の金額（③の金額があるときは③の金額） ロ　（①の金額 × 0.50）＋（イの金額 × 0.50）	⑥ 円

株式の価額の修正		修正後の株式の価額
課税時期において配当期待権の発生している場合	株式の価額（④、⑤又は⑥の金額）－ １株当たりの配当金額　円　銭	⑦ 円
課税時期において株式の割当てを受ける権利、株主となる権利又は株式無償交付期待権の発生している場合	（株式の価額（④、⑤又は⑥（⑦があるときは⑦）の金額）＋ 割当株式１株当たりの払込金額　円 × １株当たりの割当株式数　株）÷（１株＋ １株当たりの割当株式数又は交付株式数　株）	⑧ 円

> 大会社については適用なし（評基通185ただし書）

配当還元価額			
$\frac{⑱の金額}{10\%} \times \frac{⑬の金額}{50円} =$	⑲ 円	⑳ 円	⑲の金額が、原則的評価方式により計算した価額を超える場合には、原則的評価方式により計算した価額とします。

3 株式に関する権利の価額（1.及び2.に共通）

区分	計算	金額
配当期待権	１株当たりの予想配当金額（円　銭）－ 源泉徴収されるべき所得税相当額（円　銭）	㉑ 円　銭
株式の割当てを受ける権利（割当株式１株当たりの価額）	⑧（配当還元方式の場合は⑳）の金額 － 割当株式１株当たりの払込金額　円	㉒ 円
株主となる権利（割当株式１株当たりの価額）	⑧（配当還元方式の場合は⑳）の金額（課税時期後にその株主となる権利につき払い込むべき金額があるときは、その金額を控除した金額）	㉓ 円
株式無償交付期待権（交付される株式１株当たりの価額）	⑧（配当還元方式の場合は⑳）の金額	㉔ 円

4．株式及び株式に関する権利の価額（1．及び2．に共通）

株式の評価額	8,115 円
株式に関する権利の評価額	円（円　銭）

解　説

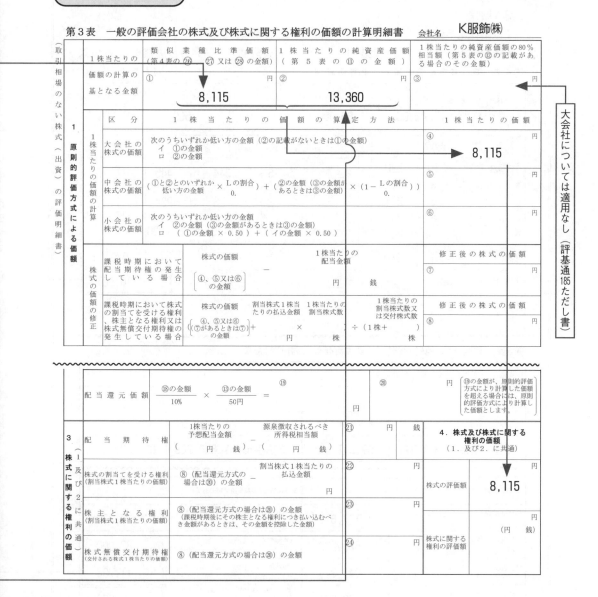

類似業種比準価額は8,115円、１株当たりの純資産価額は13,360円となりますので、このうち低い方の金額8,115円で評価します。

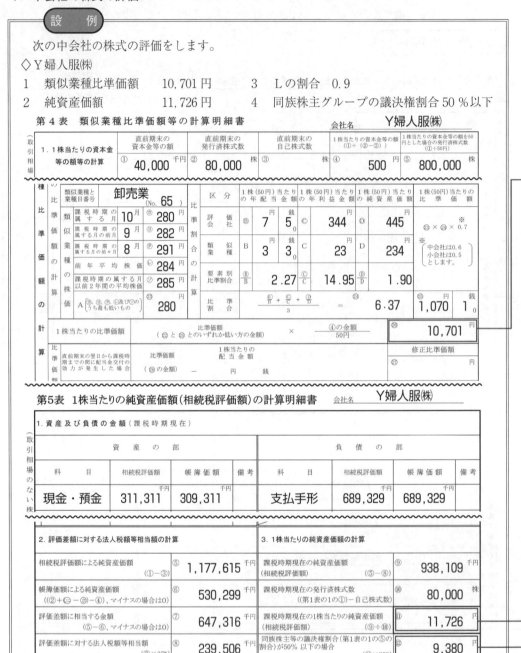

4　中会社の株式の評価

設　例

次の中会社の株式の評価をします。

◇Ｙ婦人服㈱

1　類似業種比準価額　　10,701 円　　3　Ｌの割合　0.9

2　純資産価額　　　　　11,726 円　　4　同族株主グループの議決権割合 50 ％以下

第４表　類似業種比準価額等の計算明細書　　会社名　Y婦人服㈱

1．1株当たりの資本金等の額等の計算	直前期末の資本金等の額	直前期末の発行済株式数	直前期末の自己株式数	1株当たりの資本金等の額（①÷（②−③））	1株当たりの資本金等の額を50円とした場合の発行済株式数（①÷50円）
	① 40,000 千円	② 80,000 株	③ 株	④ 500 円	⑤ 800,000 株

類似業種と業種目番号	卸売業（No. 65）
課税時期の属する月 10月	㋕ 280 円
課税時期の属する月の前月 9月	㋵ 282 円
課税時期の属する月の前々月 8月	㋟ 291 円
前年平均株価	㋹ 284 円
課税時期の属する月以前２年間の平均株価	㋞ 285 円
A（㋕、㋵、㋟、㋹及び㋞のうち最も低いもの）	㉓ 280 円

区分	1株(50円)当たりの年配当金額		1株(50円)当たりの年利益金額	1株(50円)当たりの純資産価額	1株(50円)当たりの比準価額
評価会社	Ⓑ 7 円	5 銭 0	Ⓒ 344 円	Ⓓ 445 円	㉓ × ㉔ × 0.7 ※
類似業種	B 3 円	3 銭 0	C 23 円	D 234 円	※（中会社は0.6 小会社は0.5 とします。）
要素別比準割合	Ⓑ/B 2.27		Ⓒ/C 14.95	Ⓓ/D 1.90	
比準割合	$\frac{Ⓑ/B + Ⓒ/C + Ⓓ/D}{3}$		=	㉔ 6.37	㉕ 1,070 円 1 銭 0

1株当たりの比準価額	比準価額（㉒と㉕とのいずれか低い方の金額）× ④の金額／50円	㉖ 10,701 円
比準価額の修正　直前期末の翌日から課税時期までの間に配当金交付の効力が発生した場合	比準価額（㉖の金額）− 1株当たりの配当金額　円　銭	修正比準価額 ㉗ 円

第5表　1株当たりの純資産価額（相続税評価額）の計算明細書　　会社名　Y婦人服㈱

1．資産及び負債の金額（課税時期現在）

資産の部				負債の部			
科目	相続税評価額	帳簿価額	備考	科目	相続税評価額	帳簿価額	備考
現金・預金	311,311 千円	309,311 千円		支払手形	689,329 千円	689,329 千円	

2．評価差額に対する法人税額等相当額の計算		3．1株当たりの純資産価額の計算	
相続税評価額による純資産価額（①−③）	⑤ 1,177,615 千円	課税時期現在の純資産価額（相続税評価額）（⑤−⑧）	⑨ 938,109 千円
帳簿価額による純資産価額（(②+㋥−㋭)−④)、マイナスの場合は0）	⑥ 530,299 千円	課税時期現在の発行済株式数（(第1表の1の①)−自己株式数）	⑩ 80,000 株
評価差額に相当する金額（⑤−⑥、マイナスの場合は0）	⑦ 647,316 千円	課税時期現在の1株当たりの純資産価額（相続税評価額）（⑨÷⑩）	⑪ 11,726 円
評価差額に対する法人税額等相当額（⑦×37%）	⑧ 239,506 千円	同族株主等の議決権割合（第1表の1の⑤の割合）が50% 以下の場合（⑪×80%）	⑫ 9,380 円

評価上の取扱い

中会社の株式は、類似業種比準方式と純資産価額方式との併用方式によって評価します。具体的には、次の算式によります。

類似業種比準価額　×　Ｌ　＋　1株当たりの純資産価額（相続税評価額によって計算した金額）　×（1－Ｌ）

※　Ｌの割合は、評価会社の課税時期の直前期末における総資産価額及び従業員数又は直前期末以前１年間における取引金額に応じ、３段階（0.60、0.75、0.90）に分かれています（評基通179(2)）。

なお、納税者の選択により上記算式中の類似業種比準価額を純資産価額によって計算することができますが、この場合、同族株主等の議決権割合が50％以下であっても、80％相当額で評価することはできません（評基通185ただし書）。

評価明細書の書き方

第３表　一般の評価会社の株式及び株式に関する権利の価額の計算明細書　会社名　Y婦人服㈱

（取引相場のない株式（出資）の評価明細書）

１．原則的評価方式による価額

1株当たりの価額の計算の基となる金額	類似業種比準価額（第4表の㉖、㉗又は㉘の金額）	1株当たりの純資産価額（第5表の⑪の金額）	1株当たりの純資産価額の80%相当額（第5表の⑫の記載がある場合のその金額）
	①　円 10,701	②　円 11,726	③　円 9,380

1株当たりの価額の計算 区分	1株当たりの価額の算定方法	1株当たりの価額
大会社の株式の価額	次のうちいずれか低い方の金額（②の記載がないときは①の金額） イ　①の金額 ロ　②の金額	④　円
中会社の株式の価額	（①と②とのいずれか低い方の金額 × Lの割合 0.90）＋（②の金額（③の金額があるときは③の金額）×（1－Lの割合 0.90））	⑤　円 10,568
小会社の株式の価額	次のうちいずれか低い方の金額 イ　②の金額（③の金額があるときは③の金額） ロ　（①の金額 × 0.50）＋（イの金額 × 0.50）	⑥　円

株式の価	株式の価額		1株当たりの配当金額	修正後の株式の価額
課税時期において配当期待権の発生している場合	（④、⑤又は⑥の金額）	－	円　銭	⑦　円

３．株式に関する権利の価額（1.及び2.に共通）

区分	算定方法		金額		４．株式及び株式に関する権利の価額（1.及び2.に共通）	
配当期待権	1株当たりの予想配当金額（　円　銭）－ 源泉徴収されるべき所得税相当額（　円　銭）		㉑　円	銭		
株式の割当てを受ける権利（割当株式1株当たりの価額）	⑧（配当還元方式の場合は⑳）の金額 － 割当株式1株当たりの払込金額　円		㉒　円		株式の評価額	円 10,568
株主となる権利（割当株式1株当たりの価額）	⑧（配当還元方式の場合は⑳）の金額 （課税時期後にその株主となる権利につき払い込むべき金額があるときは、その金額を控除した金額）		㉓　円		株式に関する権利の評価額	円 （円　銭）
株式無償交付期待権（交付される株式1株当たりの価額）	⑧（配当還元方式の場合は⑳）の金額		㉔　円			

解　説

類似業種比準価額は10,701円（①）、１株当たりの純資産価額は11,726円（②）となりますので、算式の類似業種比準価額は類似業種比準価額と１株当たりの純資産価額のいずれか低い方の10,701円によります。

算式の１株当たりの純資産価額は、議決権割合が50％以下の場合、11,726円の80％相当額の9,380円となります。

評価会社のＬの割合は0.90で、これらを基に株式の評価をすると、10,568円となります。

（算式）

類似業種比準価額　×　Ｌ　＋　１株当たりの純資産価額（相続税評価額によって計算した金額）　×（１－Ｌ）

5　小会社の株式の評価

[設　例]

次の小会社の株式を評価します。

◇Ｏ薬品株式会社（同族株主グループの議決権割合　40％）

1　類似業種比準価額　　　5,246円

2　純資産価額　　　　　15,321円

第４表　類似業種比準価額等の計算明細書　　会社名　Ｏ薬品㈱

（取引相場のない株式（出

1．1株当たりの資本金等の額等の計算	直前期末の資本金等の額	直前期末の発行済株式数	直前期末の自己株式数	1株当たりの資本金等の額（①÷（②−③））	1株当たりの資本金等の額を50円とした場合の発行済株式数（①÷50円）
	① 5,000 千円	② 10,000 株	③ 株	④ 500 円	⑤ 100,000 株

2．比準価額の計算 1株（50円）当たりの	直前期末以前２（３）年間の年平均配当金額				比準要素数１の会社・比準要素数０の会社の判定要素の金額		
事業年度	⑥ 年配当金額	⑦ 左のうち非経常的な配当金額	⑧ 差引経常的な年配当金額（⑥−⑦）	年平均配当金額	⑨/⑤	Ⓑ₁ 6 円	5 0 銭
直前期	70 千円	0 千円	㋑ 70 千円	⑨（㋑＋㋺）÷２ 65 千円	⑩/⑤	Ⓑ₂ 5 円	5 0 銭

類似業種の株価			の計算					
前年平均株価	㋹ 733 円		要素別比準割合	Ⓑ/B	1.75	Ⓒ/C 2.29	Ⓓ/D 0.41	（……とします。）
課税時期の属する月以前２年間の平均株価	㋦ 725 円		比準割合	（Ⓑ/B＋Ⓒ/C＋Ⓓ/D）/3	＝	㉔ 1.48		㉕ 524 円 6 0 銭
A（㋠、㋷、㋦、㋹及び㋦のうち最も低いもの）	㉓ 709 円							

1株当たりの比準価額	比準価額（㉒と㉕とのいずれか低い方の金額） × ④の金額/50円	㉖ 5,246 円
比準価額の修正 直前期末の翌日から課税時期までの間に配当金交付の効力が発生した場合	比準価額（㉖の金額） − 1株当たりの配当金額 円 銭	修正比準価額 ㉗ 円

第5表　1株当たりの純資産価額（相続税評価額）の計算明細書　　会社名　Ｏ薬品㈱

（取引相場のない株式（

1．資産及び負債の金額（課税時期現在）

資産の部				負債の部			
科目	相続税評価額	帳簿価額	備考	科目	相続税評価額	帳簿価額	備考
現金	987 千円	987 千円		支払手形	5,700 千円	5,700 千円	
預金	9,500	9,500		買掛金	5,500	5,500	

2．評価差額に対する法人税額等相当額の計算		3．1株当たりの純資産価額の計算	
相続税評価額による純資産価額（①−③）	⑤ 227,280 千円	課税時期現在の純資産価額（相続税評価額）（⑤−⑧）	⑨ 153,214 千円
帳簿価額による純資産価額（（②＋㊁−㊅）−④）、マイナスの場合は0）	⑥ 27,100 千円	課税時期現在の発行済株式数（（第1表の1の①）−自己株式数）	⑩ 10,000 株
評価差額に相当する金額（⑤−⑥、マイナスの場合は0）	⑦ 200,180 千円	課税時期現在の1株当たりの純資産価額（相続税評価額）（⑨÷⑩）	⑪ 15,321 円
評価差額に対する法人税額等相当額（⑦×37%）	⑧ 74,066 千円	同族株主等の議決権割合（第1表の1の⑤の割合）が50％以下の場合（⑪×80%）	⑫ 12,256 円

[評価上の取扱い]

小会社の株式は原則として純資産価額方式により評価します。ただし、納税者の選択により、類似業種比準方式と純資産価額方式との併用方式によって評価することができます。

なお、この場合のＬの割合は0.50となります（評基通179(3)）。

評価明細書の書き方

第３表　一般の評価会社の株式及び株式に関する権利の価額の計算明細書　会社名　O薬品㈱

（取引相場のない株式（出資）の評価明細書）

1．原則的評価方式による価額

1株当たりの価額の計算の基となる金額	類似業種比準価額（第4表の㉖、㉗又は㉘の金額）	1株当たりの純資産価額（第5表の⑪の金額）	1株当たりの純資産価額の80％相当額（第5表の⑫の記載がある場合のその金額）
	① 5,246 円	② 15,321 円	③ 12,256 円

1株当たりの価額の計算	区分	1株当たりの価額の算定方法	1株当たりの価額
	大会社の株式の価額	次のうちいずれか低い方の金額（②の記載がないときは①の金額） イ　①の金額 ロ　②の金額	④ 円
	中会社の株式の価額	（①と②とのいずれか低い方の金額 × Lの割合 0.　）＋（②の金額（③の金額があるときは③の金額）×（1－Lの割合 0.　））	⑤ 円
	小会社の株式の価額	次のうちいずれか低い方の金額 イ　②の金額（③の金額があるときは③の金額） ロ　（①の金額 × 0.50）＋（イの金額 × 0.50）	⑥ 8,751 円

株式の価額の修正				修正後の株式の価額
	課税時期において配当期待権の発生している場合	株式の価額（④、⑤又は⑥の金額）	－ 1株当たりの配当金額　円　銭	⑦ 円
	課税時期において株式の割当てを受ける権利、株主となる権利又は株式無償交付期待権の発生している場合	株式の価額（④、⑤又は⑥（⑦があるときは⑦）の金額）	＋ 割当株式1株当たりの払込金額　円 × 1株当たりの割当株式数　株）÷（1株＋ 1株当たりの割当株式数又は交付株式数　株）	⑧ 円

2．配当還元方式による価額

1株当たりの資本金等の額、発行済株式数等	直前期末の資本金等の額	直前期末の発行済株式数	直前期末の自己株式数	1株当たりの資本金等の額を50円とした場合の発行済株式数（⑨÷50円）	1株当たりの資本金等の額（⑨÷（⑩－⑪））
	⑨ 千円	⑩ 株	⑪ 株	⑫ 株	⑬ 円

直間前の	事業年度	⑭ 年配当金額	⑮ 左のうち非経常的な配当金額	⑯ 差引経常的な年配当金額（⑭－⑮）	年平均配当金額

1株（50円）当たりの年配当金額	年平均配当金額（⑰の金額）÷ ⑫の株式数 ＝	⑱ 円　銭	この金額が2円50銭未満の場合は2円50銭とします。
配当還元価額	⑱の金額／10% × ⑬の金額／50円 ＝	⑲ 円	⑳ 円　⑲の金額が、原則的評価方式により計算した価額を超える場合には、原則的評価方式により計算した価額とします。

3．株式に関する権利の価額（1．及び2．に共通）

配当期待権	1株当たりの予想配当金額（　円　銭）－ 源泉徴収されるべき所得税相当額（　円　銭）	㉑ 円　銭	
株式の割当てを受ける権利（割当株式1株当たりの価額）	⑧（配当還元方式の場合は⑳）の金額 － 割当株式1株当たりの払込金額　円	㉒ 円	
株主となる権利（割当株式1株当たりの価額）	⑧（配当還元方式の場合は⑳）の金額（課税時期後にその株主となる権利につき払い込むべき金額があるときは、その金額を控除した金額）	㉓ 円	
株式無償交付期待権（交付される株式1株当たりの価額）	⑧（配当還元方式の場合は⑳）の金額	㉔ 円	

4．株式及び株式に関する権利の価額（1．及び2．に共通）	
株式の評価額	8,751 円
株式に関する権利の評価額	円（円　銭）

解　説

1株当たりの純資産価額（80％評価した金額）12,256円が、併用方式により評価した価額8,751円を上回りますので、8,751円で評価します。

6　配当期待権がある場合の株式の価額の修正及び配当期待権の評価

設　例

次の大会社の株式及び配当期待権の評価をします。

1　課税時期　　　　令和6年10月10日
2　配当期待権が生じている株式　　K服飾株式会社
3　決算期（配当金交付の基準日）9月30日
4　課税時期における価額　｛類似業種比準価額　12,485円／純資産価額　13,360円｝
5　予想配当の金額　　　　1株当たり50円（年配当率10％）
6　配当金交付に関する株主総会の決議年月日　　令和6年11月15日
7　配当所得課税の適用　　　　源泉徴収税率20.42％

第4表　類似業種比準価額等の計算明細書　　会社名　K服飾㈱

（取引相場

1．1株当たりの資本金等の額等の計算	直前期末の資本金等の額	直前期末の発行済株式数	直前期末の自己株式数	1株当たりの資本金等の額（①÷（②−③））	1株当たりの資本金等の額を50円とした場合の発行済株式数（①÷50円）
	① 40,000 千円	② 80,000 株	③ 株	④ 500 円	⑤ 800,000 株

比準価額の計算

類似業種の株価		
課税時期の属する月	10月	㋕ 280円
課税時期の属する月の前月	9月	㋵ 282円
課税時期の属する月の前々月	8月	㋟ 291円
前年平均株価		㋹ 284円
課税時期の属する月以前2年間の平均株価		㋞ 285円
A（㋕、㋵、㋟、㋹及び㋞のうち最も低いもの）		㉓ 280円

比準割合の計算				
評価会社	Ⓑ 7円 5銭 0	Ⓒ 344円	Ⓓ 445円	㉓×㉔×0.7 ※
類似業種	B 3円 3銭 0	C 23円	D 234円	※（中会社は0.6 小会社は0.5 とします。）
要素別比準割合	Ⓑ/B 2.27	Ⓒ/C 14.95	Ⓓ/D 1.90	
比準割合	$\frac{Ⓑ/B + Ⓒ/C + Ⓓ/D}{3}$ =	㉔ 6.37		㉕ 1,248円 5銭 0

1株当たりの比準価額	比準価額（㉒と㉕とのいずれか低い方の金額）× ④の金額/50円	㉖ 12,485円
比準価額の修正：直前期末の翌日から課税時期までの間に配当金交付の効力が発生した場合	比準価額（㉖の金額）− 1株当たりの配当金額　円　銭	修正比準価額 ㉗　円

第5表　1株当たりの純資産価額（相続税評価額）の計算明細書　　会社名　K服飾㈱

（取引相場のない株式）

1．資産及び負債の金額（課税時期現在）

資産の部				負債の部			
科目	相続税評価額	帳簿価額	備考	科目	相続税評価額	帳簿価額	備考
現金・預金	350,776 千円	348,776 千円		支払手形	689,329 千円	689,329 千円	
受取手形	837,153	837,595		買掛金	486,722	486,722	

2．評価差額に対する法人税額等相当額の計算		3．1株当たりの純資産価額の計算	
相続税評価額による純資産価額（①−③）	⑤ 1,305,433 千円	課税時期現在の純資産価額（相続税評価額）（⑤−⑧）	⑨ 1,068,828 千円
帳簿価額による純資産価額（（②＋㊁−㊂）−④）、マイナスの場合は0）	⑥ 665,960 千円	課税時期現在の発行済株式数（（第1表の1の①）−自己株式数）	⑩ 80,000 株
評価差額に相当する金額（⑤−⑥、マイナスの場合は0）	⑦ 639,473 千円	課税時期現在の1株当たりの純資産価額（相続税評価額）（⑨÷⑩）	⑪ 13,360 円
評価差額に対する法人税額等相当額（⑦×37%）	⑧ 236,605 千円	同族株主等の議決権割合（第1表の1の⑤の割合）が50%以下の場合（⑪×80%）	⑫　円

評価上の取扱い

配当期待権とは、配当金交付の基準日の翌日から配当金交付の効力が発生する日までの間における配当金を受けることができる権利をいいます(評基通168(7))。なお、配当金交付に関する株主総会の決議が行われた後、実際に配当金を受け取るまでの間は、未収配当金となります。

配当期待権は株式とは別に評価することから、配当期待権の発生している株式は、次の算式により評価します（評基通187(1))。

（取引相場のない株式の評価額 － 株式１株に対して受ける予想配当の金額）

配当期待権の価額は、課税時期後に受けると見込まれる予想配当金額から、その金額につき源泉徴収されるべき所得税の額に相当する金額を控除した金額によって評価します(評基通193)。

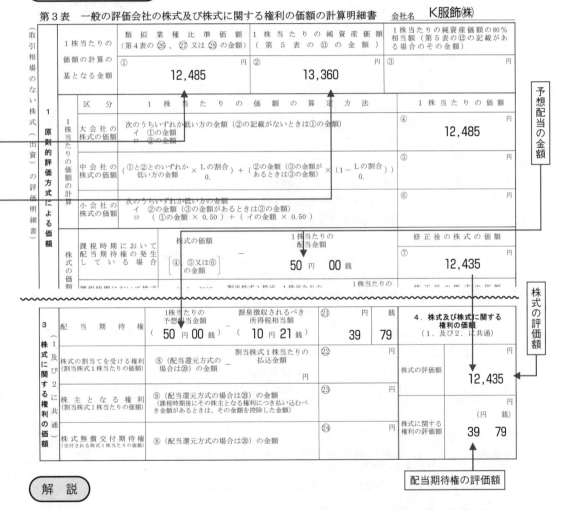

評価明細書の書き方

第３表　一般の評価会社の株式及び株式に関する権利の価額の計算明細書　会社名　K服飾㈱

（取引相場のない株式（出資）の評価明細書）

１．原則的評価方式による価額	１株当たりの価額の計算の基となる金額	類似業種比準価額（第４表の㉖、㉗又は㉘の金額） ① 12,485 円	１株当たりの純資産価額（第５表の⑪の金額） ② 13,360 円	１株当たりの純資産価額の80％相当額（第５表の⑫の記載がある場合のその金額） ③ 円
	区分	１株当たりの価額の算定方法		１株当たりの価額
	１株当たりの価額の計算　大会社の株式の価額	次のうちいずれか低い方の金額（②の記載がないときは①の金額） イ　①の金額 ロ　②の金額		④ 12,485 円
	中会社の株式の価額	（①と②とのいずれか低い方の金額 × Lの割合 0.）＋（②の金額（③の金額があるときは③の金額）×（１－ Lの割合 0.））		⑤ 円
	小会社の株式の価額	次のうちいずれか低い方の金額 イ　②の金額（③の金額があるときは③の金額） ロ　（①の金額 × 0.50）＋（イの金額 × 0.50）		⑥ 円
	株式の価額の修正　課税時期において配当期待権の発生している場合	株式の価額（④、⑤又は⑥の金額） － １株当たりの配当金額 50 円 00 銭		修正後の株式の価額 ⑦ 12,435 円

予想配当の金額

３．株式に関する権利の価額（１．及び２．に共通）	配当期待権	１株当たりの予想配当金額（50 円 00 銭）－ 源泉徴収されるべき所得税相当額（10 円 21 銭）	㉑ 39 円 79 銭	４．株式及び株式に関する権利の価額（１．及び２．に共通）
	株式の割当てを受ける権利（割当株式１株当たりの価額）	⑧（配当還元方式の場合は⑳）の金額 － 割当株式１株当たりの払込金額 円	㉒ 円	株式の評価額　12,435 円
	株主となる権利（割当株式１株当たりの価額）	⑧（配当還元方式の場合は⑳）の金額（課税時期後にその株主となる権利につき払い込むべき金額があるときは、その金額を控除した金額）	㉓ 円	株式に関する権利の評価額　39 円 79 銭
	株式無償交付期待権（交付される株式１株当たりの価額）	⑧（配当還元方式の場合は⑳）の金額	㉔ 円	

株式の評価額

配当期待権の評価額

解　説

課税時期が、配当金交付の基準日の翌日から配当金交付に関する株主総会の決議があった日までの間にあることから、配当期待権が発生しています。

したがって、評価会社の株式については、配当期待権の発生している株式として、通常の評価額から予想配当の額（50円）を控除して評価します。また、配当期待権については、予想配当金額から源泉徴収されるべき所得税の額（10.21円）を控除した金額により評価します。

7　株式の割当てを受ける権利等が発生している場合の株式の価額の修正及び株式の割当てを受ける権利等の評価

設　例

次の大会社の株式及び株式の割当てを受ける権利等の評価をします。

1　課税時期　　令和6年10月10日
2　株式の割当てを受ける権利等が生じている株式　Y婦人服株式会社
3　決算期（株式の割当基準日）9月30日
4　課税時期における価額
　　類似業種比準価額　11,270円
　　純資産価額　11,170円
5　株式の割当ての日　令和6年10月28日
6　株式の割当条件　旧株式1株に対し0.25株
7　株式1株当たりの払込金額　500円

評価上の取扱い

「株式の割当てを受ける権利」とは、株式の割当基準日の翌日から株式の割当ての日までの間における株式の割当てを受ける権利をいいます（評基通168(4)）。

「株主となる権利」とは、株式の申込みに対して割当てがあった日の翌日（会社の設立に際し発起人が引受けをする株式にあっては、その引受けの日）から会社の設立登記の日の前日（会社設立後の株式の割当ての場合にあっては、払込期日（払込期間の定めがある場合には払込みの日））までの間における株式の引受けに係る権利をいいます（評基通168(5)）。

「株式無償交付期待権」とは、株式の無償交付の基準日の翌日から株式無償交付の効力が発生する日までの間における株式の無償交付を受けることができる権利をいいます（評基通168(6)）。

評価する株式について課税時期に株式の割当てを受ける権利、株主となる権利又は株式無償交付期待権（以下「株式の割当てを受ける権利等」といいます。）が発生している場合には、株式の割当てを受ける権利等を別に評価することから、その株式の価額を修正することとなります。

株式の割当てを受ける権利等の発生している株式、株式の割当てを受ける権利等については次のように評価します（評基通187、190、191、192）。

1　株式の割当てを受ける権利等の発生している株式

〔取引相場のない株式の評価額＋割当てを受けた株式1株につき払い込むべき金額×株式1株に対する割当株式数〕÷〔1＋株式1株に対する割当株式数又は交付株式数〕

2　株式の割当てを受ける権利等

①　一般の場合

〔評価通達の定めにより評価したいわゆる権利落後の株式の価額〕－〔割当株式1株につき払い込むべき金額※〕

②　上場株式で株式につき発行日決済取引が行われている場合

〔その株式について、評価通達に定める上場株式の評価方法に従って評価した価額〕－〔割当株式1株につき払い込むべき金額※〕

※株式無償交付期待権については、この金額の控除はありません。

評価明細書の書き方

第3表　一般の評価会社の株式及び株式に関する権利の価額の計算明細書　会社名　Y婦人服㈱

（取引相場のない株式（出資）の評価明細書）

1．原則的評価方式による価額

1株当たりの価額の計算の基となる金額	類似業種比準価額（第4表の㉖、㉗又は㉘の金額）	1株当たりの純資産価額（第5表の⑪の金額）	1株当たりの純資産価額の80％相当額（第5表の⑫の記載がある場合のその金額）
	① 11,270 円	② 11,170 円	③ 円

1株当たりの価額の計算 区分	1株当たりの価額の算定方法	1株当たりの価額
大会社の株式の価額	次のうちいずれか低い方の金額（②の記載がないときは①の金額） イ　①の金額 ロ　②の金額	④ 11,170 円
中会社の株式の価額	（①と②とのいずれか低い方の金額 × Lの割合 0.　）＋（②の金額（③の金額があるときは③の金額）×（1－ Lの割合 0.　））	⑤ 円
小会社の株式の価額	次のうちいずれか低い方の金額 イ　②の金額（③の金額があるときは③の金額） ロ　（①の金額 × 0.50）＋（イの金額 × 0.50）	⑥ 円

株式の価額の修正		修正後の株式の価額
課税時期において配当期待権の発生している場合	株式の価額（④、⑤又は⑥の金額）－ 1株当たりの配当金額　円　銭	⑦ 円
課税時期において株式の割当てを受ける権利、株主となる権利又は株式無償交付期待権の発生している場合	株式の価額（④、⑤又は⑥（⑦があるときは⑦）の金額）＋ 割当株式1株当たりの払込金額 500円 × 1株当たりの割当株式数 0.25株）÷（1株＋ 1株当たりの割当株式数又は交付株式数 0.25株）	⑧ 9,036 円

3．株式に関する権利の価額（1．及び2．に共通）

			4．株式及び株式に関する権利の価額（1．及び2．に共通）	
配当期待権	1株当たりの予想配当金額（円　銭）－ 源泉徴収されるべき所得税相当額（円　銭）	㉑ 円　銭		
株式の割当てを受ける権利（割当株式1株当たりの価額）	⑧（配当還元方式の場合は⑳）の金額 － 割当株式1株当たりの払込金額 500 円	㉒ 8,536 円	株式の評価額	9,036 円
株主となる権利（割当株式1株当たりの価額）	⑧（配当還元方式の場合は⑳）の金額（課税時期後にその株主となる権利につき払い込むべき金額があるときは、その金額を控除した金額）	㉓ 円	株式に関する権利の評価額	8,536 円（円　銭）
株式無償交付期待権（交付される株式1株当たりの価額）	⑧（配当還元方式の場合は⑳）の金額	㉔ 円		

株式の評価額

株式の割当てを受ける権利の評価額

解　説

課税時期が、株式の割当て等の基準日の翌日から株式の割当て等の日までの間にあることから、株式の割当てを受ける権利が発生しています。

したがって、この株式は株式の割当てを受ける権利の発生している株式として1株当たりの価額を修正するとともに、株式の割当てを受ける権利の評価をする必要があります。

この設例の場合、1株当たりの株式の割当てを受ける権利の価額は、8,536円×0.25株＝2,134円ですので、修正後の株式の価額9,036円との合計額は11,170円となり、修正前の株式の価額11,170円と一致するので、課税時期が株式の割当ての基準日の前である場合と後である場合の評価のバランスがとれることになります。

8　類似業種比準方式

(1)　比準要素等の金額の計算

イ　年配当金額

①　期末配当のみの場合

設　例

次のように配当金を交付している会社の年配当金額について計算します。

1　直前期に交付の効力が発生している配当金額　4,000,000円

2　直前々期に交付の効力が発生している配当金額　5,000,000円

3　直前々期の前期に交付の効力が発生している配当金額　6,000,000円

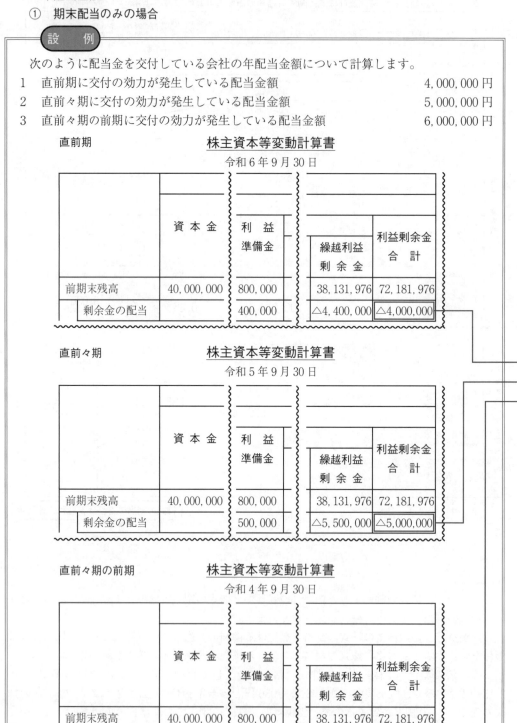

直前期

株主資本等変動計算書

令和6年9月30日

	資本金	利益準備金	繰越利益剰余金	利益剰余金合計
前期末残高	40,000,000	800,000	38,131,976	72,181,976
剰余金の配当		400,000	△4,400,000	△4,000,000

直前々期

株主資本等変動計算書

令和5年9月30日

	資本金	利益準備金	繰越利益剰余金	利益剰余金合計
前期末残高	40,000,000	800,000	38,131,976	72,181,976
剰余金の配当		500,000	△5,500,000	△5,000,000

直前々期の前期

株主資本等変動計算書

令和4年9月30日

	資本金	利益準備金	繰越利益剰余金	利益剰余金合計
前期末残高	40,000,000	800,000	38,131,976	72,181,976
剰余金の配当		600,000	△6,600,000	△6,000,000

評価上の取扱い

評価会社の直前期末における1株当たりの配当金額（Ⓑ）は、評価会社の直前期末以前2年間における剰余金の配当金額（資本金等の額の減少によるものを除く。）の合計額の2分の1に相当する金額（いわゆる年平均配当金額）を直前期末における1株当たりの資本金等の額を50円とした場合の発行済株式数で除して計算した金額となります。これを算式で示すと、次のとおりとなります（評基通183(1)）。

$$\frac{\text{直前期末以前2年間の配当金額}}{2} \div \text{1株当たりの資本金等の額を50円とした場合の発行済株式数（資本金等の額÷50円）}$$

年平均配当金額を過去2年間の平均配当金額によることとしているのは、特定の事業年度のみの配当金額を採用することによる評価の危険性を排除し、ある程度の期間における配当金額を平均することによって通常的な配当金額を求め、その配当金額を上場株式のそれと比較することによって安定性のある評価を行うためです。

評価明細書の書き方

第4表　類似業種比準価額等の計算明細書

会社名

（取引相場のない株式（出資）の評価明…

1．1株当たりの資本金等の額等の計算	直前期末の資本金等の額	直前期末の発行済株式数	直前期末の自己株式数	1株当たりの資本金等の額（①÷（②−③））	1株当たりの資本金等の額を50円とした場合の発行済株式数（①÷50円）
	① 40,000 千円	② 80,000 株	③ 株	④ 500 円	⑤ 800,000 株

2．比準要素　1株（50円）当たりの年配当金額

事業年度	⑥ 年配当金額	⑦ 左のうち非経常的な配当金額	⑧ 差引経常的な年配当金額（⑥−⑦）	年平均配当金額	比準要素数1の会社・比準要素数0の会社の判定要素の金額		
直前期	4,000 千円	千円	㋑ 4,000 千円	⑨（㋑+㋺）÷2　4,500 千円	⑨/⑤	Ⓑ1 5 円	6 0 銭
直前々期	5,000 千円	千円	㋺ 5,000 千円		⑩/⑤	Ⓑ2 6 円	8 0 銭
直前々期の前期	6,000 千円	千円	㋩ 6,000 千円	⑩（㋺+㋩）÷2　5,500 千円	1株（50円）当たりの年配当金額（Ⓑ1の金額） Ⓑ	5 円	60 銭

直前期末以前2（3）年間の利益金額　｜　比準要素数1の会社・比準要素数0の会社の判定要素の金額

⑬受取配当等　⑮損金算入し　⑯差引利益金額

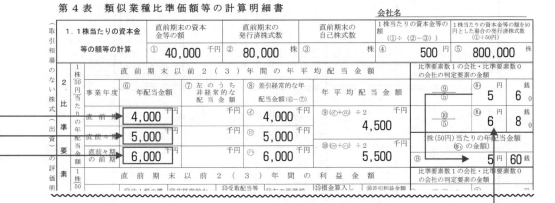

Ⓑ2の金額は、比準要素数1の会社の判定要素であり、比準割合の計算には関係がありません。

解　説

「⑥年配当金額」欄には各事業年度の株主資本等変動計算書から配当金額を計算して記載し、「年平均配当金額」欄は2年間の配当金額の合計額の2分の1を記載します。

②　事業年度が１年未満の場合

設　例

次のように配当金を交付している会社の年配当金額について計算します。

1	直前期の配当金額	4,000,000 円
2	直前々期の配当金額	5,000,000 円
3	直前々期の前期の配当金額	6,000,000 円
4	直前々期の前々期の配当金額	6,000,000 円
5	直前期末の資本金	10,000 千円
6	直前期末の発行済株式数	5,000 株

直前期

株主資本等変動計算書

令和５年 10 月１日～令和６年３月 31 日

	資本金	利益準備金	繰越利益剰余金	利益剰余金合計
前期末残高	10,000,000	800,000	38,131,976	72,181,976
剰余金の配当		400,000	△4,400,000	△4,000,000

直前々期

株主資本等変動計算書

令和５年４月１日～令和５年９月 30 日

	資本金	利益準備金	繰越利益余剰金	利益剰余金合計
前期末残高	10,000,000	800,000	40,138,927	75,981,027
剰余金の配当		500,000	△5,500,000	△5,000,000

直前々期の前期

株主資本等変動計算書

令和４年 10 月１日～令和５年３月 31 日

	資本金	利益準備金	繰越利益剰余金	利益剰余金合計
前期末残高	10,000,000	800,000	38,131,976	72,181,976
剰余金の配当		600,000	△6,600,000	△6,000,000

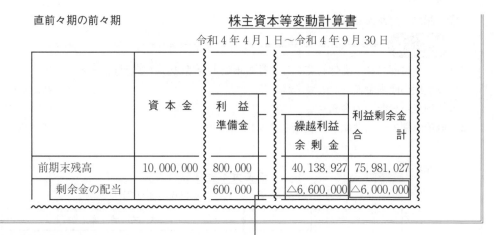

直前々期の前々期

株主資本等変動計算書

令和４年４月１日～令和４年９月30日

	資本金	利益準備金	繰越利益余剰金	利益剰余金合計
前期末残高	10,000,000	800,000	40,138,927	75,981,027
剰余金の配当		600,000	△6,600,000	△6,000,000

評価上の取扱い

評価会社の事業年度が１年未満の場合には、直前期末以前１年間に対応する期間の剰余金の配当金額（資本金等の額の減少するものを除く。）の総額となります。

評価明細書の書き方

第４表　類似業種比準価額等の計算明細書

会社名

（取引相場のない株式（出資）の評価明細書）

1．1株当たりの資本金等の額等の計算	直前期末の資本金等の額	直前期末の発行済株式数	直前期末の自己株式数	1株当たりの資本金等の額（①÷（②－③））	1株当たりの資本金等の額を50円とした場合の発行済株式数（①÷50円）
	① 10,000 千円	② 5,000 株	③ 株	④ 2,000 円	⑤ 200,000 株

2．比準要素等の金額の計算

1株（50円）当たりの年配当金額

直前期末以前２（３）年間の年平均配当金額				
事業年度	⑥ 年配当金額	⑦ 左のうち非経常的な配当金額	⑧ 差引経常的な年配当金額（⑥－⑦）	年平均配当金額
直前期	9,000 千円	千円	㋑ 9,000 千円	⑨（㋑＋㋺）÷２ 10,500 千円
直前々期	12,000 千円	千円	㋺ 12,000 千円	
直前々期の前期	千円	千円	㋩ 千円	⑩（㋺＋㋩）÷２ 千円

比準要素数１の会社・比準要素数０の会社の判定要素の金額		
⑨／⑤	Ⓑ₁ 52 円	5 0 銭
⑩／⑤	Ⓑ₂ 円	0 銭
1株（50円）当たりの年配当金額（Ⓑ₁の金額）	Ⓑ 円	銭

1株（50円）当たりの年利益金額

直前期末以前２（３）年間の利益金額						
事業年度	⑪法人税の課税所得金額	⑫非経常的な利益金額	⑬受取配当等の益金不算入額	⑭左の所得税額	⑮損金算入した繰越欠損金の控除額	⑯差引利益金額（⑪－⑫＋⑬－⑭＋⑮）
直前期	千円	千円	千円	千円	千円	㊁ 千円
直前々期	千円	千円	千円	千円	千円	㋭ 千円
直前々期の前期	千円	千円	千円	千円	千円	㋬ 千円

比準要素数１の会社・比準要素数０の会社の判定要素の金額	
㊁／⑤ 又は （㊁＋㋭）÷２／⑤	Ⓒ₁ 円
㋭／⑤ 又は （㋭＋㋬）÷２／⑤	Ⓒ₂ 円
1株（50円）当たりの年利益金額〔㊁／⑤ 又は （㊁＋㋭）÷２／⑤ の金額〕	Ⓒ 円

1株（50円）当たりの純資産価額

直前期末（直前々期末）の純資産価額			
事業年度	⑰ 資本金等の額	⑱ 利益積立金額	⑲ 純資産価額（⑰＋⑱）
直前期	千円	千円	㋣ 千円
直前々期	千円	千円	㋠ 千円

比準要素数１の会社・比準要素数０の会社の判定要素の金額	
㋣／⑤	Ⓓ₁ 円
㋠／⑤	Ⓓ₂ 円
1株（50円）当たりの純資産価額（Ⓓ₁の金額）	Ⓓ 円

解　説

評価会社の事業年度が１年未満の場合には、「直前期」の記載に当たっては、直前期末以前１年間に対応する期間の剰余金の配当金額（資本金等の額の減少するものを除く。）の総額を記載します。

なお、「直前々期」及び「直前々期の前期」の各欄についても、これに準じて記載します。

③　記念配当がある場合

設　例

次のように配当金を交付している会社の年配当金額について計算します。

1　直前期の配当金額　5,000,000円
（うち創立記念配当の金額）　（1,000,000円）
2　直前々期の配当金額　4,000,000円

直前期

株主資本等変動計算書

令和5年4月1日～令和6年3月31日

		株主資本				
		利益剰余金				
	資本金	利益準備金	その他利益剰余金		利益剰余金合計
			別途積立金	繰越利益剰余金	
前期末残高	50,000,000	2,000,000	4,000,000	15,219,329	21,219,329
剰余金の配当		400,000		△4,400,000	△4,000,000
創立記念配当		100,000		△1,100,000	△1,000,000

評価上の取扱い

年配当金額は評価会社の直前期末以前2年間における剰余金の配当金額を基に計算しますが、この計算に当たっては、特別配当、記念配当等の名称による配当金額のうち、将来毎期継続することが予想できない金額は除くこととされています（評基通183⑴）。

将来毎期継続することが予想できない金額を除くこととしているのは、異常要素を排除して通常的な配当金額を求めるためです。

なお、株主優待乗車券等については、法人の利益の有無にかかわらず供与され、株式又は出資に対する剰余金の配当又は剰余金の分配とは認め難いとされていますので、加算を要しません。

評価明細書の書き方

第４表　類似業種比準価額等の計算明細書

会社名

（取引相場のない株式（出資）の評価明

1. 1株当たりの資本金等の額等の計算	直前期末の資本金等の額	直前期末の発行済株式数	直前期末の自己株式数	1株当たりの資本金等の額（①÷（②−③））	1株当たりの資本金等の額を50円とした場合の発行済株式数（①÷50円）
	① 50,000 千円	② 100,000 株	③ 株	④ 500 円	⑤ 1,000,000 株

2．比準要素　1株（50円）当たりの年配当金額

事業年度	⑥ 年配当金額	⑦ 左のうち非経常的な配当金額	⑧ 差引経常的な年配当金額（⑥−⑦）	年平均配当金額
直前期	5,000 千円	1,000 千円	㋑ 4,000 千円	⑨（㋑+㋺）÷2　4,000 千円
直前々期	4,000 千円	千円	㋺ 4,000 千円	
直前々期の前期	千円	千円	㋩ 千円	⑩（㋺+㋩）÷2　千円

比準要素数1の会社・比準要素数0の会社の判定要素の金額		
⑨/⑤	Ⓑ₁ 4 円	0 銭
⑩/⑤	Ⓑ₂ 円	0 銭
1株（50円）当たりの年配当金額（Ⓑ₁の金額） Ⓑ	4 円	00 銭

直前期末以前２（３）年間の利益金額

比準要素数1の会社・比準要素数0の会社の判定要素の金額

解　説

「⑥年配当金額」は株主資本等変動計算書の配当金欄から計算して記載します。

直前期の配当金額のうち、創立記念配当の金額1,000,000円は将来毎期継続することが予想できないことから「⑦左のうち非経常的な配当金額」欄に記載し、「⑥年配当金額」欄の額から控除します。

ロ　年利益金額

①　法人税の課税所得金額

設　例

次の会社について、年利益金額の計算の仕方を説明します。

【設例１】　所得金額がある場合

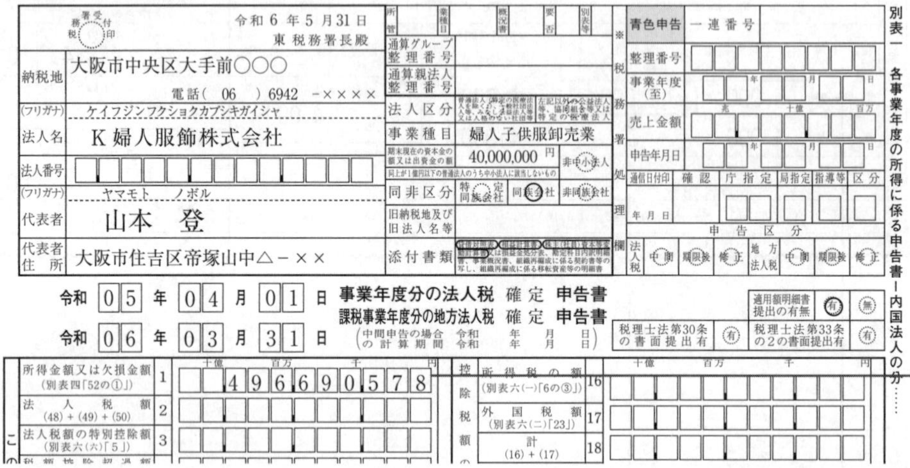
令和６年５月31日　東税務署長殿
納税地　大阪市中央区大手前〇〇〇　電話（06）6942－××××
(フリガナ)　ケイフジンフクショクカブシキガイシャ
法人名　K婦人服飾株式会社
事業種目　婦人子供服卸売業
期末現在の資本金の額又は出資金の額　40,000,000円
(フリガナ)　ヤマモト　ノボル
代表者　山本　登
代表者住所　大阪市住吉区帝塚山中△－××
青色申告　一連番号
令和 0 5 年 0 4 月 0 1 日　事業年度分の法人税　確定　申告書
令和 0 6 年 0 3 月 3 1 日　課税事業年度分の地方法人税　確定　申告書
所得金額又は欠損金額（別表四「52の①」）　1　49,669,057,8
別表一　各事業年度の所得に係る申告書－内国法人の分……

【設例２】　欠損がある場合

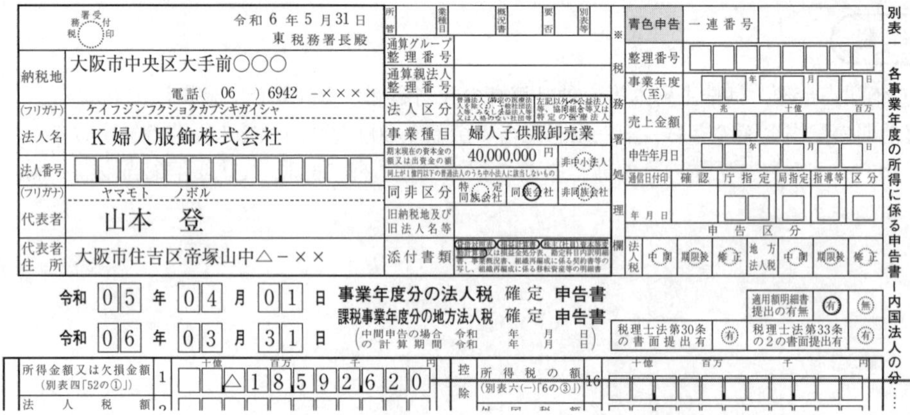
令和６年５月31日　東税務署長殿
納税地　大阪市中央区大手前〇〇〇　電話（06）6942－××××
(フリガナ)　ケイフジンフクショクカブシキガイシャ
法人名　K婦人服飾株式会社
事業種目　婦人子供服卸売業
期末現在の資本金の額又は出資金の額　40,000,000円
(フリガナ)　ヤマモト　ノボル
代表者　山本　登
代表者住所　大阪市住吉区帝塚山中△－××
青色申告　一連番号
令和 0 5 年 0 4 月 0 1 日　事業年度分の法人税　確定　申告書
令和 0 6 年 0 3 月 3 1 日　課税事業年度分の地方法人税　確定　申告書
所得金額又は欠損金額（別表四「52の①」）　1　△18,592,620
別表一　各事業年度の所得に係る申告書－内国法人の分……

評価上の取扱い

評価会社の直前期末以前１年間における１株当たりの利益金額（Ⓒ）は、その期間における法人税の課税所得金額等を基として計算します。これを算式で示すと次のとおりとなります。

（法人税の課税所得金額 － 所得金額のうち非経常的な利益金額（※１） ＋ 所得の計算上益金の額に算入されなかった剰余金の配当等の金額（所得税額に相当する金額を除く。） ＋ 損金に算入された繰越欠損金の控除額）※２ ÷ １株当たりの資本金等の額を50円とした場合における発行済株式数（資本金額÷50円）

※１ 非経常的な利益金額は、非経常的な損失の金額を控除した金額（負数の場合は０）とします。

※２ 上記の算式中の被除数の金額が負数となる場合には、１株当たりの利益金額Ⓒは０とします（評基通 183(2)）。

評価明細書の書き方

第４表　類似業種比準価額等の計算明細書

会社名　K婦人服飾㈱

（取引相場のない株式（出資）の評価明細書）

１．１株当たりの資本金等の額等の計算	直前期末の資本金等の額	直前期末の発行済株式数	直前期末の自己株式数	１株当たりの資本金等の額（①÷（②−③））	１株当たりの資本金等の額を50円とした場合の発行済株式数（①÷50円）
	① 40,000 千円	② 80,000 株	③ 株	④ 500 円	⑤ 800,000 株

２．比準要素等の金額の計算

１株（50円）当たりの年配当金額 — 直前期末以前２（３）年間の年平均配当金額

事業年度	⑥ 年配当金額	⑦ 左のうち非経常的な配当金額	⑧ 差引経常的な年配当金額（⑥−⑦）	年平均配当金額
直前期	6,000 千円	千円	㋑ 6,000 千円	⑨（㋑+㋺）÷２ 6,000 千円
直前々期	6,000 千円	千円	㋺ 6,000 千円	
直前々期の前期	6,000 千円	千円	㋩ 6,000 千円	⑩（㋺+㋩）÷２ 6,000 千円

比準要素数１の会社・比準要素数０の会社の判定要素の金額

⑨/⑤	B_1 7 円	5 0 銭
⑩/⑤	B_2 7 円	5 0 銭
１株（50円）当たりの年配当金額（B_1 の金額）	Ⓑ 7 円	50 銭

１株（50円）当たりの年利益金額 — 直前期末以前２（３）年間の利益金額

事業年度	⑪法人税の課税所得金額	⑫非経常的な利益金額	⑬受取配当等の益金不算入額	⑭左の所得税額	⑮損金算入した繰越欠損金の控除額	⑯差引利益金額（⑪−⑫+⑬−⑭+⑮）
直前期	496,690 千円	20,542 千円	505 千円	179 千円	千円	㊁ 476,474 千円
直前々期	375,890 千円	58,527 千円	120 千円	120 千円	千円	㋭ 317,363 千円
直前々期の前期	125,351 千円	千円	730 千円	290 千円	千円	㋬ 125,791 千円

比準要素数１の会社・比準要素数０の会社の判定要素の金額

㊁/⑤ ~~又は~~（㊁+㋭）÷２/⑤	C_1 496 円
㋭/⑤ ~~又は~~（㋭+㋬）÷２/⑤	C_2 276 円
１株（50円）当たりの年利益金額〔㊁/⑤ 又は（㊁+㋭）÷２/⑤ の金額〕	Ⓒ 496 円

１株（50円）当たりの純資産価額 — 直前期末（直前々期末）の純資産価額

事業年度	⑰ 資本金等の額	⑱ 利益積立金額	⑲ 純資産価額（⑰+⑱）

比準要素数１の会社・比準要素数０の会社の判定要素の金額

㋣/⑤	D_1 490 円

第４表　類似業種比準価額等の計算明細書

会社名　K婦人服飾㈱

１．１株当たりの資本金	直前期末の資本金等の額	直前期末の発行済株式数	直前期末の自己株式数	１株当たりの資本金等の額（①÷（②−③））	１株当たりの資本金等の額を50円とした場合の発行済株式数（①÷50円）

１株（50円）当たりの年利益金額 — 直前期末以前２（３）年間の利益金額

事業年度	⑪法人税の課税所得金額	⑫非経常的な利益金額	⑬受取配当等の益金不算入額	⑭左の所得税額	⑮損金算入した繰越欠損金の控除額	⑯差引利益金額（⑪−⑫+⑬−⑭+⑮）
直前期	△18,592 千円	1,412 千円	505 千円	179 千円	千円	㊁ △19,678 千円
直前々期	千円	千円	千円	千円	千円	㋭ 千円
直前々期の前期	千円	千円	千円	千円	千円	㋬ 千円

比準要素数１の会社・比準要素数０の会社の判定要素の金額

㊁/⑤ 又は（㊁+㋭）÷２/⑤	C_1 0 円
㋭/⑤ 又は（㋭+㋬）÷２/⑤	C_2 円
１株（50円）当たりの年利益金額〔㊁/⑤ 又は（㊁+㋭）÷２/⑤ の金額〕	Ⓒ 0 円

（注）　上記記載例の⑭「左の所得税額」の金額は、設例として便宜的に入れたもので、実際の所得税額とは異なる場合がありますので、ご留意ください。

解　説

「⑪法人税の課税所得金額」欄は、法人税申告書別表一㈠の１「所得金額又は欠損金額」の金額を記載します。

【設例２】の場合、法人税の課税所得金額から非経常的な利益金額を控除し、益金に算入されなかった利益配当金額（所得税額に相当する金額を除いたもの）を加算した金額が欠損となることから、１株当たりの利益金額は０とします。

②　事業年度の変更があった場合

設　例

直前期末以前１年間において、事業年度の変更をしている場合の法人税の課税所得金額を計算します。

1　事業年度の変更内容

①　課税時期　令和６年２月15日

②　事業年度の変更年月日　令和５年４月１日

③　変更前の決算期　毎年３月、９月の年２回

④　変更後の決算期　毎年10月年１回

2　直前期の法人税の課税所得金額　　378,260,488円

3　直前々期の法人税の課税所得金額　　308,012,108円

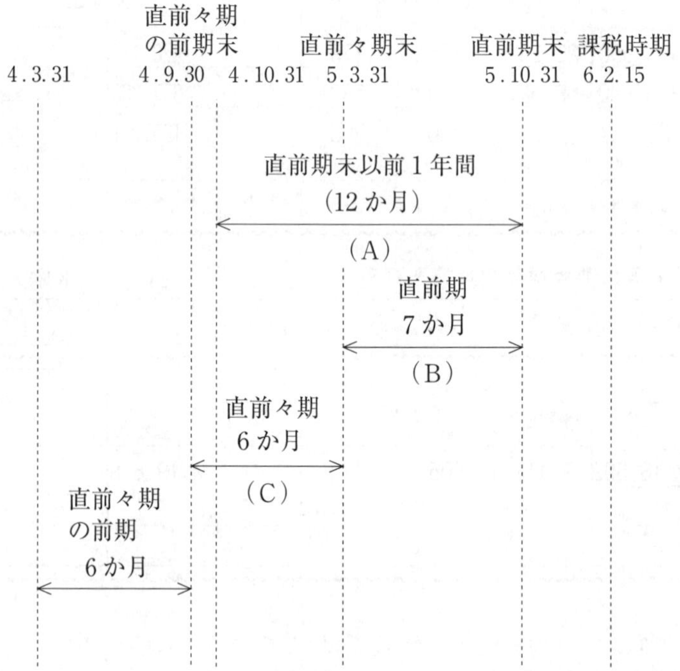

評価上の取扱い

評価会社の「１株当たりの利益金額」(Ⓒ) は、評価会社の直前期末以前１年間における法人税の課税所得金額（固定資産売却益・保険差益等の非経常的な利益の金額を除きます。）に、その所得の計算上益金に算入されなかった剰余金の配当（資本金等の額の減少によるものを除きます。）等の金額（所得税額に相当する金額を除きます。）及び損金に算入された繰越欠損金の控除額を加算した金額を、直前期末における株式１株当たりの資本金等の額を50円とした場合の発行済株式数で除して計算した金額です（評基通183⑵）。

したがって、決算期を変更した場合、課税時期の直前期末以前１年間の１株当たりの利益金額は、期間あん分等合理的な方法により計算する必要があります。

評価明細書の書き方

第４表　類似業種比準価額等の計算明細書

会社名

（取引相場のない株式（出資）の評価明細書）

1．1株当たりの資本金等の額等の計算	直前期末の資本金等の額	直前期末の発行済株式数	直前期末の自己株式数	1株当たりの資本金等の額（①÷（②−③））	1株当たりの資本金等の額を50円とした場合の発行済株式数（①÷50円）
	① 千円	② 株	③ 株	④ 円	⑤ 株

2．比準要素等の金額

1株（50円）当たりの年配当金額

直前期末以前２（３）年間の年平均配当金額				
事業年度	⑥ 年配当金額	⑦ 左のうち非経常的な配当金額	⑧ 差引経常的な年配当金額（⑥−⑦）	年平均配当金額
直前期	千円	千円	㋑ 千円	⑨（㋑+㋺）÷2 千円
直前々期	千円	千円	㋺ 千円	
直前々期の前期	千円	千円	㋩ 千円	⑩（㋺+㋩）÷2 千円

比準要素数１の会社・比準要素数０の会社の判定要素の金額		
⑨/⑤	Ⓑ1 円	銭 0
⑩/⑤	Ⓑ2 円	銭 0
1株(50円)当たりの年配当金額（Ⓑ1の金額）		
Ⓑ	円	銭

1株（50円）当たりの年利益金額

直前期末以前２（３）年間の利益金額						
事業年度	⑪法人税の課税所得金額	⑫非経常的な利益金額	⑬受取配当等の益金不算入額	⑭左の所得税額	⑮損金算入した繰越欠損金の控除額	⑯差引利益金額（⑪−⑫+⑬−⑭+⑮）
直前期	千円 634,937	千円	千円	千円	千円	㋥ 千円
直前々期	千円	千円	千円	千円	千円	㋭ 千円
直前々期の前期	千円	千円	千円	千円	千円	㋬ 千円

比準要素数１の会社・比準要素数０の会社の判定要素の金額	
㋥/⑤ 又は （㋥+㋭）÷2/⑤	Ⓒ1 円
㋭/⑤ 又は （㋭+㋬）÷2/⑤	Ⓒ2 円
1株（50円）当たりの年利益金額〔㋥/⑤ 又は （㋥+㋭）÷2/⑤ の金額〕	
Ⓒ	円

解　説

直前期末は令５.10.31ですから直前期末以前１年間の利益金額の算定期間は令４.11.１～令５.10.31（A）となります。しかし、この間に事業年度の変更がありますから、直前期の決算だけではこの期間に対応する利益金額は出てきません。

この間の利益金額は図のように令４.10.１～令５.３.31(C)の６か月間と令５.４.１～令５.10.31（B）の７か月間について計算されています。

そこで、この２回の決算を基に、令５.４.１～令５.10.31(B)の７か月の利益に、令４.10.１～令５.３.31(C)の６か月の利益の６分の５、すなわち５か月間の利益を加算して、便宜上１年間の利益金額を計算することとしても差し支えありません。

これを算式で示せば、次のとおりです。

$$年利益金額（A）=（B）+（C）\times\frac{5}{6}$$

$$378,260,488円+308,012,108円\times\frac{5}{6}=634,937,244円$$

③　非経常的な利益金額がある場合

設　例

非経常的な利益金額がある場合の年利益金額について計算します。

【設例１】非経常的な利益金額がある場合の年利益金額の計算

1	固定資産譲渡益	118,680,470円
2	保険差益	13,111,083円

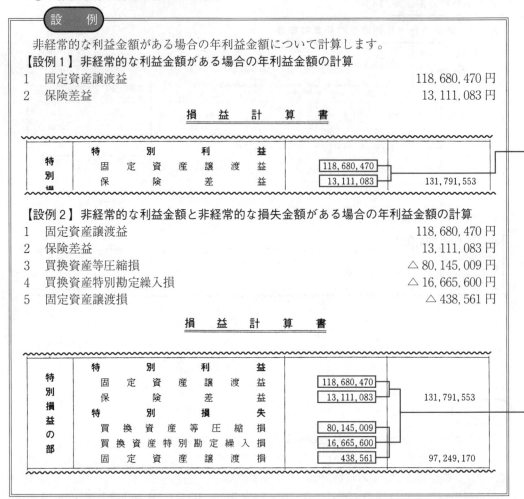

損　益　計　算　書

特別損	特別利益		
	固定資産譲渡益	118,680,470	
	保険差益	13,111,083	131,791,553

【設例２】非経常的な利益金額と非経常的な損失金額がある場合の年利益金額の計算

1	固定資産譲渡益	118,680,470円
2	保険差益	13,111,083円
3	買換資産等圧縮損	△80,145,009円
4	買換資産特別勘定繰入損	△16,665,600円
5	固定資産譲渡損	△438,561円

損　益　計　算　書

特別損益の部	特別利益		
	固定資産譲渡益	118,680,470	
	保険差益	13,111,083	131,791,553
	特別損失		
	買換資産等圧縮損	80,145,009	
	買換資産特別勘定繰入損	16,665,600	
	固定資産譲渡損	438,561	97,249,170

評価上の取扱い

評価会社の直前期末以前１年間における１株当たりの利益金額は、法人税の課税所得金額を基として算定することとしていますが、これは評価会社と上場株式の発行会社の利益計算の恣意性を排除し、両者の利益金額について、同一の算定基準によって計算した実質利益の額を基として比較するのが合理的であることによるものです。

そのため類似業種比準方式における比準要素としての利益金額は、評価会社の経常的な収益力を表すものを採用し、これと類似業種の利益金額とを比較対照して、評価会社の経常的収益力を株式の価額に反映させるため、評価会社の利益金額の計算上、評価会社の法人税の課税所得金額から固定資産の売却益や火災の際の保険差益などの非経常的な利益を除外することとしています。また、この１株当たりの利益金額については、納税義務者の選択により、直前期末以前２年間の利益金額を基として計算することができます（評基通183⑵）。

なお、ある利益が、経常的な利益又は非経常的な利益のいずれに該当するかは、評価会社の事業の内容、その利益の発生原因、その発生原因たる行為の反復継続性又は臨時偶発性等を考慮し、個別に判定します。

評価明細書の書き方

【設例１】

評価明細書（素等の金額）　1株（50円）当たりの年利益金額

直前期末以前２（３）年間の利益金額						
事業年度	⑪法人税の課税所得金額	⑫非経常的な利益金額	⑬受取配当等の益金不算入額	⑭左の所得税額	⑮損金算入した繰越欠損金の控除額	⑯差引利益金額（⑪－⑫＋⑬－⑭＋⑮）
直前期	千円 496,690	千円 131,791	千円 505	千円 179	千円	[ニ] 千円 365,225
直前々期	千円 375,890	千円 58,527	千円 120	千円 120	千円	[ホ] 千円 317,363
直前々期の前期	千円 125,351	千円	千円 730	千円 290	千円	[ヘ] 千円 125,791

比準要素数１の会社・比準要素数０の会社の判定要素の金額		
~~[ニ]/⑤ 又は~~ ([ニ]＋[ホ])÷2/⑤	[C1]	426 円
~~[ホ]/⑤ 又は~~ ([ホ]＋[ヘ])÷2/⑤	[C2]	276 円
1株（50円）当たりの年利益金額〔~~[ニ]/⑤ 又は~~ ([ニ]＋[ホ])÷2/⑤ の金額〕		
Ⓒ		426 円

解　説

「⑫非経常的な利益金額」欄は非経常的な利益金額の合計額を記入します。

固定資産譲渡益　　保険差益
118,680,470円＋13,111,083円＝131,791,553円

【設例２】

評価明細書（素等の金額）　1株（50円）当たりの年利益金額

直前期末以前２（３）年間の利益金額						
事業年度	⑪法人税の課税所得金額	⑫非経常的な利益金額	⑬受取配当等の益金不算入額	⑭左の所得税額	⑮損金算入した繰越欠損金の控除額	⑯差引利益金額（⑪－⑫＋⑬－⑭＋⑮）
直前期	千円 496,690	千円 34,542	千円 505	千円 179	千円	[ニ] 千円 462,474
直前々期	千円 375,890	千円 58,527	千円 120	千円 120	千円	[ホ] 千円 317,363
直前々期の前期	千円 125,351	千円	千円 730	千円 290	千円	[ヘ] 千円 125,791

比準要素数１の会社・比準要素数０の会社の判定要素の金額		
~~[ニ]/⑤ 又は~~ ([ニ]＋[ホ])÷2/⑤	[C1]	487 円
~~[ホ]/⑤ 又は~~ ([ホ]＋[ヘ])÷2/⑤	[C2]	276 円
1株（50円）当たりの年利益金額〔~~[ニ]/⑤ 又は~~ ([ニ]＋[ホ])÷2/⑤ の金額〕		
Ⓒ		487 円

（注）　上記記載例の⑭「左の所得税額」の金額は、実際の所得税額とは異なりますので、ご留意ください。

解　説

固定資産売却益等の非経常的な利益について、その利益に基づく代替資産の取得に伴う圧縮記帳による圧縮額の損金算入がある場合又は固定資産売却益と固定資産売却損がある場合には、それらの損金の額は固定資産売却益等の非経常的な利益の金額から控除した金額を「⑫非経常的な利益金額」欄に記入します。なお、控除後の金額が赤字となる場合又は特別損失のみの場合は、「⑫非経常的な利益金額」欄は0とします。

また、以下の計算のとおり、種類の異なる非経常的な損益であっても、これらを通算することになります。

固定資産譲渡益		保険差益		買換資産等圧縮損		買換資産特別勘定繰入損		固定資産譲渡損
118,680,470円	＋	13,111,083円	－	80,145,009円	－	16,665,600円	－	438,561円

＝34,542,383円

④　受取配当の益金不算入額

設　例

次のように配当等を受け取っている場合の年利益金額について計算します。

所得税額の控除に関する明細書

事業年度	5・4・1 6・3・31	法人名	関西婦人服飾株式会社

別表六(一)　令五・四・一以後終了事業年度分

区分		収入金額 ①	①について課される所得税額 ②	②のうち控除を受ける所得税額 ③
公社債及び預貯金の利子、合同運用信託、公社債投資信託及び公社債等運用投資信託（特定公社債等運用投資信託を除く。）の収益の分配並びに特定公社債等運用投資信託の受益権及び特定目的信託の社債的受益権に係る剰余金の配当	1	3,426,014 円	524,694 円	524,694 円
剰余金の配当（特定公社債等運用投資信託の受益権及び特定目的信託の社債的受益権に係るものを除く。）、利益の配当、剰余金の分配及び金銭の分配（みなし配当等を除く。）	2	655,000	127,777	127,509
集団投資信託（合同運用信託、公社債投資信託及び公社債等運用投資信託（特定公社債等運用投資信託を除く。）を除く。）の収益の分配	3	40,000	2,858	2,858
割引債の償還差益	4			
その他	5			
計	6	4,121,014	655,329	655,061

剰余金の配当（特定公社債等運用投資信託の受益権及び特定目的信託の社債的受益権に係るものを除く。）、利益の配当、剰余金の分配及び金銭の分配（みなし配当等を除く。）、集団投資信託（合同運用信託、公社債投資信託及び公社債等運用投資信託（特定公社債等運用投資信託を除く。）を除く。）の収益の分配又は割引債の償還差益に係る控除を受ける所得税額の計算

個別法による場合	銘柄	収入金額 7	所得税額 8	配当等の計算期間 9	(9)のうち元本所有期間 10	所有期間割合 (10)/(9)（小数点以下3位未満切上げ） 11	控除を受ける所得税額 (8)×(11) 12
		円	円	月	月		円

銘柄別簡便法による場合	銘柄	収入金額 13	所得税額 14	配当等の計算期末の所有元本数等 15	配当等の計算期首の所有元本数等 16	(15)−(16)/2又は12（マイナスの場合は0） 17	所有元本割合 (16)＋(17)/(15)（小数点以下3位未満切上げ）（1を超える場合は1） 18	控除を受ける所得税額 (14)×(18) 19
	東洋興産株式会社	25,000 円	1,786 円	10,000	7,000	1,500	0.850	1,518 円
	東洋興産株式会社	20,000	1,429	8,000	10,000	0	1.000	1,429
	大阪服飾株式会社	600,000	122,520	100,000	100,000	0	1.000	122,520
	中央商事株式会社	10,000	2,042	4,000	4,000	0	1.000	2,042
	神戸商事株式会社	40,000	2,858	40	40	0	1.000	2,858

その他に係る控除を受ける所得税額の明細

支払者の氏名又は法人名	支払者の住所又は所在地	支払を受けた年月日	収入金額 20	控除を受ける所得税額 21	参考
		・　・	円	円	
		・　・			
		・　・			
		・　・			
		・　・			
計					

受取配当等の益金不算入に関する明細書

事業年度	5・4・1 6・3・31	法人名	関西婦人服飾株式会社

別表八(一)　令五・四・一以後終了事業年度分

完全子法人株式等に係る受取配当等の額 (9の計)	1	円	非支配目的株式等に係る受取配当等の額 (33の計)	4	円
関連法人株式等に係る受取配当等の額 (16の計)	2	653,500	受取配当等の益金不算入額 (1)+((2)−(20の計))+(3)×50%+(4)×(20% ~~又は40%~~)	5	673,500
その他株式等に係る受取配当等の額 (26の計)	3	40,000			

受取配当等の額の明細

完全子法人株式等	法人名	6					計
	本店の所在地	7					
	受取配当等の額の計算期間	8	・・ ・・	・・ ・・	・・ ・・	・・ ・・	
	受取配当等の額	9	円	円	円	円	円
関連法人株式等	法人名	10	大阪服飾株式会社	東洋興産株式会社	中央商事株式会社		計
	本店の所在地	11	大阪市中央区本町	大阪市中央区本町	大阪市中央区安覚寺町		
	受取配当等の額の計算期間	12	・・ ・・	・・ ・・	・・ ・・	・・ ・・	
	保有割合	13					
	受取配当等の額	14	600,000円	45,000円	10,000円	円	655,000円
	同上のうち益金の額に算入される金額	15		1,500			1,500
	益金不算入の対象となる金額 (14)−(15)	16	600,000	43,500	10,000		653,500
	(34)が「不適用」の場合又は別表八(一)付表「13」が「非該当」の場合 (16)×0.04	17					
	同上以外の場合　(16)/(16の計)	18					
	同上以外の場合　支払利子等の10％相当額 (((38)×0.1)又は(別表八(一)付表「14」))×(18)	19	円	円	円	円	円
	受取配当等の額から控除する支払利子等の額 (17)又は(19)	20					
その他株式等	法人名	21	神戸商事株式会社				計
	本店の所在地	22	神戸市中央区三宮町				
	保有割合	23					
	受取配当等の額	24	40,000円	円	円	円	40,000円
	同上のうち益金の額に算入される金額	25					
	益金不算入の対象となる金額 (24)−(25)	26	40,000				40,000
非支配目的株式等	法人名又は銘柄	27					計
	本店の所在地	28					
	基準日等	29	・・	・・	・・	・・	
	保有割合	30					
	受取配当等の額	31	円	円	円	円	円
	同上のうち益金の額に算入される金額	32					
	益金不算入の対象となる金額 (31)−(32)	33					

支払利子等の額の明細

令第19条第2項の規定による支払利子控除額の計算				34	適用・不適用
当期に支払う利子等の額	35	円	超過利子額の損金算入額 (別表十七(二の三)「10」)	37	円
国外支配株主等に係る負債の利子等の損金不算入額、対象純支払利子等の損金不算入額又は恒久的施設に帰せられるべき資本に対応する負債の利子の損金不算入額 (別表十七(一)「35」と別表十七(二の二)「29」のうち多い金額)又は(別表十七(二の二)「34」と別表十七の二(二)「17」のうち多い金額)	36		支払利子等の額の合計額 (35)−(36)+(37)	38	

評価上の取扱い

評価会社の１株当たりの利益金額は、「法人税の課税所得金額」に「所得の計算上益金の額に算入されなかった剰余金の配当（資本金等の減少によるものを除きます。）等の金額」（以下「受取配当等の益金不算入額」といいます。）からその所得税額を控除した金額と「損金に算入された繰越欠損金の控除額」を加算した金額を、発行済株式数で除して求めることとされています（評基通183⑵）。

ところで法人税法上、「内国法人が配当等の額を受けるときは、その配当等の額は、各事業年度の所得の金額の計算上、益金の額に算入しない」（法人税法23①）こととされているため、取引相場のない株式の年利益金額を計算する上で、法人税の課税所得金額に「受取配当等の益金不算入額」を加算することとされています。

ただし、益金不算入の適用を受ける「剰余金の配当等により受けた金額」には、その支払の際に控除される源泉徴収所得税額に相当する部分の金額が含まれていますので、受取配当等の益金不算入額は税込金額により計算していることとなります。そこで、年利益金額の計算を行うに当たっては、受取配当等の益金不算入額から所得税額を控除することとなります。

評価明細書の書き方

所得の金額の計算に関する明細書

事業年度	5・4・1 6・3・31	法人名	関西婦人服飾株式会社	別表四

区分			総額 ①	処分 留保 ②	社外流出 ③	
当期利益又は当期欠損の額		1	95,103,611円	89,103,611円	配当	6,000,000円
					その他	
加算	損金経理をした法人税及び地方法人税（附帯税を除く。）	2	20,181,300	20,181,300		
	損金経理をした道府県民税及び市町村民税	3	3,613,000	3,613,000		
	損金経理をした納税充当金	4	25,024,600	25,024,600		
	損金経理をした附帯税(利子税を除く。)、加算金、延滞金(延納分を除く。)及び過怠税	5	27,300		その他	27,300
	減価償却の償却超過額	6				
	役員給与の損金不算入額	7			その他	
	交際費等の損金不算入額	8	14,292,618		その他	14,292,618
	通算法人に係る加算額 (別表四付表「5」)	9	6,839,280	6,839,280	外※	
		10				
	小計	11	69,978,098	55,658,180	外※	14,319,918
減算	減価償却超過額の当期認容額	12				
	納税充当金から支出した事業税等の金額	13	8,330,800	8,330,800		
	受取配当等の益金不算入額 (別表八(一)「5」)	14	673,500		※	314,700
	外国子会社から受ける剰余金の配当等の益金不算入額 (別表八(二)「26」)	15			※	
	受贈益の益金不算入額	16			※	
	適格現物分配に係る益金不算入額	17			※	

令五・四・一以後終了事業年度分

「⑬受取配当等の益金不算入額」欄は、法人税申告書別表四（所得の金額の計算に関する明細書）の「14の①」欄の金額を記載します。

第4表　類似業種比準価額等の計算明細書　　会社名　関西婦人服飾株式会社

1. 1株当たりの資本金等の額等の計算	直前期末の資本金等の額	直前期末の発行済株式数	直前期末の自己株式数	1株当たりの資本金等の額 （①÷（②－③））	1株当たりの資本金等の額を50円とした場合の発行済株式数 （①÷50円）
	① 31,000千円	② 60,000株	③ 株	④ 516円	⑤ 620,000株

（取引相場…）

1株(50円)当たりの年利益金額	直前期末以前2（3）年間の利益金額						比準要素数1の会社・比準要素数0の会社の判定要素の金額
事業年度	⑪法人税の課税所得金額	⑫非経常的な利益金額	⑬受取配当等の益金不算入額	⑭左の所得税額	⑮損金算入した繰越欠損金の控除額	⑯差引利益金額 （⑪－⑫＋⑬－⑭＋⑮）	[に]/⑤ 又は ([に]＋[ほ])÷2/⑤　C_1　178円
直前期	138,552千円	20,363千円	673千円	128千円	千円	[に] 118,734千円	[ほ]/⑤ 又は ([ほ]＋[へ])÷2/⑤　C_2　円
直前々期	135,384千円	33,386千円	458千円	126千円	千円	[ほ] 102,330千円	1株(50円)当たりの年利益金額 （[に]/⑤ 又は ([に]＋[ほ])÷2/⑤ の金額）
直前々期の前期	千円	千円	千円	千円	千円	[へ] 千円	Ⓒ　178円

直前期末（直前々期末）の純資産価額	比準要素数1の会社・比準要素数0の会社の判定要素の金額

負数（欠損）のときは0とします。

解　説

この設例では、「⑭左の所得税額」欄は次のように計算します。

	別表八(一)9·16又は20·26·33の金額	別表六（一）の7・13の金額	別表六（一）の12・19又は21の金額	評価明細書第4表「⑭左の所得税額」欄
東洋興産㈱	(a) 43,500円	(b) 45,000円	(c) 2,947円	(d) 2,848円(注1)
大阪服飾㈱	600,000円	600,000円	122,520円	122,520円
神戸商事㈱	(e) 20,000円	(f) 40,000円	(g) 2,858円	(h) 1,429円(注2)
中央商事㈱	10,000円	10,000円	2,042円	2,042円
合　　計	673,500円	695,000円	130,367円	128,839円

（注1）東洋興産㈱の配当等の収入金額45,000円のうち、1,500円は益金に算入されています。

　したがって、1,500円に対応する所得税額99円は「⑭左の所得税額」には含まれません。

$$(c)2,947円 \times \frac{(b)-(a)\quad 1,500円}{(b)45,000円} \fallingdotseq 99円 \qquad 2,947円 - 99円 = 2,848円$$

（注2）神戸商事㈱の配当等の収入金額40,000円については、法人税法第23条第1項により、その2分の1が益金不算入の対象となる配当等の額となります。

　したがって、20,000円に対応する所得税額1,429円は「⑭左の所得税額」には含まれません。

$$(g)2,858円 \times \frac{(e)20,000円}{(f)40,000円} = (h)1,429円$$

「⑭左の所得税額」欄は、法人税申告書別表六(一)の「12」、「19」又は「21」等の金額のうち、同別表八(一)に記載された株式等に係る金額(「9」、「16」又は「20」、「26」、「33」の金額）の合計額に対応する金額を記載します。

ただし、その金額が「⑬受取配当等の益金不算入額」を超えるときは、⑬の金額を限度とします。

（注）上記記載例の⑭「左の所得税額」の金額は、実際の所得税額とは異なりますので、ご留意ください。

ハ　純資産価額（資本金等の額及び利益積立金額）

設　例

次の場合の1株当たりの純資産価額を計算します。

1　直前期末の資本金等の額　31,000,000円
2　法人税申告書別表五(一)（利益積立金額及び資本金等の額の計算に関する明細書の「31の④」の金額）　336,170,165円

利益積立金額及び資本金等の額の計算に関する明細書

事業年度	5・4・1 6・3・31	法人名	関西婦人服飾株式会社

別表五(一)　令五・四・

Ⅰ　利益積立金額の計算に関する明細書

区分		期首現在利益積立金額 ①	当期の増減 減 ②		当期の増減 増 ③	差引翌期首現在利益積立金額 ①－②＋③ ④
利益準備金	1	6,500,000 円	円		円	6,500,000 円
繰越損益金（損は赤）	25	87,307,438	87,307,438		112,599,289	112,599,289
納税充当金	26	36,765,600	36,765,600		25,024,600	25,024,600
未納法人税等（退職年金等積立金に対するものを除く。） 未納法人税及び未納地方法人税（附帯税を除く。）	27	△ 23,618,500	△ 43,799,800	中間	△ 20,181,300	△ 12,124,000
				確定	△ 12,124,000	
未払通算税効果額（附帯税の額に係る部分の金額を除く。）	28			中間		
				確定		
未納道府県民税（均等割額を含む。）	29	△ 1,359,300	△ 2,490,200	中間	△ 1,130,900	△ 270,000
				確定	△ 270,000	
未納市町村民税（均等割額を含む。）	30	△ 3,457,000	△ 5,939,100	中間	△ 2,482,100	△ 1,404,800
				確定	△ 1,404,800	
差引合計額	31	243,904,274	53,609,974		145,875,865	336,170,165

Ⅱ　資本金等の額の計算に関する明細書

区分		期首現在資本金等の額 ①	当期の増減 減 ②	当期の増減 増 ③	差引翌期首現在資本金等の額 ①－②＋③ ④
資本金又は出資金	32	30,000,000 円	円	円	30,000,000 円
資本準備金	33	1,000,000			1,000,000
	34				
	35				
差引合計額	36	31,000,000			31,000,000

評価上の取扱い

評価会社の直前期末における1株当たりの純資産価額（帳簿価額によって計算した金額）(Ⓓ)は、評価会社の直前期末における資本金等の額等を基として計算しますが、これを算式に示すと次のとおりとなります（評基通183(3)）。

（資本金等の額＋法人税法に規定する利益積立金額）÷1株当たりの資本金等の額が50円であるとした場合の発行済株式数（資本金等の額÷50円）

評価明細書の書き方

第４表　類似業種比準価額等の計算明細書　　　　会社名　関西婦人服飾株式会社

（取引相場のない株式（出資）の評価明細書）

1．1株当たりの資本金等の額等の計算	直前期末の資本金等の額	直前期末の発行済株式数	直前期末の自己株式数	1株当たりの資本金等の額（①÷（②－③））	1株当たりの資本金等の額を50円とした場合の発行済株式数（①÷50円）
	① 31,000 千円	② 60,000 株	③ 株	④ 516 円	⑤ 620,000 株

2．比準要素等の金額の計算

1株（50円）当たりの年配当金額

直前期末以前２（３）年間の年平均配当金額					比準要素数１の会社・比準要素数０の会社の判定要素の金額		
事業年度	⑥ 年配当金額	⑦ 左のうち非経常的な配当金額	⑧ 差引経常的な年配当金額（⑥－⑦）	年平均配当金額	⑨/⑤	Ⓑ₁ 9円	6 0銭
直前期	6,000 千円	千円	㋑ 6,000 千円	⑨（㋑＋㋺）÷2　6,000 千円	⑩/⑤	Ⓑ₂ 円	0銭
直前々期	6,000 千円	千円	㋺ 6,000 千円		1株（50円）当たりの年配当金額（Ⓑ₁の金額）		
直前々期の前期	千円	千円	㋩ 千円	⑩（㋺＋㋩）÷2　千円	Ⓑ	9 円	60 銭

1株（50円）当たりの年利益金額

直前期末以前２（３）年間の利益金額							比準要素数１の会社・比準要素数０の会社の判定要素の金額	
事業年度	⑪法人税の課税所得金額	⑫非経常的な利益金額	⑬受取配当等の益金不算入額	⑭左の所得税額	⑮損金算入した繰越欠損金の控除額	⑯差引利益金額（⑪－⑫＋⑬－⑭＋⑮）	㋥/⑤ 又は（㋥＋㋭）÷2/⑤	Ⓒ₁ 178 円
直前期	138,911 千円	20,363 千円	314 千円	128 千円	千円	㋥ 118,734 千円	㋭/⑤ 又は（㋭＋㋬）÷2/⑤	Ⓒ₂ 円
直前々期	135,384 千円	33,386 千円	458 千円	126 千円	千円	㋭ 102,330 千円	1株（50円）当たりの年利益金額〔㋥/⑤ 又は（㋥＋㋭）÷2/⑤ の金額〕	
直前々期の前期	千円	千円	千円	千円	千円	㋬ 千円	Ⓒ	178 円

1株（50円）当たりの純資産価額

直前期末（直前々期末）の純資産価額				比準要素数１の会社・比準要素数０の会社の判定要素の金額	
事業年度	⑰ 資本金等の額	⑱ 利益積立金額	⑲ 純資産価額（⑰＋⑱）	㋣/⑤	Ⓓ₁ 592 円
直前期	31,000 千円	336,170 千円	㋣ 367,170 千円	㋠/⑤	Ⓓ₂ 円
直前々期	千円	千円	㋠ 千円	1株（50円）当たりの純資産価額（Ⓓ₁の金額） Ⓓ	592 円

3．類似業種比準価額の計算

1株（50円）当たりの比準価額の計算

類似業種と業種目番号	繊維・衣服等卸売業（No. 67）	比準割合の計算	区分	1株（50円）当たりの年配当金額	1株（50円）当たりの年利益金額	1株（50円）当たりの純資産価額	1株（50円）当たりの比準価額
類似業種の株価　課税時期の属する月 4月	㋷ 479 円		評価会社	Ⓑ 9円 6 0銭	Ⓒ 178 円	Ⓓ 592 円	⑳ × ㉑ × 0.7 ※
課税時期の属する月の前月 3月	㋸ 490 円		類似業種	B 5円 2 0銭	C 51 円	D 376 円	※中会社は0.6　小会社は0.5　とします。
課税時期の属する月の前々月 2月	㋹ 472 円		要素別比準割合	Ⓑ/B 1.84	Ⓒ/C 3.49	Ⓓ/D 1.57	
前年平均株価	㋾ 417 円						
課税時期の属する月以前2年間の平均株価	㋻ 450 円						
A〔㋷、㋸、㋹、㋾及び㋻のうち最も低いもの〕	⑳ 417 円		比準割合	（Ⓑ/B ＋ Ⓒ/C ＋ Ⓓ/D）/3 ＝		㉑ 2.30	㉒ 671円 3 0銭

類似業種と業種目番号	卸売業（No. 65）	比準割合の計算	区分	1株（50円）当たりの年配当金額	1株（50円）当たりの年利益金額	1株（50円）当たりの純資産価額	1株（50円）当たりの比準価額
類似業種の株価　課税時期の属する月 4月	㋕ 286 円		評価会社	Ⓑ 9円 6 0銭	Ⓒ 178 円	Ⓓ 592 円	㉓ × ㉔ × 0.7 ※
課税時期の属する月の前月 3月	㋵ 275 円		類似業種	B 3円 4 0銭	C 33 円	D 258 円	※中会社は0.6　小会社は0.5　とします。
課税時期の属する月の前々月 2月	㋟ 267 円		要素別比準割合	Ⓑ/B 2.82	Ⓒ/C 5.39	Ⓓ/D 2.29	
前年平均株価	㋹ 298 円						
課税時期の属する月以前2年間の平均株価	㋡ 280 円						
A〔㋕、㋵、㋟、㋹及び㋡のうち最も低いもの〕	㉓ 267 円		比準割合	（Ⓑ/B ＋ Ⓒ/C ＋ Ⓓ/D）/3 ＝		㉔ 3.50	㉕ 654円 1 0銭

1株当たりの比準価額	比準価額（㉒と㉕とのいずれか低い方の金額） × ④の金額/50円	㉖ 6,750 円

「⑲純資産価額」欄の金額が負数のときは0とします。

Ⓓ₂の金額は、比準要素数1の会社の判定要素であり、比準割合の計算には関係がありません。

（注）　上記の類似業種の株価は、実際の株価とは異なります。

解　説

1　「⑰資本金等の額」欄は、法人税申告書別表五（一）（利益積立金額及び資本金等の額の計算に関する明細書）のⅡ資本金等の額の計算に関する明細書の「36の④」欄の金額を記載します。

2　「⑱利益積立金額」欄は、法人税申告書別表五（一）（利益積立金額及び資本金等の額の計算に関する明細書）「31の④」欄の金額を記載します。この場合、利益積立金額に相当する金額が負数であるときには、その負数に相当する金額を資本金等の額の合計額から控除するものとし、その控除後の金額が負数となるときには、1株当たりの純資産価額Ⓓは0とします。

(2)　類似業種比準価額の計算

イ　1株当たりの比準価額の計算

設　例

次の大会社の類似業種比準価額を計算します。

1　評価会社　　A社

2　課税時期　　令和6年4月10日

3　評価会社の事業内容　　婦人服卸売業

4　評価会社の「1株当たりの配当金額」、「1株当たりの利益金額」、「1株当たりの純資産価額」の計算は次のとおりです。

第4表　類似業種比準価額等の計算明細書　（取引相場のない株式（出資）の評価明細書）

会社名　A社㈱

1．1株当たりの資本金等の額等の計算	直前期末の資本金等の額	直前期末の発行済株式数	直前期末の自己株式数	1株当たりの資本金等の額（①÷（②－③））	1株当たりの資本金等の額を50円とした場合の発行済株式数（①÷50円）
	① 40,084 千円	② 80,000 株	③ 株	④ 501 円	⑤ 801,680 株

2．比準要素等の金額の計算

1株（50円）当たりの年配当金額

直前期末以前2（3）年間の年平均配当金額				
事業年度	⑥ 年配当金額	⑦ 左のうち非経常的な配当金額	⑧ 差引経常的な年配当金額（⑥－⑦）	年平均配当金額
直前期	6,000 千円	千円	㋑ 6,000 千円	⑨（㋑+㋺）÷2 6,000 千円
直前々期	6,000 千円	千円	㋺ 6,000 千円	
直前々期の前期	6,000 千円	千円	㋩ 6,000 千円	⑩（㋺+㋩）÷2 6,000 千円

比準要素数1の会社・比準要素数0の会社の判定要素の金額		
⑨/⑤	[B1] 7 円	4 0 銭
⑩/⑤	[B2] 7 円	4 0 銭
1株（50円）当たりの年配当金額（[B1]の金額）		
Ⓑ	7 円	40 銭

1株（50円）当たりの年利益金額

直前期末以前2（3）年間の利益金額						
事業年度	⑪法人税の課税所得金額	⑫非経常的な利益金額	⑬受取配当等の益金不算入額	⑭左の所得税額	⑮損金算入した繰越欠損金の控除額	⑯差引利益金額（⑪－⑫＋⑬－⑭＋⑮）
直前期	496,690 千円	20,542 千円	360 千円	64 千円	千円	㋥ 476,444 千円
直前々期	375,890 千円	58,527 千円	120 千円	120 千円	千円	㋭ 317,363 千円
直前々期の前期	125,351 千円	千円	730 千円	290 千円	千円	㋬ 125,791 千円

比準要素数1の会社・比準要素数0の会社の判定要素の金額	
~~㋥/⑤ 又は~~ （㋥+㋭）÷2/⑤	[C1] 495 円
~~㋭/⑤ 又は~~ （㋭+㋬）÷2/⑤	[C2] 276 円
1株（50円）当たりの年利益金額（~~㋥/⑤ 又は~~ （㋥+㋭）÷2/⑤ の金額）	
Ⓒ	495 円

1株（50円）当たりの純資産価額

直前期末（直前々期末）の純資産価額			
事業年度	⑰ 資本金等の額	⑱ 利益積立金額	⑲ 純資産価額（⑰＋⑱）
直前期	40,084 千円	447,239 千円	㋣ 487,323 千円
直前々期	20,084 千円	180,371 千円	㋠ 200,455 千円

比準要素数1の会社・比準要素数0の会社の判定要素の金額	
㋣/⑤	[D1] 607 円
㋠/⑤	[D2] 250 円
1株（50円）当たりの純資産価額（[D1]の金額）	
Ⓓ	607 円

評価上の取扱い

類似業種比準方式による具体的な計算方法は、上場会社の事業内容を基として別に定められている類似業種比準価額計算上の業種区分のうち、評価会社の事業内容と類似するものを選び、その類似業種の株価並びに１株当たりの配当金額、年利益金額及び純資産価額（帳簿価額によって計算した金額）を基とし、次の算式によって計算します（評基通180）。

（算　式）

$$A \times \left(\frac{\frac{Ⓑ}{B} + \frac{Ⓒ}{C} + \frac{Ⓓ}{D}}{3} \right) \times 0.7 \quad \begin{pmatrix} \text{中会社 } 0.6 \\ \text{小会社 } 0.5 \end{pmatrix}$$

上記算式中「Ａ」、「Ⓑ」「Ⓒ」「Ⓓ」、「Ｂ」、「Ｃ」及び「Ｄ」は、それぞれ次によります。

Ａ……類似業種の株価

Ⓑ……評価会社の１株当たりの配当金額

Ⓒ……評価会社の１株当たりの利益金額

Ⓓ……評価会社の１株当たりの純資産価額（帳簿価額によって計算した金額）

Ｂ……課税時期の属する年の類似業種の１株当たりの配当金額

Ｃ……課税時期の属する年の類似業種の１株当たりの年利益金額

Ｄ……課税時期の属する年の類似業種の１株当たりの純資産価額（帳簿価額によって計算した金額）

（注）　類似業種比準価額の計算に当たっては、Ⓑ、Ⓒ及びⒹの金額は１株当たりの資本金等の額を50円とした場合の金額として計算することとされています。

なお、類似業種比準価額を計算するための「業種目」並びに「類似業種の株価」及び「類似業種の１株当たりの配当金額」等については、上場会社の株価等を基に国税庁において定め、通達されています。

評価明細書の書き方

類似業種比準価額計算上の業種目及び業種目別株価等(令和６年分)

(単位:円)

業種目（大分類／中分類／小分類）	番号	内容	B 〔配当金額〕	C 〔利益金額〕	D 〔簿価純資産価額〕	A（株価）令和5年平均	5年11月分	5年12月分
卸売業	65		*3.3*	*23*	*234*	*291*	*290*	*288*
各種商品卸売業	66	各種商品の仕入卸売を行うもの。例えば、総合商社、貿易商社など	3.5	19	237	235	250	267
繊維・衣服等卸売業	67	繊維品及び衣服・身の回り品の仕入卸売を行うもの	3.6	20	245	283	283	285

類似業種比準価額計算上の業種目及び業種目別株価等(令和６年分)

(単位:円)

業種目（大分類／中分類／小分類）	番号	A（株価）【上段：各月の株価、下段：課税時期の属する月以前２年間の平均株価】令和6年1月分	2月分	3月分	4月分	5月分	6月分	7月分	8月分	9月分	10月分	11月分	12月分
卸売業	65	*288* *281*	*292* *280*	*289* *288*	*287* *294*								
各種商品卸売業	66	272 245	282 247										
繊維・衣服等卸売業	67	282 280	285 282	276 281	276 281								

(注)　この株価表は仮に設定したもので、実際の株価表とは異なりますので御注意ください。

第４表　類似業種比準価額等の計算明細書

会社名　A社㈱

（取引相場のない株式（出資）の評価明細書）

1．1株当たりの資本金等の額等の計算	直前期末の資本金等の額	直前期末の発行済株式数	直前期末の自己株式数	1株当たりの資本金等の額（①÷（②－③））	1株当たりの資本金等の額を50円とした場合の発行済株式数（①÷50円）
	① 40,084 千円	② 80,000 株	③ 株	④ 501 円	⑤ 801,680 株

2．比準要素等の金額の計算

1株（50円）当たりの年配当金額　直前期末以前2（3）年間の年平均配当金額

事業年度	⑥ 年配当金額	⑦ 左のうち非経常的な配当金額	⑧ 差引経常的な年配当金額(⑥－⑦)	年平均配当金額
直前期	6,000 千円	千円	㋑ 6,000 千円	⑨(㋑+㋺)÷2　6,000 千円
直前々期	6,000 千円	千円	㋺ 6,000 千円	⑩(㋺+㋩)÷2　6,000 千円
直前々期の前期	6,000 千円	千円	㋩ 6,000 千円	

比準要素数1の会社・比準要素数0の会社の判定要素の金額		円	銭
⑨/⑤	Ⓑ1	7	4 0
⑩/⑤	Ⓑ2	7	4 0
1株(50円)当たりの年配当金額（Ⓑ1の金額）	Ⓑ	7円	40銭

1株（50円）当たりの年利益金額　直前期末以前2（3）年間の利益金額

事業年度	⑪法人税の課税所得金額	⑫非経常的な利益金額	⑬受取配当等の益金不算入額	⑭左の所得税額	⑮損金算入した繰越欠損金の控除額	⑯差引利益金額（⑪－⑫＋⑬－⑭＋⑮）
直前期	496,690 千円	20,542 千円	360 千円	64 千円	千円	㋥ 476,444 千円
直前々期	375,890 千円	58,527 千円	120 千円	120 千円	千円	㋭ 317,363 千円
直前々期の前期	125,351 千円	千円	730 千円	290 千円	千円	㋬ 125,791 千円

比準要素数1の会社・比準要素数0の会社の判定要素の金額		
~~㋥/⑤ 又は~~ (㋥+㋭)÷2/⑤	Ⓒ1	495 円
~~㋭/⑤ 又は~~ (㋭+㋬)÷2/⑤	Ⓒ2	276 円
1株（50円）当たりの年利益金額（~~㋥/⑤ 又は~~ (㋥+㋭)÷2/⑤ の金額）	Ⓒ	495 円

1株（50円）当たりの純資産価額　直前期末（直前々期末）の純資産価額

事業年度	⑰ 資本金等の額	⑱ 利益積立金額	⑲ 純資産価額（⑰＋⑱）
直前期	40,084 千円	447,239 千円	㋣ 487,323 千円
直前々期	20,084 千円	180,371 千円	㋠ 200,455 千円

比準要素数1の会社・比準要素数0の会社の判定要素の金額		
㋣/⑤	Ⓓ1	607 円
㋠/⑤	Ⓓ2	250 円
1株(50円)当たりの純資産価額（Ⓓ1の金額）	Ⓓ	607 円

3．類似業種比準価額の計算

1株（50円）当たりの比準価額の計算

類似業種と業種目番号　繊維衣服等卸売業（No. 67）

類似業種の株価		
課税時期の属する月	4月	㋷ 276 円
課税時期の属する月の前月	3月	㋦ 276 円
課税時期の属する月の前々月	2月	㋸ 285 円
前年平均株価		㋾ 283 円
課税時期の属する月以前2年間の平均株価		㋻ 281 円
A（㋷、㋦、㋸、㋾及び㋻のうち最も低いもの）		⑳ 276 円

比準割合の計算

区分	1株(50円)当たりの年配当金額	1株(50円)当たりの年利益金額	1株(50円)当たりの純資産価額	1株(50円)当たりの比準価額
評価会社	Ⓑ 7円 4銭0	Ⓒ 495 円	Ⓓ 607 円	⑳ × ㉑ × 0.7 ※
類似業種	B 3円 6銭0	C 20 円	D 245 円	※中会社は0.6 小会社は0.5 とします。
要素別比準割合	Ⓑ/B 2.05	Ⓒ/C 24.75	Ⓓ/D 2.47	
比準割合	(Ⓑ/B + Ⓒ/C + Ⓓ/D)/3 = ㉑ 9.75			㉒ 1,883円 70銭

類似業種と業種目番号　卸売業（No. 65）

類似業種の株価		
課税時期の属する月	4月	㋕ 287 円
課税時期の属する月の前月	3月	㋵ 289 円
課税時期の属する月の前々月	2月	㋟ 292 円
前年平均株価		㋹ 291 円
課税時期の属する月以前2年間の平均株価		㋡ 294 円
A（㋕、㋵、㋟、㋹及び㋡のうち最も低いもの）		㉓ 287 円

比準割合の計算

区分	1株(50円)当たりの年配当金額	1株(50円)当たりの年利益金額	1株(50円)当たりの純資産価額	1株(50円)当たりの比準価額
評価会社	Ⓑ 7円 4銭0	Ⓒ 495 円	Ⓓ 607 円	㉓ × ㉔ × 0.7 ※
類似業種	B 3円 3銭0	C 23 円	D 234 円	※中会社は0.6 小会社は0.5 とします。
要素別比準割合	Ⓑ/B 2.24	Ⓒ/C 21.52	Ⓓ/D 2.59	
比準割合	(Ⓑ/B + Ⓒ/C + Ⓓ/D)/3 = ㉔ 8.78			㉕ 1,763円 90銭

1株当たりの比準価額	比準価額（㉒と㉕とのいずれか低い方の金額）	×	④の金額/50円	㉖ 17,674 円

比準価額の修正

区分	比準価額			修正比準価額
直前期末の翌日から課税時期までの間に配当金交付の効力が発生した場合	比準価額（㉖の金額）	－ 1株当たりの配当金額　円　銭		㉗ 円
直前期末の翌日から課税時期までの間に株式の割当て等の効力が発生した場合	比準価額（㉖（㉗があるときは㉗）の金額）	＋ 割当株式1株当たりの払込金額　円　銭 × 1株当たりの割当株式数　株）÷（1株＋	1株当たりの割当株式数又は交付株式数　株）	㉘ 円

類似業種比準価額

ロ　1株当たりの配当金額が0の場合

設　例

1株当たりの配当金額が0の場合における類似業種比準価額の計算をします。

1　配当金額　直前期　0円
　　　　　　直前々期　0円
　　　　　　直前々期の前期　0円

2　1株当たりの利益金額、1株当たりの純資産価額等は、前の設例と同じです。

評価上の取扱い

類似業種比準価額の計算では、評価会社の直前期末以前2年間におけるその会社の剰余金の配当金額（特別配当、記念配当等の名称による配当金額のうち、将来毎期継続することが予想できない金額を除きます。）の合計額が0の場合、すなわち1株当たりの配当金額が0の場合は、$\frac{Ⓑ}{B}$は0として計算します。この場合であっても、$\left(\frac{Ⓑ}{B}+\frac{Ⓒ}{C}+\frac{Ⓓ}{D}\right)$は3で除してください。

類似業種比準価額は、上場株式の株価と計数的に比較することが可能な1株当たりの配当金額、利益金額及び純資産価額の3要素を比準要素とし、そのそれぞれの比重を1：1：1として計算します。

したがって、比準要素のいずれかが0の場合でも比準割合の計算では3で除すこととなります（各分数の割合及び3で除した比準割合に小数点以下2位未満の端数があるときはその端数を切り捨てます。）。

なお、比準要素数が1（2要素が0）の会社に該当した場合は、原則的には純資産価額方式で計算することになりますが、会社規模にかかわらず「類似業種比準価額×0.25＋純資産価額×（1－0.25）」の併用方式との選択適用をすることができます（評基通189⑴）。

ただし、比準要素数が0（3要素が0）の場合には、純資産価額方式で計算することになります（評基通189⑷ロ）。

評価明細書の書き方

第４表　類似業種比準価額等の計算明細書

会社名　A社㈱

（取引相場のない株式（出資）の評価明細書）

１．１株当たりの資本金等の額等の計算	直前期末の資本金等の額	直前期末の発行済株式数	直前期末の自己株式数	１株当たりの資本金等の額（①÷（②−③））	１株当たりの資本金等の額を50円とした場合の発行済株式数（①÷50円）
	① 40,084 千円	② 80,000 株	③ 株	④ 501 円	⑤ 801,680 株

２．比準要素等の金額の計算

１株（50円）当たりの年配当金額

事業年度	⑥ 年配当金額	⑦ 左のうち非経常的な配当金額	⑧ 差引経常的な年配当金額（⑥−⑦）	年平均配当金額
直前期	0 千円	千円	㋑ 0 千円	⑨（㋑＋㋺）÷２　0 千円
直前々期	0 千円	千円	㋺ 0 千円	
直前々期の前期	0 千円	千円	㋩ 0 千円	⑩（㋺＋㋩）÷２　0 千円

比準要素数１の会社・比準要素数０の会社の判定要素の金額		
⑨/⑤	Ⓑ1 0 円	0 銭
⑩/⑤	Ⓑ2 0 円	0 銭
１株（50円）当たりの年配当金額（Ⓑ1の金額）	Ⓑ 0 円	0 銭

１株（50円）当たりの年利益金額

事業年度	⑪法人税の課税所得金額	⑫非経常的な利益金額	⑬受取配当等の益金不算入額	⑭左の所得税額	⑮損金算入した繰越欠損金の控除額	⑯差引利益金額（⑪−⑫＋⑬−⑭＋⑮）
直前期	496,690 千円	20,542 千円	360 千円	64 千円	千円	㋥ 476,444 千円
直前々期	375,890 千円	58,527 千円	120 千円	120 千円	千円	㋭ 317,363 千円
直前々期の前期	125,351 千円	千円	730 千円	290 千円	千円	㋬ 125,791 千円

比準要素数１の会社・比準要素数０の会社の判定要素の金額	
~~㋥/⑤又は~~（㋥＋㋭）÷２/⑤	Ⓒ1 495 円
~~㋭/⑤又は~~（㋭＋㋬）÷２/⑤	Ⓒ2 276 円
１株（50円）当たりの年利益金額［~~㋥/⑤又は~~（㋥＋㋭）÷２/⑤の金額］	Ⓒ 495 円

１株（50円）当たりの純資産価額

事業年度	⑰ 資本金等の額	⑱ 利益積立金額	⑲ 純資産価額（⑰＋⑱）
直前期	40,084 千円	447,239 千円	㋣ 487,323 千円
直前々期	20,084 千円	180,371 千円	㋠ 200,455 千円

比準要素数１の会社・比準要素数０の会社の判定要素の金額	
㋣/⑤	Ⓓ1 607 円
㋠/⑤	Ⓓ2 250 円
１株（50円）当たりの純資産価額（Ⓓ1の金額）	Ⓓ 607 円

３．類似業種比準価額の計算

１株（50円）当たりの比準価額の計算

類似業種と業種目番号	繊維衣服等卸売業（No. 67）
課税時期の属する月	4月　㋷ 276 円
課税時期の属する月の前月	3月　㋦ 276 円
課税時期の属する月の前々月	2月　㋸ 285 円
前年平均株価	㋾ 283 円
課税時期の属する月以前２年間の平均株価	㋻ 281 円
A（㋷、㋦、㋸、㋾及び㋻のうち最も低いもの）	⑳ 276 円

区分	１株（50円）当たりの年配当金額	１株（50円）当たりの年利益金額	１株（50円）当たりの純資産価額	１株（50円）当たりの比準価額
評価会社	Ⓑ 0 円 0 銭 0	Ⓒ 495 円	Ⓓ 607 円	⑳ × ㉑ × 0.7 ※
類似業種	B 3 円 6 銭 0	C 20 円	D 245 円	※中会社は0.6　小会社は0.5　とします。
要素別比準割合	Ⓑ/B 0.00	Ⓒ/C 24.75	Ⓓ/D 2.47	
比準割合	（Ⓑ/B ＋ Ⓒ/C ＋ Ⓓ/D）/３ ＝ ㉑ 9.07			㉒ 1,752 円 3 銭 0

類似業種と業種目番号	卸売業（No. 65）
課税時期の属する月	4月　㋕ 287 円
課税時期の属する月の前月	3月　㋵ 289 円
課税時期の属する月の前々月	2月　㋟ 292 円
前年平均株価	㋹ 291 円
課税時期の属する月以前２年間の平均株価	㋞ 294 円
A（㋕、㋵、㋟、㋹及び㋞のうち最も低いもの）	㉓ 287 円

区分	１株（50円）当たりの年配当金額	１株（50円）当たりの年利益金額	１株（50円）当たりの純資産価額	１株（50円）当たりの比準価額
評価会社	Ⓑ 0 円 0 銭 0	Ⓒ 495 円	Ⓓ 607 円	㉓ × ㉔ × 0.7 ※
類似業種	B 3 円 3 銭 0	C 23 円	D 234 円	※中会社は0.6　小会社は0.5　とします。
要素別比準割合	Ⓑ/B 0.00	Ⓒ/C 21.52	Ⓓ/D 2.59	
比準割合	（Ⓑ/B ＋ Ⓒ/C ＋ Ⓓ/D）/３ ＝ ㉔ 8.03			㉕ 1,613 円 2 銭 0

１株当たりの比準価額	比準価額（㉒と㉕とのいずれか低い方の金額） × ④の金額/50円	㉖ 16,164 円
比準価額の修正：直前期末の翌日から課税時期までの間に配当金交付の効力が発生した場合	比準価額（㉖の金額） − １株当たりの配当金額　円　銭	修正比準価額 ㉗ 円
比準価額の修正：直前期末の翌日から課税時期までの間に株式の割当て等の効力が発生した場合	比準価額（㉖（㉗があるときは㉗）の金額）＋ 割当株式１株当たりの払込金額　円　銭 × １株当たりの割当株式数　株）÷（１株＋ １株当たりの割当株式数又は交付株式数　株）	修正比準価額 ㉘ 円

9　純資産価額方式

(1)　総資産価額の計算

設　例

次の貸借対照表に基づき、純資産価額方式のうち総資産価額（相続税評価額及び帳簿価額）の計算の仕方について説明します。

貸　借　対　照　表

令和6年3月31日現在

科　目	金　額
資産の部	2,825,871,406円
流動資産	2,307,614,980
現　金	15,238,015
預　金	317,815,049
受取手形	837,595,800
売 掛 金	496,837,000
未収入金	15,339,000
貸 付 金	12,000,000
前 渡 金	7,619,400
前払費用	8,519,000
仮 払 金	6,725,000
製　品	326,001,745
半 製 品	50,098,887
仕 掛 品	84,926,925
主要原材料	104,789,350
補助原材料	20,640,588
貯 蔵 品	3,469,221
固定資産	513,605,426
建　物	49,819,311
建物附属設備	5,277,314
構 築 物	2,500,000
機械装置	27,379,940
車両運搬具	5,725,224
器具備品	4,046,243
土　地	364,382,000
電話加入権	143,670
投資有価証券	14,431,724
ゴルフ会員権	25,000,000
特 許 権	1,500,000
意 匠 権	600,000
商 標 権	800,000
営 業 権	0
長期貸付金	12,000,000
繰延資産	4,651,000
創 立 費	671,000
開 業 費	200,000
株式交付費	180,000
開 発 費	3,600,000
合　計	2,825,871,406

評価上の取扱い

1　総資産価額（相続税評価額によって計算した金額）は、課税時期における評価会社の各資産を評価通達の定めによって評価した価額（相続税評価額）によることになっています。

この場合における評価会社の各資産は、原則として個人の事業用資産と同様の評価方法によって評価することになるので、帳簿に資産として計上されていないものであっても、相続税法上の課税財産に該当するもの、例えば、無償で取得した借地権、特許権や営業権等がある場合には、これらを評価通達の定めるところにより評価しなければなりません。また、一方、前払費用や繰延資産等で財産性のないものについては、たとえ帳簿価額があるものであってもこれらは評価の対象にしないことにしています。

2　総資産価額（帳簿価額によって計算した金額）は、上記1の総資産価額（相続税評価額によって計算した金額）の計算の基礎とした評価会社の各資産の帳簿価額の合計額によることになっています。

この場合における帳簿価額とは、各資産の帳簿価額とされるべき金額をいい、例えば、減価償却超過額のある減価償却資産については、その資産の課税時期における帳簿価額にその減価償却超過額に相当する金額を加算した金額によるなど、税務計算上、帳簿価額について加算又は減算を要する金額がある資産の帳簿価額はその加算又は減算後の価額、つまり税務計算上の帳簿価額によることになります。

なお、総資産価額（相続税評価額によって計算した金額）の計算の基礎とされない繰延資産等のうち財産性のないものについての帳簿価額は、総資産価額（帳簿価額によって計算した金額）に算入しないことになります。

3　1株当たりの純資産価額（相続税評価額によって計算した金額）の計算は、評価会社の課税時期における各資産及び各負債の金額によることとされていることから、評価会社について課税時期現在における仮決算を行い各資産及び各負債の相続税評価額及び帳簿価額を計算しなければなりませんが、評価会社が課税時期において仮決算を行っていないため、課税時期における資産及び負債の金額が明確でない場合で、直前期末から課税時期までの間の資産及び負債について著しく増減がないため評価額の計算に影響が少ないと認められるときは、課税時期における各資産及び各負債の金額は直前期末の資産及び負債を基として次により計算しても差し支えないこととされています。

①「相続税評価額」については、直前期末現在の資産及び負債を対象とし、課税時期に適用されるべき財産評価基準を適用して計算した金額によります。

②「帳簿価額」については、直前期末の資産及び負債の帳簿価額によります。

なお、課税時期の直前期末における資産及び負債を基として評価する場合において、直前期末から課税時期までに増資が行われたときには、直前期末の資産及び負債を基として評価した純資産価額に増資払込金額を加算し、増資後の株数で除算して1株当たりの純資産価額を計算します。

4　課税時期において評価会社が所有している資産のうち、評価会社が課税時期前3年以内に取得又は新築した土地及び土地の上に存する権利（以下「土地等」といいます。）並びに家屋及びその附属設備又は構築物（以下「家屋等」といいます。）がある場合には、これらの価額は、課税時期の「通常の取引価額」で評価する必要があります。ただし、その土地等又は家屋等の帳簿価額が課税時期の「通常の取引価額」に相当すると認められるときは、その土地等又は家屋等の帳簿価額（実際の取得価額）により評価できます（評基通185）。

なお、家屋等の場合には、取得価額の金額から課税時期までの期間の償却費の額の合計額を控除した金額によって評価することになります。

評価明細書の書き方

貸 借 対 照 表

科　　目	金　　額
資産の部	2,825,871,406円
流動資産	2,307,614,980
現金	15,238,015
預金	317,815,049
受取手形	837,595,800
売掛金	496,837,000
未収入金	15,339,000
貸付金	12,000,000
前渡金	7,619,400
前払費用	8,519,000
仮払金	6,725,000
製品	326,001,745
半製品	50,098,887
仕掛品	84,926,925
主要原材料	104,789,350
補助原材料	20,640,588
貯蔵品	3,469,221
固定資産	513,605,426
建物	49,819,311
建物附属設備	5,277,314
構築物	2,500,000
機械装置	27,379,940
車両運搬具	5,725,224
器具備品	4,046,243
土地	364,382,000
電話加入権	143,670
投資有価証券	14,431,724
ゴルフ会員権	25,000,000
特許権	1,500,000
意匠権	600,000
商標権	800,000
営業権	0
長期貸付金	12,000,000
繰延資産	4,651,000
創立費	671,000
開業費	200,000
株式交付費	180,000
開発費	3,600,000
合　　計	2,825,871,406

預金（相続税評価額）
預金については課税時期現在における既経過利子の額から源泉徴収されるべき所得税等の額に相当する金額を控除した金額を加算（評基通203）
現金　預金
15,238千円　＋317,815千円
既経過利子　源泉徴収税額
＋（1,000千円－203千円）
＝333,850千円

受取手形（相続税評価額）
支払期限未到来のものは割引を行った場合の回収金額により評価（評基通206）
割引料相当額
837,595千円－900千円
＝836,695千円

売掛金（相続税評価額）
課税時期現在における既経過利息の額を加算（評基通204）
課税時期現在における回収不能の金額を減算（評基通205）
既経過利息
496,837千円＋300千円
回収不能額
－2,000千円＝495,137千円

未収入金（相続税評価額）
課税時期現在における既経過利息の額を加算（評基通204）
課税時期現在における回収不能の金額を減算（評基通205）
既経過利息　回収不能額
15,339千円＋100千円－600千円
＝14,839千円

貸付金（相続税評価額）
課税時期現在における既経過利息の額を加算（評基通204）
課税時期現在における回収不能の金額を減算（評基通205）
既経過利息　回収不能額
12,000千円＋200千円－1,000千円＝11,200千円

前払費用（相続税評価額）
課税時期において返還を受けることができない損害保険料等の未経過分については財産性がないので計上しません。（評基通185）

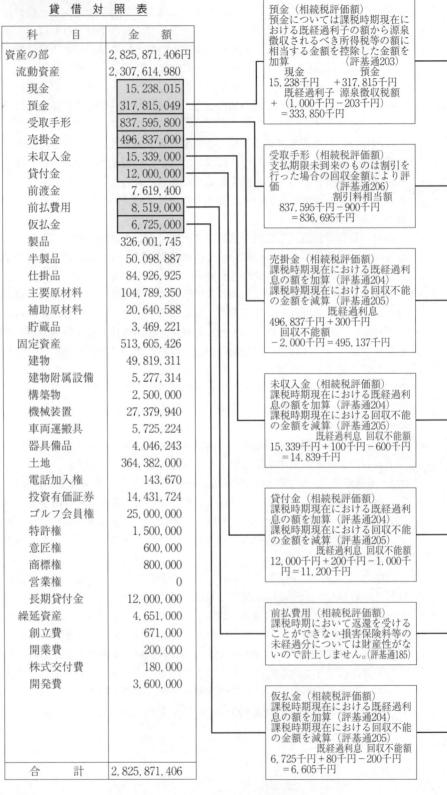

仮払金（相続税評価額）
課税時期現在における既経過利息の額を加算（評基通204）
課税時期現在における回収不能の金額を減算（評基通205）
既経過利息　回収不能額
6,725千円＋80千円－200千円
＝6,605千円

第５表　１株当たりの純資産価額（相続税評価額）の計算明細書

資産の部			
科目	相続税評価額	帳簿価額	備考
	千円	千円	
現金預金	333,850	333,053	
受取手形	836,695	837,595	
売掛金	495,137	496,837	
未収入金	14,839	15,339	
貸付金	11,200	12,000	
前渡金	7,619	7,619	
前払費用	0	0	
仮払金	6,605	6,725	
製品・半製品	376,100	376,100	
仕掛品	84,926	84,926	
原材料	125,429	125,429	
貯蔵品	3,469	3,469	
建物・建物附属設備	15,166	11,387	
課税時期前３年以内に取得した建物等	39,199	39,199	
構築物	1,800	1,670	
機械装置	21,532	16,809	
車両運搬具	4,875	4,875	
器具備品	3,666	3,666	
土地	648,870	225,746	
課税時期前３年以内に取得した土地等	105,236	95,536	
借地権	67,129	0	
電話加入権	84	143	
投資有価証券	22,174	9,170	
法人税額等相当額の控除不適用の株式	22,375	5,261	
ゴルフ会員権	17,500	25,000	
特許権・意匠権・商標権	0	0	
営業権	2,180	2,900	
長期貸付金	12,000	12,000	
創立費・開業費・			
株式交付費・開発費	0	0	
生命保険金請求権	100,000	100,000	
合計	① 3,379,655	② 2,852,454	
株式及び出資の価額の合計額	㋑ 44,549	㋺ 14,431	
土地等の価額の合計額	㋩ 821,235		
現物出資等受入れ資産の価額の合計額	㋥ －	㋭ －	

前払費用（帳簿価額）課税時期において返還を受けることができない損害保険料等の未経過分については財産性がないので計上しません。

貸借対照表

科　　目	金　　額
資産の部	2,825,871,406円
流動資産	2,307,614,980
現金	15,238,015
預金	317,815,049
受取手形	837,595,800
売掛金	496,837,000
未収入金	15,339,000
貸付金	12,000,000
前渡金	7,619,400
前払費用	8,519,000
仮払金	6,725,000
製品	326,001,745
半製品	50,098,887
仕掛品	84,926,925
主要原材料	104,789,350
補助原材料	20,640,588
貯蔵品	3,469,221
固定資産	513,605,426
建物	49,819,311
建物附属設備	5,277,314
構築物	2,500,000
機械装置	27,379,940
車両運搬具	5,725,224
器具備品	4,046,243
土地	364,382,000
電話加入権	143,670
投資有価証券	14,431,724
ゴルフ会員権	25,000,000
特許権	1,500,000
意匠権	600,000
商標権	800,000
営業権	0
長期貸付金	12,000,000
繰延資産	4,651,000
創立費	671,000
開業費	200,000
株式交付費	180,000
開発費	3,600,000
合　　計	2,825,871,406

製品、半製品、仕掛品、原材料、貯蔵品（相続税評価額）
たな卸商品等として評価します。
（評基通133）

家屋等（次の「課税時期以前３年以内に取得した家屋等」を除きます。）（相続税評価額）
固定資産税評価額の1.0倍（自用）で評価します（建物の帳簿価額49,819千円及び建物附属設備の帳簿価額5,277千円のうち13,897千円に相当する部分の家屋等は課税時期前３年より以前に取得）
（評基通89）
（固定資産税評価額）
15,166千円×1.0
（注）家屋と構造上一体となっている附属設備は家屋の価額に含めて評価します。
（評基通92）

課税時期以前３年以内に取得した家屋等（相続税評価額）
課税時期における通常の取引価額により評価します（建物及び建物附属設備の帳簿価額のうち41,199千円に相当する部分の家屋等は課税時期前３年以内に取得）。　（評基通185）
課税時期における通常の取引価額
39,199千円

構築物（相続税評価額）
再建築価額を基として評価します。　（評基通97）
再建築価額を基とした評価額
1,800千円

機械装置（相続税評価額）
原則として売買実例価額、精通者意見価格等を参酌して評価します。　（評基通129）
売買実例価額等を参酌した評価額
21,532千円

（注）　20万円未満の一括償却資産について、事業供用年度に取得価額の全額を損金算入し、「申告調整」によって事業供用年度以後３年間にわたって均等に損金算入する方法を選択している場合には、帳簿価額に計上されていないその一括償却資産（法人税申告書別表十六（八）の「10」欄に記載がある各事業年度の一括償却資産）についても売買実例価額、精通者意見価額等を参酌して評価します（算定が困難な場合は、一括償却資産の損金算入限度超過額を評価額として差し支えありません。）。

家屋等（次の「課税時期以前３年以内に取得した家屋等」を除きます。）（帳簿価額）
建物減価償却累計額を減算
建物減価償却超過額（法人税申告書別表十六（二）の「45」の金額）を加算
建物減価償却累計額
13,897千円－2,810千円
建物減価償却超過額
＋300千円＝11,387千円

課税時期以前３年以内に取得した家屋等（帳簿価額）
建物減価償却累計額を減算
建物減価償却超過額（法人税申告書別表十六（二）の「45」の金額）を加算
建物減価償却累計額
41,199千円－2,400千円
建物減価償却超過額
＋400千円＝39,199千円

構築物（帳簿価額）
構築物減価償却累計額を減算
構築物減価償却累計額
2,500千円－830千円
＝1,670千円

機械装置（帳簿価額）
機械装置圧縮記帳引当金（法人税申告書別表十三（五）の「21」の金額）を減算
機械装置圧縮限度超過額（法人税申告書別表十三（五）の「28」の金額）を加算
機械装置減価償却累計額は減算。
機械装置圧縮記帳引当金
27,379千円－7,000千円
機械装置圧縮限度超過額
＋420千円
機械装置減価償却累計額
－3,990千円＝16,809千円

（注）　20万円未満の一括償却資産に損金算入限度超過額（法人税申告書別表十六（八）の「10」欄の各事業年度の金額の合計）がある場合は、その金額を加算します。

第５表　１株当たりの純資産価額（相続税評価額）の計算明細書

資産の部			
科目	相続税評価額	帳簿価額	備考
現金預金	千円 333,850	千円 333,053	
受取手形	836,695	837,595	
売掛金	495,137	496,837	
未収入金	14,839	15,339	
貸付金	11,200	12,000	
前渡金	7,619	7,619	
前払費用	0	0	
仮払金	6,605	6,725	
製品・半製品	376,100	376,100	
仕掛品	84,926	84,926	
原材料	125,429	125,429	
貯蔵品	3,469	3,469	
建物・建物附属設備	15,166	11,387	
課税時期前３年以内に取得した建物等	39,199	39,199	
構築物	1,800	1,670	
機械装置	21,532	16,809	
車両運搬具	4,875	4,875	
器具備品	3,666	3,666	
土地	648,870	225,746	
課税時期前３年以内に取得した土地等	105,236	95,536	
借地権	67,129	0	
電話加入権	84	143	
投資有価証券	22,174	9,170	
法人税額等相当額の控除不適用の株式	22,375	5,261	
ゴルフ会員権	17,500	25,000	
特許権・意匠権・商標権	0	0	
営業権	2,180	2,900	
長期貸付金	12,000	12,000	
創立費・開業費・株式交付費・開発費	0	0	
生命保険金請求権	100,000	100,000	
合計	① 3,379,655	② 2,852,454	
株式及び出資の価額の合計額	㋑ 44,549	㋺ 14,431	
土地等の価額の合計額	㋩ 821,235		
現物出資等受入れ資産の価額の合計額	㋥ －	㋭ －	

貸借対照表

科目	金額
資産の部	2,825,871,406円
流動資産	2,307,614,980
現金	15,238,015
預金	317,815,049
受取手形	837,595,800
売掛金	496,837,000
未収入金	15,339,000
貸付金	12,000,000
前渡金	7,619,400
前払費用	8,519,000
仮払金	6,725,000
製品	326,001,745
半製品	50,098,887
仕掛品	84,926,925
主要原材料	104,789,350
補助原材料	20,640,588
貯蔵品	3,469,221
固定資産	513,605,426
建物	49,819,311
建物附属設備	5,277,314
構築物	2,500,000
機械装置	27,379,940
車両運搬具	5,725,224
器具備品	4,046,243
土地	364,382,000
電話加入権	143,670
投資有価証券	14,431,724
ゴルフ会員権	25,000,000
特許権	1,500,000
意匠権	600,000
商標権	800,000
営業権	0
長期貸付金	12,000,000
繰延資産	4,651,000
創立費	671,000
開業費	200,000
株式交付費	180,000
開発費	3,600,000
合計	2,825,871,406

車両運搬具（相続税評価額）
原則として売買実例価額、精通者意見価額等を参酌して評価します。（評基通129）
売買実例価額等を参酌した評価額
4,875千円

器具備品（相続税評価額）
原則として売買実例価額、精通者意見価額等を参酌して評価します。（評基通129）
売買実例価額等を参酌した評価額
3,666千円

土地等（次の「課税時期以前３年以内に取得した土地等」を除きます。）（相続税評価額）
路線価方式又は倍率方式により評価します（帳簿価額364,382千円のうち259,146千円に相当する部分の土地は課税時期前３年より以前に取得）。
路線価により計算した評価額
648,870千円

課税時期以前３年以内に取得した土地等（相続税評価額）
課税時期における通常の取引価額により評価します（帳簿価額364,382千円のうち105,236千円に相当する部分の土地は課税時期前３年以内に取得）。（評基通185）
課税時期における通常の取引価額
105,236千円

借地権（相続税評価額）
路線価方式又は倍率方式により評価します。
路線価による評価額
67,129千円

借家権（相続税評価額）
権利金等の名称をもって取引される慣行のある地域にあるものを除き、評価しないこととされています。（評基通94）

電話加入権（相続税評価額）
売買実例価額、精通者意見価格等を参酌して評価します。（評基通161）
売買実例価額・精通者意見価格等を参酌した評価額
84千円

（注）20万円未満の一括償却資産について、事業供用年度に取得価額の全額を損金算入し、「申告調整」によって事業供用年度以後３年間にわたって均等に損金算入する方法を選択している場合には、帳簿価額に計上されていないその一括償却資産（法人税申告書別表十六（八）の「10」欄の記載がある各事業年度の一括償却資産）についても売買実例価額、精通者意見価格等を参酌して評価します。（算定が困難な場合は、一括償却資産の損金算入限度超過額を評価額として差し支えありません。）

車両運搬具（帳簿価額）
車両運搬具減価償却累計額を減算
　車両運搬具減価償却累計額
　5,725千円－850千円
　＝4,875千円

器具備品（帳簿価額）
器具備品減価償却累計額を減算
　器具備品減価償却累計額
　4,046千円－380千円
　＝3,666千円

土地等（次の「課税時期以前３年以内に取得した土地等」を除きます。）（帳簿価額）
土地圧縮記帳手当金の額（法人税申告書別表十三（五）の「21」の金額）を減算。土地圧縮限度超過額（法人税申告書別表十三（五）の「28」の金額）を加算。
　土地圧縮記帳引当金の額
　259,146千円－36,400千円
土地圧縮限度超過額
　＋3,000千円＝225,746千円

課税時期以前３年以内に取得した土地等（帳簿価額）
土地圧縮記帳引当金の額（法人税申告書別表十三（五）の「21」の金額）を減算。土地圧縮限度超過額（法人税申告書別表十三（五）の「28」の金額）を加算。
　土地圧縮記帳引当金の額
　105,236千円－10,500千円
土地圧縮限度超過額
　＋800千円＝95,536千円

借地権（帳簿価額）
無償で取得した場合には帳簿価額は「０」と記載します。

借家権（帳簿価額）
財産性のあるものは相続税評価額が「０」であっても計上します（帳簿価額がある場合）。

）20万円未満の一括償却資産に損金算入限度超過額（法人税申告書別表十六（八）の「10」欄の各事業年度の金額の合計）がある場合は、その金額を加算します。

第５表　１株当たりの純資産価額（相続税評価額）の計算明細書

資産の部			
科目	相続税評価額	帳簿価額	備考
現金預金	千円 333,850	千円 333,053	
受取手形	836,695	837,595	
売掛金	495,137	496,837	
未収入金	14,839	15,339	
貸付金	11,200	12,000	
前渡金	7,619	7,619	
前払費用	0	0	
仮払金	6,605	6,725	
製品・半製品	376,100	376,100	
仕掛品	84,926	84,926	
原材料	125,429	125,429	
貯蔵品	3,469	3,469	
建物・建物附属設備	15,166	11,387	
課税時期前３年以内に取得した建物等	39,199	39,199	
構築物	1,800	1,670	
機械装置	21,532	16,809	
車両運搬具	4,875	4,875	
器具備品	3,666	3,666	
土地	648,870	225,746	
課税時期前３年以内に取得した土地等	105,236	95,536	
借地権	67,129	0	
電話加入権	84	143	
投資有価証券	22,174	9,170	
法人税額等相当額の控除不適用の株式	22,375	5,261	
ゴルフ会員権	17,500	25,000	
特許権・意匠権・商標権	0	0	
営業権	2,180	2,900	
長期貸付金	12,000	12,000	
創立費・開業費・株式交付費・開発費	0	0	
生命保険金請求権	100,000	100,000	
合計	① 3,379,655	② 2,852,454	
株式及び出資の価額の合計額	㋑ 44,549	㋺ 14,431	
土地等の価額の合計額	㋩ 821,235		
現物出資等受入れ資産の価額の合計額	㋥ －	㋭ －	

貸借対照表

科目	金額
資産の部	2,825,871,406円
流動資産	2,307,614,980
現金	15,238,015
預金	317,815,049
受取手形	837,595,800
売掛金	496,837,000
未収入金	15,339,000
貸付金	12,000,000
前渡金	7,619,400
前払費用	8,519,000
仮払金	6,725,000
製品	326,001,745
半製品	50,098,887
仕掛品	84,926,925
主要原材料	104,789,350
補助原材料	20,640,588
貯蔵品	3,469,221
固定資産	513,605,426
建物	49,819,311
建物附属設備	5,277,314
構築物	2,500,000
機械装置	27,379,940
車両運搬具	5,725,224
器具備品	4,046,243
土地	364,382,000
電話加入権	143,670
投資有価証券	14,431,724
ゴルフ会員権	25,000,000
特許権	1,500,000
意匠権	600,000
商標権	800,000
営業権	0
長期貸付金	12,000,000
繰延資産	4,651,000
創立費	671,000
開業費	200,000
株式交付費	180,000
開発費	3,600,000
合計	2,825,871,406

取引相場のある株式、出資又は転換社債以外の有価証券（相続税評価額）
課税時期の最終価格等によって評価します（14,431千円のうち、9,170千円に相当する部分の株式は、取引相場のない株式等以外の有価証券です。）
課税時期の最終価格による評価額
22,174千円

取引相場のない株式、出資又は転換社債（相続税評価額）
類似業種比準方式、純資産価額方式などにより評価します。なお、純資産価額方式で評価する場合には、評価差額に対する法人税等相当額の控除を行わないで計算した金額を記載します（14,431千円のうち、5,261千円に相当する部分の株式は、取引相場のない株式等です。）。
純資産価額方式による評価額
22,375千円

ゴルフ会員権（相続税評価額）
通常の取引価格等を基に評価します。　　（評基通211）
取引相場
25,000千円×70％＝17,500千円

特許権、意匠権、商標権（相続税評価額）
①権利者が自ら特許発明を実施している場合の特許権、意匠権、商標権及び②出版権、漁業権は、営業権として一括評価するため計上しません。
（評基通145、154、163）

営業権（相続税評価額）
平均利益金額等を基に評価します。　　（評基通165）

繰延資産（相続税評価額）
財産性のない繰延資産については計上しません。（評基通185）

生命保険金請求権（相続税評価額）
被相続人の死亡を保険事故として受け取った生命保険金は、生命保険金請求権として計上します。　　（評基通185）
生命保険金
100,000千円

第５表　１株当たりの純資産価額（相続税評価額）の計算明細書

資産の部			
科目	相続税評価額	帳簿価額	備考
現金預金	千円 333,850	千円 333,053	
受取手形	836,695	837,595	
売掛金	495,137	496,837	
未収入金	14,839	15,339	
貸付金	11,200	12,000	
前渡金	7,619	7,619	
前払費用	0	0	
仮払金	6,605	6,725	
製品・半製品	376,100	376,100	
仕掛品	84,926	84,926	
原材料	125,429	125,429	
貯蔵品	3,469	3,469	
建物・建物附属設備	15,166	11,387	
課税時期前３年以内に取得した建物等	39,199	39,199	
構築物	1,800	1,670	
機械装置	21,532	16,809	
車両運搬具	4,875	4,875	
器具備品	3,666	3,666	
土地	648,870	225,746	
課税時期前３年以内に取得した土地等	105,236	95,536	
借地権	67,129	0	
電話加入権	84	143	
投資有価証券	22,174	9,170	
法人税額等相当額の控除不適用の株式	22,375	5,261	
ゴルフ会員権	17,500	25,000	
特許権・意匠権・商標権	0	0	
営業権	2,180	2,900	
長期貸付金	12,000	12,000	
創立費・開業費・株式交付費・開発費	0	0	
生命保険金請求権	100,000	100,000	
合計	① 3,379,655	② 2,852,454	
株式及び出資の価額の合計額	㋑ 44,549	㋺ 14,431	
土地等の価額の合計額	㋩ 821,235		
現物出資等受入れ資産の価額の合計額	㊁ －	㋭ －	

特許権、意匠権、商標権（帳簿価額）
①権利者が自ら特許発明を実施している場合の特許権、意匠権、商標権及び②出版権、漁業権は、営業権として一括評価するため計上しません。

営業権（帳簿価額）
特許権から商標権までの合計額を記載します。

繰延資産（帳簿価額）
財産性のない繰延資産については計上しません。

生命保険金請求権（帳簿価額）
相続税評価額と同一の金額を記載します。
（資産計上の生命保険料から当該生命保険金にかかる掛金を減額します。）

(2) 負債の金額の計算

設　例

次の貸借対照表に基づき純資産価額方式のうち負債の金額の計算について説明します。

貸　借　対　照　表

令和6年3月31日現在

科　　　　　　　　　　目	金　　　額
負債の部	2,395,506,115円
流動負債	1,615,504,899
支払手形	689,329,373
買 掛 金	446,722,457
短期借入金	245,000,000
未 払 金	143,496,679
未払費用	44,867,790
前 受 金	2,810,000
仮 受 金	3,260,551
預 り 金	38,918,049
保 証 金	1,100,000
固定負債	260,000,000
長期借入金	260,000,000
引当金	520,001,216
退職給付引当金	180,267,800
貸倒引当金	21,740,000
返品調整引当金	98,735,476
賞与引当金	103,042,000
特別修繕引当金	6,083,100
納税引当金	44,970,000
土地圧縮記帳引当金	46,900,000
機械装置圧縮記帳引当金	7,000,000
建物減価償却累計額	5,210,638
構築物減価償却累計額	830,125
車両運搬具 減価償却累計額	850,617
器具備品減価償却累計額	380,990
機械装置減価償却累計額	3,990,470
純資産の部	430,365,291
資本金	40,000,000
資本剰余金	84,849
資本準備金	84,849
利益剰余金	390,280,442
利益準備金	6,200,000
別途積立金	160,000,000
繰越利益剰余金	224,080,442
(当期純利益)	(194,393,253)
合　　　　　　計	2,825,871,406

評価上の取扱い

1　負債の金額は、課税時期における評価会社の各負債の金額の合計額によりますが、この場合における評価会社の各負債の金額には、貸倒引当金、退職給与引当金、納税引当金及びその他の引当金、準備金並びに繰延税金負債に相当する金額は含めないものとされています。

2　負債の金額の計算上、次の金額は、帳簿に負債としての記載がない場合であっても、課税時期において未払いとなっているものは負債として「相続税評価額」欄及び「帳簿価額」欄のいずれにも記載します。

イ　未納公租公課、未払利息等の金額

ロ　課税時期以前に賦課期日のあった固定資産税及び都市計画税の税額

ハ　被相続人の死亡により、相続人その他の者に支給することが確定した退職手当金、功労金その他これらに準ずる給与の金額

ニ　課税時期の属する事業年度に係る法人税額（地方法人税額を含みます。）、消費税額（地方消費税額を含みます。）、事業税額（特別法人事業税額を含みます。）、道府県民税額及び市町村民税額のうち、その事業年度開始の日から課税時期までの期間に対応する金額

3　評価会社が課税時期現在で仮決算を行っていないため、直前期末の帳簿価額を基に相続税評価額によって純資産価額を計算する場合において、帳簿に負債としての記載がない場合であっても、次の金額は負債として取り扱います。

イ　未納公租公課、未払利息等の金額

ロ　直前期末以前に賦課期日のあった固定資産税及び都市計画税の税額のうち、未払いとなっている金額

ハ　直前期末日以後から課税時期までに確定した剰余金の配当等の金額

ニ　被相続人の死亡により、相続人その他の者に支給することが確定した退職手当金、功労金その他これらに準ずる給与の金額

（注）被相続人に支給されることとなった退職手当金等については、相続税法第３条第１項第２号により相続又は遺贈により取得したものとみなされ、相続税の課税価格に算入されることになりますので、株式の評価上負債に該当するものとして純資産価額の計算上控除することとしています。

　したがって、相続税法上の規定により退職手当金等として課税価格に算入されない弔慰金等については、純資産価額の計算上負債としては取り扱われません。

評価明細書の書き方

貸借対照表

科目	金額
負債の部	2,395,506,115円
流動負債	1,615,504,899
支払手形	689,329,373
買掛金	446,722,457
短期借入金	245,000,000
未払金	143,496,679
未払費用	44,867,790
前受金	2,810,000
仮受金	3,260,551
預り金	38,918,049
保証金	1,100,000
固定負債	260,000,000
長期借入金	260,000,000
引当金	520,001,216
退職給付引当金	180,267,800
貸倒引当金	21,740,000
返品調整引当金	98,735,476
賞与引当金	103,042,000
特別修繕引当金	6,083,100
納税引当金	44,970,000
土地圧縮記帳引当金	46,900,000
機械装置圧縮記帳引当金	7,000,000
建物減価償却累計額	5,210,638
構築物減価償却累計額	830,125
車両運搬具減価償却累計額	850,617
器具備品減価償却累計額	380,990
機械装置減価償却累計額	3,990,470
純資産の部	430,365,291
資本金	40,000,000
資本剰余金	84,849
資本準備金	84,849
利益剰余金	390,280,442
利益準備金	6,200,000
別途積立金	160,000,000
繰越利益剰余金	224,080,442
（当期純利益）	(194,393,253)
合計	2,825,871,406

買掛金（相続税評価額）
課税時期現在において、事実上支払を要しない金額を減算
支払を要しない金額
446,722千円－5,000千円
＝441,722千円

引当金等（相続税評価額）
これらの準備金、引当金等は、純資産価額及び評価差額の計算上負債にはなりませんので、計上しません。（評基通186）

（相続税評価額）
これらの引当金、準備金及び減価償却累計額はそれぞれ対応する各資産の帳簿価額から控除するので、負債には計上しません。

資本金等（相続税評価額）
これらの金額は記載しません。

保険差益に対する法人税等（相続税評価額）
生命保険金請求権　退職金
（100,000千円－70,000千円）
×37％＝11,100千円

第５表　１株当たりの純資産価額（相続税評価額）の計算明細書

負債の部			
科目	相続税評価額	帳簿価額	備考
支払手形	千円 689,329	千円 689,329	
買掛金	441,722	441,722	
短期借入金	245,000	245,000	
未払金	143,496	143,496	
未払費用	44,867	44,867	
前受金	2,810	2,810	
仮受金	3,260	3,260	
預り金	38,918	38,918	
保証金	1,100	1,100	
長期借入金	260,000	260,000	
退職給与引当金	0	0	
貸倒引当金	0	0	
返品調整引当金	0	0	
賞与引当金	0	0	
特別修繕引当金	0	0	
納税引当金	0	0	
土地圧縮記帳引当金	0	0	
機械装置圧縮記帳引当金	0	0	
建物減価償却累計額	0	0	
構築物減価償却累計額	0	0	
車両運搬具減価償却累計額	0	0	
器具備品減価償却累計額	0	0	
機械装置減価償却累計額	0	0	
未納法人税	64,761	64,761	
未納消費税	891	891	
未納都道府県民税	3,365	3,365	
未納市町村民税	8,946	8,946	
未納事業税	20,397	20,397	
未納固定資産税	1,060	1,060	
未払配当金	1,284	1,284	
退職金	70,000	70,000	
保険差益に対する法人税等	11,100	11,100	
合計	③ 2,052,306	④ 2,052,306	

その他の引当金等（帳簿価額）
これらの準備金、引当金等は、純資産価額及び評価差額の計算上負債にはなりませんので、計上しません。

（帳簿価額）
これらの引当金、準備金及び減価償却累計額はそれぞれ対応する各資産の帳簿価額から控除するので、負債には計上しません。

資本金等（帳簿価額）
これらの金額は記載しません。

保険差益に対する法人税等（帳簿価額）
相続税評価額と同一の金額を記載します。

未納法人税等
仮決算を行っている場合（相続税評価額）
課税時期に属する事業年度に係る法人税額等のうち、その事業年度開始の日から課税時期までの期間に対応する金額は負債として計上します。

未納法人税等
仮決算を行っている場合（帳簿価額）
相続税評価額と同一の金額を記載します。

仮決算を行っていない場合（相続税評価額）
直前期の事業年度に係る次の税額の合計額を負債として計上します。
①法人税額（法人税申告書別表五（二）「３の⑥」及び「４の⑥」の金額）
②消費税額（消費税申告書「㉖消費税及び地方消費税の合計」(一般用の場合)）
③道府県民税（法人税申告書別表五（二）「８の⑥」及び「９の⑥」の金額）
④市町村民税（法人税申告書別表五（二）「13の⑥」及び「14の⑥」の金額）
⑤事業税額（法人税申告書別表五（二）「18の⑥」の金額と事業税申告書「第六号様式の㊿、㊷(この申告により納付すべき事業税額、特別法人事業税額がある場合に限ります。）」の金額の合計額）

仮決算を行っていない場合（帳簿価額）
相続税評価額と同一の金額を記載します。

未納固定資産税
仮決算を行っている場合（相続税評価額）
課税時期以前に賦課期日のあった固定資産税の税額のうち未納分を記載します。
仮決算を行っていない場合（相続税評価額）
直前期末以前に賦課期日のあった固定資産税の税額のうち未納分を記載します。

未納固定資産税
（帳簿価額）
相続税評価額と同一の金額を記載します。

未払配当金
仮決算を行っている場合（相続税評価額）
課税時期において確定している金額のうち、未払いとなっている金額に限り負債に計上します。
仮決算を行っていない場合（相続税評価額）
直前期末の翌日から課税時期までに確定した剰余金の配当等の金額（課税時期において支払済みのものも含みます。）を計上します。
※　直前期末の資産・負債を基に評価する場合の株価は「配当落ち前」の価額となっていますが、直前期末の翌日から課税時期までに配当金交付の効力が発生している場合は、配当金確定によりその株価は「配当落ち」の価額となりますので、未払い・既払いにかかわらず計上し、「配当落ち」の価額に調整します。
※　課税時期が配当金交付の基準日の翌日から配当金交付の効力が発生するまでの間にある場合には、配当期待権が発生している株式として価額を修正しますので、その場合の配当金相当額は負債に計上しません。

未払配当金
（帳簿価額）
相続税評価額と同一の金額を記載します。

未払退職金
（相続税評価額）
被相続人の死亡に伴い、相続人に対し支給することが確定した退職手当金、功労金等の金額、弔慰金のうち、相続税法第３条第１項に規定する退職手当金に該当する金額を計上します。
退職手当金等
65,000千円
弔慰金のうち退職手当金に該当する金額
＋5,000千円＝70,000千円
なお、死亡退職金を年金で支払う場合には、定期金として評価した金額を計上します。

未払退職金
（帳簿価額）
相続税評価額と同一の金額を記載します。
なお、死亡退職金を年金で支払う場合には、定期金として評価した金額を計上します。

第５表　１株当たりの純資産価額（相続税評価額）の計算明細書

負債の部			
科目	相続税評価額	帳簿価額	備考
支払手形	千円 689,329	千円 689,329	
買掛金	441,722	441,722	
短期借入金	245,000	245,000	
未払金	143,496	143,496	
未払費用	44,867	44,867	
前受金	2,810	2,810	
仮受金	3,260	3,260	
預り金	38,918	38,918	
保証金	1,100	1,100	
長期借入金	260,000	260,000	
退職給与引当金	0	0	
貸倒引当金	0	0	
返品調整引当金	0	0	
賞与引当金	0	0	
特別修繕引当金	0	0	
納税引当金	0	0	
土地圧縮記帳引当金	0	0	
機械装置圧縮記帳引当金	0	0	
建物減価償却累計額	0	0	
構築物減価償却累計額	0	0	
車両運搬具 減価償却累計額	0	0	
器具備品減価償却累計額	0	0	
機械装置減価償却累計額	0	0	
未納法人税	64,761	64,761	
未納消費税	891	891	
未納都道府県民税	3,365	3,365	
未納市町村民税	8,946	8,946	
未納事業税	20,397	20,397	
未納固定資産税	1,060	1,060	
未払配当金	1,284	1,284	
退職金	70,000	70,000	
保険差益に対する法人税等	11,100	11,100	
合計	③ 2,052,306	④ 2,052,306	

(3)　1株当たりの純資産価額の計算

設　例

次の会社の株式を純資産価額方式で評価します。

1　甲社の株主構成は次のとおりです。

1単元の株式の数は100株とします。

株　　主	続　　柄	所有株数	所有議決権数	議決権割合
国税　光子	本　人	16,000株	160個	20％
国税　郁江	長　女	14,000株	140個	17％
国税　茂樹	弟	2,000株	20個	2％
	その他多数の株主	48,000株	480個	60％
	発行済株式数及び議決権総数	80,000株	800個	100％

2　甲社の資産及び負債の金額は次のとおりです。

第5表　1株当たりの純資産価額（相続税評価額）の計算明細書　会社名　甲社

（取引相場のない株式（出資）の評価

1. 資産及び負債の金額（課税時期現在）

資産の部				負債の部			
科目	相続税評価額	帳簿価額	備考	科目	相続税評価額	帳簿価額	備考
現金・預金	千円 333,850	千円 333,053		支払手形	千円 689,329	千円 689,329	
受取手形	836,695	837,595		買掛金	441,722	441,722	
売掛金	495,137	496,837		短期借入金	245,000	245,000	
未収入金	14,839	15,339		未払金	143,496	143,496	
貸付金	11,200	12,000		未払費用	44,867	44,867	
器具備品	3,666	3,666		未納法人税	64,761	64,761	
土地	648,870	225,746		未納消費税	891	891	
課税時期以前3年以内に取得した土地等	105,236	95,536		未納府民税	3,365	3,365	
借地権	67,129	0		未納市民税	8,946	8,946	
電話加入権	84	143		未納事業税	20,397	20,397	
投資有価証券	22,174	9,170		未納固定資産税	1,060	1,060	
ゴルフ会員権	17,500	25,000		退職金	70,000	70,000	
長期貸付金	12,000	12,000		保険差益に対する法人税	11,100	11,100	
生命保険金請求権	100,000	100,000					
合計	① 3,379,655	② 2,852,454		合計	③ 2,052,306	④ 2,052,306	
株式等の価額の合計額	㋑ 44,549	㋺ 14,431					
土地等の価額の合計額	㋩ 821,235						
現物出資等受入れ資産の価額の合計額	㋥ —	㋭ —					

評価上の取扱い

純資産価額方式とは、評価会社の課税時期現在における資産・負債を相続税評価額に評価替えして、１株当たりの価額を算出する評価方式をいいます。

具体的には、次の算式によって評価します。

（算　式）

①		②		※③		④
総資産価額〔相続税評価額によって計算した金額〕	－	負債の金額〔相続税評価額によって計算した金額〕	－	評価差額に対する法人税額等に相当する金額	＝	純資産価額〔相続税評価額によって計算した金額〕

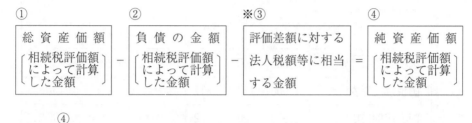

$$\frac{④}{\boxed{発行済株式数}} = 1株当たりの評価額（注1）$$

※③

評価差額に対する法人税額等に相当する金額（注３）＝〔（①－②）－（（注２）総資産価額〔帳簿価額によって計算した金額〕－負債の金額〔帳簿価額によって計算した金額〕）〕×37％

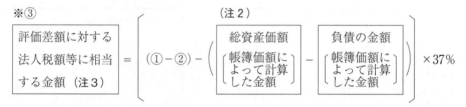

（注１）　この場合、議決権割合が50％以下の同族株主グループに属する株主が取得した株式の価額は、通常の規定により計算した純資産価額（相続税評価額）の80％相当額となります（評基通185ただし書き）。

$$\frac{④}{\boxed{発行済株式数}} \times \frac{80}{100} = 1株当たりの評価額（議決権割合が50\%以下の場合）$$

（注２）（総資産価額（帳簿価額によって計算した金額）－負債の金額（帳簿価額によって計算した金額））がマイナスになる場合には、これを０とします。

評価明細書の書き方

第１表の１　評価上の株主の判定及び会社規模の判定の明細書

（評価明細書）

１．株主及び評価方式の判定

判定要素（課税時期現在の株式等の所有状況）

氏名又は名称	続柄	会社における役職名	㋑株式数（株式の種類）	㋺議決権数	㋩議決権割合（㋺/④）
			株	個	%
国税光子	納税義務者		16,000	160	20
国税郁江	長女		14,000	140	17
国税茂樹	弟		2,000	20	2
自己株式					
納税義務者の属する同族関係者グループの議決権の合計数				② 320	⑤（②/④） 40
筆頭株主グループの議決権の合計数				③ 320	⑥（③/④） 40
評価会社の発行済株式又は議決権の総数			① 80,000	④ 800	100

判定基準

納税義務者の属する同族関係者グループの議決権割合（⑤の割合）を基として、区分します。

区分	筆頭株主グループの議決権割合（⑥の割合）			株主の区分
⑤の割合	50%超の場合	30%以上50%以下の場合	30%未満の場合	
	50%超	30%以上（○）	15%以上	同族株主等
	50%未満	30%未満	15%未満	同族株主等以外の株主

判定：（同族株主等（原則的評価方式等））　　同族株主等以外の株主（配当還元方式）

「同族株主等」に該当する納税義務者のうち、議決権割合（㋩の割合）が5%未満の者の評価方式は、「2．少数株式所有者の評価方式の判定」欄により判定します。

２．少数株式所有者の評価方式の判定

判定要素

項目	判定内容
氏名	
㊁ 役員	である［原則的評価方式等］・でない（次の㋭へ）
㋭ 納税義務者が中心的な同族株主	である［原則的評価方式等］・でない（次の㋬へ）
㋬ 納税義務者以外に中心的な同族株主（又は株主）	がいる（配当還元方式）・がいない［原則的評価方式等］（氏名　　　）
判定	原則的評価方式等　・　配当還元方式

第３表　一般の評価会社の株式及び株式に関する権利の価額の計算明細書　会社名　甲社

（取引相場のない株式（出資…

１　原則的…

	類似業種比準価額（第４表の㉖、㉗又は㉘の金額）	１株当たりの純資産価額（第５表の⑪の金額）	１株当たりの純資産価額の80%相当額（第５表の⑫の記載がある場合のその金額）
１株当たりの価額の計算の基となる金額	① 円	② 円 14,153	③ 円 11,322

	区分	１株当たりの価額の算定方法	１株当たりの価額
１株当たり…	大会社の株式の価額	次のうちいずれか低い方の金額（②の記載がないときは①の金額） イ　①の金額 ロ　②の金額	④ 円

第5表　1株当たりの純資産価額（相続税評価額）の計算明細書　会社名　甲社

取引相場のない株式（出資）の評価

1. 資産及び負債の金額（課税時期現在）

資産の部 科目	相続税評価額	帳簿価額	備考	負債の部 科目	相続税評価額	帳簿価額	備考
	千円	千円			千円	千円	
現金・預金	333,850	333,053		支払手形	689,329	689,329	
受取手形	836,695	837,595		買掛金	441,722	441,722	
売掛金	495,137	496,837		短期借入金	245,000	245,000	
未収入金	14,839	15,339		未払金	143,496	143,496	
貸付金	11,200	12,000		未払費用	44,867	44,867	
器具備品	3,666	3,666		未納法人税	64,761	64,761	
土地	648,870	225,746		未納消費税	891	891	
課税時期以前３年以内に取得した土地等	105,236	95,536		未納府民税	3,365	3,365	
借地権	67,129	0		未納市民税	8,946	8,946	
電話加入権	84	143		未納事業税	20,397	20,397	
投資有価証券	22,174	9,170		未納固定資産税	1,060	1,060	
ゴルフ会員権	17,500	25,000		退職金	70,000	70,000	
長期貸付金	12,000	12,000		保険差益に対する法人税	11,100	11,100	
生命保険金請求権	100,000	100,000					
合計	① 3,379,655	② 2,852,454		合計	③ 2,052,306	④ 2,052,306	
株式等の価額の合計額	㋑ 44,549	㋺ 14,431					
土地等の価額の合計額	㋩ 821,235						
現物出資等受入れ資産の価額の合計額	㊁ —	㋭ —					

2. 評価差額に対する法人税額等相当額の計算		3. 1株当たりの純資産価額の計算	
相続税評価額による純資産価額（①－③）	⑤ 1,327,349 千円	課税時期現在の純資産価額（相続税評価額）（⑤－⑧）	⑨ 1,132,285 千円
帳簿価額による純資産価額（(②＋㊁－㋭)－④)、マイナスの場合は0）	⑥ 800,148 千円	課税時期現在の発行済株式数（(第1表の1の①)－自己株式数）	⑩ 80,000 株
評価差額に相当する金額（⑤－⑥、マイナスの場合は0）	⑦ 527,201 千円	課税時期現在の1株当たりの純資産価額（相続税評価額）（⑨÷⑩）	⑪ 14,153 円
評価差額に対する法人税額等相当額（⑦×37%）	⑧ 195,064 千円	同族株主等の議決権割合（第1表の1の⑤の割合）が50% 以下の場合（⑪×80%）	⑫ 11,322 円

純資産価額

解　説

納税義務者の属する同族関係者グループの議決権割合は、40％となることから、１株当たりの純資産価額は、通常の場合の80％とします。

(4) 評価差額に対する法人税額等に相当する金額の計算

設　例

次の甲社の株式を純資産価額方式で評価します。

1　甲社の発行済株式数は1万株です。
2　納税義務者の属する同族株主グループの議決権割合は50％超です。
3　甲社の資産及び負債（相続税評価額及び帳簿価額）は次のとおりです。

第5表　1株当たりの純資産価額（相続税評価額）の計算明細書　会社名　甲社

（取引相場のない株）

1. 資産及び負債の金額（課税時期現在）

資産の部				負債の部			
科目	相続税評価額	帳簿価額	備考	科目	相続税評価額	帳簿価額	備考
現金・預金	10,300千円	10,000千円		支払手形	8,000千円	8,000千円	
合計	① 80,000	② 30,000		合計	③ 40,000	④ 40,000	
株式等の価額の合計額	㋑ 10,000	㋺ 4,000					
土地等の価額の合計額	㋩ 10,000						
現物出資等受入れ資産の価額の合計額	㊁ —	㋭ —					

評価上の取扱い

純資産価額は、課税時期現在の各資産を評価通達の定めるところにより評価した価額の合計額と評価差額に対する法人税額等に相当する金額とを控除した金額により計算することとされています（評基通185）。

この場合の評価差額に対する法人税額等に相当する金額は、評価差額に相当する金額（次の算式によります。）に37％（法人税〔地方法人税を含む。〕、事業税〔特別法人事業税を含む。〕、道府県民税及び市町村民税の税率の合計に相当する割合※）を乗じて計算することとされています（評基通186-2）。

（算　式）

評価差額に相当する金額＝ ｛(①－③)－(②－④)｝

①………相続税評価額による各資産の合計額
②………①に対応する各資産の帳簿価額の合計額
③………相続税評価額による各負債の合計額
④………③に対応する各負債の帳簿価額（税務計算上の帳簿価額）の合計額

評価明細書の書き方

第5表　1株当たりの純資産価額（相続税評価額）の計算明細書　会社名　甲社

1. 資産及び負債の金額（課税時期現在）

資産の部				負債の部			
科目	相続税評価額	帳簿価額	備考	科目	相続税評価額	帳簿価額	備考
現金・預金	10,300千円	10,000千円		支払手形	8,000千円	8,000千円	
合計	① 80,000	② 30,000		合計	③ 40,000	④ 40,000	
株式等の価額の合計額	㋑ 10,000	㋺ 4,000					
土地等の価額の合計額	㋩ 10,000						
現物出資等受入れ資産の価額の合計額	㊁ —	㋭ —					

2. 評価差額に対する法人税額等相当額の計算

相続税評価額による純資産価額（①－③）	⑤	40,000千円
帳簿価額による純資産価額（(②＋㊁－㋭)－④）、マイナスの場合は0）	⑥	0千円
評価差額に相当する金額（⑤－⑥、マイナスの場合は0）	⑦	40,000千円
評価差額に対する法人税額等相当額（⑦×37%）	⑧	14,800千円

3. 1株当たりの純資産価額の計算

課税時期現在の純資産価額（相続税評価額）（⑤－⑧）	⑨	25,200千円
課税時期現在の発行済株式数（(第1表の1の①)－自己株式数）	⑩	10,000株
課税時期現在の1株当たりの純資産価額（相続税評価額）（⑨÷⑩）	⑪	2,520円
同族株主等の議決権割合（第1表の1の⑤の割合）が50%以下の場合（⑪×80%）	⑫	円

解　説

この設例の金額を前記算式に当てはめますと、評価差額に相当する金額は次のとおりです。

{(8,000万円－4,000万円)－(3,000万円－4,000万円)}＝ {(4,000万円)－(0)}＝4,000万円

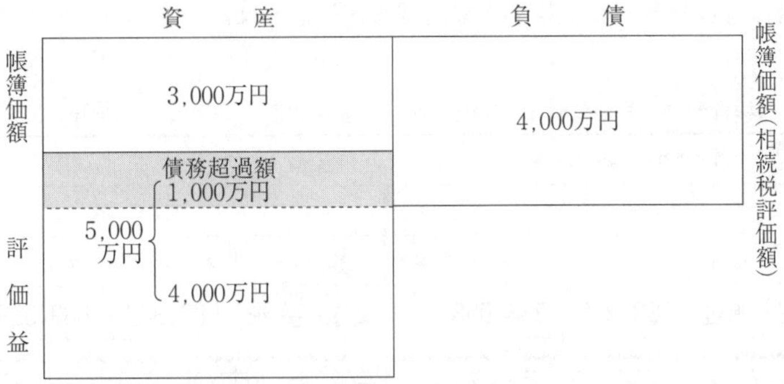

なお、資産の中に現物出資、合併、株式交換、株式移転若しくは株式交付により著しく低い価額で受け入れた資産又は株式（現物出資等受入れ資産）がある場合には、現物出資、合併、株式交換、株式移転又は株式交付の時における現物出資等受入れ資産の相続税評価額から、当該現物出資等受入れ資産の帳簿価額を控除した金額（現物出資等受入れ差額）を、評価会社の各資産の帳簿価額の合計額に加算して、上記の計算をします。

(5)　評価差額に対する法人税額等に相当する金額を控除しない場合—その１

設　例

評価会社（Ｂ社）の株式を純資産価額方式で評価するに当たって、その評価会社が現物出資、合併、株式交換、株式移転又は株式交付などにより著しく低い価額で受け入れた資産又は株式（Ａ社の株式）を所有する場合におけるＢ社の株式の価額を計算します。

【設例１】

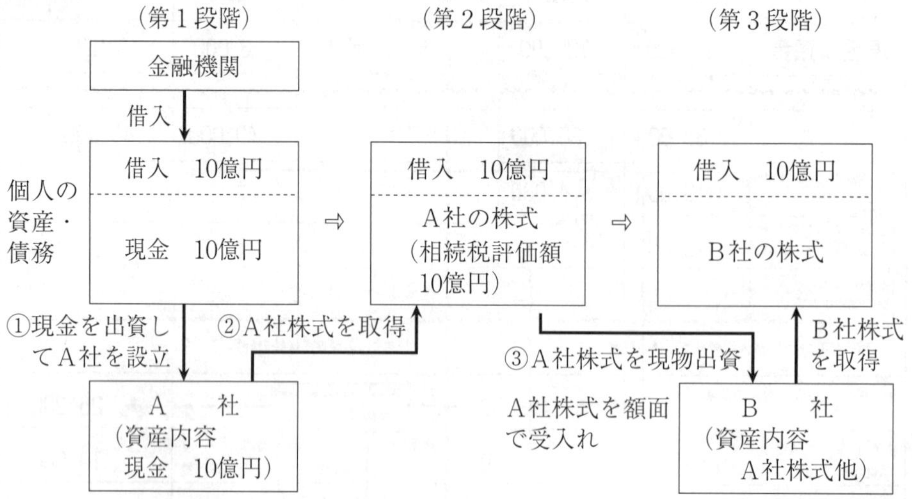

①、②……金融機関から現金10億円を借入れ、その現金10億円を出資してＡ社（同族法人）を設立する。（資本金１千万円、資本剰余金99千万円）

③…………次に現金１千万円とＡ社の株式を額面で現物出資してＢ社（同族法人）を設立する。（資本金２千万円）

1　Ｂ社の発行済株式数は40万株です。
2　Ｂ社は小会社に該当し、純資産価額方式で評価します。
3　納税義務者の属する同族株主グループの議決権割合は50％超です。
4　Ｂ社の所有するＡ社の株式の課税時期現在の相続税評価額は10億円です。
5　Ｂ社の資産及び負債（相続税評価額及び帳簿価額）は次のとおりです。

第5表　1株当たりの純資産価額（相続税評価額）の計算明細書　会社名　Ｂ社

（取引相場のない株式（出資）…）

1. 資産及び負債の金額（課税時期現在）

資産の部				負債の部			
科目	相続税評価額	帳簿価額	備考	科目	相続税評価額	帳簿価額	備考
現金・預金	千円 333,853	千円 333,053		支払手形	千円 689,329	千円 689,329	
現物出資等受入れ資産	1,000,000	10,000		未納消費税	891	891	
合計	① 4,379,658	② 2,862,454		合計	③ 2,232,463	④ 2,232,463	
株式等の価額の合計額	㋑ 1,044,549	㋺ 24,431					
土地等の価額の合計額	㋩ 821,235						

【設例２】

次の項目以外は**【設例１】**と同じです。

1　Ｂ社の所有するＡ社の株式の課税時期現在の相続税評価額は５億円です。

2　Ｂ社の資産及び負債（相続税評価額及び帳簿価額）は次のとおりです。

第5表　1株当たりの純資産価額（相続税評価額）の計算明細書　会社名　B社

（取引相場のない株式（出資））

1. 資産及び負債の金額（課税時期現在）

資産の部				負債の部			
科目	相続税評価額	帳簿価額	備考	科目	相続税評価額	帳簿価額	備考
	千円	千円			千円	千円	
現金・預金	333,053	333,053		支払手形	689,329	689,329	
現物出資等受入れ資産	500,000	10,000		未納消費税	891	891	
合計	① 3,879,658	② 2,862,454		合計	③ 2,232,463	④ 2,232,463	
株式等の価額の合計額	㋑ 544,549	㋺ 24,431					
土地等の価額の合計額	㋩ 821,235						

評価上の取扱い

課税時期における評価会社の有する資産の中に、現物出資若しくは合併により著しく低い価額で受け入れた資産又は会社法第２条第31号の規定による株式交換（以下「株式交換」といいます。）、会社法第２条第32号の規定による株式移転（以下「株式移転」といいます。）若しくは会社法第２条第32号の２の規定による株式交付（以下「株式交付」といいます。）により著しく低い価額で受け入れた株式（以下これらの資産又は株式を「現物出資等受入れ資産」といいます。）がある場合には、課税時期における相続税評価額による総資産価額の計算の基とした各資産の帳簿価額の合計額に、現物出資、合併、株式交換、株式移転又は株式交付の時における現物出資等受入れ資産の相続税評価額から現物出資等受入れ資産の帳簿価額を控除した金額（以下「現物出資等受入れ差額」といいます。）を加算することにより、現物出資等受入れ差額に対する法人税額等に相当する金額は控除しないこととなっています（評基通186-2(2)）。

また、現物出資等受入れ資産が合併により著しく低い価額で受け入れた資産（以下「合併受入れ資産」といいます。）である場合において、合併受入れ資産に係る相続税評価額が、合併受入れ資産に係る被合併会社の帳簿価額を超えるときには、その帳簿価額にとどめて計算します。

なお、現物出資等受入れ差額は、現物出資、合併、株式交換、株式移転又は株式交付の時において、現物出資等受入れ資産の相続税評価額が課税時期における現物出資等受入れ資産の相続税評価額を上回る場合には、課税時期における現物出資等受入れ資産の相続税評価額から現物出資等受入れ資産の帳簿価額を控除した金額とします（評基通186-2(2)注書）。

（注）　現物出資等受入れ差額の加算は、課税時期における相続税評価額による総資産価額に占める現物出資等受入れ資産の価額の合計額の割合が20％以下である場合には適用しません。

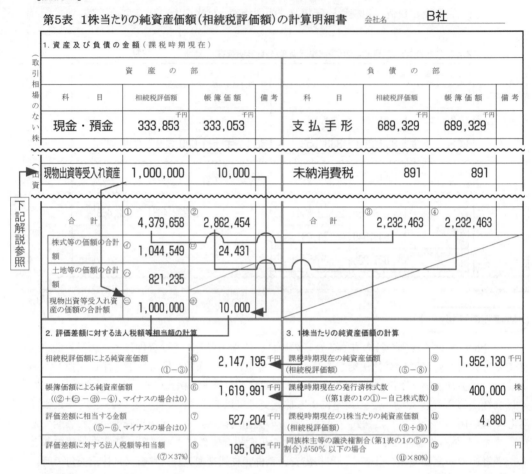

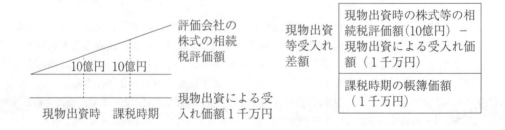

評価明細書の書き方

【設例１】

第5表　1株当たりの純資産価額（相続税評価額）の計算明細書　会社名　B社

（取引相場のない株式（出資

下記解説参照

1. 資産及び負債の金額（課税時期現在）							
資産の部				負債の部			
科目	相続税評価額	帳簿価額	備考	科目	相続税評価額	帳簿価額	備考
現金・預金	千円 333,853	千円 333,053		支払手形	千円 689,329	千円 689,329	
現物出資等受入れ資産	1,000,000	10,000		未納消費税	891	891	
合計	① 4,379,658	② 2,862,454		合計	③ 2,232,463	④ 2,232,463	
株式等の価額の合計額	㋑ 1,044,549	㋺ 24,431					
土地等の価額の合計額	㋩ 821,235						
現物出資等受入れ資産の価額の合計額	㋥ 1,000,000	㋭ 10,000					

2. 評価差額に対する法人税額等相当額の計算		3. 1株当たりの純資産価額の計算	
相続税評価額による純資産価額 (①－③)	⑤ 2,147,195 千円	課税時期現在の純資産価額（相続税評価額） (⑤－⑧)	⑨ 1,952,130 千円
帳簿価額による純資産価額 ((②＋(㋥－㋭)－④)、マイナスの場合は0)	⑥ 1,619,991 千円	課税時期現在の発行済株式数 ((第1表の1の①)－自己株式数)	⑩ 400,000 株
評価差額に相当する金額 (⑤－⑥、マイナスの場合は0)	⑦ 527,204 千円	課税時期現在の1株当たりの純資産価額（相続税評価額） (⑨÷⑩)	⑪ 4,880 円
評価差額に対する法人税額等相当額 (⑦×37%)	⑧ 195,065 千円	同族株主等の議決権割合（第1表の1の⑤の割合）が50% 以下の場合 (⑪×80%)	⑫ 円

解　説

評基通186-2(2)（課税時期の価額≧現物出資時の価額）により、「現物出資等受入れ資産の価額の合計額」の「相続税評価額」欄は、現物出資時における現物出資等受入れ資産の相続税評価額（10億円）を記載します。

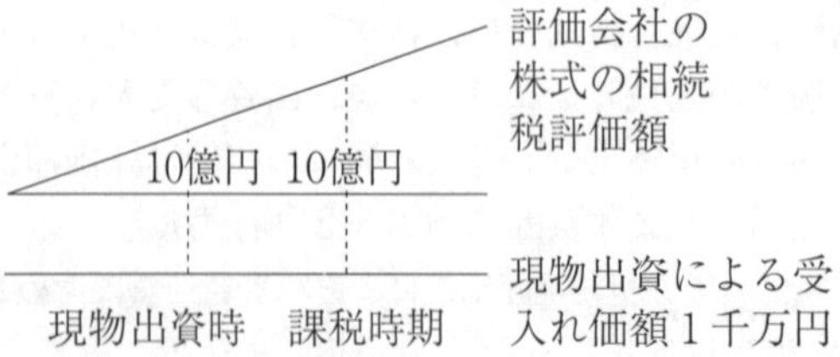

現物出資等受入れ差額	現物出資時の株式等の相続税評価額(10億円) － 現物出資による受入れ価額（１千万円）
	課税時期の帳簿価額（１千万円）

【設例２】

第5表　1株当たりの純資産価額(相続税評価額)の計算明細書　会社名　B社

(取引相場のない株式（出資）

1. 資産及び負債の金額（課税時期現在）

資産の部				負債の部			
科目	相続税評価額	帳簿価額	備考	科目	相続税評価額	帳簿価額	備考
現金・預金	333,053 千円	333,053 千円		支払手形	689,329 千円	689,329 千円	
現物出資等受入れ資産	500,000	10,000		未納消費税	891	891	
合計	① 3,879,658	② 2,862,454		合計	③ 2,232,463	④ 2,232,463	
株式等の価額の合計額	㋑ 544,549	㋺ 24,431					
土地等の価額の合計額	㋩ 821,235						
現物出資等受入れ資産の価額の合計額	㋥ 500,000	㋭ 10,000					

下記解説参照

2. 評価差額に対する法人税額等相当額の計算		3. 1株当たりの純資産価額の計算	
相続税評価額による純資産価額 (①−③)	⑤ 1,647,195 千円	課税時期現在の純資産価額(相続税評価額) (⑤−⑧)	⑨ 1,452,130 千円
帳簿価額による純資産価額 ((②+㋥−㋭)−④)、マイナスの場合は0)	⑥ 1,119,991 千円	課税時期現在の発行済株式数 ((第1表の1の①)−自己株式数)	⑩ 400,000 株
評価差額に相当する金額 (⑤−⑥、マイナスの場合は0)	⑦ 527,204 千円	課税時期現在の1株当たりの純資産価額(相続税評価額) (⑨÷⑩)	⑪ 3,630 円
評価差額に対する法人税額等相当額 (⑦×37%)	⑧ 195,065 千円	同族株主等の議決権割合(第1表の1の⑤の割合)が50% 以下の場合 (⑪×80%)	⑫ 円

解　説

評基通186-2⑵注書（課税時期の価額＜現物出資時の価額）により、「現物出資等受入れ資産の価額の合計額」の「相続税評価額」欄は、課税時期における現物出資等受入れ資産の相続税評価額（５億円）を記載します。

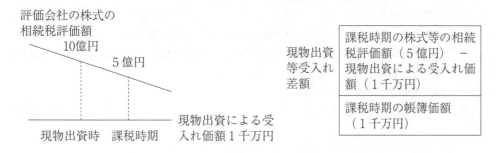

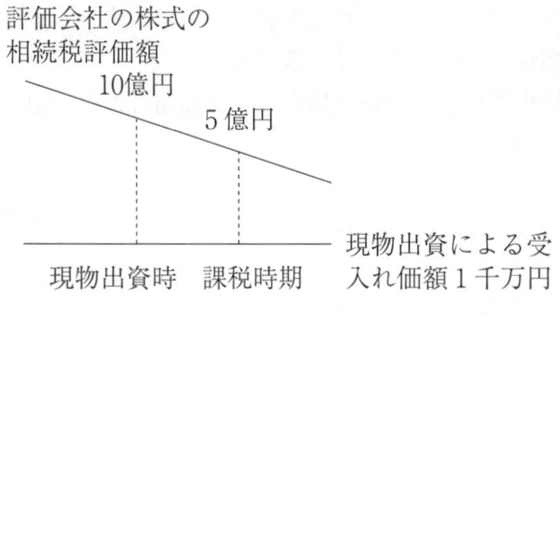

現物出資等受入れ差額	課税時期の株式等の相続税評価額（５億円）－現物出資による受入れ価額（１千万円）
	課税時期の帳簿価額（１千万円）

(6)　評価差額に対する法人税額等に相当する金額を控除しない場合―その２（評価会社が取引相場のない株式を所有している場合）

設　例

評価会社（Ａ社）の株式を純資産価額方式で評価するに当たって、その評価会社が取引相場のない株式（Ｂ社の株式）を所有する場合におけるＢ社の株式の価額を計算します。

納税義務者		評 価 会 社		取引相場のない株式の発行会社
甲	→	Ａ　社	→	Ｂ　社

1　Ｂ社の発行済株式数は10,000株で、すべてＡ社が所有しています。
2　Ｂ社は小会社に該当し、純資産価額方式で評価します。
3　Ｂ社の資産及び負債（相続税評価額及び帳簿価額）は次のとおりです。

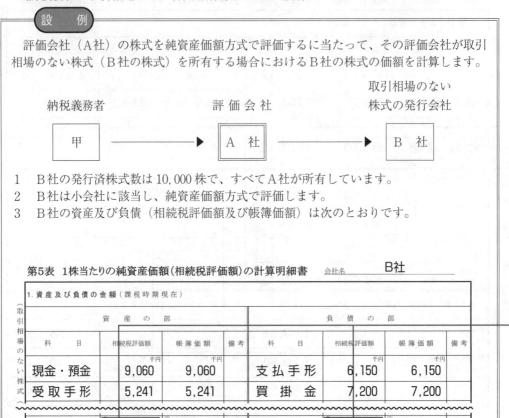

第5表　1株当たりの純資産価額（相続税評価額）の計算明細書　会社名　Ｂ社

（取引相場のない株式）

1. 資産及び負債の金額（課税時期現在）

資産の部				負債の部			
科　目	相続税評価額	帳簿価額	備考	科　目	相続税評価額	帳簿価額	備考
現金・預金	千円 9,060	千円 9,060		支払手形	千円 6,150	千円 6,150	
受取手形	5,241	5,241		買掛金	7,200	7,200	
合　計	① 82,755	② 61,480		合　計	③ 45,977	④ 45,977	

評価上の取扱い

評価会社の株式を純資産価額方式で評価する場合、その評価会社が所有している取引相場のない株式については、財産評価基本通達に基づいて評価します。

この場合、評価会社が所有している取引相場のない株式の純資産価額の算定に当たっては、評価差額に対する法人税額等に相当する金額を控除することはできません。

また、評価会社が所有する出資や転換社債型新株予約権付社債を純資産価額方式を適用して評価する場合も同様に取り扱います（評基通186－3）。

なお、この取扱いは次の場合にも適用されます。

① 評価会社が所有する取引相場のない株式を「併用方式」により評価するときの純資産価額の計算

② 評価会社が所有する株式等保有特定会社の株式の「S_2」の金額の計算

評価明細書の書き方

第5表　1株当たりの純資産価額（相続税評価額）の計算明細書　会社名　A社

（取引相場のない株式（出資）の評価明細書）

1. 資産及び負債の金額（課税時期現在）

資産の部				負債の部			
科目	相続税評価額	帳簿価額	備考	科目	相続税評価額	帳簿価額	備考
	千円	千円			千円	千円	
現金・預金	25,943	25,943		支払手形	74,544	74,544	
受取手形	109,671	109,671		買掛金	59,201	59,201	
売掛金	77,280	77,280		未払金	8,231	8,231	
電話加入権	168	355		未納法人税	5,370	5,370	
※→ 法人税額等相当額の控除不適用株式	36,770	5,000		未納消費税	988	988	
ゴルフ会員権	40,000	28,000		未納府民税	1,109	1,109	

※（82,755千円－45,977千円）÷10,000株＝3,677円
3,677円×10,000株＝36,770千円

解　説

評価会社が所有するＢ社の株式は、取引相場のない株式ですので、Ｂ社の株式を純資産価額方式で評価するに当たっては、評価差額に対する法人税額等に相当する金額を控除することはできません。

10　種類株式の評価

⑴　配当優先株式を発行している場合

設　例

次のように、配当について優先・劣後のある株式を発行している場合について計算します。

1	発行済株式数	61,000株
	内　配当優先株式	21,000株（自己株式数　1,000株）
	普通株式（配当劣後株式）	40,000株（自己株式数　0株）
2	資本金等の額	30,000千円
3	1株当たりの資本金等の額	500円（30,000千円÷60,000株）
4	1株当たりの資本金等の額を50円とした場合の発行済株式数	
		600,000株（30,000千円÷50円）
5	年配当金額	
	直前期　配当優先株式	1,000千円
	普通株式	1,800千円
	直前々期　配当優先株式	1,000千円
	普通株式	1,800千円
6	年利益金額	24,000千円
7	利益積立金額	60,000千円
8	類似業種比準価額等	
	A　＝　548円	
	B　＝　4.4円	
	C　＝　31円	
	D　＝　285円	

※　評価会社は大会社であるものとします。

評価上の取扱い

1　計算方法

配当について優先・劣後のある株式を発行している会社の株式の評価に当たっては、配当金の多寡は、比準要素のうち「1株当たりの配当金額（Ⓑ）」に影響するので、「1株当たりの配当金額（Ⓑ）」は、株式の種類ごとにその株式に係る実際の配当金により計算します。

⑴　1株当たりの年配当金額（Ⓑ）の計算

イ　配当優先株式

（1,000千円＋1,000千円）÷ 2 ÷（600,000株×20,000株÷60,000株）＝ 5円00銭

ロ　普通株式

（1,800千円＋1,800千円）÷ 2 ÷（600,000株×40,000株÷60,000株）＝ 4円50銭

⑵　1株当たりの年利益金額（Ⓒ）の計算

24,000千円÷600,000株＝40円

⑶　1株当たりの純資産価額（Ⓓ）の計算

（30,000千円＋60,000千円）÷600,000株＝150円

⑷　類似業種比準価額の計算

イ　配当優先株式

(イ)　１株（50円）当たりの比準価額

$$548円 \times \frac{\frac{5.0}{4.4} + \frac{40}{31} + \frac{150}{285}}{3} \times 0.7 \fallingdotseq 375.90円$$（10銭未満切捨て）

(ロ)　１株当たりの比準価額

375.90円×500円÷50円＝3,759円

ロ　普通株式

(イ)　１株（50円）当たりの比準価額

$$548円 \times \frac{\frac{4.5}{4.4} + \frac{40}{31} + \frac{150}{285}}{3} \times 0.7 \fallingdotseq 361.70円$$（10銭未満切捨て）

(ロ)　１株当たりの比準価額

361.70円×500円÷50円＝3,617円

2　評価明細書第４表の記載方法

類似業種比準方式により評価する場合は、種類株式ごとに以下のとおり記載します。

⑴「１．１株当たりの資本金等の額等の計算」の各欄

種類株式ごとに区分せず資本金等の額又は株式数を記載します。

この場合、「②　直前期末の発行済株式数」欄及び「③　直前期末の自己株式数」欄については、評価する種類株式の株式数を内書きします。

⑵「２．比準要素等の金額の計算」

イ「１株（50円）当たりの年配当金額」

種類株式ごとに記載します。

この場合、「１株（50円）当たりの年配当金額Ⓑ（Ⓑ1、Ⓑ2）」を計算する場合の株式数は、「１．１株当たりの資本金等の額等の計算」の「⑤　１株当たりの資本金等の額を50円とした場合の発行済株式数」欄の株式数に、発行済株式の総数（自己株式数控除後）に占める各種類株式数（自己株式数控除後）の割合を乗じたものとします。

ロ「１株（50円）当たりの年利益金額」及び「１株（50円）当たりの純資産価額」

種類株式ごとに区分せず記載します。

※「純資産価額方式」（評価明細書第５表）の場合は、種類株式ごとに区分せずに記載し、「配当還元方式」（評価明細書第３表）の場合は、上記⑴及び⑵のイに準じて記載します。

評価明細書の書き方　＜配当優先株式＞

第４表　類似業種比準価額等の計算明細書

会社名　A社㈱

（取引相場のない株式（出資）の評価明細書）

1．1株当たりの資本金等の額等の計算	直前期末の資本金等の額	直前期末の発行済株式数	直前期末の自己株式数	1株当たりの資本金等の額（①÷（②−③））	1株当たりの資本金等の額を50円とした場合の発行済株式数（①÷50円）
	① 30,000 千円	② 内21,000 61,000 株	③ 内 1,000 1,000 株	④ 500 円	⑤ 600,000 株

2．比準要素等の金額の計算

1株（50円）当たりの年配当金額

事業年度	⑥ 年配当金額	⑦ 左のうち非経常的な配当金額	⑧ 差引経常的な年配当金額（⑥−⑦）	年平均配当金額
直前期	1,000 千円	千円	㋑ 1,000 千円	⑨（㋑+㋺）÷2　1,000 千円
直前々期	1,000 千円	千円	㋺ 1,000 千円	
直前々期の前期	千円	千円	㋩ 千円	⑩（㋺+㋩）÷2　千円

比準要素数1の会社・比準要素数0の会社の判定要素の金額		
⑨/⑤	Ⓑ1 5 円	0 0 銭
⑩/⑤	Ⓑ2 円	0 銭
1株（50円）当たりの年配当金額（Ⓑ1の金額）	Ⓑ 5 円	0 銭

直前期末以前2（3）年間の利益金額

事業年度	⑪法人税の課税所得金額	⑫非経常的な利益金額	⑬受取配当等の益金不算入額	⑭左の所得税額	⑮損金算入した繰越欠損金の控除額	⑯差引利益金額（⑪−⑫+⑬−⑭+⑮）
直前期	24,000 千円	千円	千円	千円	千円	㊁ 24,000 千円
直前々期	千円	千円	千円	千円	千円	㋭ 千円
直前々期の前期	千円	千円	千円	千円	千円	㋬ 千円

比準要素数1の会社・比準要素数0の会社の判定要素の金額	
㊁/⑤ ~~又は（㊁+㋭）÷2 / ⑤~~	Ⓒ1 40 円
㋭/⑤ 又は（㋭+㋬）÷2 / ⑤	Ⓒ2 円
1株（50円）当たりの年利益金額〔㊁/⑤ ~~又は（㊁+㋭）÷2 / ⑤~~ の金額〕	Ⓒ 40 円

直前期末（直前々期末）の純資産価額

事業年度	⑰ 資本金等の額	⑱ 利益積立金額	⑲ 純資産価額（⑰+⑱）
直前期	30,000 千円	60,000 千円	㋣ 90,000 千円
直前々期	千円	千円	㋠ 千円

比準要素数1の会社・比準要素数0の会社の判定要素の金額	
㋣/⑤	Ⓓ1 150 円
㋠/⑤	Ⓓ2 円
1株（50円）当たりの純資産価額（Ⓓ1の金額）	Ⓓ 150 円

3．類似業種比準価額の計算

1株（50円）当たりの比準価額の計算

類似業種と業種目番号：その他の産業（No. 113）

類似業種の株価		
課税時期の属する月	4 月	㋷ 554 円
課税時期の属する月の前月	3 月	㋦ 550 円
課税時期の属する月の前々月	2 月	㋸ 552 円
前年平均株価		㋾ 550 円
課税時期の属する月以前2年間の平均株価		㋻ 548 円
A〔㋷、㋦、㋸、㋾及び㋻のうち最も低いもの〕		⑳ 548 円

比準割合の計算 区分		1株（50円）当たりの年配当金額	1株（50円）当たりの年利益金額	1株（50円）当たりの純資産価額	1株（50円）当たりの比準価額
評価会社		Ⓑ 5 円 0 0 銭	Ⓒ 40 円	Ⓓ 150 円	⑳ × ㉑ × 0.7 ※
類似業種		B 4 円 4 0 銭	C 31 円	D 285 円	※（中会社は0.6 小会社は0.5 とします。）
要素別比準割合		Ⓑ/B 1.13	Ⓒ/C 1.29	Ⓓ/D 0.52	
比準割合		（Ⓑ/B + Ⓒ/C + Ⓓ/D）/3 = ㉑ 0.98			㉒ 375 円 9 0 銭

類似業種と業種目番号：（No.　）

類似業種の株価		
課税時期の属する月	月	㋕ 円
課税時期の属する月の前月	月	㋵ 円
課税時期の属する月の前々月	月	㋟ 円
前年平均株価		㋹ 円
課税時期の属する月以前2年間の平均株価		㋡ 円
A〔㋕、㋵、㋟、㋹及び㋡のうち最も低いもの〕		㉓ 円

比準割合の計算 区分		1株（50円）当たりの年配当金額	1株（50円）当たりの年利益金額	1株（50円）当たりの純資産価額	1株（50円）当たりの比準価額
評価会社		Ⓑ 円 0 銭	Ⓒ 円	Ⓓ 円	㉓ × ㉔ × 0.7 ※
類似業種		B 円 0 銭	C 円	D 円	※（中会社は0.6 小会社は0.5 とします。）
要素別比準割合		Ⓑ/B .	Ⓒ/C .	Ⓓ/D .	
比準割合		（Ⓑ/B + Ⓒ/C + Ⓓ/D）/3 = ㉔ .			㉕ 円 0 銭

1株当たりの比準価額	比準価額（㉒と㉕とのいずれか低い方の金額） × ④の金額/50円	㉖ 3,759 円

比準価額の修正

		修正比準価額
直前期末の翌日から課税時期までの間に配当金交付の効力が発生した場合	比準価額（㉖の金額） − 1株当たりの配当金額 円 銭	㉗ 円
直前期末の翌日から課税時期までの間に株式の割当て等の効力が発生した場合	比準価額〔㉖（㉗があるときは㉗）の金額〕＋ 割当株式1株当たりの払込金額 円 銭 × 1株当たりの割当株式数 株）÷（1株＋ 1株当たりの割当株式数又は交付株式数 株）	㉘ 円

※　無議決権株式を相続又は遺贈により取得した場合は次のとおり申告することができます。

同族株主（原則的評価方式が適用される同族株主等をいいます。以下同じ。）が無議決権株式を相続又は遺贈により取得した場合には、原則として、議決権の有無を考慮せずに評価しますが、次の全ての条件を満たす場合に限り、配当優先株式の評価又は原則的評価方式により評価した価額から、その価額に５％を乗じて計算した金額を控除した金額により評価するとともに、当該控除した金額を当該相続又は遺贈により同族株主が取得した当該会社の議決権のある株式の価額に加算して申告することを選択することができます（以下、この方式による計算を「調整計算」といいます。）。

条　　件
1　当該会社の株式について、相続税の法定申告期限までに、遺産分割協議が確定していること。 2　当該相続又は遺贈により、当該会社の株式を取得した全ての同族株主から、相続税の法定申告期限までに、当該相続又は遺贈により同族株主が取得した無議決権株式の価額について、調整計算前のその株式の評価額からその価額に５％を乗じて計算した金額を控除した金額により評価するとともに、当該控除した金額を当該相続又は遺贈により同族株主が取得した当該会社の議決権のある株式の価額に加算して申告することについての届出書が所轄税務署長に提出されていること。[届出書226ページ参照] 3　当該相続税の申告に当たり、評価明細書に、調整計算の算式に基づく無議決権株式及び議決権のある株式の評価額の算定根拠を適宜の様式に記載し、添付していること。

（調整計算の算式）

$$\text{無議決権株式の評価額(単価)} = A \times 0.95$$

$$\text{議決権のある株式への加算額} = \left[A \times \frac{\text{無議決権株式の}}{\text{株式総数(注１)}} \times 0.05 \right] = X$$

$$\text{議決権のある株式の評価額(単価)} = \left[B \times \frac{\text{議決権のある株式}}{\text{の株式総数(注１)}} + X \right] \div \frac{\text{議決権のある株式}}{\text{の株式総数(注１)}}$$

Ａ…調整計算前の無議決権株式の１株当たりの評価額

Ｂ…調整計算前の議決権のある株式の１株当たりの評価額

（注１）「株式総数」は、同族株主が当該相続又は遺贈により取得した当該株式の総数をいいます（配当還元方式により評価する株式及び次の⑵に掲げる社債類似株式を除きます。）。

（注２）「Ａ」及び「Ｂ」の計算において、当該会社が社債類似株式を発行している場合は、次の⑵に掲げる社債類似株式を社債として、議決権のある株式及び無議決権株式を評価した後の評価額。

調整計算の計算例

【設例】

①　評価する会社の株式の通常の（「調整計算」を適用しない場合の）評価額

普通株式（議決権あり）	3,500円
配当優先の無議決権株式	3,600円

②　発行済株式数　60,000株（被相続人所有）

内　普通株式（議決権あり）	20,000株
配当優先の無議決権株式	40,000株

㈱　自己株式はないものとします。

③　上記株式の相続の状況

長男Ａが普通株式20,000株を相続、二男Ｂ及び三男Ｃが配当優先の無議決権株式をそれぞれ20,000株ずつ相続。

【計算】

1　配当優先の無議決権株式の評価額（単価）

3,600円×0.95＝3,420円

2　議決権のある株式への加算額

3,600円×40,000株×0.05＝7,200,000円

3　議決権のある株式の評価額（単価）

（3,500円×20,000株＋7,200,000円）÷20,000株＝3,860円

（参考）無議決権株式を発行している場合の同族株主の判定

同族株主に該当するか否かの判定は、持株割合ではなく議決権割合により行うことから、同族株主グループに属する株主であっても、中心的な同族株主以外の株主で議決権割合が５％未満の役員でない株主等は、無議決権株式の所有の多寡にかかわらず同族株主に該当しないこととなるので、その株主等が所有する株式は評価通達188-2（同族株主以外の株主等が取得した株主の評価）により、配当還元方式を適用して評価することになります。

（　　枚中の　　枚目）

無議決権株式の評価の取扱いに係る選択届出書

令和　　年　　月　　日

＿＿＿＿＿税務署長　殿

住所＿＿＿＿＿＿＿＿＿＿＿＿＿＿＿＿

氏名＿＿＿＿＿＿＿＿＿＿＿＿＿＿＿＿

住所＿＿＿＿＿＿＿＿＿＿＿＿＿＿＿＿

氏名＿＿＿＿＿＿＿＿＿＿＿＿＿＿＿＿

住所＿＿＿＿＿＿＿＿＿＿＿＿＿＿＿＿

氏名＿＿＿＿＿＿＿＿＿＿＿＿＿＿＿＿

（被相続人氏名）

令和＿＿年＿＿月＿＿日に相続開始した被相続人＿＿＿＿＿＿＿＿＿に係る相続

（法人名）

税の申告において、相続又は遺贈により同族株主が取得した＿＿＿＿＿＿＿＿＿の発行する無議決権株式の価額について、この評価減の取扱いを適用する前の評価額からその価額に５パーセントを乗じて計算した金額を控除した金額により評価するとともに、当該控除した金額を当該相続又は遺贈により同族株主が取得した当該会社の議決権のある株式の価額に加算して申告することを選択することについて届出します。

（　　枚中の　　枚目）

無議決権株式の評価の取扱いに係る選択届出書（続）

住所＿＿＿＿＿＿＿＿＿＿＿＿＿＿＿＿＿

氏名＿＿＿＿＿＿＿＿＿＿＿＿＿＿＿＿＿

住所＿＿＿＿＿＿＿＿＿＿＿＿＿＿＿＿＿

氏名＿＿＿＿＿＿＿＿＿＿＿＿＿＿＿＿＿

住所＿＿＿＿＿＿＿＿＿＿＿＿＿＿＿＿＿

氏名＿＿＿＿＿＿＿＿＿＿＿＿＿＿＿＿＿

住所＿＿＿＿＿＿＿＿＿＿＿＿＿＿＿＿＿

氏名＿＿＿＿＿＿＿＿＿＿＿＿＿＿＿＿＿

住所＿＿＿＿＿＿＿＿＿＿＿＿＿＿＿＿＿

氏名＿＿＿＿＿＿＿＿＿＿＿＿＿＿＿＿＿

住所＿＿＿＿＿＿＿＿＿＿＿＿＿＿＿＿＿

氏名＿＿＿＿＿＿＿＿＿＿＿＿＿＿＿＿＿

(2) 社債類似株式を発行している場合

イ　類似業種比準方式

設　例

次のような社債類似株式を発行している場合について、類似業種比準方式により計算します。

1	発行済株式数	50,000 株
	内　普通株式	45,000 株
	社債類似株式	5,000 株
2	資本金等の額	96,000 千円
	内　普通株式	36,000 千円
	社債類似株式（発行価額）	60,000 千円
3	年配当金額	
	直前期　　普通株式	1,000 千円
	社債類似株式	6,000 千円※
	直前々期　普通株式	2,000 千円
	社債類似株式	6,000 千円※
	※　発行価額の 10 ％を優先して配当	
4	年利益金額	24,000 千円
5	利益積立金額	30,000 千円
6	類似業種比準価額等	

A　=　591 円
B　=　4.4 円
C　=　31 円
D　=　285 円

※　評価会社は大会社であるものとします。

評価上の取扱い

1　社債類似株式の評価

「社債類似株式」とは、次の条件を満たす株式をいい、評基通 197-2（利付公社債の評価）の(3)に準じて発行価額により評価しますが、株式であることから、既経過利息に相当する配当金の加算は行いません。

（条件）

イ　配当金については優先して分配する。

また、ある事業年度の配当金が優先配当金に達しないときは、その不足額は翌事業年度以降に累積することとするが、優先配当金を超えて配当しない。

ロ　残余財産の分配については、発行価額を超えて分配は行わない。

ハ　一定期日において、発行会社は本件株式の全部を発行価額で償還する。

ニ　議決権を有しない。

ホ　他の株式を対価とする取得請求権を有しない。

2　社債類似株式を発行している会社の社債類似株式以外の株式の評価（類似業種比準方式）

社債類似株式を発行している会社の社債類似株式以外の株式は、社債類似株式を社債であるものとして計算します。

＜計算方法＞

⑴　１株当たりの資本金等の額等の計算

社債類似株式に係る資本金等の額及び株式数はないものとして計算します。

⑵　１株（50円）当たりの年配当金額（Ⓑ）の計算

（1,000千円＋2,000千円）÷２÷（36,000千円÷50円）≒２円00銭（10銭未満切捨て）

⑶　１株（50円）当たりの年利益金額（Ⓒ）の計算

（24,000千円－6,000千円※）÷（36,000千円÷50円）＝25円

※　社債類似株式に係る配当金額は費用として利益金額から控除します。

⑷　１株（50円）当たりの純資産価額（Ⓓ）の計算

（96,000千円＋30,000千円－60,000千円※）÷（36,000千円÷50円）≒91円（１円未満切捨て）

※　社債類似株式の発行価額の総額は、負債として簿価純資産価額から控除します。

⑸　類似業種比準価額の計算

イ　１株（50円）当たりの比準価額

$$591円 \times \frac{\frac{2.0}{4.4} + \frac{25}{31} + \frac{91}{285}}{3} \times 0.7 ≒ 215.10円$$（10銭未満切捨て）

ロ　１株当たりの比準価額

215.10円×（36,000千円÷45,000株）÷50円≒3,441円（１円未満切捨て）

3　評価明細書第４表の記載方法

記載する欄		記載方法
１．１株当たりの資本金等の額等	①　直前期末の資本金等の額	社債類似株式に係る発行価額の総額を控除した金額を記載し、当該控除した金額を外書きします。
	②　直前期末の発行済株式数 ③　直前期末の自己株式数	社債類似株式に係る株式数を控除した株式数を記載し、当該控除した株式数を外書きします。
２．比準要素等の金額の計算	【１株(50円)当たりの年配当金額】 ⑥　年配当金額 【１株(50円)当たりの年利益金額】 ⑪　法人税の課税所得金額	社債類似株式に係る配当金額を控除した金額を記載し、当該控除した配当金額を外書きします。
	【１株(50円)当たりの純資産価額】 ⑰　資本金等の額	社債類似株式の発行価額の総額を控除した金額を記載し、当該控除した金額を外書きします。

評価明細書の書き方

第４表　類似業種比準価額等の計算明細書

会社名　A社㈱

（取引相場のない株式（出資）の評価明細書）

1．1株当たりの資本金等の額等の計算	直前期末の資本金等の額	直前期末の発行済株式数	直前期末の自己株式数	1株当たりの資本金等の額（①÷（②−③））	1株当たりの資本金等の額を50円とした場合の発行済株式数（①÷50円）
	① 外60,000 千円 36,000	② 外5,000 株 45,000	③ 株	④ 800 円	⑤ 720,000 株

2．比準要素等の金額の計算

1株（50円）当たりの年配当金額

直前期末以前２（３）年間の年平均配当金額

事業年度	⑥ 年配当金額	⑦ 左のうち非経常的な配当金額	⑧ 差引経常的な年配当金額（⑥−⑦）	年平均配当金額
直前期	外6,000 千円 1,000	千円	㋑ 1,000 千円	⑨（㋑+㋺）÷２ 千円 1,500
直前々期	外6,000 千円 2,000	千円	㋺ 2,000 千円	
直前々期の前期	千円	千円	㋩ 千円	⑩（㋺+㋩）÷２ 千円

比準要素数１の会社・比準要素数０の会社の判定要素の金額		
⑨/⑤	Ⓑ₁ 2 円	0 銭
⑩/⑤	Ⓑ₂ 円	銭
1株(50円)当たりの年配当金額（Ⓑ₁の金額）		
Ⓑ	2 円	0 銭

1株（50円）当たりの年利益金額

直前期末以前２（３）年間の利益金額

事業年度	⑪法人税の課税所得金額	⑫非経常的な利益金額	⑬受取配当等の益金不算入額	⑭左の所得税額	⑮損金算入した繰越欠損金の控除額	⑯差引利益金額（⑪−⑫+⑬−⑭+⑮）
直前期	外6,000 千円 18,000	千円	千円	千円	千円	㊁ 18,000 千円
直前々期	千円	千円	千円	千円	千円	㋭ 千円
直前々期の前期	千円	千円	千円	千円	千円	㋬ 千円

比準要素数１の会社・比準要素数０の会社の判定要素の金額	
㊁/⑤ 又は ~~（㊁+㋭）÷２/⑤~~	Ⓒ₁ 25 円
㋭/⑤ 又は （㋭+㋬）÷２/⑤	Ⓒ₂ 円
1株（50円）当たりの年利益金額〔㊁/⑤ 又は ~~（㊁+㋭）÷２/⑤~~ の金額〕	
Ⓒ	25 円

1株（50円）当たりの純資産価額

直前期末（直前々期末）の純資産価額

事業年度	⑰ 資本金等の額	⑱ 利益積立金額	⑲ 純資産価額（⑰+⑱）
直前期	外60,000 千円 36,000	30,000 千円	㋣ 66,000 千円
直前々期	千円	千円	㋠ 千円

比準要素数１の会社・比準要素数０の会社の判定要素の金額	
㋣/⑤	Ⓓ₁ 91 円
㋠/⑤	Ⓓ₂ 円
1株(50円)当たりの純資産価額（Ⓓ₁の金額）	
Ⓓ	91 円

3．類似業種比準価額の計算

1株（50円）当たりの比準価額の計算

類似業種と業種目番号	その他の産業（No. 113）	
類似業種の株価	課税時期の属する月 4月	㋷ 595 円
	課税時期の属する月の前月 3月	㋦ 597 円
	課税時期の属する月の前々月 2月	㋸ 592 円
	前年平均株価	㋾ 595 円
	課税時期の属する月以前２年間の平均株価	㋻ 591 円
	A（㋷、㋦、㋸、㋾及び㋻のうち最も低いもの）	⑳ 591 円

比準割合の計算 区分	1株(50円)当たりの年配当金額	1株(50円)当たりの年利益金額	1株(50円)当たりの純資産価額	1株(50円)当たりの比準価額
評価会社	Ⓑ 2 円 0 銭	Ⓒ 25 円	Ⓓ 91 円	⑳ × ㉑ × 0.7※ ※中会社は0.6 小会社は0.5 とします。
類似業種	B 4 円 4 銭	C 31 円	D 285 円	
要素別比準割合	Ⓑ/B 0.45	Ⓒ/C 0.80	Ⓓ/D 0.31	
比準割合	$\frac{\frac{Ⓑ}{B}+\frac{Ⓒ}{C}+\frac{Ⓓ}{D}}{3}$	= ㉑ 0.52		㉒ 215 円 1 銭

類似業種と業種目番号	（No.　）	
類似業種の株価	課税時期の属する月 月	㋕ 円
	課税時期の属する月の前月 月	㋵ 円
	課税時期の属する月の前々月 月	㋟ 円
	前年平均株価	㋹ 円
	課税時期の属する月以前２年間の平均株価	㋞ 円
	A（㋕、㋵、㋟、㋹及び㋞のうち最も低いもの）	㉓ 円

比準割合の計算 区分	1株(50円)当たりの年配当金額	1株(50円)当たりの年利益金額	1株(50円)当たりの純資産価額	1株(50円)当たりの比準価額
評価会社	Ⓑ 円 0 銭	Ⓒ 円	Ⓓ 円	㉓ × ㉔ × 0.7※ ※中会社は0.6 小会社は0.5 とします。
類似業種	B 円 0 銭	C 円	D 円	
要素別比準割合	Ⓑ/B .	Ⓒ/C .	Ⓓ/D .	
比準割合	$\frac{\frac{Ⓑ}{B}+\frac{Ⓒ}{C}+\frac{Ⓓ}{D}}{3}$	= ㉔ .		㉕ 円 0 銭

1株当たりの比準価額	比準価額（㉒と㉕とのいずれか低い方の金額） × ④の金額/50円	㉖ 3,441 円

比準価額の修正		修正比準価額
直前期末の翌日から課税時期までの間に配当金交付の効力が発生した場合	比準価額（㉖の金額） − 1株当たりの配当金額 円 銭	㉗ 円
直前期末の翌日から課税時期までの間に株式の割当て等の効力が発生した場合	比準価額（㉖（㉗があるときは㉗）の金額） ＋ 割当株式1株当たりの払込金額 円 銭 × 1株当たりの割当株式数 株）÷（1株＋ 1株当たりの割当株式数又は交付株式数 株）	㉘ 円

ロ　純資産価額方式

設　例

次のような社債類似株式を発行している場合について、純資産価額方式により計算します。

1　発行済株式数

普通株式		3,000 株
社債類似株式		10 株

2　資産及び負債の金額

資産の部	相続税評価額	200,000 千円
	帳簿価額	120,000 千円
負債の部	相続税評価額	70,000 千円
	帳簿価額	70,000 千円

3　社債類似株式の発行価額　30,000 千円

評価上の取扱い

社債類似株式を発行している会社の社債類似株式以外の株式を純資産価額方式により評価する場合には、社債類似株式を社債であるものとして、①社債類似株式の発行価額の総額を負債（相続税評価額及び帳簿価額）に計上し、②社債類似株式の株式数は発行済株式数から除外して計算します。

<計算方法>

⑴　相続税評価額による純資産価額
200,000 千円－（70,000 千円＋30,000 千円）＝100,000 千円

⑵　帳簿価額による純資産価額
120,000 千円－（70,000 千円＋30,000 千円）＝20,000 千円

⑶　評価差額に相当する金額
100,000 千円－20,000 千円＝80,000 千円

⑷　評価差額に対する法人税額等相当額
80,000 千円×37 %＝29,600 千円

⑸　課税時期現在の純資産価額（相続税評価額）
100,000 千円－29,600 千円＝70,400 千円

⑹　課税時期現在の１株当たりの純資産価額（相続税評価額）
70,400 千円÷3,000 株※＝23,466 円（１円未満切捨て）

※　社債類似株式の株式数を除く。

評価明細書の書き方

第5表　1株当たりの純資産価額（相続税評価額）の計算明細書　会社名　A社（株）

（取引相場のない株式（

1. 資産及び負債の金額（課税時期現在）

資産の部				負債の部			
科目	相続税評価額	帳簿価額	備考	科目	相続税評価額	帳簿価額	備考
現金・預金	千円 10,300	千円 10,000		支払手形	千円 8,000	千円 8,000	
受取手形	30,000	30,500		買掛金	10,500	10,500	
ゴルフ会員権	17,500	25,000		退職金	20,000	20,000	
長期貸付金	12,000	12,000		社債類似株式	30,000	30,000	
合計	① 200,000	② 120,000		合計	③ 100,000	④ 100,000	
株式等の価額の合計額	㋑	㋺					
土地等の価額の合計額	㋩						
現物出資等受入れ資産の価額の合計額	㊁	㋭					

2. 評価差額に対する法人税額等相当額の計算		3. 1株当たりの純資産価額の計算	
相続税評価額による純資産価額（①－③）	⑤ 100,000 千円	課税時期現在の純資産価額（相続税評価額）（⑤－⑧）	⑨ 70,400 千円
帳簿価額による純資産価額（(②＋㊁－㋭)－④）、マイナスの場合は0）	⑥ 20,000 千円	課税時期現在の発行済株式数（(第1表の1の①)－自己株式数）	⑩ 3,000 株
評価差額に相当する金額（⑤－⑥、マイナスの場合は0）	⑦ 80,000 千円	課税時期現在の1株当たりの純資産価額（相続税評価額）（⑨÷⑩）	⑪ 23,466 円
評価差額に対する法人税額等相当額（⑦×37%）	⑧ 29,600 千円	同族株主等の議決権割合（第1表の1の⑤の割合）が50％以下の場合（⑪×80%）	⑫ 円

11　株式等保有特定会社

(1)　株式等保有特定会社の判定

設　例

次の甲社（大会社の株式）について、株式等保有特定会社に該当するか否かについて判定します。

第5表　1株当たりの純資産価額（相続税評価額）の計算明細書　会社名　甲社

（取引相場のない株

1. 資産及び負債の金額（課税時期現在）

資産の部				負債の部			
科　目	相続税評価額	帳簿価額	備考	科　目	相続税評価額	帳簿価額	備考
現金・預金	千円 333,853	千円 333,053		支払手形	千円 689,329	千円 689,329	
投資有価証券	1,970,527	1,550,012					
長期貸付金	12,000	12,000					
生命保険金請求権	100,000	100,000					
合　計	① 3,677,701	② 2,833,035		合　計	③ 1,232,463	④ 1,232,463	
株式等の価額の合計額	㋑ 1,970,527	㋺ 1,550,012					
土地等の価額の合計額	㋩ 993,300						
現物出資等受入れ資産の価額の合計額	㋥ —	㋭ —					

評価上の取扱い

「株式等保有特定会社の株式」とは、課税時期において、評価会社の総資産価額に占める株式、出資及び新株予約権付社債（会社法第２条《定義》第22号に規定する新株予約権付社債をいいます。）（以下「株式等」といいます。）(注)の価額の合計額（相続税評価額ベース）の割合が50％以上の評価会社の株式をいいます（評基通189(2)）。

株式等保有特定会社は、会社の総資産のうちに占める各資産の保有状況が、類似業種比準方式における標本会社である上場会社に比べて、著しく株式等に偏っており、一般の評価会社に適用される類似業種比準方式を適用しても適正な株価を算定することはできません。なぜならば、類似業種比準方式は、標本会社である上場会社に匹敵するような会社の株式について適用される評価方法であるところ、その資産内容が標本会社である上場会社に比べて著しく株式等に偏っている評価会社の株式については、同方式を適用すべき前提条件を欠くこととなるからです。

株式等保有特定会社の株式は、原則として純資産価額方式によって評価することになっています。

この場合、議決権割合が50％以下の同族株主グループに属する株主が取得した株式の価額については通常の規定により計算した純資産価額（相続税評価額）の80％相当額により計算します。

ただし、納税義務者の選択により次の(1)の「S_1の金額」と(2)の「S_2の金額」との合計額によって評価することもできます（評基通189-3）。

1　S_1の金額

株式等保有特定会社が所有する株式等とその株式等に係る受取配当金等の収入がなかったとした場合のその株式等保有特定会社の株式の原則的評価方式による評価額

ただし、評価会社の株式が「比準要素数1の会社の株式」の要件にも該当する場合には、当該会社の評価の定めに準じて計算した金額とします。

（類似業種比準価額で計算する場合）

$$A \times \left[\frac{\dfrac{Ⓑ-ⓑ}{B} + \dfrac{Ⓒ-ⓒ}{C} + \dfrac{Ⓓ-ⓓ}{D}}{3} \right] \times \text{しんしゃく率}\begin{cases} 0.5 & \text{小会社} \\ 0.6 & \text{中会社} \\ 0.7 & \text{大会社} \end{cases}$$

A＝類似業種の株価

B＝課税時期の属する年の類似業種の1株当たりの配当金額

C＝課税時期の属する年の類似業種の1株当たりの年利益金額

D＝課税時期の属する年の類似業種の1株当たりの純資産価額

Ⓑ＝評価会社の1株当たりの配当金額

Ⓒ＝評価会社の1株当たりの利益金額

Ⓓ＝評価会社の1株当たりの純資産価額

ⓑ＝Ⓑ×「受取配当金等収受割合」

ⓒ＝Ⓒ×「受取配当金等収受割合」

ⓓ＝(イ)＋(ロ)

(イ)＝Ⓓ×〔株式等の帳簿価額の合計額÷総資産価額（帳簿価額)〕

(ロ)＝〔利益積立金÷直前期末における発行済株式数（50円換算)〕
　×「受取配当金等収受割合」

（注）1　$\text{受取配当金等収受割合} = \dfrac{\text{直前期末以前2年間の受取配当金等の額の合計額}}{\text{直前期末以前2年間の受取配当金等の額の合計額} + \text{直前期末以前2年間の営業利益の金額の合計額}}$

ただし、「直前期末以前2年間の営業利益の金額の合計額」が赤字のとき（①計算結果が1を超える場合、②計算式の分母がゼロ又は負数となる場合）は「受取配当金等収受割合」を1とします。

平成30年1月1日以後の相続、遺贈又は贈与については、「受取配当金等の額」に「新株予約権付社債の利息の額」も含まれます。

2　ⓓは、Ⓓを限度とします。

（純資産価額で計算する場合）

株式等保有特定会社の「各資産」から「株式等」を除いて計算した純資産価額

2　S_2の金額

株式等保有特定会社が所有する株式等を評価通達の定めにより評価した価額（評価差額に対する法人税額等相当額を控除します。）

$$\left\{ \text{株式等の相続税評価額の合計額} - \left(\text{株式等の相続税評価額の合計額} - \text{株式等の帳簿価額の合計額} \right) \times 37\% \right\}$$

÷課税時期における発行済株式数（自己株式の数を控除した株式数）

評価明細書の書き方

第5表　1株当たりの純資産価額（相続税評価額）の計算明細書　会社名　甲社

（取引相場のない株…

1. 資産及び負債の金額（課税時期現在）

資産の部 科目	相続税評価額	帳簿価額	備考	負債の部 科目	相続税評価額	帳簿価額	備考
現金・預金	千円 333,853	千円 333,053		支払手形	千円 689,329	千円 689,329	
〜〜〜							
投資有価証券	1,970,527	1,550,012					
長期貸付金	12,000	12,000					
生命保険金請求権	100,000	100,000					
合計	① 3,677,701	② 2,833,035		合計	③ 1,232,463	④ 1,232,463	
株式等の価額の合計額	㋑ 1,970,527	㋺ 1,550,012					
土地等の価額の合計額	㋩ 993,300						
現物出資等受入れ資産の価額の合計額	㋥ —	㋭ —					

第２表　特定の評価会社の判定の明細書　　会社名　甲社

2．株式等保有特定会社	判定要素					
	総資産価額（第５表の①の金額）	株式等の価額の合計額（第５表の㋑の金額）	株式等保有割合（②／①）	判定基準	③の割合が50%以上である	③の割合が50%未満である
	① 3,677,701 千円	② 1,970,527 千円	③ 53 %	判定	(該当)	非該当

3．土地保有特定会社	判定要素			
	総資産価額（第５表の①の金額）	土地等の価額の合計額（第５表の㋩の金額）	土地保有割合（⑤／④）	会社の規模の判定（該当する文字を○で囲んで表示します。）
	④ 3,677,701 千円	⑤ 993,300 千円	⑥ 27 %	(大会社)・中会社・小会社
				小会社（総資産価額（帳簿価額）が次の基準に該当する会社）

社等	0	判定	該当	(非該当)

5．開業前又は休業中の会社	開業前の会社の判定		休業中の会社の判定		6．清算中の会社	判定	
	該当	(非該当)	該当	(非該当)		該当	(非該当)

7．特定の評価会社の判定結果	
	1．比準要素数１の会社　　(2.) 株式等保有特定会社
	3．土地保有特定会社　　4．開業後３年未満の会社等
	5．開業前又は休業中の会社　　6．清算中の会社
	該当する番号を○で囲んでください。なお、上記の「1．比準要素数１の会社」欄から「6．清算中の会社」欄の判定において２以上に該当する場合には、後の番号の判定によります。

解　説

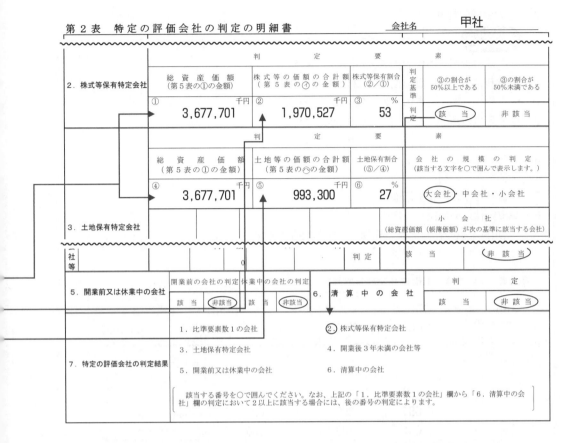

甲社は大会社で、甲社の総資産価額（相続税評価額ベース）に占める株式等の価額の割合（第２表の③）が50％以上であることから、甲社は、株式等保有特定会社に該当します。

なお、株式等保有特定会社の判定の基礎となる株式等には、上場株式、気配相場のある株式、取引相場のない株式、合名会社、合資会社、合同会社の出資等（民法上の組合等に対する出資は除きます。）及び新株予約権付社債（会社法第２条第22号に規定するもの）が含まれ、その所有目的又は所有期間のいかんは問いません。

したがって、流動資産の有価証券として区分される株式であるか、固定資産の投資有価証券として区分される株式であるかにかかわらず、その会社が保有する株式等はすべて判定の基礎となる株式等に当たります。

※　公社債、貸付信託受益証券及び証券投資信託受益証券は、株式等保有特定会社の判定の基礎となる株式等に含まれません。

(2)　S_1の金額の計算

設　例

甲社（前の設例）の株式のS_1の計算をします。

1　営業利益の額　直前期　333,187,000円
　　　　　　　　　直前々期　324,691,000円
2　受取配当の額　直前期　9,680,000円
　　　　　　　　　直前々期　9,680,000円
3　1株当たりの配当金額　6円00銭
4　1株当たりの利益金額　378円
5　1株当たりの純資産価額　489円
6　類似業種比準価額　次のとおり
　（類似業種の株価は仮の株価を設定したものです。）

第４表　類似業種比準価額等の計算明細書　　会社名　甲社

1．1株当たりの資本金等の額等の計算	直前期末の資本金等の額	直前期末の発行済株式数	直前期末の自己株式数	1株当たりの資本金等の額（①÷（②－③））	1株当たりの資本金等の額を50円とした場合の発行済株式数（①÷50円）
	① 40,084 千円	② 80,000 株	③ 株	④ 501 円	⑤ 801,680 株

（中略）

1株（50円）当たりの純資産価額	直前期末（直前々期末）の純資産価額			比準要素数1の会社・比準要素数0の会社の判定要素の金額	
直前々期の前期				Ⓒ 円	
事業年度	⑰ 資本金等の額	⑱ 利益積立金額	⑲ 純資産価額（⑰＋⑱）	㋣/⑤	D_1 489 円
直前期	40,084 千円	352,341 千円	㋣ 392,425 千円	㋠/⑤	D_2 250 円
直前々期	20,084 千円	180,371 千円	㋠ 200,455 千円	1株（50円）当たりの純資産価額（D_1の金額）	Ⓓ 489 円

3．類似業種比準価額の計算　1株（50円）当たりの比準価額の計算

類似業種と業種目番号	繊維・衣服等卸売業（No. 67）
課税時期の属する月 10月	㋷ 274 円
課税時期の属する月の前月 9月	㋦ 274 円
課税時期の属する月の前々月 8月	㋸ 282 円
前年平均株価	㋾ 281 円
課税時期の属する月以前2年間の平均株価	㋻ 278 円
A（㋷、㋦、㋸、㋾及び㋻のうち最も低いもの）	⑳ 274 円

比準割合の計算 区分	1株（50円）当たりの年配当金額	1株（50円）当たりの年利益金額	1株（50円）当たりの純資産価額	1株（50円）当たりの比準価額
評価会社	Ⓑ 6円 0銭0	Ⓒ 378 円	Ⓓ 489 円	⑳ × ㉑ × 0.7 ※
類似業種	B 3円 6銭0	C 20 円	D 245 円	※ 中会社は0.6　小会社は0.5 とします。
要素別比準割合	Ⓑ/B 1.66	Ⓒ/C 18.90	Ⓓ/D 1.99	
比準割合	（Ⓑ/B＋Ⓒ/C＋Ⓓ/D）/3 ＝	㉑ 7.51		㉒ 1,440 円 4 0 銭

類似業種と業種目番号	卸売業（No. 65）
課税時期の属する月 10月	㋕ 286 円
課税時期の属する月の前月 9月	㋵ 294 円
課税時期の属する月の前々月 8月	㋟ 291 円
前年平均株価	㋹ 294 円
課税時期の属する月以前2年間の平均株価	㋞ 293 円
A（㋕、㋵、㋟、㋹及び㋞のうち最も低いもの）	㉓ 286 円

比準割合の計算 区分	1株（50円）当たりの年配当金額	1株（50円）当たりの年利益金額	1株（50円）当たりの純資産価額	1株（50円）当たりの比準価額
評価会社	Ⓑ 6円 0銭0	Ⓒ 378 円	Ⓓ 489 円	㉓ × ㉔ × 0.7 ※
類似業種	B 3円 3銭0	C 23 円	D 234 円	※ 中会社は0.6　小会社は0.5 とします。
要素別比準割合	Ⓑ/B 1.81	Ⓒ/C 16.43	Ⓓ/D 2.08	
比準割合	（Ⓑ/B＋Ⓒ/C＋Ⓓ/D）/3 ＝	㉔ 6.77		㉕ 1,355 円 3 0 銭

1株当たりの比準価額	比準価額（㉒と㉕とのいずれか低い方の金額） × ④の金額/50円	㉖ 13,580 円
比準価額の修正：直前期末の翌日から課税時期までの間に配当金交付の効力が発生した場合	比準価額（㉖の金額） － 1株当たりの配当金額 円 銭	修正比準価額 ㉗ 円
比準価額の修正：直前期末の翌日から課税時期までの間に株式の割当て等の効力が発生した場合	比準価額（㉖（㉗があるときは㉗）の金額）＋ 割当株式1株当たりの払込金額 円 銭 × 1株当たりの割当株式数 株）÷（1株＋ 1株当たりの割当株式数又は交付株式数 株）	修正比準価額 ㉘ 円

評価明細書の書き方

設例の２

第７表　株式等保有特定会社の株式の価額の計算明細書

会社名　甲社

（取引相場のない株式（出資）の評価明細書）

1．S1の金額

受取配当金等収受割合の計算	事業年度	① 直前期	② 直前々期	合計（①＋②）	受取配当金等収受割合（㋑÷（㋑＋㋺））※小数点以下３位未満切り捨て
	受取配当金等の額	9,680千円	9,680千円	㋑ 19,360千円	㋩ 0.028
	営業利益の金額	333,187千円	324,691千円	㋺ 657,878千円	

設例の１　設例の３　設例の４　設例の５

Ⓑ−ⓑの金額	１株（50円）当たりの年配当金額（第４表のⒷ）	ⓑの金額（③×㋩）	Ⓑ−ⓑの金額（③−④）	
	③ 6円 0銭	④ 0円 1銭	⑤ 5円 9銭	
Ⓒ−ⓒの金額	１株（50円）当たりの年利益金額（第４表のⒸ）	ⓒの金額（⑥×㋩）	Ⓒ−ⓒの金額（⑥−⑦）	
	⑥ 378円	⑦ 10円	⑧ 368円	
Ⓓ−ⓓの金額（イ）の金額	１株（50円）当たりの純資産価額（第４表のⒹ）	直前期末の株式等の帳簿価額の合計額	直前期末の総資産価額（帳簿価額）	（イ）の金額（⑨×（⑩÷⑪））
	⑨ 489円	⑩ 1,550,012千円	⑪ 2,833,035千円	⑫ 267円
（ロ）の金額	利益積立金額（第４表の⑬の「直前期」欄の金額）	１株当たりの資本金等の額を50円とした場合の発行済株式数（第４表の⑤の株式数）		（ロ）の金額（（⑬÷⑭）×㋩）
	⑬ 352,341千円	⑭ 801,680株		⑮ 12円
	ⓓの金額（⑫＋⑮）	Ⓓ−ⓓの金額（⑨−⑯）		
	⑯ 279円	⑰ 210円		

（注）１　㋩の割合は、１を上限とします。
２　⑯の金額は、Ⓓの金額（⑨の金額）を上限とします。

2．S2の金額（類似業種比準価額の修正計算）

１株（50円）当たりの比準価額の計算

類似業種と業種目番号	繊維・衣服等卸売業（No. 67）
課税時期の属する月	10月 ㋥ 274円
課税時期の属する月の前月	9月 ㋭ 274円
課税時期の属する月の前々月	8月 ㋬ 282円
前年平均株価	㋣ 281円
課税時期の属する月以前２年間の平均株価	㋠ 278円
A（㋥、㋭、㋬、㋣及び㋠のうち最も低いもの）	⑱ 274円

区分	１株（50円）当たりの年配当金額	１株（50円）当たりの年利益金額	１株（50円）当たりの純資産価額	１株（50円）当たりの比準価額
評価会社	（⑤） 5円 9銭	（⑧） 368円	（⑰） 210円	⑱ × ⑲ × 0.7 ※ ※中会社は0.6 小会社は0.5 とします。
類似業種	B 3円 6銭	C 20円	D 245円	
要素別比準割合	（⑤）/B 1.63	（⑧）/C 18.40	（⑰）/D 0.85	
比準割合	$\frac{\frac{⑤}{B}+\frac{⑧}{C}+\frac{⑰}{D}}{3}$ ＝ ⑲ 6.96			⑳ 1,334円 9銭

類似業種と業種目番号	卸売業（No. 65）
課税時期の属する月	10月 ㋷ 286円
課税時期の属する月の前月	9月 ㋦ 294円
課税時期の属する月の前々月	8月 ㋸ 291円
前年平均株価	㋾ 294円
課税時期の属する月以前２年間の平均株価	㋻ 293円
A（㋷、㋦、㋸、㋾及び㋻のうち最も低いもの）	㉑ 286円

区分	１株（50円）当たりの年配当金額	１株（50円）当たりの年利益金額	１株（50円）当たりの純資産価額	１株（50円）当たりの比準価額
評価会社	（⑤） 5円 9銭	（⑧） 368円	（⑰） 210円	㉑ × ㉒ × 0.7 ※ ※中会社は0.6 小会社は0.5 とします。
類似業種	B 3円 3銭	C 23円	D 234円	
要素別比準割合	（⑤）/B 1.78	（⑧）/C 16.00	（⑰）/D 0.89	
比準割合	$\frac{\frac{⑤}{B}+\frac{⑧}{C}+\frac{⑰}{D}}{3}$ ＝ ㉒ 6.22			㉓ 1,245円 2銭

１株当たりの比準価額	比準価額（⑳と㉓とのいずれか低い方の金額）× 第４表の④の金額／50円	㉔ 12,476円
比準価額の修正：直前期末の翌日から課税時期までの間に配当金交付の効力が発生した場合	比準価額（㉔の金額）－ １株当たりの配当金額　円　銭	修正比準価額 ㉕ 円
直前期末の翌日から課税時期までの間に株式の割当て等の効力が発生した場合	比準価額（㉔（㉕があるときは㉕）の金額）＋ 割当株式１株当たりの払込金額　円　銭 × １株当たりの割当株式数　株）÷（１株＋ １株当たりの割当株式数又は交付株式数　株）	修正比準価額 ㉖ 円

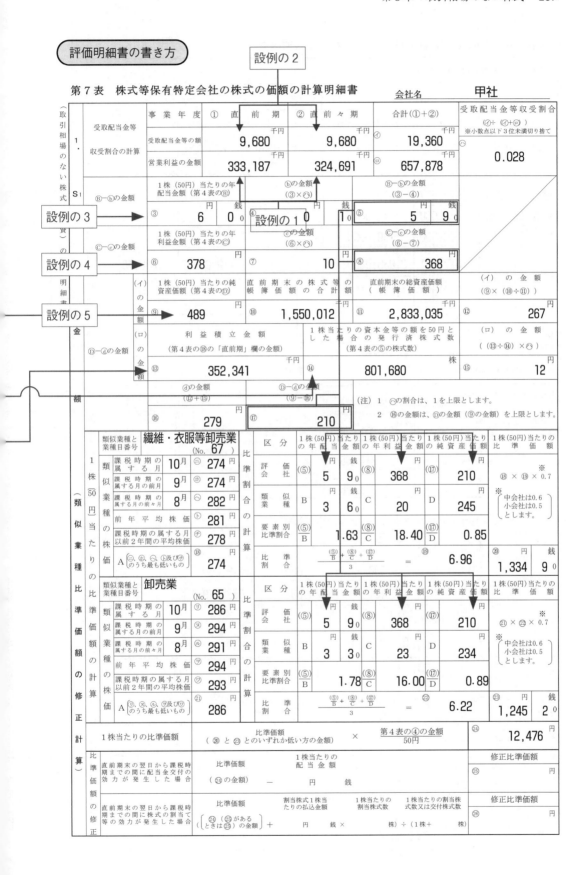

第5表　1株当たりの純資産価額（相続税評価額）の計算明細書　会社名　甲社

（取引相場のない株

1. 資産及び負債の金額（課税時期現在）

資産の部				負債の部			
科目	相続税評価額	帳簿価額	備考	科目	相続税評価額	帳簿価額	備考
現金・預金	千円 333,853	千円 333,053		支払手形	千円 689,329	千円 689,329	
投資有価証券	1,970,527	1,550,012					
長期貸付金	12,000	12,000					
生命保険金請求権	100,000	100,000					
合計	① 3,677,701	② 2,833,035		合計	③ 1,232,463	④ 1,232,463	
株式等の価額の合計額	㋑ 1,970,527	㋺ 1,550,012					
土地等の価額の合計額	㋩ 993,300						
現物出資等受入れ資産の価額の合計額	㋥ —	㋭ —					

2. 評価差額に対する法人税額等相当額の計算		3. 1株当たりの純資産価額の計算	
相続税評価額による純資産価額 (①－③)	⑤ 千円 2,445,238	課税時期現在の純資産価額（相続税評価額） (⑤－⑧)	⑨ 千円 2,132,712
帳簿価額による純資産価額 ((②＋(㋥－㋭)－④)、マイナスの場合は0)	⑥ 千円 1,600,572	課税時期現在の発行済株式数 ((第1表の1の①)－自己株式数)	⑩ 株 80,000
評価差額に相当する金額 (⑤－⑥、マイナスの場合は0)	⑦ 千円 844,666	課税時期現在の1株当たりの純資産価額（相続税評価額） (⑨÷⑩)	⑪ 円 26,658
評価差額に対する法人税額等相当額 (⑦×37%)	⑧ 千円 312,526	同族株主等の議決権割合（第1表の1の⑤の割合）が50% 以下の場合 (⑪×80%)	⑫ 円 21,326

第7表　株式等保有特定会社の株式の価額の計算明細書　会社名　甲社

（取引相場のない株式（出

1. 受取配当金等収受割合の計算	事業年度	① 直前期	② 直前々期	合計(①＋②)	受取配当金等収受割合 (㋑÷(㋑＋㋺)) ※小数点以下3位未満切り捨て
	受取配当金等の額	千円 9,680	千円 9,680	㋑ 千円 19,360	㋩ 0.028
	営業利益の金額	千円 333,187	千円 324,691	㋺ 千円 657,878	

S1 Ⓑ－ⓑの金額	1株（50円）当たりの年配当金額（第4表のⒷ）		ⓑの金額 (③×㋩)		Ⓑ－ⓑの金額 (③－④)		
	③ 6円	0銭 0	④ 0円	1銭 0	⑤ 5円	9銭 0	

額の修正計算）

額の計算			合の計算					
業種の株価	課税時期の属する月の前々月 8月	㋸ 291円	類似業種	B 3	3 0	C 23	D 234	（中会社は0.6 小会社は0.5 とします。）
	前年平均株価	㋾ 294円	要素別比準割合	(⑤)/B 1.78		(⑧)/C 16.00	(⑰)/D 0.89	
	課税時期の属する月以前2年間の平均株価	㋻ 293円	比準割合	$\frac{\frac{(⑤)}{B}+\frac{(⑧)}{C}+\frac{(⑰)}{D}}{3}$ =		㉒ 6.22		㉓ 1,245円 2銭 0
	A（㋷、㋦、㋸、㋾及び㋻のうち最も低いもの）	㉑ 286円						

1株当たりの比準価額	比準価額（⑳と㉓とのいずれか低い方の金額） × 第4表の④の金額/50円		㉔ 12,476円
比準価額の修正 直前期末の翌日から課税時期までの間に配当金交付の効力が発生した場合	比準価額（㉔の金額）	－ 1株当たりの配当金額 円 銭	修正比準価額 ㉕ 円
直前期末の翌日から課税時期までの間に株式の割当て等の効力が発生した場合	比準価額（㉔（㉕があるときは㉕）の金額）	＋ 割当株式1株当たりの払込金額 円 銭 × 1株当たりの割当株式数 株）÷（1株＋ 1株当たりの割当株式数又は交付株式数 株）	修正比準価額 ㉖ 円

第8表　株式等保有特定会社の株式の価額の計算明細書（続）

会社名　甲社

（取引相場のない株式（出資）の評価明細書）

1．S₁の金額（続）

純資産価額（相続税評価額）の修正計算

相続税評価額による純資産価額（第5表の⑤の金額）	課税時期現在の株式等の価額の合計額（第5表の㋑の金額）	差引（①−②）
① 2,445,238 千円	② 1,970,527 千円	③ 474,711 千円
帳簿価額による純資産価額（第5表の⑥の金額）	株式等の帳簿価額の合計額（第5表の㋩＋（㋥−㋭）の金額）（注）	差引（④−⑤）
④ 1,600,572 千円	⑤ 1,550,012 千円	⑥ 50,560 千円
評価差額に相当する金額（③−⑥）	評価差額に対する法人税額等相当額（⑦×37%）	課税時期現在の修正純資産価額（相続税評価額）（③−⑧）
⑦ 424,151 千円	⑧ 156,935 千円	⑨ 317,776 千円
課税時期現在の発行済株式数（第5表の⑩の株式数）	課税時期現在の修正後の1株当たりの純資産価額（相続税評価額）（⑨÷⑩）	（注）第5表の㋥及び㋭の金額に株式等以外の資産に係る金額が含まれている場合には、その金額を除いて計算します。
⑩ 80,000 株	⑪ 3,972 円	

1株当たりのS₁の金額の計算の基となる金額	修正後の類似業種比準価額（第7表の㉔、㉕又は㉖の金額）	修正後の1株当たりの純資産価額（相続税評価額）（⑪の金額）
	⑫ 12,476 円	⑬ 3,972 円

1株当たりのS₁の金額の計算

区分		1株当たりのS₁の金額の算定方法	1株当たりのS₁の金額
比準要素数1である会社のS₁の金額		次のうちいずれか低い方の金額 イ　⑬の金額 ロ　（⑫の金額 × 0.25）＋（⑬の金額 × 0.75）	⑭ 円
上記以外の会社	大会社のS₁の金額	次のうちいずれか低い方の金額（⑬の記載がないときは⑫の金額） イ　⑫の金額 ロ　⑬の金額	⑮ 3,972 円
	中会社のS₁の金額	（⑫と⑬とのいずれか低い方の金額 × Lの割合 0.　）＋（⑬の金額 ×（1 − Lの割合 0.　））	⑯ 円
	小会社のS₁の金額	次のうちいずれか低い方の金額 イ　⑬の金額 ロ　（⑫の金額 × 0.50）＋（⑬の金額 × 0.50）	⑰ 円

1株当たりのS₁の金額

2．S₂の金額

課税時期現在の株式等の価額の合計額（第5表の㋑の金額）	株式等の帳簿価額の合計額（第5表の㋩＋（㋥−㋭）の金額）（注）	株式等に係る評価差額に相当する金額（⑱−⑲）	⑳の評価差額に対する法人税額等相当額（⑳×37%）
⑱ 1,970,527 千円	⑲ 1,550,012 千円	⑳ 420,515 千円	㉑ 155,590 千円
S₂の純資産価額相当額（⑱−㉑）	課税時期現在の発行済株式数（第5表の⑩の株式数）	S₂の金額（㉒÷㉓）	（注）第5表の㋥及び㋭の金額に株式等以外の資産に係る金額が含まれている場合には、その金額を除いて計算します。
㉒ 1,814,937 千円	㉓ 80,000 株	㉔ 22,686 円	

3．株式等保有特定会社の株式の価額

1株当たりの純資産価額（第5表の⑪の金額（第5表の⑫の金額があるときはその金額））	S₁の金額とS₂の金額との合計額（（⑭、⑮、⑯又は⑰）＋㉔）	株式等保有特定会社の株式の価額（㉕と㉖とのいずれか低い方の金額）
㉕ 21,326 円	㉖ 26,658 円	㉗ 21,326 円

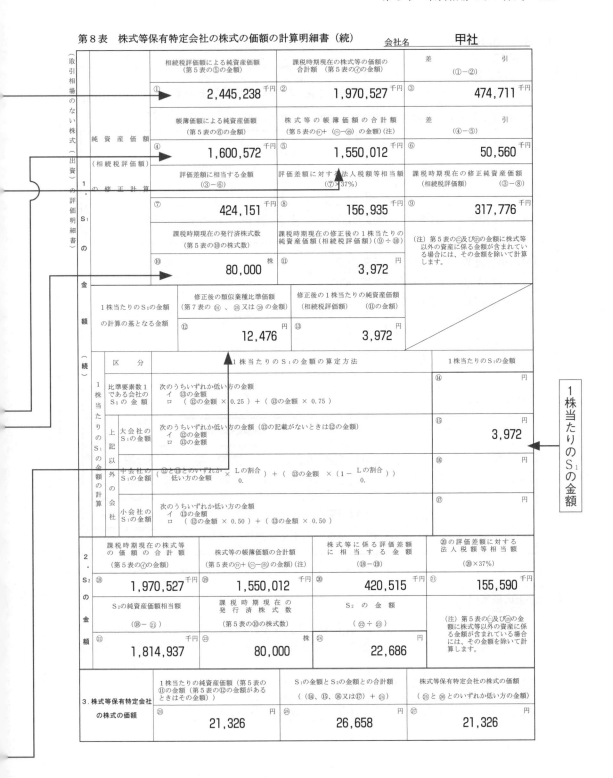

(3)　S_2の金額の計算

設　例

甲社の株式のS_2の金額及び株式等保有特定会社の株式の計算をします。

第5表　1株当たりの純資産価額（相続税評価額）の計算明細書　会社名　甲社

（取引相場のない株

1. 資産及び負債の金額（課税時期現在）

資産の部				負債の部			
科　目	相続税評価額	帳簿価額	備考	科　目	相続税評価額	帳簿価額	備考
現金・預金	333,853 千円	333,053 千円		支払手形	689,329 千円	689,329 千円	
投資有価証券	1,970,527	1,550,012					
長期貸付金	12,000	12,000					
生命保険金請求権	100,000	100,000					
合　計	① 3,677,701	② 2,833,035		合　計	③ 1,232,463	④ 1,232,463	
株式等の価額の合計額	㋑ 1,970,527	㋺ 1,550,012					
土地等の価額の合計額	㋩ 993,300						
現物出資等受入れ資産の価額の合計額	㋥ —	㋭ —					

2. 評価差額に対する法人税額等相当額の計算

相続税評価額による純資産価額（①－③）	⑤	2,445,238 千円
帳簿価額による純資産価額（(②＋㋥－㋭)－④)、マイナスの場合は0）	⑥	1,600,572 千円
評価差額に相当する金額（⑤－⑥、マイナスの場合は0）	⑦	844,666 千円
評価差額に対する法人税額等相当額（⑦×37%）	⑧	312,526 千円

3. 1株当たりの純資産価額の計算

課税時期現在の純資産価額（相続税評価額）（⑤－⑧）	⑨	2,132,712 千円
課税時期現在の発行済株式数（(第1表の1の①)－自己株式数）	⑩	80,000 株
課税時期現在の1株当たりの純資産価額（相続税評価額）（⑨÷⑩）	⑪	26,658 円
同族株主等の議決権割合（第1表の1の⑤の割合）が50％以下の場合（⑪×80%）	⑫	21,326 円

評価上の取扱い

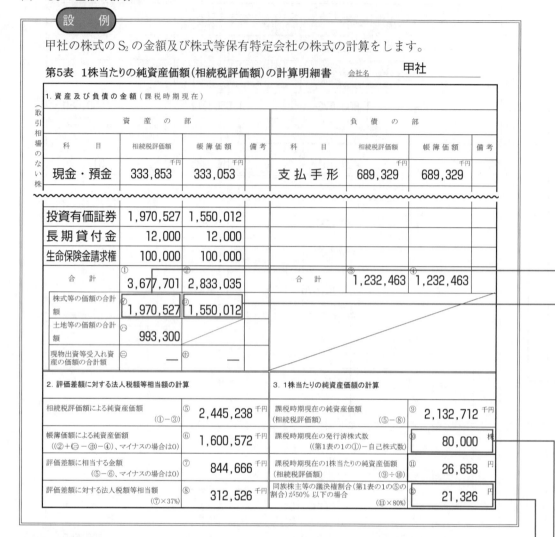

S_2の金額は、株式等保有特定会社が所有する株式等を評価通達の定めにより評価した価額（評価差額に対する法人税額等相当額を控除します。）となります。具体的には次の算式によります。

｛株式等の相続税評価額の合計額－（株式等の相続税評価額の合計額－株式等の帳簿価額の合計額）×37％｝

÷課税時期における発行済株式数（自己株式の数を控除した株式数）

評価明細書の書き方

第８表　株式等保有特定会社の株式の価額の計算明細書（続）

会社名　甲社

（取引相場のない株式（出資）の評価明細書）

1．S₁の金額（続）

純資産価額（相続税評価額）の修正計算			
	相続税評価額による純資産価額（第５表の⑤の金額）	課税時期現在の株式等の価額の合計額（第５表の㋑の金額）	差引（①－②）
	① 2,445,238 千円	② 1,970,527 千円	③ 474,711 千円
	帳簿価額による純資産価額（第５表の⑥の金額）	株式等の帳簿価額の合計額（第５表の㋩＋（㋥－㋭）の金額）（注）	差引（④－⑤）
	④ 1,600,572 千円	⑤ 1,550,012 千円	⑥ 50,560 千円
	評価差額に相当する金額（③－⑥）	評価差額に対する法人税額等相当額（⑦×37%）	課税時期現在の修正純資産価額（相続税評価額）（③－⑧）
	⑦ 424,151 千円	⑧ 156,935 千円	⑨ 317,776 千円
	課税時期現在の発行済株式数（第５表の⑩の株式数）	課税時期現在の修正後の１株当たりの純資産価額（相続税評価額）（⑨÷⑩）	（注）第５表の㋥及び㋭の金額に株式等以外の資産に係る金額が含まれている場合には、その金額を除いて計算します。
	⑩ 80,000 株	⑪ 3,972 円	

１株当たりのS₁の金額の計算の基となる金額	修正後の類似業種比準価額（第７表の㉔、㉕又は㉖の金額）	修正後の１株当たりの純資産価額（相続税評価額）（⑪の金額）
	⑫ 12,476 円	⑬ 3,972 円

１株当たりのS₁の金額の計算	区分	１株当たりのS₁の金額の算定方法	１株当たりのS₁の金額
	比準要素数１である会社のS₁の金額	次のうちいずれか低い方の金額 イ　⑬の金額 ロ　（⑫の金額 × 0.25）＋（⑬の金額 × 0.75）	⑭ 円
上記以外の会社	大会社のS₁の金額	次のうちいずれか低い方の金額（⑬の記載がないときは⑫の金額） イ　⑫の金額 ロ　⑬の金額	⑮ 3,972 円
上記以外の会社	中会社のS₁の金額	（⑫と⑬とのいずれか低い方の金額 × Lの割合 0.）＋（⑬の金額 ×（1－ Lの割合 0.））	⑯ 円
上記以外の会社	小会社のS₁の金額	次のうちいずれか低い方の金額 イ　⑬の金額 ロ　（⑫の金額 × 0.50）＋（⑬の金額 × 0.50）	⑰ 円

2．S₂の金額

課税時期現在の株式等の価額の合計額（第５表の㋑の金額）	株式等の帳簿価額の合計額（第５表の㋩＋（㋥－㋭）の金額）（注）	株式等に係る評価差額に相当する金額（⑱－⑲）	⑳の評価差額に対する法人税額等相当額（⑳×37%）
⑱ 1,970,527 千円	⑲ 1,550,012 千円	⑳ 420,515 千円	㉑ 155,590 千円
S₂の純資産価額相当額（⑱－㉑）	課税時期現在の発行済株式数（第５表の⑩の株式数）	S₂の金額（㉒÷㉓）	（注）第５表の㋥及び㋭の金額に株式等以外の資産に係る金額が含まれている場合には、その金額を除いて計算します。
㉒ 1,814,937 千円	㉓ 80,000 株	㉔ 22,686 円	

3．株式等保有特定会社の株式の価額

１株当たりの純資産価額（第５表の⑪の金額（第５表の⑫の金額があるときはその金額））	S₁の金額とS₂の金額との合計額（（⑭、⑮、⑯又は⑰）＋㉔）	株式等保有特定会社の株式の価額（㉕と㉖とのいずれか低い方の金額）
㉕ 21,326 円	㉖ 26,658 円	㉗ 21,326 円

株式等保有特定会社の株式の価額

１株当たりのS₂の金額

12　土地保有特定会社の判定

設　例

次の乙社の株式について、土地保有特定会社に該当するか否かについて判定します。

第5表　1株当たりの純資産価額（相続税評価額）の計算明細書　会社名　乙社

（取引相場のない株式）

1. 資産及び負債の金額（課税時期現在）

資産の部				負債の部			
科目	相続税評価額	帳簿価額	備考	科目	相続税評価額	帳簿価額	備考
	千円	千円			千円	千円	
現金・預金	333,853	333,053		支払手形	689,329	689,329	
受取手形	836,695	837,595		買掛金	441,722	441,722	
〜〜〜							
土地	6,415,938	225,746		未納消費税	891	891	
課税時期以前3年以内に取得した土地等	105,236	95,536		未納府民税	3,365	3,365	
借地権	67,129	0		未納市民税	8,946	8,946	
電話加入権	84	143		未納事業税	20,397	20,397	
投資有価証券	22,174	9,170		未納固定資産税	1,060	1,060	
ゴルフ会員権	17,500	25,000		退職金	70,000	70,000	
長期貸付金	12,000	12,000		保険差益に対する法人税	11,100	11,100	
生命保険金請求権	100,000	100,000					
合計	① 9,146,726	② 2,852,454		合計	③ 2,231,863	④ 2,231,863	
株式等の価額の合計額	㋑ 44,549	㋺ 14,431					
土地等の価額の合計額	㋩ 6,588,303						
現物出資等受入れ資産の価額の合計額	㊁ —	㋭ —					

評価上の取扱い

「土地保有特定会社の株式」とは、課税時期において、評価会社の有する各資産の価額の合計額（相続税評価額ベース）に占める土地等（土地及び借地権などの土地の上に存する権利をいいます。）の価額の合計額（相続税評価額ベース）の割合が70％以上（中会社及び特定の小会社については、90％以上）の評価会社の株式をいいます（評基通189(3)）。

土地保有特定会社の株式についても、株式等保有特定会社の株式と同様に、会社の総資産のうちに占める土地等の保有状況が類似業種比準方式における標本会社である上場会社に比べて、著しく土地等に偏っており、類似業種比準方式を適用しても適正な株価を算定することはできないため、純資産価額方式で評価します（評基通189-4）。

評価明細書の書き方

第２表　特定の評価会社の判定の明細書　　　会社名　乙社

（出資）の評価明細書

2．株式等保有特定会社	判定要素					
	総資産価額（第５表の①の金額）	株式等の価額の合計額（第５表の㋑の金額）	株式等保有割合（②／①）	判定基準	③の割合が50%以上である	③の割合が50%未満である
	① 千円 9,146,726	② 千円 44,549	③ % 0	判定	該当	○非該当

3．土地保有特定会社	判定要素			
	総資産価額（第５表の①の金額）	土地等の価額の合計額（第５表の㋥の金額）	土地保有割合（⑤／④）	会社の規模の判定（該当する文字を○で囲んで表示します。）
	④ 千円 9,146,726	⑤ 千円 6,588,303	⑥ % 72	○大会社・中会社・小会社

判定基準	会社の規模	大会社		中会社		小会社（総資産価額（帳簿価額）が次の基準に該当する会社）・卸売業 20億円以上・小売・サービス業 15億円以上・上記以外の業種 15億円以上		・卸売業 7,000万円以上20億円未満・小売・サービス業 4,000万円以上15億円未満・上記以外の業種 5,000万円以上15億円未満	
	⑥の割合	70%以上	70%未満	90%以上	90%未満	70%以上	70%未満	90%以上	90%未満
判定		○該当	非該当	該当	非該当	該当	非該当	該当	非該当

4．開業後３年未満の会社等				
(1) 開業後３年未満の会社	判定要素：開業年月日　年　月　日	判定基準	課税時期において開業後３年未満である	課税時期において開業後３年未満でない
		判定	該当	非該当
(2) 比準要素数０の会社	判定要素：直前期末を基とした判定要素　第４表のⒷの金額 円 銭 0／第４表のⒸの金額 円／第４表のⒹの金額 円	判定基準	直前期末を基とした判定要素がいずれも0である（該当）	でない（非該当）
		判定	該当	非該当

5．開業前又は休業中の会社	開業前の会社の判定		休業中の会社の判定		6．清算中の会社	判定	
	該当	非該当	該当	非該当		該当	非該当

7．特定の評価会社の判定結果	
1．比準要素数１の会社	2．株式等保有特定会社
○3．土地保有特定会社	4．開業後３年未満の会社等
5．開業前又は休業中の会社	6．清算中の会社

該当する番号を○で囲んでください。なお、上記の「1．比準要素数１の会社」欄から「6．清算中の会社」欄の判定において２以上に該当する場合には、後の番号の判定によります。

解　説

乙社は大会社で、乙社の総資産価額（相続税評価額ベース）に占める土地等の価額の割合が70％以上であることから、乙社は土地保有特定会社に該当します。

なお、不動産販売会社が有する販売用の土地については、たな卸資産として評価することとなりますが、土地等の保有割合の基礎となる土地等に含まれます。

13　開業後３年未満の会社等の株式の評価

設　例

A社は令和４年４月３日に開業しました。
令和６年４月10日に相続開始があった場合のA社の株式について評価します。
なお、A社の純資産価額は次のとおりです。

1　課税時期　　令和６年４月10日
2　開業年月日　令和４年４月３日
3　納税義務者の属する同族株主グループの議決権割合は50％超です。

第5表　1株当たりの純資産価額（相続税評価額）の計算明細書　会社名　A社

（取引相場のない株）

1. 資産及び負債の金額（課税時期現在）

資産の部				負債の部			
科目	相続税評価額	帳簿価額	備考	科目	相続税評価額	帳簿価額	備考
現金・預金	千円 25,318	千円 25,318		支払手形	千円 88,917	千円 88,917	

2. 評価差額に対する法人税額等相当額の計算			3. 1株当たりの純資産価額の計算		
相続税評価額による純資産価額 (①－③)	⑤	65,334 千円	課税時期現在の純資産価額（相続税評価額） (⑤－⑧)	⑨	54,034 千円
帳簿価額による純資産価額 ((②＋㊁－㊉)－④)、マイナスの場合は0)	⑥	34,791 千円	課税時期現在の発行済株式数 ((第1表の1の①)－自己株式数)	⑩	10,000 株
評価差額に相当する金額 (⑤－⑥、マイナスの場合は0)	⑦	30,543 千円	課税時期現在の1株当たりの純資産価額（相続税評価額） (⑨÷⑩)	⑪	5,403 円
評価差額に対する法人税額等相当額 (⑦×37%)	⑧	11,300 千円	同族株主等の議決権割合（第1表の1の⑤の割合）が50% 以下の場合 (⑪×80%)	⑫	円

評価上の取扱い

①課税時期において開業後３年未満の会社、②類似業種比準価額の計算の基となる評価会社の「１株当たりの配当金額」、「１株当たりの利益金額」及び「１株当たりの純資産価額（帳簿価額によって計算した金額）」の３つの要素のそれぞれの金額がいずれも０である会社（配当金額及び利益金額については、直前期末以前２年間の実績を反映して判定します。）は、「開業後３年未満の会社等」として純資産価額方式により評価します（評基通189-4）。

（注）「開業」とは評価会社がその目的とする事業活動を開始することにより収益（収入）が生じることをいい、会社の設立とは異なります。

評価明細書の書き方

第２表　特定の評価会社の判定の明細書　会社名　A社

4. 開業後3年未満の会社等						
(1) 開業後3年未満の会社	判定要素		判定基準	課税時期において開業後3年未満である	課税時期において開業後3年未満でない	
	開業年月日	令和4年4月3日	判定	(該当)	非該当	
(2) 比準要素数0の会社	判定要素	直前期末を基とした判定要素：第4表のⒷ₁の金額　円　銭　0／第4表のⒸ₁の金額　円／第4表のⒹ₁の金額　円	判定基準	直前期末を基とした判定要素がいずれも0である（該当）・でない（非該当）		
			判定	該当	非該当	

5. 開業前又は休業中の会社	開業前の会社の判定	休業中の会社の判定	6. 清算中の会社	判定
	該当　(非該当)	該当　(非該当)		該当　(非該当)

7. 特定の評価会社の判定結果	
	1．比準要素数1の会社　2．株式等保有特定会社
	3．土地保有特定会社　(4.) 開業後3年未満の会社等
	5．開業前又は休業中の会社　6．清算中の会社
	該当する番号を○で囲んでください。なお、上記の「1．比準要素数1の会社」欄から「6．清算中の会社」欄の判定において２以上に該当する場合には、後の番号の判定によります。

第６表　特定の評価会社の株式及び株式に関する権利の価額の計算明細書　会社名　A社

（取引相場のない株式（出資）の評価明細書）

1．純資産価額方式等による				
1株当たりの価額の計算の基となる金額	類似業種比準価額（第4表の㉖、㉗又は㉘の金額）①　円	1株当たりの純資産価額（第5表の⑪の金額）②　円　5,403	1株当たりの純資産価額の80%相当額（第5表の⑫の記載がある場合のその金額）③　円	
1株当たりの価額の計算	株式の区分	1株当たりの価額の算定方法等	1株当たりの価額	
	比準要素数1の会社の株式	次のうちいずれか低い方の金額 イ　②の金額（③の金額があるときは③の金額） ロ　（①の金額 × 0.25）＋（イの金額 × 0.75）	④　円	
	株式等保有特定会社の株式	（第8表の㉗の金額）	⑤　円	
	土地保有特定会社の株式	（②の金額（③の金額があるときはその金額））	⑥　円	
	開業後3年未満の会社等の株式	（②の金額（③の金額があるときはその金額））	⑦　5,403　円	
	開業前又は休業中の会社の株式	（②の金額）	⑧　円	

3．株式に関する権利の価額（1．及び2．に共通）				4．株式及び株式に関する権利の価額（1．及び2．に共通）
配当期待権	1株当たりの予想配当金額（　円　銭）－ 源泉徴収されるべき所得税相当額（　円　銭）	㉓　円　銭		
株式の割当てを受ける権利（割当株式1株当たりの価額）	⑩（配当還元方式の場合は㉒）の金額 － 割当株式1株当たりの払込金額　円	㉔　円	株式の評価額	5,403　円
株主となる権利（割当株式1株当たりの価額）	⑩（配当還元方式の場合は㉒）の金額（課税時期後にその株主となる権利につき払い込むべき金額があるときは、その金額を控除した金額）	㉕　円	株式に関する権利の評価額	円（円　銭）
株式無償交付期待権（交付される株式1株当たりの価額）	⑩（配当還元方式の場合は㉒）の金額	㉖　円		

解　説

A社は、令和4年4月3日に開業していますので課税時期において開業後3年未満の会社に当たり、純資産価額によって評価することとなります。

14　比準要素数１の会社の株式の評価

設　例

次の会社の株式の評価方法について説明します。

1　評価会社　　　　　Ａ社（婦人服製造業）

資本金等の額　　1,000万円

発行済株式数　　２万株

2　配当金額

直前期、直前々期、直前々期の前期とも０

3　利益金額

事業年度	法人税の課税所得金額	非経常的な利益金額	配当金の益金不算入額	配当金についての所得税額
直前期	千円 20,000	千円 30,000	千円 —	千円 —
直前々期	△ 5,000	—	—	—
直前々期の前期	△ 2,000	—		—

4　純資産価額（帳簿価額）

事業年度	資本金等の額	利益積立金額
直前期	千円 10,000	千円 3,000
直前々期	10,000	8,000

5　１株当たりの純資産価額（相続税評価額によって計算した金額）　　995円

評価上の取扱い

取引相場のない株式の評価方式の１つに類似業種比準方式がありますが、この類似業種比準方式は、上場会社の事業内容を基として定められている類似業種比準価額計算上の業種目のうち、類似業種の株価、「配当金額」、「利益金額」及び「簿価純資産価額」を基とし、評価会社の「配当金額」、「利益金額」及び「簿価純資産価額」を比準要素として比準価額を求める方法です。

各比準要素については、株式の価値は配当金額、利益金額及び簿価純資産価額の比準要素が均一に影響を及ぼしていると考えられることから、配当金額、利益金額及び簿価純資産価額の比重をそれぞれ１：１：１とし、比準割合は、３で除して算出します。

評価の安全性に対するしんしゃく率については、評価会社の規模が小さくなるに従って上場会社との類似性が希薄になってくることから、大会社については「0.7」、中会社については「0.6」、小会社については「0.5」となります。

評価会社の「１株当たりの配当金額」、「１株当たりの利益金額」、「１株当たりの純資産価額（帳簿価額によって計算した金額）」のそれぞれの金額のうち、直前期末を基とした判定要素のいずれか２の判定要素が０であり、かつ、直前々期末を基とした判定要素のいずれか２以上の判定要素が０である場合には、比準要素数１の会社となります（評基通189⑴）。比準要素数１の会社の株式については、純資産価額方式により評価しますが、納税者の選択によりＬの割合を0.25として次により評価することができます（評基通189-2）。

類似業種比準価額×0.25＋純資産価額×（1－0.25）

また、「１株当たりの配当金額」、「１株当たりの利益金額」、「１株当たりの純資産価額（帳簿価額によって計算した金額）」のそれぞれの金額のうち、すべてがゼロである会社（比準要素数０の会社）については、比準できる要素が全くないことから、開業後３年未満の会社等として、純資産価額方式により評価します（評基通189⑷）。

なお、１株当たりの配当金額等が「０」か否かの判定における具体的な計算は、取引相場のない株式の評価明細書の第４表の「比準要素数１の会社・比準要素数０の会社の判定要素の金額」欄により行います。

したがって、「０」であるとは、評価明細書第４表による端数切捨て後の金額が「０」であることをいいます。

評価明細書の書き方

第４表　類似業種比準価額等の計算明細書

会社名　A社

（取引相場のない株式（出資）の評価明細書）

1．1株当たりの資本金等の額等の計算	直前期末の資本金等の額	直前期末の発行済株式数	直前期末の自己株式数	1株当たりの資本金等の額（①÷（②－③））	1株当たりの資本金等の額を50円とした場合の発行済株式数（①÷50円）
	① 10,000千円	② 20,000株	③ 株	④ 500円	⑤ 200,000株

2．比準要素等の金額の計算

1株（50円）当たりの年配当金額　直前期末以前2（3）年間の年平均配当金額

事業年度	⑥ 年配当金額	⑦ 左のうち非経常的な配当金額	⑧ 差引経常的な年配当金額（⑥－⑦）	年平均配当金額
直前期	0千円	0千円	㋑ 0千円	⑨（㋑＋㋺）÷2　0千円
直前々期	0千円	0千円	㋺ 0千円	
直前々期の前期	0千円	0千円	㋩ 0千円	⑩（㋺＋㋩）÷2　0千円

比準要素数1の会社・比準要素数0の会社の判定要素の金額		
⑨/⑤	Ⓑ1 0円	0銭
⑩/⑤	Ⓑ2 0円	0銭
1株（50円）当たりの年配当金額（Ⓑ1の金額）	Ⓑ 0円	0銭

1株（50円）当たりの年利益金額　直前期末以前2（3）年間の利益金額

事業年度	⑪法人税の課税所得金額	⑫非経常的な利益金額	⑬受取配当等の益金不算入額	⑭左の所得税額	⑮損金算入した繰越欠損金の控除額	⑯差引利益金額（⑪－⑫＋⑬－⑭＋⑮）
直前期	20,000千円	30,000千円	0千円	0千円	0千円	㋥ △10,000千円
直前々期	△5,000千円	0千円	0千円	0千円	0千円	㋭ △5,000千円
直前々期の前期	△2,000千円	0千円	0千円	0千円	0千円	㋬ △2,000千円

比準要素数1の会社・比準要素数0の会社の判定要素の金額	
㋥/⑤ 又は （㋥＋㋭）÷2/⑤	Ⓒ1 0円
㋭/⑤ 又は （㋭＋㋬）÷2/⑤	Ⓒ2 0円
1株（50円）当たりの年利益金額（㋥/⑤ 又は （㋥＋㋭）÷2/⑤ の金額）	Ⓒ 0円

1株（50円）当たりの純資産価額　直前期末（直前々期末）の純資産価額

事業年度	⑰ 資本金等の額	⑱ 利益積立金額	⑲ 純資産価額（⑰＋⑱）
直前期	10,000千円	3,000千円	㋣ 13,000千円
直前々期	10,000千円	8,000千円	㋠ 18,000千円

比準要素数1の会社・比準要素数0の会社の判定要素の金額	
㋣/⑤	Ⓓ1 65円
㋠/⑤	Ⓓ2 90円
1株（50円）当たりの純資産価額（Ⓓ1の金額）	Ⓓ 65円

（3．類似業種）比準価額の計算

1株（50円）当たりの比準価額の計算

類似業種と業種目番号	その他の製造業（No. 51）	
課税時期の属する月	10月	㋕ 111円
課税時期の属する月の前月	9月	㋵ 105円
課税時期の属する月の前々月	8月	㋟ 112円
前年平均株価		㋹ 108円
課税時期の属する月以前2年間の平均株価		㋷ 107円
A（㋕、㋵、㋟、㋹及び㋷のうち最も低いもの）		㉓ 105円

区分	1株（50円）当たりの年配当金額	1株（50円）当たりの年利益金額	1株（50円）当たりの純資産価額	1株（50円）当たりの比準価額
評価会社	Ⓑ 0円 0銭	Ⓒ 0円	Ⓓ 65円	㉓ × ㉔ × 0.7 ※
類似業種	B 3円 0銭	C 14円	D 239円	※中会社は0.6 小会社は0.5 とします。
要素別比準割合	Ⓑ/B 0.00	Ⓒ/C 0.00	Ⓓ/D 0.27	
比準割合	（Ⓑ/B ＋ Ⓒ/C ＋ Ⓓ/D）/3 ＝ ㉔ 0.09			㉕ 6円 6銭

1株当たりの比準価額	比準価額（㉒と㉕とのいずれか低い方の金額） × ④の金額/50円	㉖ 66円

比準価額の修正

		修正比準価額
直前期末の翌日から課税時期までの間に配当金交付の効力が発生した場合	比準価額（㉖の金額） － 1株当たりの配当金額 円 銭	㉗ 円
直前期末の翌日から課税時期までの間に株式の割当て等の効力が発生した場合	比準価額（㉖（㉗があるときは㉗）の金額）＋ 割当株式1株当たりの払込金額 円 銭 × 1株当たりの割当株式数 株）÷（1株＋ 1株当たりの割当株式数又は交付株式数 株）	㉘ 円

（注）　上記の類似業種の株価は、実際の株価とは異なります。

解　説

評価会社は、「1株当たりの配当金額」、「1株当たりの利益金額」、「1株当たりの純資産価額（帳簿価額によって計算した金額）」のそれぞれの金額のうち、配当金額及び利益金額が３期連続して「0」であるので、比準要素数1の会社として評価します。

この場合、「比準要素数1の会社」に該当するか否かの判定は、「第2表　特定の評価会社の判定の明細書」により行い、該当する場合の株価等の価額は、「第6表　特定の評価会社の株式及び株式に関する権利の価額の計算明細書」に記入します。

第２表　特定の評価会社の判定の明細書

会社名　A社

（取引相場のない株式（出…	判定要素						判定基準	
	(1)直前期末を基とした判定要素			(2)直前々期末を基とした判定要素				(1)欄のいずれか2の判定要素が0であり、かつ、(2)欄のいずれか2以上の判定要素が0
1．比準要素数１の会社	第4表のⒷ1の金額	第4表のⒸ1の金額	第4表のⒹ1の金額	第4表のⒷ2の金額	第4表のⒸ2の金額	第4表のⒹ2の金額		である（該当）・でない（非該当）
	0円 0銭	0円	65円	0円 0銭	0円	90円	判定	(該当)　／　非該当

5．開業前又は休業中の会社	開業前の会社の判定		休業中の会社の判定		6．清算中の会社	判定	
	該当	(非該当)	該当	(非該当)		該当	(非該当)

7．特定の評価会社の判定結果	
	(1.) 比準要素数１の会社　　2．株式等保有特定会社 3．土地保有特定会社　　4．開業後３年未満の会社等 5．開業前又は休業中の会社　　6．清算中の会社 （該当する番号を○で囲んでください。なお、上記の「1．比準要素数１の会社」欄から「6．清算中の会社」欄の判定において２以上に該当する場合には、後の番号の判定によります。）

第６表　特定の評価会社の株式及び株式に関する権利の価額の計算明細書

会社名　A社

（取引相場のない株式（出…		1株当たりの価額の計算の基となる金額	類似業種比準価額（第4表の㉖、㉗又は㉘の金額）	1株当たりの純資産価額（第5表の⑪の金額）	1株当たりの純資産価額の80％相当額（第5表の⑫の記載がある場合のその金額）
			① 66円	② 995円	③ 円
1 純資	1株当	株式の区分	1株当たりの価額の算定方法等		1株当たりの価額
		比準要素数１の会社の株式	次のうちいずれか低い方の金額 イ　②の金額（③の金額があるときは③の金額） ロ　（①の金額 × 0.25）＋（イの金額 × 0.75）		④ 762円

3．株式に関する権利の価額（1．及び2．に共通）				4．株式及び株式に関する権利の価額（1．及び2．に共通）	
	配当期待権	1株当たりの予想配当金額（　円　銭）－ 源泉徴収されるべき所得税相当額（　円　銭）	㉓ 円 銭	株式の評価額	762円
	株式の割当てを受ける権利（割当株式1株当たりの価額）	⑩（配当還元方式の場合は㉒）の金額 － 割当株式1株当たりの払込金額　円	㉔ 円		
	株主となる権利（割当株式1株当たりの価額）	⑩（配当還元方式の場合は㉒）の金額（課税時期後にその株主となる権利につき払い込むべき金額があるときは、その金額を控除した金額）	㉕ 円	株式に関する権利の評価額	円（円　銭）
	株式無償交付期待権（交付される株式1株当たりの価額）	⑩（配当還元方式の場合は㉒）の金額	㉖ 円		

15　配当還元方式

設　例

甲社は次のとおり株式を発行していますが、この場合のEが所有する株式について評価します。

◆甲　社◆

1単元の株式の数を100株とします。

株　　主	続　　柄	所有株数	議決権数	議決権割合
A	本　　人	10,000株	100個	10　%
B	Aの妻	6,000	60	6
C	Aの長男	4,000	40	4
D	Aの友人	12,000	120	12
E	Aの友人	7,000	70	7
F	Eの配偶者	3,000	30	3
	その他多数の株主	58,000	580	58
	発行済株式数又は議決権の総数	100,000	1,000	100

直前期（令5.4.1～令6.3.31）の配当金額　　4,000,000円

評価上の取扱い

1　原　則

同族株主以外の株主及び少数株式所有者のうちの特定の者（次ページの表参照）が取得した株式は次の配当還元方式によって評価します（評基通188-2）。

$$\frac{\text{その株式に係る年配当金額}}{10\%}\times\frac{\text{その株式の1株当たりの資本金等の額}}{50\text{円}}$$

「その株式に係る年配当金額」は、評価会社の直前期末以前2年間の剰余金の配当金額（特別配当、記念配当等の名称による配当金額のうち、将来毎期継続することが予想できない金額を除きます。）の合計額の2分の1相当額を直前期末における発行済株式数（1株当たりの資本金等の額が50円以外の金額である場合には、直前期末における資本金等の額を50円で除して計算した数によります。）で除して計算した金額をいいます。ただし、年配当金額が2円50銭未満又は無配のときは年配当金額は2円50銭とします。

また、「その株式の1株当たりの資本金等の額」は直前期末の評価会社の資本金等の額を直前期末の発行済株式数（自己株式数を除きます。）で除して計算した金額をいいます。

<table>
<tr><th colspan="5">株主の態様</th><th>評価方式</th></tr>
<tr><td rowspan="6">同族株主のいる会社</td><td rowspan="5">同族株主</td><td colspan="3">取得後の議決権割合が5%以上</td><td rowspan="4">原則的評価方式</td></tr>
<tr><td rowspan="4">取得後の議決権割合が5%未満（少数株式所有者）</td><td colspan="2">中心的な同族株主がいない場合</td></tr>
<tr><td rowspan="3">中心的な同族株主がいる場合</td><td>中心的な同族株主</td></tr>
<tr><td>役員</td></tr>
<tr><td>その他</td><td rowspan="2">配当還元方式</td></tr>
<tr><td colspan="4">同族株主以外の株主</td></tr>
<tr><td rowspan="5">同族株主のいない会社</td><td rowspan="4">議決権割合の合計が15%以上の株主グループに属する株主</td><td colspan="3">取得後の議決権割合が５％以上</td><td rowspan="3">原則的評価方式</td></tr>
<tr><td rowspan="3">取得後の議決権割合が5%未満(少数株式所有者)</td><td colspan="2">中心的な株主がいない場合</td></tr>
<tr><td rowspan="2">中心的な株主がいる場合</td><td>役員</td></tr>
<tr><td>その他</td><td rowspan="2">配当還元方式</td></tr>
<tr><td colspan="4">議決権割合の合計が15%未満のグループに属する株主</td></tr>
</table>

（注）評価会社が比準要素数１の会社、株式等保有特定会社、土地保有特定会社又は開業後３年未満の会社等に該当する場合についても、同様に配当還元価額によって評価します（評基通189-2、189-3、189-4）。

2　特　例

同族株主等以外の株主が取得した株式については、原則として、前記１で述べたように直前期末以前２年間の年配当金額を基として計算した配当還元価額によって評価することとしていますが、その配当還元価額が、その株式について同族株主等が取得した場合に適用される原則的評価方式によって評価した価額を超えることとなる場合には、その原則的評価方式によって計算した金額によって評価することになっています（評基通188-2ただし書、189-2なお書、189-3なお書、189-4なお書）。

3　課税時期において株式の割当てを受ける権利等の発生している場合

一般的に、増資に伴い発行済株式数が増加しても１株当たりの配当金額が減少するとは限らず、増資後においても増資前と同額の配当を行っているケースが多い実情にあることから、課税時期において株式の割当てを受ける権利が発生している場合でも、課税時期の直前期末以前２年間の配当金額だけを算定要素とする配当還元方式により評価する株式の価額の修正は行わないこととしています。

（注）例えば、配当還元方式で評価した株式に係る株式の割当てを受ける権利は、その配当還元価額を基として評価することとしています。

評価明細書の書き方

配当還元方式による評価方法

第１表の１　評価上の株主の判定及び会社規模の判定の明細書

（の評価明細書）

1．株主及び評価方式の判定

判定要素（課税時）

氏名又は名称	続柄	会社における役職名	㋑株式数（株式の種類）	㋺議決権数	㋩議決権割合（㋺/④）
			株	個	%
E	納税義務者		7,000	70	7
F	妻		3,000	30	3

判定基準

納税義務者の属する同族関係者グループの議決権割合（⑤の割合）を基として、区分します。

区分	筆頭株主グループの議決権割合（⑥の割合） 50%超の場合	30%以上50%以下の場合	30%未満の場合	株主の区分
⑤の割合	50%超	30%以上	15%以上	同族株主等
	50%未満	30%未満	（15%未満）	同族株主等以外の株主

判定	
同族株主等（原則的評価方式等）	（同族株主等以外の株主（配当還元方式））

「同族株主等」に該当する納税義務者のうち、議決権割合（㋩の割合）が5%未満の者の評価方式は、「2．少数株式所有者の評価方式の判定」欄により判定します。

（所有状況）

自己株式			
納税義務者の属する同族関係者グループの議決権の合計数		② 100	⑤（②/④） 10
筆頭株主グループの議決権の合計数		③ 200	⑥（③/④） 20
評価会社の発行済株式又は議決権の総数	① 100,000	④ 1,000	100

判定	原則的評価方式等　・　配当還元方式

利益積立金額及び資本金等の額の計算に関する明細書

事業年度	5・4・1 6・3・31	法人名	甲社

別表五㈠

Ⅰ　利益積立金額の計算に関する明細書

区分	期首現在利益積立金額	当期の増減 減	当期の増減 増	差引翌期首現在利益積立金額 ①－②＋③
	①	②	③	④

Ⅱ　資本金等の額の計算に関する明細書

区分		期首現在資本金等の額	当期の増減 減	当期の増減 増	差引翌期首現在資本金等の額 ①－②＋③
		①	②	③	④
資本金又は出資金	32	50,000,000円	円	円	50,000,000円
資本準備金	33	84,849			84,849
	34				
	35				
差引合計額	36	50,084,849			50,084,849

法　0301－0501

株主資本等変動計算書

令和５年４月１日～令和６年３月31日

	株主資本				
	資本金	利益剰余金			
		利益準備金	その他利益剰余金		
			別途積立金	特別償却準備金	繰越利益剰余金
前期末残高	50,000,000	800,000	154,600,000	8,000,000	
剰余金の配当					△4,000,000

（取引相場のない株式（出資）の評価明細書）

第3表　一般の評価会社の株式及び株式に関する権利の価額の計算明細書　会社名　甲社

1．原則的評価方式による価額

1株当たりの価額の計算の基となる金額	類似業種比準価額（第4表の㉖、㉗又は㉘の金額）	1株当たりの純資産価額（第5表の⑪の金額）	1株当たりの純資産価額の80%相当額（第5表の⑫の記載がある場合のその金額）
	① 円	② 円	③ 円

1株当たりの価額の計算 区分	1株当たりの価額の算定方法	1株当たりの価額
大会社の株式の価額	次のうちいずれか低い方の金額（②の記載がないときは①の金額） イ　①の金額 ロ　②の金額	④ 円
中会社の株式の価額	（①と②とのいずれか低い方の金額 × Lの割合 0.）＋（②の金額（③の金額があるときは③の金額） × （1－ Lの割合 0.））	⑤ 円
小会社の株式の価額	次のうちいずれか低い方の金額 イ　②の金額（③の金額があるときは③の金額） ロ　（①の金額 × 0.50）＋（イの金額 × 0.50）	⑥ 円

株式の価額の修正	算定	修正後の株式の価額
課税時期において配当期待権の発生している場合	株式の価額（④、⑤又は⑥の金額） － 1株当たりの配当金額　円　銭	⑦ 円
課税時期において株式の割当てを受ける権利、株主となる権利又は株式無償交付期待権の発生している場合	（株式の価額（④、⑤又は⑥（⑦があるときは⑦）の金額）＋ 割当株式1株当たりの払込金額　円 × 1株当たりの割当株式数　株）÷（1株＋ 1株当たりの割当株式数又は交付株式数　株）	⑧ 円

2．配当還元方式による価額

1株当たりの資本金等の額、発行済株式数等	直前期末の資本金等の額	直前期末の発行済株式数	直前期末の自己株式数	1株当たりの資本金等の額を50円とした場合の発行済株式数（⑨÷50円）	1株当たりの資本金等の額（⑨÷（⑩－⑪））
	⑨ 50,084 千円	⑩ 100,000 株	⑪ 株	⑫ 1,001,680 株	⑬ 500 円

直前期末以前2年間の配当金額　事業年度	⑭ 年配当金額	⑮ 左のうち非経常的な配当金額	⑯ 差引経常的な年配当金額（⑭－⑮）	年平均配当金額
直前期	4,000 千円	千円	㋑ 4,000 千円	⑰（㋑＋㋺）÷2　4,000 千円
直前々期	4,000 千円	千円	㋺ 4,000 千円	

1株（50円）当たりの年配当金額	年平均配当金額（⑰の金額） ÷ ⑫の株式数 ＝	⑱ 3 円 90 銭	この金額が2円50銭未満の場合は2円50銭とします。
配当還元価額	⑱の金額／10% × ⑬の金額／50円 ＝	⑲ 390 円 ／ ⑳ 円	⑲の金額が、原則的評価方式により計算した価額を超える場合には、原則的評価方式により計算した価額とします。

3．株式に関する権利の価額（1．及び2．に共通）

配当期待権	1株当たりの予想配当金額（　円　銭） － 源泉徴収されるべき所得税相当額（　円　銭）	㉑ 円　銭
株式の割当てを受ける権利（割当株式1株当たりの価額）	⑧（配当還元方式の場合は⑳）の金額 － 割当株式1株当たりの払込金額　円	㉒ 円
株主となる権利（割当株式1株当たりの価額）	⑧（配当還元方式の場合は⑳）の金額（課税時期後にその株主となる権利につき払い込むべき金額があるときは、その金額を控除した金額）	㉓ 円
株式無償交付期待権（交付される株式1株当たりの価額）	⑧（配当還元方式の場合は⑳）の金額	㉔ 円

4．株式及び株式に関する権利の価額（1．及び2．に共通）

株式の評価額	390 円
株式に関する権利の評価額	円（円　銭）

16　医療法人の出資の評価

設　例

医療法人甲病院の理事長・甲野一郎は令和6年4月10日に死亡し、その出資持分は妻子が相続しました。

被相続人の長男・甲野太郎が相続により取得した同法人の出資の評価をします。

1　課税時期　令和6年4月10日

2　直前期末　令和6年3月31日

3　出資金額

⑴　課税時期　900万円

⑵　直前期末　900万円

⑶　発行済持分数　180,000口

4　従業員

直前期末以前1年間の継続勤務従業員　8人

当該期間の継続勤務従業員以外の従業員の労働時間　2,700時間

5　当該法人の直前期末の貸借対照表及び損益計算書並びに法人税の確定申告書は、次のとおりです（258ページから259ページに掲げる以外の法人税の確定申告書等については省略してあります。）。

貸借対照表

令和6年3月31日

資産の部		負債の部	
1　流動資産		1　流動負債	
現金	12,187,619	買掛金	4,634,552
当座預金	4,814,445	未払金	722,457
普通預金	7,295,797	預り金	2,688,540
未収入金	16,649,000	流動負債合計	8,045,549
棚卸資産	3,426,867	2　固定負債	
流動資産合計	44,373,728	長期借入金	4,145,315
2　固定資産		固定負債合計	4,145,315
建物	2,660,759	負債合計	12,190,864
構築物	1,365,100		
機械装置	6,251,442	純資産の部	
車両運搬具	1,295,134	1　出資金	9,000,000
出資金	1,500,000	2　剰余金	
ゴルフ会員権	14,000,000	繰越利益剰余金	50,255,299
固定資産合計	27,072,435	（うち当期純利益）	5,666,883
		剰余金合計	50,255,299
		純資産合計	59,255,299
資産合計	71,446,163	負債・純資産合計	71,446,163

損益計算書

自　令和５年４月１日　　至　令和６年３月31日

経常損益の部		
1　営業損益		
(1)　売上高		
社会保険収入	122,203,421	
自由診療収入	18,650,585	140,854,006
(2)　売上原価		
期首棚卸高	4,153,135	
当期仕入材料	33,156,912	
期末棚卸高	3,921,768	33,388,279
売上総利益		107,465,727
(3)　販売費及び一般管理費		100,648,815
営業利益		6,816,912
2　営業外損益		
(1)　営業外収益		836,400
(2)　営業外費用		200,000
経常利益		7,453,312
特別損益の部		
1　特別利益		
貸倒引当金戻入益	243,454	243,454
2　特別損失		
固定資産売却損	2,029,883	2,029,883
当期純利益		5,666,883
前期繰越利益		44,588,416
繰越利益剰余金		50,255,299

評価上の取扱い

⑴　医療法人の区分

医療法人は次のように区分されます。

医療法人
- ①　財団たる医療法人
- ②　社団たる医療法人
  - (a)　持分の定めのないもの
  - (b)　持分の定めのあるもの

このうち、財産評価上、取引相場のない株式の評価に準じて評価されることとされているのは、社団たる医療法人で持分の定めのあるものに限られており、その他の医療法人については評価しません。その理由は次のとおりです。

①　財団たる医療法人

財団たる医療法人は、まさに「財団」法人であって、その財団に法人格が認められているため、出資持分の概念がないことから、評価しません。

②　社団たる医療法人

(a)　持分の定めのないもの

民法の社団法人に類似しており、各社員は、その出資について何らの持分権を有しないため、評価しません。

(b)　持分の定めのあるもの

各社員は、社員権として出資に対する持分権を有しており、その持分は、通常、自由に譲渡又は質入れすることができますし、また、相続・遺贈の対象ともなるため、取引相場のない株式の評価に準じて評価することとなります。

⑵　評価上の留意点

医療法人は、①剰余金の配当が禁止されていること、②各社員には出資義務が強制されておらず、社員には出資を有するものと出資を有しないものとの併存が禁止されていないこと、また一方、③各社員の議決権は平等であり、出資と議決権とが結びついていないこと等により、取引相場のない株式の評価方法をすべて準用できるわけではありません。

そこで、取引相場のない株式の評価方法と医療法人の出資の評価方法の主な相違点を掲げると次表のとおりとなります。

<table>
<tr><th></th><th>取引相場のない株式</th><th>医療法人の出資</th></tr>
<tr><td>評価方式</td>
<td>①　原則的評価方式
<table>
<tr><td>大会社</td><td>類似業種比準方式（純資産価額方式との選択可能）</td></tr>
<tr><td>中会社</td><td>類似業種比準方式と純資産価額方式との併用方式（L＝大0.9/中0.75/小0.6）（純資産価額方式との選択可能）</td></tr>
<tr><td>小会社</td><td>純資産価額方式（併用方式（L＝0.5）との選択可能）</td></tr>
</table>
②　特例的評価方式……配当還元方式（原則的評価方式による評価額が上限）
③　特定の評価会社（「比準要素数１の会社」を含む。）の株式の評価方式
原則：純資産価額方式
○比準要素数１の会社の株式
併用方式（L＝0.25）との選択可能
○株式保有特定会社の株式
「S_1+S_2」方式との選択可能</td>
<td>①　原則的評価方式
<table>
<tr><td>大会社相当</td><td>類似業種比準方式（純資産価額方式との選択可能）</td></tr>
<tr><td>中会社相当</td><td>類似業種比準方式と純資産価額方式との併用方式（L＝大0.9/中0.75/小0.6）（純資産価額方式との選択可能）</td></tr>
<tr><td>小会社相当</td><td>純資産価額方式（併用方式（L＝0.5）との選択可能）</td></tr>
</table>
②　特例的評価方式はありません。
③　特定の評価会社（「比準要素数１の会社」を含む。）の株式に相当する出資の評価方式
原則：純資産価額方式
○比準要素数１の会社の株式に相当する出資
併用方式（L＝0.25）との選択可能
○株式保有特定会社の株式に相当する出資
「S_1+S_2」方式との選択可能</td></tr>
</table>

類似業種比準価額の計算式	$A\times\left[\dfrac{\dfrac{\text{Ⓑ}}{B}+\dfrac{\text{Ⓒ}}{C}+\dfrac{\text{Ⓓ}}{D}}{3}\right]\times 0.7\left(\begin{array}{l}\text{中会社 0.6}\\ \text{小会社 0.5}\end{array}\right)$	$A\times\left[\dfrac{\dfrac{\text{Ⓒ}}{C}+\dfrac{\text{Ⓓ}}{D}}{2}\right]\times 0.7\left(\begin{array}{l}\text{中会社}\\ \text{小会社}\end{array}\text{相当}\begin{array}{l}0.6\\ 0.5\end{array}\right)$
純資産価額	株式の取得者とその同族関係者の有する議決権の合計数が議決権総数の 50 %以下の場合 純資産価額×80 %	いかなる場合も 純資産価額×100 %
「比準要素数１の会社」の類似業種比準価額の修正計算式	1　利益金額Ⓒのみの場合 $A\times\left[\dfrac{\dfrac{\text{Ⓒ}}{C}}{3}\right]\times 0.7\left(\begin{array}{l}\text{中会社 0.6}\\ \text{小会社 0.5}\end{array}\right)$ 2　配当金額Ⓑ又は簿価純資産価額Ⓓのみの場合 $A\times\left[\dfrac{\dfrac{\text{Ⓑ}}{B}\text{又は}\dfrac{\text{Ⓓ}}{D}}{3}\right]\times 0.7\left(\begin{array}{l}\text{中会社 0.6}\\ \text{小会社 0.5}\end{array}\right)$	1　利益金額Ⓒのみの場合 $A\times\left[\dfrac{\dfrac{\text{Ⓒ}}{C}}{2}\right]\times 0.7\left(\begin{array}{l}\text{中会社}\\ \text{小会社}\end{array}\text{相当}\begin{array}{l}0.6\\ 0.5\end{array}\right)$ 2　簿価純資産価額Ⓓのみの場合 $A\times\left[\dfrac{\dfrac{\text{Ⓓ}}{D}}{2}\right]\times 0.7\left(\begin{array}{l}\text{中会社}\\ \text{小会社}\end{array}\text{相当}\begin{array}{l}0.6\\ 0.5\end{array}\right)$
「S_1」における類似業種比準価額の修正計算式	1　原則的な場合 $A\times\left[\dfrac{\dfrac{\text{Ⓑ}-\text{ⓑ}}{B}+\dfrac{\text{Ⓒ}-\text{ⓒ}}{C}+\dfrac{\text{Ⓓ}-\text{ⓓ}}{D}}{3}\right]\times 0.7\left(\begin{array}{l}\text{中会社 0.6}\\ \text{小会社 0.5}\end{array}\right)$ 2　比準要素数１の場合（L＝0.25） (1)　利益金額Ⓒのみの場合 $A\times\left[\dfrac{\dfrac{\text{Ⓒ}-\text{ⓒ}}{C}}{3}\right]\times 0.7\left(\begin{array}{l}\text{中会社 0.6}\\ \text{小会社 0.5}\end{array}\right)$ (2)　配当金額Ⓑ又は簿価純資産価額Ⓓのみの場合 $A\times\left[\dfrac{\dfrac{\text{Ⓑ}-\text{ⓑ}}{B}\text{又は}\dfrac{\text{Ⓓ}-\text{ⓓ}}{D}}{3}\right]\times 0.7\left(\begin{array}{l}\text{中会社 0.6}\\ \text{小会社 0.5}\end{array}\right)$	1　原則的な場合 $A\times\left[\dfrac{\dfrac{\text{Ⓒ}-\text{ⓒ}}{C}+\dfrac{\text{Ⓓ}-\text{ⓓ}}{D}}{2}\right]\times 0.7\left(\begin{array}{l}\text{中会社}\\ \text{小会社}\end{array}\text{相当}\begin{array}{l}0.6\\ 0.5\end{array}\right)$ 2　比準要素数１の場合（L＝0.25） (1)　利益金額Ⓒのみの場合 $A\times\left[\dfrac{\dfrac{\text{Ⓒ}-\text{ⓒ}}{C}}{2}\right]\times 0.7\left(\begin{array}{l}\text{中会社}\\ \text{小会社}\end{array}\text{相当}\begin{array}{l}0.6\\ 0.5\end{array}\right)$ (2)　簿価純資産価額Ⓓのみの場合 $A\times\left[\dfrac{\dfrac{\text{Ⓓ}-\text{ⓓ}}{D}}{2}\right]\times 0.7\left(\begin{array}{l}\text{中会社}\\ \text{小会社}\end{array}\text{相当}\begin{array}{l}0.6\\ 0.5\end{array}\right)$
配当期待権の評価	あり	なし
予想配当による株価の修正等	あり	なし

別表一　各事業年度の所得に係る申告書－内国法人の分……令五・四・一以後終了事業年度等分

税務署受付印	令和　年　月　日　税務署長殿
納税地	電話(　　)　－
(フリガナ)	イリョウホウジン コウビョウイン
法人名	医療法人 甲病院
法人番号	
(フリガナ)	コウノ　イチロウ
代表者	甲野　一郎
代表者住所	

通算グループ整理番号	
通算親法人整理番号	
法人区分	普通法人（特定の医療法人を除く）、一般社団法人等、みなし公益法人等又は人格のない社団等／左記以外の公益法人等、協同組合等又は特定の医療法人
事業種目	医療
期末現在の資本金の額又は出資金の額	9,000,000 円　非中小法人
同上が1億円以下の普通法人のうち中小法人に該当しないもの	
同非区分	特定同族会社　同族会社　非同族会社
旧納税地及び旧法人名等	
添付書類	貸借対照表、損益計算書、株主（社員）資本等変動計算書又は損益金処分表、勘定科目内訳明細書、事業概況書、組織再編成に係る契約書等の写し、組織再編成に係る移転資産等の明細書

※税務署処理欄	
青色申告	一連番号
整理番号	
事業年度（至）	年　月　日
売上金額	兆　十億　百万
申告年月日	年　月　日
通信日付印	確認　庁指定　局指定　指導等　区分
年月日	
申告区分	法人税：中間　期限後　修正／地方法人税：中間　期限後　修正

令和 05 年 04 月 01 日から令和 06 年 03 月 31 日までの事業年度分の法人税 確定 申告書
課税事業年度分の地方法人税 確定 申告書
（中間申告の場合の計算期間　令和　年　月　日～令和　年　月　日）

適用額明細書提出の有無	有・無 ○
税理士法第30条の書面提出有	有
税理士法第33条の2の書面提出有	有

この申告書による法人税額の計算

項目	番号	金額（円）
所得金額又は欠損金額（別表四「52の①」）	1	6169983
法人税額 (48)+(49)+(50)	2	925350
法人税額の特別控除額（別表六(六)「5」）	3	
税額控除超過額相当額等の加算額	4	
土地譲渡利益金額 課税土地譲渡利益金額（別表三(二)「24」）+（別表三(二の二)「25」）+（別表三(三)「20」）	5	000
同上に対する税額 (62)+(63)+(64)	6	
留保金 課税留保金額（別表三(一)「4」）	7	000
同上に対する税額（別表三(一)「8」）	8	
		00
法人税額計 (2)−(3)+(4)+(6)+(8)	9	925350
分配時調整外国税相当額及び外国関係会社等に係る控除対象所得税額等相当額の控除額（別表六(五の二)「7」）+（別表十七(三の六)「3」）	10	
仮装経理に基づく過大申告の更正に伴う控除法人税額	11	
控除税額 ((9)−(10)−(11))と(18)のうち少ない金額	12	3700
差引所得に対する法人税額 (9)−(10)−(11)−(12)	13	921600
中間申告分の法人税額	14	421700
差引確定法人税額 (13)−(14)（中間申告の場合はその税額とし、マイナスの場合は(22)へ記入）	15	499900

この申告書による地方法人税額の計算

項目	番号	金額（円）
課税標準法人税額の計算 基準法人税額 所得の金額に対する法人税額 (2)−(3)+(4)+(6)+(9の外書)−別表六(二)付表六「7の計」	28	925350
課税留保金額に対する法人税額 (8)	29	
課税標準法人税額 (28)+(29)	30	925000
地方法人税額 (53)	31	40700
税額控除超過額相当額の加算額（別表六(二)付表六「14の計」）	32	
課税留保金額に係る地方法人税額 (54)	33	
所得地方法人税額 (31)+(32)+(33)	34	40700
分配時調整外国税相当額及び外国関係会社等に係る控除対象所得税額等相当額の控除額（(別表六(五の二)「8」+別表十七(三の六)「4」)と(34)のうち少ない金額）	35	
仮装経理に基づく過大申告の更正に伴う控除地方法人税額	36	
外国税額の控除額 (((34)−(35)−(36))と(65)のうち少ない金額)	37	
差引地方法人税額 (34)−(35)−(36)−(37)	38	40700
中間申告分の地方法人税額	39	00
差引確定地方法人税額 (38)−(39)（中間申告の場合はその税額とし、マイナスの場合は(42)へ記入）	40	40700

控除税額の計算

項目	番号	金額（円）
所得税の額（別表六(一)「6の③」）	16	3700
外国税額（別表六(二)「23」）	17	
計 (16)+(17)	18	3700
控除した金額 (12)	19	3700
控除しきれなかった金額 (18)−(19)	20	

この申告による還付金額

項目	番号	金額（円）
所得税額等の還付金額 (20)	21	
中間納付額 (14)−(13)	22	
欠損金の繰戻しによる還付請求税額	23	外
計 (21)+(22)+(23)	24	外

項目	番号	金額（円）
この申告が修正申告である場合のこの申告により納付すべき法人税額又は減少する還付請求税額 (57)	25	外　00
欠損金等の当期控除額（別表七(一)「4の計」）+（別表七(三)「9」若しくは「21」又は別表七(四)「10」）	26	
翌期へ繰り越す欠損金額（別表七(一)「5の合計」）	27	

この申告による還付金額（地方法人税）

項目	番号	金額（円）
外国税額の還付金額 (67)	41	
中間納付額 (39)−(38)	42	
計 (41)+(42)	43	外

項目	番号	金額（円）
この申告が修正申告である場合のこの申告により納付すべき地方法人税額 (61)	44	00
剰余金・利益の配当（剰余金の分配）の金額		
残余財産の最後の分配又は引渡しの日		令和　年　月　日
決算確定の日		令和　年　月　日

還付を受けようとする金融機関等	
銀行・金庫・組合・農協・漁協	本店・支店　出張所　本所・支所　預金
郵便局名等	
口座番号	ゆうちょ銀行の貯金記号番号　－
※税務署処理欄	

税理士署名	

（注）　この申告書の税額は、実際の法人税額等とは異なります。

利益積立金額及び資本金等の額の計算に関する明細書

事業年度	05・4・1 06・3・31	法人名	(医) 甲病院

別表五(一)　令五・四・一以後終了事業年度分

Ⅰ　利益積立金額の計算に関する明細書

区分		期首現在利益積立金額	当期の増減 減	当期の増減 増	差引翌期首現在利益積立金額 ①－②＋③
		①	②	③	④
利益準備金	1	円	円	円	円
積立金	2				
	3				
	4				
	5				
	6				
	7				
	8				
	9				
	10				
	11				
	12				
	13				
	14				
	15				
	16				
	17				
	18				
	19				
	20				
	21				
	22				
	23				
	24				
繰越損益金（損は赤）	25	44,588,416	44,588,416	50,255,299	50,255,299
納税充当金	26				
未納法人税等（退職年金等積立金に対するものを除く。） 未納法人税及び未納地方法人税（附帯税を除く。）	27	△ 540,600	△ 915,000	中間 △ 確定 △2,185,800	△ 730,200
未払通算税効果額（附帯税の額に係る部分の金額を除く。）	28			中間 確定	
未納道府県民税（均等割額を含む。）	29	△ 21,200	△ 51,163	中間 △ 確定 △113,863	△ 41,500
未納市町村民税（均等割額を含む。）	30	△ 51,900	△ 133,237	中間 △ 確定 △295,737	△ 110,600
差引合計額	31	45,202,116	43,489,016	47,659,899	49,372,999

Ⅱ　資本金等の額の計算に関する明細書

区分		期首現在資本金等の額	当期の増減 減	当期の増減 増	差引翌期首現在資本金等の額 ①－②＋③
		①	②	③	④
資本金又は出資金	32	9,000,000 円	円	円	9,000,000 円
資本準備金	33				
	34				
	35				
差引合計額	36	9,000,000			9,000,000

評価明細書の書き方

貸借対照表

令和 6 年 3 月31日

資産の部		負債の部	
1　流動資産		1　流動負債	
現　　金	12,187,619	買　掛　金	4,634,552
当座預金	4,814,445	未　払　金	722,457
普通預金	7,295,797	預　り　金	2,688,540
未収入金	16,649,000	流動負債合計	8,045,549
機械装置	6,251,442	純資産の部	
車両運搬具	1,295,134	1　出　資　金	9,000,000
出　資　金	1,500,000	2　剰　余　金	
ゴルフ会員権	14,000,000	繰越利益剰余金	50,255,299
固定資産合計	27,072,435	(うち当期純利益)	5,666,883
		剰余金合計	50,255,299
		純資産合計	59,255,299
資産合計	71,446,163	負債・純資産合計	71,446,163

損益計算書

自　令和 5 年 4 月 1 日　　至　令和 6 年 3 月31日

経常損益の部		
1　営業損益		
(1)　売上高		
社会保険収入	122,203,421	
自由診療収入	18,650,585	140,854,006
(2)　売上原価		
期首棚卸高	4,153,135	
当期仕入材料	33,156,912	
期末棚卸高	3,921,768	33,388,279
売上総利益		107,465,727
(3)　販売費及び一般管理費		100,648,815
営業利益		6,816,912

第１表の２　評価上の株主の判定及び会社規模の判定の明細書（続）　会社名　（医）甲病院

（取引相場のない株式（出資）の評価明細書）

3．会社の規模（Lの割合）の判定

	項目	金額	項目	人数
判定要素	直前期末の総資産価額（帳簿価額）	千円 71,446	直前期末以前１年間における従業員数	9.5人 〔従業員数の内訳〕 （継続勤務従業員数）（8人）＋（継続勤務従業員以外の従業員の労働時間の合計時間数）（2,700時間）／1,800時間
	直前期末以前１年間の取引金額	千円 140,854		

判定基準	㋣　直前期末以前１年間における従業員数に応ずる区分	70人以上の会社は、大会社（㋠及び㋷は不要）
		70人未満の会社は、㋠及び㋷により判定

㋠ 総資産価額（帳簿価額）：卸売業	㋠ 総資産価額（帳簿価額）：小売・サービス業	㋠ 総資産価額（帳簿価額）：卸売業、小売・サービス業以外	㋠ 従業員数	㋷ 取引金額：卸売業	㋷ 取引金額：小売・サービス業	㋷ 取引金額：卸売業、小売・サービス業以外	会社規模とLの割合（中会社）の区分
20億円以上	15億円以上	15億円以上	35人超	30億円以上	20億円以上	15億円以上	大会社
4億円以上20億円未満	5億円以上15億円未満	5億円以上15億円未満	35人超	7億円以上30億円未満	5億円以上20億円未満	4億円以上15億円未満	中会社 0.90
2億円以上4億円未満	2億5,000万円以上5億円未満	2億5,000万円以上5億円未満	20人超35人以下	3億5,000万円以上7億円未満	2億5,000万円以上5億円未満	2億円以上4億円未満	中会社 0.75
7,000万円以上2億円未満	（4,000万円以上2億5,000万円未満）	5,000万円以上2億5,000万円未満	（5人超20人以下）	2億円以上3億5,000万円未満	（6,000万円以上2億5,000万円未満）	8,000万円以上2億円未満	中会社 （0.60）
7,000万円未満	4,000万円未満	5,000万円未満	5人以下	2億円未満	6,000万円未満	8,000万円未満	小会社

・「会社規模とLの割合（中会社）の区分」欄は、㋠欄の区分（「総資産価額（帳簿価額）」と「従業員数」とのいずれか下位の区分）と㋷欄（取引金額）の区分とのいずれか上位の区分により判定します。

判定	大会社	中会社 L の割合			小会社
		0.90	0.75	（0.60）	

4．増（減）資の状況その他評価上の参考事項

会社規模を判定する際の業種は「小売・サービス業」として判定します。

第１表の１　評価上の株主の判定及び会社規模の判定の明細書

（取引相場のない株式（出資）の評価明細書）

整理番号	

会社名	（電話　　）医療法人　甲病院	本店の所在地	××××
代表者氏名	甲野一郎	事業内容	取扱品目及び製造、卸売、小売等の区分：一般病院／業種目番号：113／取引金額の構成比：100％
課税時期	06年　4月　10日		
直前期	自 05年　4月　1日 至 06年　3月　31日		

1．株主及び評価方式の判定

判定要素（課税時期現在の株式等の所有状況）

氏名又は名称	続柄	会社における役職名	㋑株式数（株式の種類）	㋺議決権数	㋩議決権割合（㋺/④）
			株	個	%
甲野太郎	納税義務者		40,000		
〃　花子	母		30,000		
〃　次郎	弟		40,000		
〃　三郎	弟		40,000		
自己株式					
納税義務者の属する同族関係者グループの議決権の合計数				②	⑤（②/④）
筆頭株主グループの議決権の合計数				③	⑥（③/④）
評価会社の発行済株式又は議決権の総数			① 180,000	④	100

判定基準：納税義務者の属する同族関係者グループの議決権割合（⑤の割合）を基として、区分します。

区分	筆頭株主グループの議決権割合（⑥の割合）：50%超の場合	30%以上50%以下の場合	30%未満の場合	株主の区分
⑤の割合	50%超	30%以上	15%以上	同族株主等
	50%未満	30%未満	15%未満	同族株主等以外の株主

判定	同族株主等（原則的評価方式等）	同族株主等以外の株主（配当還元方式）

「同族株主等」に該当する納税義務者のうち、議決権割合（㋩の割合）が5%未満の者の評価方式は、「2．少数株式所有者の評価方式の判定」欄により判定します。

2．少数株式所有者の評価方式の判定

項目	判定内容
氏名	
㋥役員	である〔原則的評価方式等〕・でない（次の㋭へ）
㋭納税義務者が中心的な同族株主	である〔原則的評価方式等〕・でない（次の㋬へ）
㋬納税義務者以外に中心的な同族株主（又は株主）	がいる（配当還元方式）・がいない〔原則的評価方式等〕（氏名　　）
判定	原則的評価方式等　・　配当還元方式

「株式数」欄は、相続による取得後の持分数を記載します。

これらの欄については、医療法人の出資の評価上配当還元方式の準用はないので記載しません。

利益積立金額及び資本金等の額の計算に関する明細書

事業年度	05・4・1 06・3・31	法人名	（医）甲病院

別表五(一)

Ⅰ　利益積立金額の計算に関する明細書

区分		期首現在利益積立金額 ①	当期の増減 減 ②	当期の増減 増 ③	差引翌期首現在利益積立金額 ①−②+③ ④
利益準備金	1	円	円	円	円
積立金	2				

Ⅱ　資本金等の額の計算に関する明細書

区分		期首現在資本金等の額 ①	当期の増減 減 ②	当期の増減 増 ③	差引翌期首現在資本金等の額 ①−②+③ ④
資本金又は出資金	32	9,000,000 円	円	円	9,000,000 円
資本準備金	33				
	34				
	35				
差引合計額	36	9,000,000			9,000,000

別表一　各事業年度の所得に係る申告書－内国法人の分……令五・四・一以後終了事業

税務署受付印	令和　年　月　日　税務署長殿
納税地	電話(　　)　－
(フリガナ)	イリョウホウジン　コウビョウイン
法人名	医療法人 甲病院
法人番号	
(フリガナ)	コウノ　イチロウ
代表者	甲野　一郎
代表者住所	

所管 / 業種目 / 概況書 / 要否 / 別表等	
通算グループ整理番号	
通算親法人整理番号	
法人区分	普通法人（特定の医療法人を除く）、一般社団法人等、みなし公益法人等又は人格のない社団等 / 左記以外の公益法人等、協同組合等又は特定の医療法人
事業種目	医療
期末現在の資本金の額又は出資金の額	9,000,000 円　非中小法人（同上が1億円以下の普通法人のうち中小法人に該当しないもの）
同非区分	特定同族会社 / 同族会社 / 非同族会社
旧納税地及び旧法人名等	
添付書類	貸借対照表、損益計算書、株主(社員)資本等変動計算書又は損益金処分表、勘定科目内訳明細書、事業概況書、組織再編成に係る契約書等の写し、組織再編成に係る移転資産等の明細書

※税務署処理欄

青色申告	一連番号
整理番号	
事業年度(至)	年　月　日
売上金額	兆　十億　百万
申告年月日	年　月　日
通信日付印 / 確認 / 庁指定 / 局指定 / 指導等 / 区分	年 月 日
申告区分	法人税：中間 / 期限後 / 修正　地方法人税：中間 / 期限後 / 修正

令和 05 年 04 月 01 日　事業年度分の法人税　確定　申告書
令和 06 年 03 月 31 日　課税事業年度分の地方法人税　確定　申告書
（中間申告の場合の計算期間　令和　年　月　日　令和　年　月　日）

適用額明細書提出の有無	有	無
税理士法第30条の書面提出有	有	
税理士法第33条の2の書面提出有	有	

この申告書による……

区分		金額（十億・百万・千・円）
所得金額又は欠損金額（別表四「52の①」）	1	6169983
法人税額 (48)+(49)+(50)	2	925350
法人税額の特別控除額（別表六(六)「5」）	3	
税額控除超過額相当額等の加算額	4	
土地譲渡利益金：課税土地譲渡利益金額（別表三(二)「24」）+（別表三(二の二)「25」）+（別表三(三)「20」）	5	000
土地譲渡利益金：同上に対する税額 (62)+(63)+(64)	6	
留保：課税留保金額（別表三(一)「4」）	7	000
留保：同上に対する税額	[illegible]	

区分		金額（十億・百万・千・円）
控除税額の計算：所得税の額（別表六(一)「6の③」）	16	3700
控除税額の計算：外国税額（別表六(二)「23」）	17	
控除税額の計算：計 (16)+(17)	18	3700
控除税額の計算：控除した金額 (12)	19	3700
控除税額の計算：控除しきれなかった金額 (18)−(19)	20	
この申告：所得税額等の還付金額 (20)	21	
この申告：中間納付額 (14)−(13)	22	

直前期末の発行済持分数180,000口

第４表　類似業種比準価額等の計算明細書

（取引相場のない株式（出資）の評価明細書）

会社名　（医）甲病院

1．1株当たりの資本金等の額等の計算

直前期末の資本金等の額	直前期末の発行済株式数	直前期末の自己株式数	1株当たりの資本金等の額（①÷（②－③））	1株当たりの資本金等の額を50円とした場合の発行済株式数（①÷50円）
① 9,000千円	② 180,000株	③ 株	④ 50円	⑤ 180,000株

2．比準要素等の金額の計算

1株（50円）当たりの年配当金額（この欄には斜線が引かれています）

直前期末以前２（３）年間の年平均配当金額

事業年度	⑥ 年配当金額	⑦ 左のうち非経常的な配当金額	⑧ 差引経常的な年配当金額（⑥－⑦）	年平均配当金額
直前期	千円	千円	㋑ 千円	⑨（㋑＋㋺）÷2 千円
直前々期	千円	千円	㋺ 千円	
直前々期の前期	千円	千円	㋩ 千円	⑩（㋺＋㋩）÷2 千円

比準要素数1の会社・比準要素数0の会社の判定要素の金額		
⑨／⑤	B_1 円	0 銭
⑩／⑤	B_2 円	0 銭
1株（50円）当たりの年配当金額（B_1 の金額）		
Ⓑ	円	銭

1株（50円）当たりの年利益金額

直前期末以前２（３）年間の利益金額

事業年度	⑪法人税の課税所得金額	⑫非経常的な利益金額	⑬受取配当等の益金不算入額	⑭左の所得税額	⑮損金算入した繰越欠損金の控除額	⑯差引利益金額（⑪－⑫＋⑬－⑭＋⑮）
直前期	6,169千円	千円	千円	千円	千円	㊁ 6,169千円
直前々期	6,855千円	千円	千円	千円	千円	㋭ 6,855千円
直前々期の前期	14,229千円	千円	千円	千円	千円	㋬ 14,229千円

比準要素数1の会社・比準要素数0の会社の判定要素の金額	
㊁／⑤ ~~又は（㊁＋㋭）÷2／⑤~~	C_1 34円
~~㋭／⑤ 又は~~（㋭＋㋬）÷2／⑤	C_2 58円
1株（50円）当たりの年利益金額〔㊁／⑤ 又は（㊁＋㋭）÷2／⑤ の金額〕	
Ⓒ	34円

1株（50円）当たりの純資産価額

直前期末（直前々期末）の純資産価額

事業年度	⑰ 資本金等の額	⑱ 利益積立金額	⑲ 純資産価額（⑰＋⑱）
直前期	9,000千円	49,372千円	㋣ 58,372千円
直前々期	9,000千円	43,926千円	㋠ 52,926千円

比準要素数1の会社・比準要素数0の会社の判定要素の金額	
㋣／⑤	D_1 324円
㋠／⑤	D_2 294円
1株（50円）当たりの純資産価額（D_1 の金額）	
Ⓓ	324円

3．類似業種比準価額の計算

1株（50円）当たりの比準価額の計算

類似業種と業種目番号	その他の産業（No.113）
課税時期の属する月	4月　㋷ 310円
課税時期の属する月の前月	3月　㋦ 320円
課税時期の属する月の前々月	2月　㋸ 313円
前年平均株価	㋾ 308円
課税時期の属する月以前2年間の平均株価	㋻ 299円
A（㋷、㋦、㋸、㋾及び㋻のうち最も低いもの）	⑳ 299円

比準割合の計算

区分	1株（50円）当たりの年配当金額	1株（50円）当たりの年利益金額	1株（50円）当たりの純資産価額	1株（50円）当たりの比準価額
評価会社	Ⓑ 円 0銭	Ⓒ 34円	Ⓓ 324円	⑳ × ㉑ × 0.7 ※
類似業種	B 円 0銭	C 21円	D 245円	※中会社は0.6 小会社は0.5 とします。
要素別比準割合	Ⓑ／B　.	Ⓒ／C 1.61	Ⓓ／D 1.32	
比準割合	（Ⓑ／B ＋ Ⓒ／C ＋ Ⓓ／D）÷2 ＝ ㉑ 1.46			㉒ 261円 9 0銭

類似業種と業種目番号	（No.　）
課税時期の属する月	月　㋹ 円
課税時期の属する月の前月	月　㋵ 円
課税時期の属する月の前々月	月　㋕ 円
前年平均株価	㋹ 円
課税時期の属する月以前2年間の平均株価	㋡ 円
A（㋹、㋵、㋕、㋹及び㋡のうち最も低いもの）	㉓ 円

区分	1株（50円）当たりの年配当金額	1株（50円）当たりの年利益金額	1株（50円）当たりの純資産価額	1株（50円）当たりの比準価額
評価会社	Ⓑ 円 0銭	Ⓒ 円	Ⓓ 円	㉓ × ㉔ × 0.7 ※
類似業種	B 円 0銭	C 円	D 円	※中会社は0.6 小会社は0.5 とします。
要素別比準割合	Ⓑ／B　.	Ⓒ／C　.	Ⓓ／D　.	
比準割合	（Ⓑ／B ＋ Ⓒ／C ＋ Ⓓ／D）÷3 ＝ ㉔　.			㉕ 円 0銭

1株当たりの比準価額	比準価額（㉒と㉕とのいずれか低い方の金額）× ④の金額／50円	㉖ 261円

比準価額の修正

		修正比準価額
直前期末の翌日から課税時期までの間に配当金交付の効力が発生した場合（この欄には斜線が引かれています）	比準価額（㉖の金額）－ 1株当たりの配当金額 円 銭	㉗ 円
直前期末の翌日から課税時期までの間に株式の割当て等の効力が発生した場合	比準価額（㉖（㉗があるときは㉗）の金額）＋ 割当株式1株当たりの払込金額 円 銭 × 1株当たりの割当株式数 株）÷（1株＋ 1株当たりの割当株式数又は交付株式数 株）	㉘ 円

これらの欄については、医療法人は配当が禁止されているので記載しません。

利益積立金額及び資本金等の額の計算に関する明細書

事業年度	05・4・1 06・3・31	法人名	（医）甲病院

別表五（一）

I　利益積立金額の計算に関する明細書

区分			期首現在利益積立金額 ①	当期の増減 減 ②	当期の増減 増 ③	差引翌期首現在利益積立金額 ①−②+③ ④
			円	円	円	円
		25				
繰越損益金（損は赤）		26	44,588,416	44,588,416	50,255,299	50,255,299
納税充当金		27				
未納法人税等（退職年金等積立金に対するものを除く。）	未納法人税及び未納地方法人税（附帯税を除く。）	28	△　540,600	△　915,000	中間 △ 確定 △2,185,800	△　730,200
	未納道府県民税（均等割額及び利子割額を含む。）	29	△　21,200	△　51,163	中間 △ 確定 △　113,863	△　41,500
	未納市町村民税（均等割額を含む。）	30	△　51,900	△　133,237	中間 △ 確定 △　295,737	△　110,600
差引合計額		31	45,202,116	43,489,016	47,659,899	49,372,999

類似業種比準価額計算上の業種目及び業種目別株価等（令和６年分）

（単位：円）

業種目（大分類／中分類／小分類）	番号	内容	B 配当金額	C 利益金額	D 簿価純資産価額	A（株価）令和5年平均	5年11月分	5年12月分
その他の産業	113	1から112に該当するもの以外のもの	*4.1*	*21*	*245*	*308*	*289*	*302*

類似業種比準価額計算上の業種目及び業種目別株価等（令和６年分）

（単位：円）

A（株価）【上段：各月の株価、下段：課税時期の属する月以前２年間の平均株価】

業種目（大分類／中分類／小分類）	番号	令和6年1月分	2月分	3月分	4月分	5月分	6月分	7月分	8月分	9月分	10月分	11月分	12月分
その他の産業	113	*303* *299*	*313* *300*	*320* *311*	*310* *299*								

（注）　この株価表は仮に設定したもので、実際の株価表とは異なりますので御注意ください。

第４表　類似業種比準価額等の計算明細書

会社名　（医）甲病院

（取引相場のない株式（出資）の評価明細書）

１．１株当たりの資本金等の額等の計算	直前期末の資本金等の額	直前期末の発行済株式数	直前期末の自己株式数	１株当たりの資本金等の額（①÷（②－③））	１株当たりの資本金等の額を50円とした場合の発行済株式数（①÷50円）
	① 9,000 千円	② 180,000 株	③ 株	④ 50 円	⑤ 180,000 株

２．比準要素等の金額の計算

１株（50円）当たりの年配当金額

直前期末以前２（３）年間の年平均配当金額				
事業年度	⑥ 年配当金額	⑦ 左のうち非経常的な配当金額	⑧ 差引経常的な年配当金額（⑥－⑦）	年平均配当金額
直前期	千円	千円	㋑ 千円	⑨（㋑＋㋺）÷２ 千円
直前々期	千円	千円	㋺ 千円	
直前々期の前期	千円	千円	㋩ 千円	⑩（㋺＋㋩）÷２ 千円

比準要素数１の会社・比準要素数０の会社の判定要素の金額	
⑨／⑤	Ⓑ₁ 円 0 銭
⑩／⑤	Ⓑ₂ 円 0 銭
１株（50円）当たりの年配当金額（Ⓑ₁の金額）	Ⓑ 円 銭

１株（50円）当たりの年利益金額

直前期末以前２（３）年間の利益金額						
事業年度	⑪法人税の課税所得金額	⑫非経常的な利益金額	⑬受取配当等の益金不算入額	⑭左の所得税額	⑮損金算入した繰越欠損金の控除額	⑯差引利益金額（⑪－⑫＋⑬－⑭＋⑮）
直前期	6,169 千円	千円	千円	千円	千円	㊁ 6,169 千円
直前々期	6,855 千円	千円	千円	千円	千円	㊭ 6,855 千円
直前々期の前期	14,229 千円	千円	千円	千円	千円	㊀ 14,229 千円

比準要素数１の会社・比準要素数０の会社の判定要素の金額	
㊁／⑤ 又は（㊁＋㊭）÷２／⑤	Ⓒ₁ 34 円
㊭／⑤ 又は（㊭＋㊀）÷２／⑤	Ⓒ₂ 58 円
１株（50円）当たりの年利益金額（㊁／⑤ 又は（㊁＋㊭）÷２／⑤ の金額）	Ⓒ 34 円

１株（50円）当たりの純資産価額

直前期末（直前々期末）の純資産価額			
事業年度	⑰ 資本金等の額	⑱ 利益積立金額	⑲ 純資産価額（⑰＋⑱）
直前期	9,000 千円	49,372 千円	㋣ 58,372 千円
直前々期	9,000 千円	43,926 千円	㋠ 52,926 千円

比準要素数１の会社・比準要素数０の会社の判定要素の金額	
㋣／⑤	Ⓓ₁ 324 円
㋠／⑤	Ⓓ₂ 294 円
１株（50円）当たりの純資産価額（Ⓓ₁の金額）	Ⓓ 324 円

３．類似業種比準価額の計算

１株（50円）当たりの比準価額の計算

類似業種と業種目番号	その他の産業（No. 113）
課税時期の属する月	4 月 ㋷ 310 円
課税時期の属する月の前月	3 月 ㋦ 320 円
課税時期の属する月の前々月	2 月 ㋸ 313 円
前年平均株価	㋾ 308 円
課税時期の属する月以前２年間の平均株価	㋻ 299 円
A（㋷、㋦、㋸、㋾及び㋻のうち最も低いもの）	⑳ 299 円

比準割合の計算 区分	１株（50円）当たりの年配当金額	１株（50円）当たりの年利益金額	１株（50円）当たりの純資産価額	１株（50円）当たりの比準価額
評価会社	Ⓑ 円 0 銭	Ⓒ 34 円	Ⓓ 324 円	⑳ × ㉑ × 0.7 ※
類似業種	B 円 0 銭	C 21 円	D 245 円	※中会社は0.6 小会社は0.5 とします。
要素別比準割合	Ⓑ／B ．	Ⓒ／C 1.61	Ⓓ／D 1.32	
比準割合	（Ⓑ／B ＋ Ⓒ／C ＋ Ⓓ／D）／3 ≠2 ＝ ㉑ 1.46			㉒ 261 円 9 0 銭

類似業種と業種目番号	（No.　　）
課税時期の属する月	月 ㋷ 円
課税時期の属する月の前月	月 ㋦ 円
課税時期の属する月の前々月	月 ㋸ 円
前年平均株価	㋾ 円
課税時期の属する月以前２年間の平均株価	㋻ 円
A（㋷、㋦、㋸、㋾及び㋻のうち最も低いもの）	㉓ 円

比準割合の計算 区分	１株（50円）当たりの年配当金額	１株（50円）当たりの年利益金額	１株（50円）当たりの純資産価額	１株（50円）当たりの比準価額
評価会社	Ⓑ 円 0 銭	Ⓒ 円	Ⓓ 円	㉓ × ㉔ × 0.7 ※
類似業種	B 円 0 銭	C 円	D 円	※中会社は0.6 小会社は0.5 とします。
要素別比準割合	Ⓑ／B ．	Ⓒ／C ．	Ⓓ／D ．	
比準割合	（Ⓑ／B ＋ Ⓒ／C ＋ Ⓓ／D）／3 ＝ ㉔ ．			㉕ 円 0 銭

１株当たりの比準価額	比準価額（㉒と㉕とのいずれか低い方の金額） × ④の金額／50円	㉖ 261 円

比準価額の修正

		修正比準価額
直前期末の翌日から課税時期までの間に配当金交付の効力が発生した場合	比準価額（㉖の金額） － １株当たりの配当金額 円 銭	㉗ 円
直前期末の翌日から課税時期までの間に株式の割当て等の効力が発生した場合	比準価額（㉖（㉗があるときは㉗）の金額）＋ 割当株式１株当たりの払込金額 円 銭 × １株当たりの割当株式数 株）÷（１株＋ １株当たりの割当株式数又は交付株式数 株）	㉘ 円

この欄には「その他の産業」（No・113）と記載します。

この欄については、「その他の産業」は業種目の大分類のみであることから記載しません。

この欄は、評基通194-2の定めにより分母の「3」を「2」に訂正し「Ⓑ／B＋」を削除して「㉑」の計算を行います。

貸借対照表

令和６年３月31日

資産の部		負債の部	
1　流動資産		1　流動負債	
現　　金	12,187,619	買　掛　金	4,634,552
当座預金	4,814,445	未　払　金	722,457
普通預金	7,295,797	預　り　金	2,688,540
未収入金	16,649,000	流動負債合計	8,045,549
棚卸資産	3,426,867	2　固定負債	
流動資産合計	44,373,728	長期借入金	4,145,315
2　固定資産		固定負債合計	4,145,315
建　　物	2,660,759	負債合計	12,190,864
構　築　物	1,365,100		
機械装置	6,251,442	純資産の部	
車両運搬具	1,295,134	1　出　資　金	9,000,000
出　資　金	1,500,000	2　剰　余　金	
ゴルフ会員権	14,000,000	繰越利益剰余金	50,255,299
固定資産合計	27,072,435	(うち当期純利益)	5,666,883
		剰余金合計	50,255,299
		純資産合計	59,255,299
資産合計	71,446,163	負債・純資産合計	71,446,163

※医療法人の営業権の評価について

医療法人には、複数の医師が勤務している場合が多いので、医療法人の出資持分を純資産価額方式で評価する場合における一般論としては、その営業権を評価すべきであるとも考えられますが、個人開業医と同様に勤務する医師個人の手腕に負うところが大きいことも否定できませんので、個人開業医に準じてその営業権の評価をしないこととして差し支えありません。

（取引相場のない株式（出資）の評価明細書）

第5表　1株当たりの純資産価額（相続税評価額）の計算明細書

会社名　（医）甲病院

1．資産及び負債の金額（課税時期現在）

資産の部				負債の部			
科目	相続税評価額	帳簿価額	備考	科目	相続税評価額	帳簿価額	備考
	千円	千円			千円	千円	
現金	12,187	12,187		買掛金	4,634	4,634	
当座預金	4,814	4,814		未払金	722	722	
普通預金	7,295	7,295		預り金	2,688	2,688	
未収入金	16,649	16,649		長期借入金	4,145	4,145	
棚卸資産	3,426	3,426		未納法人税	136	136	
建物	2,311	2,660		未納府民税	8	8	
構築物	1,365	1,365		未納市民税	20	20	
機械装置	6,251	6,251		未納事業税	5	5	
車両運搬具	1,295	1,295					
借地権	48,290	0					
出資金	1,500	1,500					
ゴルフ会員権	16,000	14,000					
合計	① 121,383	② 71,442		合計	③ 12,358	④ 12,358	
株式等の価額の合計額	㋑ 1,500	㋺ 1,500					
土地等の価額の合計額	㋩ 48,290						
現物出資等受入れ資産の価額の合計額	㊁ —	㋭ —					

相続税評価額については仮に設定しています。（出資金の帳簿価額1,500を指す注記）

2．評価差額に対する法人税額等相当額の計算		3．1株当たりの純資産価額の計算	
相続税評価額による純資産価額（①－③）	⑤ 109,025 千円	課税時期現在の純資産価額（相続税評価額）（⑤－⑧）	⑨ 90,547 千円
帳簿価額による純資産価額（(②＋㊁－㋭)－④）、マイナスの場合は0）	⑥ 59,084 千円	課税時期現在の発行済株式数（(第1表の1の①)－自己株式数）	⑩ 180,000 株
評価差額に相当する金額（⑤－⑥、マイナスの場合は0）	⑦ 49,941 千円	課税時期現在の1株当たりの純資産価額（相続税評価額）（⑨÷⑩）	⑪ 503 円
評価差額に対する法人税額等相当額（⑦×37%）	⑧ 18,478 千円	~~同族株主等の議決権割合（第1表の1の⑤の割合）が50％以下の場合（⑪×80%）~~	~~⑫ 円~~

この欄については、医療法人の出資の評価上純資産価額の80％評価の準用がないので、記載しません。

第5表　1株当たりの純資産価額（相続税評価額）の計算明細書

会社名　（医）甲病院

（取引相場のない株式）

1. 資産及び負債の金額（課税時期現在）

資産の部 科目	相続税評価額	帳簿価額	備考	負債の部 科目	相続税評価額	帳簿価額	備考
現金	12,187 千円	12,187 千円		買掛金	4,634 千円	4,634 千円	
当座預金	4,814	4,814		未払金	722	722	
合計	① 121,383	② 71,442		合計	③ 12,358	④ 12,358	
株式等の価額の合計額	㋑ 1,500	㋺ 1,500					
土地等の価額の合計額	㋩ 48,290						
現物出資等受入れ資産の価額の合計額	㊁	㋭					

第4表　類似業種比準価額等の計算明細書

会社名　（医）甲病院

（取引相場のない株式（出資）の評価明細書）

1. 1株当たりの資本金等の額等の計算

直前期末の資本金等の額	直前期末の発行済株式数	直前期末の自己株式数	1株当たりの資本金等の額（①÷（②−③））	1株当たりの資本金等の額を50円とした場合の発行済株式数（①÷50円）
① 9,000千円	② 180,000株	③ 株	④ 50円	⑤ 180,000株

2. 比準要素等の金額の計算

1株（50円）当たりの年配当金額：直前期末以前2（3）年間の年平均配当金額

事業年度	⑥ 年配当金額	⑦ 左のうち非経常的な配当金額	⑧ 差引経常的な年配当金額（⑥−⑦）	年平均配当金額
直前期	千円	千円	㋑ 千円	⑨（㋑+㋺）÷2 千円
直前々期	千円	千円	㋺ 千円	
直前々期の前期	千円	千円	㋩ 千円	⑩（㋺+㋩）÷2 千円

比準要素数1の会社・比準要素数0の会社の判定要素の金額			
⑨/⑤	Ⓑ₁	円	銭 0
⑩/⑤	Ⓑ₂	円	銭 0
1株（50円）当たりの年配当金額（Ⓑ₁の金額） Ⓑ		円	銭

1株（50円）当たりの年利益金額：直前期末以前2（3）年間の利益金額

事業年度	⑪法人税の課税所得金額	⑫非経常的な利益金額	⑬受取配当等の益金不算入額	⑭左の所得税額	⑮損金算入した繰越欠損金の控除額	⑯差引利益金額（⑪−⑫+⑬−⑭+⑮）
直前期	6,169 千円	千円	千円	千円	千円	㊁ 6,169 千円
直前々期	6,855 千円	千円	千円	千円	千円	㋭ 6,855 千円
直前々期の前期	14,229 千円	千円	千円	千円	千円	㋬ 14,229 千円

比準要素数1の会社・比準要素数0の会社の判定要素の金額		
㊁/⑤ ~~又は（㊁+㋭）÷2/⑤~~	Ⓒ₁	34 円
~~㋭/⑤ 又は~~（㋭+㋬）÷2/⑤	Ⓒ₂	58 円
1株（50円）当たりの年利益金額〔㊁/⑤ 又は（㊁+㋭）÷2/⑤ の金額〕 Ⓒ		34 円

1株（50円）当たりの純資産価額：直前期末（直前々期末）の純資産価額

事業年度	⑰ 資本金等の額	⑱ 利益積立金額	⑲ 純資産価額（⑰+⑱）
直前期	9,000 千円	49,372 千円	㋣ 58,372 千円
直前々期	9,000 千円	43,926 千円	㋠ 52,926 千円

比準要素数1の会社・比準要素数0の会社の判定要素の金額		
㋣/⑤	Ⓓ₁	324 円
㋠/⑤	Ⓓ₂	294 円
1株（50円）当たりの純資産価額（Ⓓ₁の金額） Ⓓ		324 円

これらの欄については、医療法人は配当が禁止されているので記載しません。

第２表　特定の評価会社の判定の明細書

（取引相場のない株式（出資）の評価明細書）

会社名　（医）甲病院

	判定要素						判定基準	⑴欄のいずれか２の判定要素が０であり、かつ、⑵欄のいずれか２以上の判定要素が０	
1．比準要素数１の会社	（1）直前期末を基とした判定要素			（2）直前々期末を基とした判定要素				である（該当）・でない（非該当）	
	第４表のⒷ₁の金額	第４表のⒸ₁の金額	第４表のⒹ₁の金額	第４表のⒷ₂の金額	第４表のⒸ₂の金額	第４表のⒹ₂の金額			
	円　銭 0	34円	324円	円　銭 0	58円	294円	判定	該当	(非該当)

	判定要素			判定基準	③の割合が50%以上である	③の割合が50%未満である
2．株式等保有特定会社	総資産価額（第５表の①の金額）	株式等の価額の合計額（第５表の㋑の金額）	株式等保有割合（②／①）			
	① 121,383千円	② 1,500千円	③ 1%	判定	該当	(非該当)

	判定要素									
3．土地保有特定会社	総資産価額（第５表の①の金額）		土地等の価額の合計額（第５表の㋩の金額）		土地保有割合（⑤／④）		会社の規模の判定（該当する文字を○で囲んで表示します。）			
	④ 121,383千円		⑤ 48,290千円		⑥ 39%		大会社・(中会社)・小会社			
	判定基準	会社の規模	大会社		中会社		小会社（総資産価額（帳簿価額）が次の基準に該当する会社） ・卸売業 20億円以上 ・小売・サービス業 15億円以上 ・上記以外の業種 15億円以上		・卸売業 7,000万円以上20億円未満 ・小売・サービス業 4,000万円以上15億円未満 ・上記以外の業種 5,000万円以上15億円未満	
		⑥の割合	70%以上	70%未満	90%以上	90%未満	70%以上	70%未満	90%以上	90%未満
	判定		該当	非該当	該当	(非該当)	該当	非該当	該当	非該当

4．開業後３年未満の会社等							
⑴ 開業後３年未満の会社	判定要素			判定基準	課税時期において開業後３年未満である	課税時期において開業後３年未満でない	
	開業年月日	平2年4月1日		判定	該当	(非該当)	
⑵ 比準要素数０の会社	判定要素	直前期末を基とした判定要素			判定基準	直前期末を基とした判定要素がいずれも０ である（該当）・でない（非該当）	
		第４表のⒷ₁の金額	第４表のⒸ₁の金額	第４表のⒹ₁の金額			
		円　銭 0	円	円	判定	該当	非該当

5．開業前又は休業中の会社	開業前の会社の判定		休業中の会社の判定		6．清算中の会社	判定	
	該当	(非該当)	該当	(非該当)		該当	(非該当)

7．特定の評価会社の判定結果	
	1．比準要素数１の会社　2．株式等保有特定会社
	3．土地保有特定会社　4．開業後３年未満の会社等
	5．開業前又は休業中の会社　6．清算中の会社
	該当する番号を○で囲んでください。なお、上記の「1．比準要素数１の会社」欄から「6．清算中の会社」欄の判定において２以上に該当する場合には、後の番号の判定によります。

第１表の１　評価上の株主の判定及び会社規模の判定の明細書

整理番号	

（取引相場のない株式（出資）の

会社名	（電話　　　）医療法人　甲病院	本店の所在地	××××		
代表者氏名	甲野一郎	事業内容	取扱品目及び製造、卸売、小売等の区分	業種目番号	取引金額の構成比
課税時期	06年 4月 10日		一般病院	113	100%
直前期	自 05年 4月 1日 至 06年 3月 31日				

準	7,000万円以上 2億円未満	4,000万円以上（〇） 2億5,000万円未満	5,000万円以上 2億5,000万円未満	5人超 20人以下（〇）	2億円以上 3億5,000万円未満	6,000万円以上（〇） 2億5,000万円未満	8,000万円以上 2億円未満	0．60（〇）	社
	7,000万円未満	4,000万円未満	5,000万円未満	5人以下	2億円未満	6,000万円未満	8,000万円未満	小会社	

・「会社規模とＬの割合（中会社）の区分」欄は、㋣欄の区分（「総資産価額（帳簿価額）」と「従業員数」とのいずれか下位の区分）と㋠欄（取引金額）の区分とのいずれか上位の区分により判定します。

判定	大会社	中会社 Ｌの割合			小会社	
		0．90	0．75	0．60（〇）		

第４表　類似業種比準価額等の計算明細書

会社名　（医）甲病院

（取引相場

1．1株当たりの資本金等の額等の計算	直前期末の資本金等の額	直前期末の発行済株式数	直前期末の自己株式数	1株当たりの資本金等の額（①÷（②−③））	1株当たりの資本金等の額を50円とした場合の発行済株式数（①÷50円）
	① 9,000 千円	② 180,000 株	③ 株	④ 50 円	⑤ 180,000 株

計算	1株当たりの比準価額	比準価額（㉒と㉕とのいずれか低い方の金額）× ④の金額/50円	㉖ 261 円
比準価額の修正	~~直前期末の翌日から課税時期までの間に配当金交付の効力が発生した場合~~	~~比準価額（㉖の金額）− 1株当たりの配当金額 円 銭~~	~~修正比準価額 ㉗ 円~~
	直前期末の翌日から課税時期までの間に株式の割当て等の効力が発生した場合	比準価額（㉖（㉗があるときは㉗）の金額）＋ 割当株式1株当たりの払込金額 円 銭 × 1株当たりの割当株式数 株）÷（1株＋ 1株当たりの割当株式数又は交付株式数 株）	修正比準価額 ㉘ 円

第5表　1株当たりの純資産価額（相続税評価額）の計算明細書

会社名　（医）甲病院

1．資産及び負債の金額（課税時期現在）

（取引相場のない株

資産の部 科目	相続税評価額	帳簿価額	備考	負債の部 科目	相続税評価額	帳簿価額	備考
現金	12,187 千円	12,187 千円		買掛金	4,634 千円	4,634 千円	

相続税評価額による純資産価額（①−③）	⑤ 109,025 千円	課税時期現在の純資産価額（相続税評価額）（⑤−⑧）	⑨ 90,547 千円
帳簿価額による純資産価額（（②＋㊁−㊄）−④）、マイナスの場合は0）	⑥ 59,084 千円	課税時期現在の発行済株式数（（第1表の1の①）−自己株式数）	⑩ 180,000 株
評価差額に相当する金額（⑤−⑥、マイナスの場合は0）	⑦ 49,941 千円	課税時期現在の1株当たりの純資産価額（相続税評価額）（⑨÷⑩）	⑪ 503 円
評価差額に対する法人税額等相当額（⑦×37%）	⑧ 18,478 千円	~~同族株主等の議決権割合（第1表の1の⑤の割合）が50％以下の場合（⑪×80%）~~	⑫ 円

この欄については、医療法人の出資の評価上純資産価額の 80 %評価の適用がないので記載しません。

第３表　一般の評価会社の株式及び株式に関する権利の価額の計算明細書　会社名　（医）甲病院

（取引相場のない株式（出資）の評価明細書）

１　原則的評価方式による価額

１株当たりの価額の計算の基となる金額	類似業種比準価額（第４表の㉖、㉗又は㉘の金額）	１株当たりの純資産価額（第５表の⑪の金額）	１株当たりの純資産価額の80％相当額（第５表の⑫の記載がある場合のその金額）
	① 261 円	② 503 円	③ 円

	区分	１株当たりの価額の算定方法	１株当たりの価額
１株当たりの価額の計算	大会社の株式の価額	次のうちいずれか低い方の金額（②の記載がないときは①の金額） イ　①の金額 ロ　②の金額	④ 円
	中会社の株式の価額	（①と②とのいずれか低い方の金額 × Lの割合 0.6）＋（②の金額（③の金額があるときは③の金額）×（1－ Lの割合 0.6））	⑤ 357 円
	小会社の株式の価額	次のうちいずれか低い方の金額 イ　②の金額（③の金額があるときは③の金額） ロ　（①の金額 × 0.50）＋（イの金額 × 0.50）	⑥ 円
株式の価額の修正	課税時期において配当期待権の発生している場合	株式の価額（④、⑤又は⑥の金額）－ １株当たりの配当金額　円　銭	修正後の株式の価額 ⑦ 円
	課税時期において株式の割当てを受ける権利、株主となる権利又は株式無償交付期待権の発生している場合	株式の価額（④、⑤又は⑥（⑦があるときは⑦）の金額）＋ 割当株式１株当たりの払込金額 円 × １株当たりの割当株式数 株）÷（１株＋ １株当たりの割当株式数又は交付株式数 株）	修正後の株式の価額 ⑧ 円

２　配当還元方式による価額

１株当たりの資本金等の額、発行済株式数等	直前期末の資本金等の額	直前期末の発行済株式数	直前期末の自己株式数	１株当たりの資本金等の額を50円とした場合の発行済株式数（⑨÷50円）	１株当たりの資本金等の額（⑨÷（⑩－⑪））
	⑨ 千円	⑩ 株	⑪ 株	⑫ 株	⑬ 円

直前期末以前２年間の配当金額	事業年度	⑭ 年配当金額	⑮ 左のうち非経常的な配当金額	⑯ 差引経常的な年配当金額（⑭－⑮）	年平均配当金額
	直前期	千円	千円	㋑ 千円	⑰（㋑＋㋺）÷２　千円
	直前々期	千円	千円	㋺ 千円	

１株（50円）当たりの年配当金額	年平均配当金額（⑰の金額）÷ ⑫の株式数 ＝ ⑱　円　銭	この金額が2円50銭未満の場合は2円50銭とします。
配当還元価額	⑱の金額 / 10% × ⑬の金額 / 50円 ＝ ⑲ 円 　⑳ 円	⑲の金額が、原則的評価方式により計算した価額を超える場合には、原則的評価方式により計算した価額とします。

３　株式に関する権利の価額（１．及び２．に共通）

配当期待権	１株当たりの予想配当金額（　円　銭）－ 源泉徴収されるべき所得税相当額（　円　銭）	㉑ 円 銭	**４．株式及び株式に関する権利の価額**（１．及び２．に共通）
株式の割当てを受ける権利（割当株式１株当たりの価額）	⑧（配当還元方式の場合は⑳）の金額 － 割当株式１株当たりの払込金額 円	㉒ 円	株式の評価額　357 円
株主となる権利（割当株式１株当たりの価額）	⑧（配当還元方式の場合は⑳）の金額（課税時期後にその株主となる権利につき払い込むべき金額があるときは、その金額を控除した金額）	㉓ 円	
株式無償交付期待権（交付される株式１株当たりの価額）	⑧（配当還元方式の場合は⑳）の金額	㉔ 円	株式に関する権利の評価額　円（円　銭）

この欄については、医療法人の出資の評価上配当還元方式の適用がないので記載しません。

これらの欄については、医療法人は配当が禁止されているので記載しません。

参　考　　第６表～第８表については特定の評価会社に該当する場合に使用します。

この欄については、医療法人の出資の評価上純資産価額の80%評価の準用がないので、記載を要しません。

第６表　特定の評価会社の株式及び株式に関する権利の価額の計算明細書　　会社名

（取引相場のない株式（出資）の評価明細書）

1 純資産価額方式等による価額

1株当たりの価額の計算の基となる金額	類似業種比準価額（第４表の㉖、㉗又は㉘の金額）	1株当たりの純資産価額（第５表の⑪の金額）	1株当たりの純資産価額の80%相当額（第５表の⑫の記載がある場合のその金額）
	①　円	②　円	③　円

	株式の区分	1株当たりの価額の算定方法等	1株当たりの価額
1株当たりの価額の計算	比準要素数１の会社の株式	次のうちいずれか低い方の金額 イ　②の金額（③の金額があるときは③の金額） ロ　（①の金額 × 0.25）＋（イの金額 × 0.75）	④　円
	株式等保有特定会社の株式	（第８表の㉗の金額）	⑤　円
	土地保有特定会社の株式	（②の金額（③の金額があるときはその金額））	⑥　円
	開業後３年未満の会社等の株式	（②の金額（③の金額があるときはその金額））	⑦　円
	開業前又は休業中の会社の株式	（②の金額）	⑧　円
株式の価額の修正	課税時期において配当期待権の発生している場合	株式の価額（④、⑤、⑥、⑦又は⑧の金額）－ 1株当たりの配当金額　円　銭	修正後の株式の価額 ⑨　円
	課税時期において株式の割当てを受ける権利、株主となる権利又は株式無償交付期待権の発生している場合	（株式の価額（④、⑤、⑥、⑦又は⑧（⑨があるときは⑨）の金額）＋ 割当株式１株当たりの払込金額　円 × 1株当たりの割当株式数　株）÷（1株＋ 1株当たりの割当株式数又は交付株式数　株）	修正後の株式の価額 ⑩　円

2 配当還元方式による価額

1株当たりの資本金等の額、発行済株式数等	直前期末の資本金等の額	直前期末の発行済株式数	直前期末の自己株式数	1株当たりの資本金等の額を50円とした場合の発行済株式数（⑪ ÷ 50円）	1株当たりの資本金等の額（⑪÷（⑫－⑬））
	⑪　千円	⑫　株	⑬　株	⑭　株	⑮　円

直前期末以前2年間の配当金額	事業年度	⑯ 年配当金額	⑰ 左のうち非経常的な配当金額	⑱ 差引経常的な年配当金額（⑯－⑰）	年平均配当金額
	直前期	千円	千円	㋑　千円	⑲（㋑+㋺）÷２　千円
	直前々期	千円	千円	㋺　千円	

1株(50円)当たりの年配当金額	年平均配当金額（⑲の金額）÷ ⑭の株式数 ＝ ⑳　円　銭	（この金額が2円50銭未満の場合は2円50銭とします。）
配当還元価額	⑳の金額／10% × ⑮の金額／50円 ＝ ㉑　円　　㉒　円	（㉑の金額が、純資産価額方式等により計算した価額を超える場合には、純資産価額方式等により計算した価額とします。）

3 株式に関する権利の価額（1．及び2．に共通）

配当期待権	1株当たりの予想配当金額（　円　銭）－ 源泉徴収されるべき所得税相当額（　円　銭）	㉓　円　銭	
株式の割当てを受ける権利（割当株式1株当たりの価額）	⑩（配当還元方式の場合は㉒）の金額 － 割当株式1株当たりの払込金額　円	㉔　円	
株主となる権利（割当株式1株当たりの価額）	⑩（配当還元方式の場合は㉒）の金額（課税時期後にその株主となる権利につき払い込むべき金額があるときは、その金額を控除した金額）	㉕　円	
株式無償交付期待権（交付される株式1株当たりの価額）	⑩（配当還元方式の場合は㉒）の金額	㉖　円	

4．株式及び株式に関する権利の価額（1．及び2．に共通）	
株式の評価額	円
株式に関する権利の評価額	円 （円　銭）

この欄については、医療法人の出資の評価上配当還元方式の準用がないので記載しません。

これらの欄については、医療法人は配当が禁止されているので記載しません。

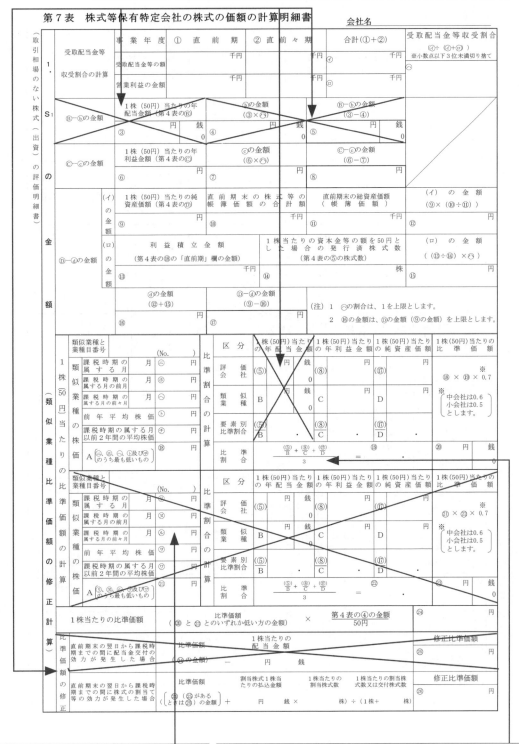

これらの欄については、医療法人は配当が禁止されているので記載しません。

第７表　株式等保有特定会社の株式の価額の計算明細書

会社名

（取引相場のない株式（出資）の評価明細書）

1．S₁の金額

受取配当金等収受割合の計算	事業年度	① 直前期	② 直前々期	合計（①＋②）	受取配当金等収受割合（㋑÷（㋑＋㋺））※小数点以下３位未満切り捨て
	受取配当金等の額	千円	千円	㋑ 千円	㋩
	営業利益の金額	千円	千円	㋺ 千円	

Ⓑ－ⓑの金額	1株（50円）当たりの年配当金額（第４表のⒷ）	ⓑの金額（③×㋩）	Ⓑ－ⓑの金額（③－④）
	③ 円 0 銭	④ 円 0 銭	⑤ 円 0 銭
Ⓒ－ⓒの金額	1株（50円）当たりの年利益金額（第４表のⒸ）	ⓒの金額（⑥×㋩）	Ⓒ－ⓒの金額（⑥－⑦）
	⑥ 円	⑦ 円	⑧ 円

Ⓓ－ⓓの金額	（イ）の金額	1株（50円）当たりの純資産価額（第４表のⒹ）	直前期末の株式等の帳簿価額の合計額	直前期末の総資産価額（帳簿価額）	（イ）の金額（⑨×（⑩÷⑪））
		⑨ 円	⑩ 千円	⑪ 千円	⑫ 円
	（ロ）の金額	利益積立金額（第４表の⑱の「直前期」欄の金額）	1株当たりの資本金等の額を50円とした場合の発行済株式数（第４表の⑤の株式数）		（ロ）の金額（（⑬÷⑭）×㋩）
		⑬ 千円	⑭ 株		⑮ 円
		ⓓの金額（⑫＋⑮）	Ⓓ－ⓓの金額（⑨－⑯）	（注）1 ㋩の割合は、1を上限とします。2 ⑯の金額は、Ⓓの金額（⑨の金額）を上限とします。	
		⑯ 円	⑰ 円		

2．（類似業種比準価額の修正計算）

1株（50円）当たりの比準価額の計算

類似業種と業種目番号	（No.　）		
類似業種の株価	課税時期の属する月	月	㋥ 円
	課税時期の属する月の前月	月	㋭ 円
	課税時期の属する月の前々月	月	㋬ 円
	前年平均株価		㋣ 円
	課税時期の属する月以前２年間の平均株価		㋠ 円
	A（㋥、㋭、㋬、㋣及び㋠のうち最も低いもの）		⑱ 円

比準割合の計算 区分	1株(50円)当たりの年配当金額	1株(50円)当たりの年利益金額	1株(50円)当たりの純資産価額	1株(50円)当たりの比準価額
評価会社	(⑤) 円 0 銭	(⑧) 円	(⑰) 円	⑱ × ⑲ × 0.7 ※
類似業種	B 円 0 銭	C 円	D 円	※中会社は0.6 小会社は0.5 とします。
要素別比準割合	(⑤)/B　.	(⑧)/C　.	(⑰)/D　.	
比準割合	$\frac{\frac{(⑤)}{B}+\frac{(⑧)}{C}+\frac{(⑰)}{D}}{3}$ ＝ ⑲　.			⑳ 円 0 銭

類似業種と業種目番号	（No.　）		
類似業種の株価	課税時期の属する月	月	㋷ 円
	課税時期の属する月の前月	月	㋦ 円
	課税時期の属する月の前々月	月	㋸ 円
	前年平均株価		㋾ 円
	課税時期の属する月以前２年間の平均株価		㋻ 円
	A（㋷、㋦、㋸、㋾及び㋻のうち最も低いもの）		㉑ 円

比準割合の計算 区分	1株(50円)当たりの年配当金額	1株(50円)当たりの年利益金額	1株(50円)当たりの純資産価額	1株(50円)当たりの比準価額
評価会社	(⑤) 円 0 銭	(⑧) 円	(⑰) 円	㉑ × ㉒ × 0.7 ※
類似業種	B 円 0 銭	C 円	D 円	※中会社は0.6 小会社は0.5 とします。
要素別比準割合	(⑤)/B　.	(⑧)/C　.	(⑰)/D　.	
比準割合	$\frac{\frac{(⑤)}{B}+\frac{(⑧)}{C}+\frac{(⑰)}{D}}{3}$ ＝ ㉒　.			㉓ 円 0 銭

1株当たりの比準価額	比準価額（⑳と㉓とのいずれか低い方の金額）× 第４表の④の金額／50円	㉔ 円
比準価額の修正：直前期末の翌日から課税時期までの間に配当金交付の効力が発生した場合	比準価額（㉔の金額）－ 1株当たりの配当金額 円 銭	修正比準価額 ㉕ 円
直前期末の翌日から課税時期までの間に株式の割当て等の効力が発生した場合	比準価額（㉔（㉕があるときは㉕）の金額）＋ 割当株式1株当たりの払込金額 円 銭 × 1株当たりの割当株式数 株）÷（1株＋ 1株当たりの割当株式数又は交付株式数 株）	修正比準価額 ㉖ 円

この欄については、「その他の産業」は業種目の大分類のみであることから記載しません。

この欄は、評基通194-2の定めにより分母の「3」を「2」に訂正し「Ⓑ/B＋」を削除して「㉑」の計算を行います。

第８表　株式等保有特定会社の株式の価額の計算明細書（続）

会社名

（取引相場のない株式（出資）の評価明細書）

１．S₁の金額（続）

純資産価額（相続税評価額）の修正計算

相続税評価額による純資産価額（第５表の⑤の金額）	課税時期現在の株式等の価額の合計額　（第５表の㋑の金額）	差引（①−②）
①　千円	②　千円	③　千円
帳簿価額による純資産価額（第５表の⑥の金額）	**株式等の帳簿価額の合計額（第５表の㋩＋（㋥−㋭）の金額）(注)**	**差引（④−⑤）**
④　千円	⑤　千円	⑥　千円
評価差額に相当する金額（③−⑥）	**評価差額に対する法人税額等相当額（⑦×37%）**	**課税時期現在の修正純資産価額（相続税評価額）（③−⑧）**
⑦　千円	⑧　千円	⑨　千円
課税時期現在の発行済株式数（第５表の⑩の株式数）	**課税時期現在の修正後の１株当たりの純資産価額（相続税評価額）（⑨÷⑩）**	（注）第５表の㋥及び㋭の金額に株式等以外の資産に係る金額が含まれている場合には、その金額を除いて計算します。
⑩　株	⑪　円	

１株当たりのS₁の金額の計算の基となる金額

修正後の類似業種比準価額（第７表の㉔、㉕又は㉖の金額）	修正後の１株当たりの純資産価額（相続税評価額）（⑪の金額）
⑫　円	⑬　円

１株当たりのS₁の金額の計算

区分		１株当たりのS₁の金額の算定方法	１株当たりのS₁の金額
比準要素数１である会社のS₁の金額		次のうちいずれか低い方の金額 イ　⑬の金額 ロ　（⑫の金額 × 0.25）＋（⑬の金額 × 0.75）	⑭　円
上記以外の会社	大会社のS₁の金額	次のうちいずれか低い方の金額（⑬の記載がないときは⑫の金額） イ　⑫の金額 ロ　⑬の金額	⑮　円
	中会社のS₁の金額	（⑫と⑬とのいずれか低い方の金額 × Lの割合 0.　）＋（⑬の金額 ×（1− Lの割合 0.　））	⑯　円
	小会社のS₁の金額	次のうちいずれか低い方の金額 イ　⑬の金額 ロ　（⑫の金額 × 0.50）＋（⑬の金額 × 0.50）	⑰　円

２．S₂の金額

課税時期現在の株式等の価額の合計額（第５表の㋑の金額）	株式等の帳簿価額の合計額（第５表の㋩＋（㋥−㋭）の金額）(注)	株式等に係る評価差額に相当する金額（⑱−⑲）	⑳の評価差額に対する法人税額等相当額（⑳×37%）
⑱　千円	⑲　千円	⑳　千円	㉑　千円
S₂の純資産価額相当額（⑱−㉑）	**課税時期現在の発行済株式数（第５表の⑩の株式数）**	**S₂の金額（㉒÷㉓）**	（注）第５表の㋥及び㋭の金額に株式等以外の資産に係る金額が含まれている場合には、その金額を除いて計算します。
㉒　千円	㉓　株	㉔　円	

３．株式等保有特定会社の株式の価額

１株当たりの純資産価額（第５表の⑪の金額（第５表の⑫の金額があるときはその金額））	S₁の金額とS₂の金額との合計額（（⑭、⑮、⑯又は⑰）＋㉔）	株式等保有特定会社の株式の価額（㉕と㉖とのいずれか低い方の金額）
㉕　円	㉖　円	㉗　円

第三編

評　価　演　習

（編者注）　以下の計算例は、「取引相場のない株式（出資）の評価明細書の記載方法等」に基づくものであり、便宜的に仮のモデルの数字及び日付等で設例を作成していますのでご注意ください。

I　設例に基づく会社の株式の評価

関西婦人服飾株式会社の代表取締役社長・大西憲道は、令和6年4月10日に死亡し、同社の株式はその妻子が相続しました。

被相続人の妻・大西豊子が相続により取得した同社の株式の評価をします。

同社の株式は取引相場のない株式であり、その株式の評価に必要な参考事項等は次のとおりです。

なお、直前期末から課税時期までの間に資産及び負債について著しく増減がないため、直前期末の資産及び負債を基に評価します。

【参考事項等】

1　会社名　　関西婦人服飾株式会社
2　課税時期　　令和6年4月10日
3　事業年度　　3月末（年1回）
4　事業内容　　婦人子供服卸売業（卸売……60％、製造……40％）
5　課税時期前後の株主の状況（役職名は直前期末現在）

氏　名	続　柄	役職名	相続前の株式数	異動株数	相続後の株式数
大西　憲道	被相続人	社　長	20,000株	△20,000株	0株
大西　豊子	妻	—	6,000	10,000	16,000
大西　結衣	長　女	—	4,000	10,000	14,000
大西　隆	長　男	—	2,000	—	2,000
横田　兼一	友　人	取締役	6,000	—	6,000
加藤　一男	友　人	取締役	8,000	—	8,000
その他	—	—	14,000	—	14,000
総株数			60,000		60,000

6　資本金等の額
(1)　課税時期　　（令6.4.10現在）　　31,000千円
(2)　直前期末　　（令6.3.31現在）　　31,000千円
(3)　発行済株式数　60,000株（1株当たりの資本金等の額516円）
（注）　1単元の株式の数は100株です。

7　従業員
直前期末以前1年間の従業員　80人　内　継続勤務従業員　50人

継続勤務従業員以外の従業員の当該期間の労働時間の合計　27,600時間

8　直前期末の総資産価額　2,010,020,355円

（別掲貸借対照表の「資産合計」1,990,285,735円＋「貸倒引当金」19,734,620円）

9　直前期末及び直前々期末の支払配当の金額及び法人税の課税所得金額等は次表のとおりです。

（単位：千円）

事業年度	支払配当の金額	法人税の課税所得金額	非経常的な利益金額	受取配当等の益金不算入額	左の所得税額
直前期（自令 5.4.1 至令 6.3.31）	6,000	134,074	20,363	314	128
直前々期（自令 4.4.1 至令 5.3.31）	6,000	135,384	33,386	458	126

（注）1　直前期の「支払配当の金額（6,000千円）」は、別掲「株主資本等変動計算書」の剰余金の配当金額です。

2　直前期の「法人税の課税所得金額（134,074千円）」は、別掲法人税申告書別表一の「1」の金額を掲げたものです。

3　直前期の「非経常的な利益金額（20,363千円）」の明細は次のとおりです。

⑴　固定資産譲渡益　115,641,188円（⑴⑵⑶⑷は別掲「損益計算書」参照）

⑵　保険差益　13,624,185円

⑶　買換資産等圧縮損　80,664,185円

⑷　買換資産特別勘定繰入損　14,237,400円

⑸　収用等の特別控除　14,000,000円（別掲法人税申告書別表四の次葉の「1」の金額）

⑴＋⑵－⑶－⑷－⑸＝20,363,788円

4　直前期の「受取配当等の益金不算入額（314千円）」は別掲法人税申告書別表四の「14」の金額を、「左の所得税額（128千円）」は同申告書別表六（一）「12」、「19」又は「21」に記載された金額のうち、同申告書別表八（一）に記載された株式等に係る益金不算入の対象となる金額（同欄の「9」、「16」又は「20」、「26」と「33」の金額）に対応する金額を掲げたものです。（177ページ参照）

具体的な計算は次のとおりです。

⑴　益金不算入の対象となる配当等の額（法人税申告書別表八（一）「9」、「16」又は「20」、「26」と「33」の「計」欄の金額）　673,500円

⑵　⑴に対応する控除を受ける所得税額（法人税申告書別表六（一）の「12」、「19」又は「21」の金額から抽出）

東洋興産　㈱　2,848　$\left(2,947円 \times \frac{43,500円}{45,000円}\right)$

大阪服飾　㈱　122,520

中央商事　㈱　2,042

神戸商事 ㈱　　1,429　（2,858 円×20,000 円/40,000 円）

計　　128,839

5　所得金額の計算上損金に算入した繰越欠損金の控除額はありません。

10　直前期末における資本金等の額及び利益積立金額は次のとおりです。

⑴　資本金等の額（法人税法第2条第16号の資本金等の額）は、31,000,000 円（別掲法人税申告書別表五（一）の「36の④」の金額）です。

⑵　利益積立金額（法人税法第2条第18号の利益積立金額に相当する金額）は、332,654,665 円（別掲法人税申告書別表五（一）の「31の④」の金額）です。

11　業種別平均株価等について

類似業種	1株当たりの配当金額(B)	1株当たりの利益金額(C)	1株当たりの純資産価額(D)	株価(A)				
				令5年平均	令6年2月	令6年3月	令6年4月	課税時期の月以前2年平均株価
繊維・衣服等卸売業（No. 67）	5.2 円	51 円	376 円	417 円	472 円	490 円	479 円	450 円
卸売業（No. 65）	3.4 円	33 円	258 円	298 円	267 円	275 円	286 円	280 円

（注）　上表の金額は、「類似業種比準価額計算上の業種目及び業種目別株価等」の表によるものではなく、仮に設定したもので実際の数字とは異なります。

12　1株当たりの純資産価額を計算するために評価替えを必要とする各資産の内容は次のとおりです。（次の⑴から⒀までの各資産の帳簿価額については別掲「貸借対照表」を参照）

⑴　現金・預金　　帳簿価額　190,258,954 円

・預入日からの既経過利子　　2,353,427 円

・既経過利子に対応する源泉徴収税額　　360,427 円（2,353,427 円×15.315%）

⑵　受取手形　　帳簿価額　508,173,400 円

・割引料相当額（支払期日が直前期末の翌日から6か月超の部分）　442,000 円

⑶　売掛金　　帳簿価額　303,922,200 円

・回収不能額　4,010,000 円

⑷　未収入金　　帳簿価額　9,203,000 円

・回収不能額　300,000 円

⑸　前払費用　　帳簿価額　20,021,500 円

・加工費の前払分　　19,921,500 円

・損害保険料の未経過分　100,000 円

⑹　建物・同附属設備　　帳簿価額　155,309,700 円

・3年以内に取得した建物の通常の取引価額　　23,910,000 円

・上記以外の建物・同附属設備の相続税評価額　111,010,000 円

（注）　課税開始3年より以前に取得した土地の帳簿価額は 319,382,000 円です。

評価会社が所有する一室の区分所有権等に係る敷地利用権及び区分所有権については、「居住用の区分所有財産の評価」が適用されます。

なお、課税時期３年以内に取得又は新築した土地等及び家屋等の価額は、課税時期における通常の取引価額によって評価します（評基通 185）。

(7)　機械装置　　帳簿価額　42,514,754 円

(8)　器具備品　　帳簿価額　1,779,166 円

(9)　土地　　帳簿価額　352,342,000 円

・３年以内に取得した土地の通常の取引価額　100,000,000 円

・上記以外の土地の相続税評価額　　　　　　893,300,000 円

(注)　課税開始３年より以前に取得した土地の帳簿価額は 319,382,000 円です。

評価会社が所有する一室の区分所有権等に係る敷地利用権及び区分所有権については、「居住用の区分所有財産の評価」が適用されます。

なお、課税時期３年以内に取得又は新築した土地等及び家屋等の価額は、課税時期における通常の取引価額によって評価します（評基通 185）。

(10)　売買目的有価証券　　帳簿価額　4,692,000 円

・相続税評価額　10,000,000 円

(11)　法人税額等相当額の控除不適用の株式　　帳簿価額　9,172,000 円

・相続税評価額　14,850,000 円

(12)　ソフトウエア　　帳簿価額　300,000 円

(13)　繰延資産　　帳簿価額　1,480,000 円

・開発費　1,480,000 円

13　課税時期の直前に終了した事業年度に係る法人税額（中間申告分を除きます。）及び地方税の額並びにその他の未納税額は次のとおりです。

法人税：15,574,200 円（法人税　　：13,183,200 円／地方法人税：　2,391,000 円）

消費税：　6,000,000 円

府民税：　　421,200 円

市民税：　1,318,900 円

事業税：　5,693,700 円（事業税　　　　　：4,306,300 円／特別法人事業税：1,387,400 円）

14　直前期末以前に賦課期日のあった固定資産税のうち、直前期末において 1,202,000 円が未納となっています。

15　配当金の金額は、令和６年５月 26 日の株主総会の決議に基づき、令和６年３月期の利益処分による剰余金の配当 6,000,000 円を行っています。

16　被相続人の死亡により支給することが確定した退職給与は 80,000,000 円です。この退職給与は、被相続人の死亡により、評価会社が取得する生命保険金 100,000,000 円を原資として支払われます。

17　株式評価に必要な評価会社の課税時期の直前期末に係る財務諸表及び法人税申告書（株式評価に必要な部分を掲載）は 283 ページから 303 ページまでのとおりです。

関西婦人服飾株式会社の令和5年4月1日～令和6年3月31日事業年度の確定決算は、以下のとおりです。

貸　借　対　照　表

令和6年3月31日現在

科目	金額	科目	金額
	円		円
資産の部	**1,990,285,735**	**負債の部**	**1,616,374,686**
流動資産	**1,412,108,051**	**流動負債**	**1,212,736,686**
現金預金	190,258,954	支払手形	363,597,000
受取手形	508,173,400	買掛金	358,555,906
売掛金	303,922,200	短期借入金	285,000,000
貸倒引当金	△19,734,620	未払金	89,056,200
売買目的有価証券	4,692,000	未払費用	40,144,965
製品	195,601,047	預り金	51,358,015
半製品	30,059,332	納税充当金	25,024,600
仕掛品	50,956,155	**固定負債**	**403,638,000**
主要原材料	62,873,610	長期借入金	350,000,000
補助原材料	24,384,352	退職給付引当金	53,638,000
未収入金	9,203,000		
前渡金	22,619,400	**純資産の部**	**373,911,049**
前払費用	20,021,500	**資本金**	**30,000,000**
仮払金	6,515,469	**資本剰余金**	**1,000,000**
繰延税金資産	2,562,252	資本準備金	1,000,000
固定資産	**576,697,684**	**利益剰余金**	**342,911,049**
（有形固定資産）	**552,893,252**	利益準備金	6,500,000
建物	149,631,259	別途積立金	220,000,000
建物附属設備	5,678,441	特別償却準備金	3,811,760
機械装置	42,514,754	繰越利益剰余金	112,599,289
車両運搬具	947,632		
器具備品	1,779,166		
土地	352,342,000		
（無形固定資産）	**300,000**		
ソフトウエア	300,000		
（投資等）	**23,504,432**		
その他有価証券	9,172,000		
長期貸付金	5,500,000		
長期繰延税金資産	8,832,432		
繰延資産	**1,480,000**		
繰延資産	1,480,000		
合計	1,990,285,735	合計	1,990,285,735

損　益　計　算　書

自　令和5年4月1日　　至　令和6年3月31日

			円	円
経常損益の部	営業損益	売上高		5,817,423,566
		売上原価	4,420,754,008	
		販売費及び一般管理費	1,240,687,269	
		営業利益		155,982,289
	営業外損益	営業外収益		
		受取利息	3,636,100	
		受取配当	695,000	
		雑収入	40,975,713	45,306,813
		営業外費用		
		支払利息	71,301,727	
		貸倒損失	4,880,000	
		雑損失	2,881,472	79,063,199
	経常利益			122,225,903
特別損益の部		特別利益		
		固定資産譲渡益	115,641,188	
		保険差益	13,624,185	129,265,373
		特別損失		
		買換資産等圧縮損	80,664,185	
		買換資産特別勘定繰入損	14,237,400	94,901,585
税引前当期利益				156,589,691
法人税・住民税及び事業税				54,646,800
法人税等調整額				6,839,280
当期純利益				95,103,611

株主資本等変動計算書

自令和５年４月１日　至令和６年３月31日

（単位：円）

	株主資本										
	資本金	資本剰余金			利益剰余金					株主資本合計	純資産合計
		資本準備金	その他資本剰余金	資本剰余金合計	利益準備金	その他の利益剰余金			利益剰余金合計		
						別途積立金	特別償却準備金	繰越利益剰余金			
前期末残高	30,000,000	1,000,000	0	1,000,000	6,500,000	160,000,000		87,307,438	253,807,438	284,807,438	284,807,438
当期変動額　剰余金の配当								△6,000,000	△6,000,000	△6,000,000	△6,000,000
当期変動額　別途積立金の積立						60,000,000		△60,000,000	0	0	0
当期変動額　特別償却準備金の積立							3,811,760	△3,811,760	0	0	0
当期変動額　当期純利益								95,103,611	95,103,611	95,103,611	95,103,611
当期変動額　計	0	0	0	0		60,000,000	3,811,760	25,291,851	89,103,611	89,103,611	89,103,611
当期末残高	30,000,000	1,000,000	0	1,000,000	6,500,000	220,000,000	3,811,760	112,599,289	342,911,049	373,911,049	373,911,049

（注）１　税効果会計に関する注記は、省略しています。
　　　２　令和６年５月に株主総会を行い、前事業年度の剰余金の配当を6,000,000円行っています。

＜当期の税務調整事項＞

１　確定決算に計上した事項

(1)　売買目的有価証券の評価損益
(2)　減価償却資産の償却
(3)　特定経営力向上設備等を取得した場合の初年度即時償却（特別償却準備金の計上）
(4)　中小企業者等の少額減価償却資産の取得価額の損金算入
(5)　繰延資産の償却
(6)　保険金で取得した代替資産の圧縮記帳
(7)　特定の資産の買換えにより取得した買換資産の圧縮記帳及び特別勘定の設定
(8)　貸倒損失の計上及び貸倒引当金の繰入れ
(9)　法人税等調整額の計上（税効果会計）

２　申告書で調整した事項

(1)　特別償却準備金の調整
(2)　収用等の場合の所得の特別控除
(3)　交際費等の損金不算入
(4)　受取配当等の益金不算入
(5)　寄附金の損金不算入
(6)　所得税額の控除
(7)　租税公課等の損金不算入等
(8)　法人税等調整額の調整（税効果会計）

OCR入力用　・この用紙はとじこまないでください。
・この用紙は機械で読み取ります。折ったり汚したりしないでください。　法　FB0613

別表一　各事業年度の所得に係る申告書－内国法人の分……令五・四・一以後終了事業年度等分

税務署受付印	令和　年　月　日　東　税務署長殿
納税地	大阪市中央区大手前1　電話（06）6942－
（フリガナ）	カンサイフジンフクショクカブシキガイシャ
法人名	関西婦人服飾株式会社
法人番号	
（フリガナ）	オオニシ　ノリミチ
代表者	大西　憲道
代表者住所	大阪市大正区大正

所管／業種目／概況書／要否／別表等	
通算グループ整理番号	
通算親法人整理番号	
法人区分	普通法人（特定の医療法人を除く。）／公益法人等、協同組合等又は人格のない社団等／左記以外の公益法人等、協同組合等、特定の医療法人
事業種目	婦人子供服卸売業
期末現在の資本金の額又は出資金の額	30,000,000円　非中小法人
同上が1億円以下の普通法人のうち中小法人に該当しないもの	
同非区分	特定同族会社／同族会社／非同族会社
旧納税地及び旧法人名等	
添付書類	貸借対照表、損益計算書、株主（社員）資本等変動計算書又は損益金処分表、勘定科目内訳明細書、事業概況書、組織再編成に係る契約書等の写し、組織再編成に係る移転資産等の明細書

※税務署処理欄	
青色申告	一連番号
整理番号	
事業年度（至）	年　月　日
売上金額	5818（百万）
申告年月日	年　月　日
通信日付印／確認／庁指定／局指定／指導等／区分	
申告区分	法人税：中間／期限後／修正　地方法人税：中間／期限後／修正

令和 5 年 4 月 1 日　事業年度分の法人税　確定　申告書
令和 6 年 3 月 31 日　課税事業年度分の地方法人税　確定　申告書
（中間申告の場合の計算期間　令和　年　月　日／令和　年　月　日）

適用額明細書提出の有無　有　無
税理士法第30条の書面提出有　有
税理士法第33条の2の書面提出有　有

この申告書による法人税額の計算

項目	番号	金額（円）
所得金額又は欠損金額（別表四「52の①」）	1	134074672
法人税額（48）＋（49）＋（50）	2	30449168
法人税額の特別控除額（別表六(六)「5」）	3	
税額控除超過額相当額等の加算額	4	
土地譲渡利益金　課税土地譲渡利益金額（別表三(二)「24」）＋（別表三(二の二)「25」）＋（別表三(三)「20」）	5	000
同上に対する税額（62）＋（63）＋（64）	6	
留保金　課税留保金額（別表三(一)「4」）	7	000
同上に対する税額（別表三(一)「8」）	8	
		00
法人税額計（2）－（3）＋（4）＋（6）＋（8）	9	30449168
分配時調整外国税相当額及び外国関係会社等に係る控除対象所得税額等相当額の控除額（別表六(五の二)「7」）＋（別表十七(三の六)「3」）	10	
仮装経理に基づく過大申告の更正に伴う控除法人税額	11	
控除税額（((9)－(10)－(11))と(18)のうち少ない金額）	12	655061
差引所得に対する法人税額（9）－（10）－（11）－（12）	13	29794100
中間申告分の法人税額	14	16610900
差引確定法人税額（13）－（14）（中間申告の場合はその税額とし、マイナスの場合は（22）へ記入）	15	13183200

この申告書による地方法人税額の計算

項目	番号	金額（円）
課税標準法人税額の計算　基準法人税額　所得の金額に対する法人税額（(2)－(3)＋(4)＋(6)＋(9の外書)－別表六(二)付表六「7の計」）	28	30449168
課税留保金額に対する法人税額（8）	29	
課税標準法人税額（28）＋（29）	30	30449000
地方法人税額（53）	31	3136247
税額控除超過額相当額の加算額（別表六(二)付表六「14の計」）	32	
課税留保金額に係る地方法人税額（54）	33	
所得地方法人税額（31）＋（32）＋（33）	34	3136247
分配時調整外国税相当額及び外国関係会社等に係る控除対象所得税額等相当額の控除額（(別表六(五の二)「8」＋別表十七(三の六)「4」)と(34)のうち少ない金額）	35	
仮装経理に基づく過大申告の更正に伴う控除地方法人税額	36	
外国税額の控除額（((34)－(35)－(36))と(65)のうち少ない金額）	37	
差引地方法人税額（34）－（35）－（36）－（37）	38	3136200
中間申告分の地方法人税額	39	745200
差引確定地方法人税額（38）－（39）（中間申告の場合はその税額とし、マイナスの場合は（42）へ記入）	40	2391000

項目	番号	金額（円）
控除税額の計算　所得税の額（別表六(一)「6の③」）	16	655061
外国税額（別表六(二)「23」）	17	
計（16）＋（17）	18	655061
控除した金額（12）	19	655061
控除しきれなかった金額（18）－（19）	20	
この申告による還付金額　所得税額等の還付金額（20）	21	
中間納付額（14）－（13）	22	
欠損金の繰戻しによる還付請求税額	23	外
計（21）＋（22）＋（23）	24	外
この申告が修正申告である場合のこの申告により納付すべき法人税額又は減少する還付請求税額（57）	25	外　00
欠損金等の当期控除額（別表七(一)「4の計」）＋（別表七(三)「9」若しくは「21」又は別表七(四)「10」）	26	
翌期へ繰り越す欠損金額（別表七(一)「5の合計」）	27	
この申告による還付金額　外国税額の還付金額（67）	41	
中間納付額（39）－（38）	42	
計（41）＋（42）	43	外
この申告が修正申告である場合のこの申告により納付すべき地方法人税額（61）	44	00
剰余金・利益の配当（剰余金の分配）の金額		6000000
残余財産の最後の分配又は引渡しの日		令和　年　月　日
決算確定の日		令和 6 年 5 月 26 日

還付を受けようとする金融機関等：銀行・金庫・組合・農協・漁協　本店・支店・出張所・本所・支所　預金　郵便局名等
口座番号　ゆうちょ銀行の貯金記号番号　－
※税務署処理欄

税理士署名

別表一次葉　令五・四・一以後終了事業年度等分

事業年度等	5・4・1 6・3・31	法人名	関西婦人服飾株式会社

法人税額の計算

(1)のうち中小法人等の年800万円相当額以下の金額 ((1)と800万円×$\frac{12}{12}$のうち少ない金額) ~~又は(別表一付表「5」)~~	45	8,000,000	(45)の 15 % ~~又は 19 %~~ 相当額	48	1,200,000
(1)のうち特例税率の適用がある協同組合等の年10億円相当額を超える金額 (1)－10億円×$\frac{\quad}{12}$	46		(46)の 22 % 相当額	49	
その他の所得金額 (1)－(45)－(46)	47	126,074,000	(47)の ~~19%又は~~ 23.2%相当額	50	29,249,168

地方法人税額の計算

所得の金額に対する法人税額 (28)	51	30,449,000	(51)の 10.3 % 相当額	53	3,136,247
課税留保金額に対する法人税額 (29)	52		(52)の 10.3 % 相当額	54	

この申告が修正申告である場合の計算

法人税額の計算	この申告前の	法人税額	55		地方法人税額の計算	この申告前の	確定地方法人税額	58	
							還付金額	59	
		還付金額	56	外			欠損金の繰戻しによる還付金額	60	
	この申告により納付すべき法人税額又は減少する還付請求税額 ((15)－(55))若しくは((15)＋(56))又は((56)－(24))		57	外		この申告により納付すべき地方法人税額 ((40)－(58))若しくは((40)＋(59)＋(60))又は(((59)－(43))＋((60)－(43の外書)))		61	

土地譲渡税額の内訳

土地譲渡税額 (別表三(二)「25」)	62		土地譲渡税額 (別表三(三)「21」)	64	
同上 (別表三(二の二)「26」)	63				

地方法人税額に係る外国税額の控除額の計算

外国税額 (別表六(二)「56」)	65		控除しきれなかった金額 (65)－(66)	67	
控除した金額 (37)	66				

別表二 令五・四・一以後終了事業年度又は連結事業年度分

同族会社等の判定に関する明細書

事業年度又は連結事業年度	5・4・1 6・3・31	法人名	関西婦人服飾株式会社

区分	項目	番号	金額等	区分	項目	番号	金額等
同族会社の判定	期末現在の発行済株式の総数又は出資の総額	1	内 60,000	特定同族会社の判定	(21)の上位1順位の株式数又は出資の金額	11	
	(19)と(21)の上位3順位の株式数又は出資の金額	2	46,000		株式数等による判定 (11)/(1)	12	%
	株式数等による判定 (2)/(1)	3	76,667 %		(22)の上位1順位の議決権の数	13	
	期末現在の議決権の総数	4	内 60,000		議決権の数による判定 (13)/(4)	14	%
	(20)と(22)の上位3順位の議決権の数	5			(21)の社員の1人及びその同族関係者の合計人数のうち最も多い数	15	
	議決権の数による判定 (5)/(4)	6	0 %		社員の数による判定 (15)/(7)	16	%
	期末現在の社員の総数	7			特定同族会社の判定割合 ((12)、(14)又は(16)のうち最も高い割合)	17	
	社員の3人以下及びこれらの同族関係者の合計人数のうち最も多い数	8		判定結果		18	特定同族会社 (同族会社) 非同族会社
	社員の数による判定 (8)/(7)	9	%				
	同族会社の判定割合 ((3)、(6)又は(9)のうち最も高い割合)	10	76,667				

判定基準となる株主等の株式数等の明細

順位 株式数等	順位 議決権数	判定基準となる株主（社員）及び同族関係者 住所又は所在地	氏名又は法人名	判定基準となる株主等との続柄	被支配会社でない法人株主等 株式数又は出資の金額 19	被支配会社でない法人株主等 議決権の数 20	その他の株主等 株式数又は出資の金額 21	その他の株主等 議決権の数 22
1		大阪市大正区大正	大西 憲道	本人			20,000	
1		大阪市大正区大正	大西 豊子	配偶者			6,000	
1		大阪市大正区大正	大西 結衣	長女			4,000	
1		吹田市片山町3	大西 隆	長男			2,000	
2		芦屋市公光町	横田 兼一	本人			6,000	
3		京都市伏見区鎚屋町	加藤 一男	本人			8,000	

別表四　令五・四・一以後終了事業年度分

所得の金額の計算に関する明細書

事業年度	5・4・1 6・3・31	法人名	関西婦人服飾株式会社

区分			総額 ①	処分 留保 ②	処分 社外流出	処分 社外流出 ③
当期利益又は当期欠損の額		1	95,103,611 円	89,103,611 円	配当 その他	6,000,000 円
加算	損金経理をした法人税及び地方法人税(附帯税を除く。)	2	17,356,100	17,356,100		
加算	損金経理をした道府県民税及び市町村民税	3	1,570,600	1,570,600		
加算	損金経理をした納税充当金	4	25,024,600	25,024,600		
加算	損金経理をした附帯税(利子税を除く。)、加算金、延滞金(延納分を除く。)及び過怠税	5	27,300		その他	27,300
加算	減価償却の償却超過額	6				
加算	役員給与の損金不算入額	7			その他	
加算	交際費等の損金不算入額	8	14,292,618		その他	14,292,618
加算	通算法人に係る加算額(別表四付表「5」)	9			外※	
加算	法人税等調整額	10	6,839,280	6,839,280		
加算	小計	11	65,110,498	50,790,580	外※	14,319,918
減算	減価償却超過額の当期認容額	12				
減算	納税充当金から支出した事業税等の金額	13	8,330,800	8,330,800		
減算	受取配当等の益金不算入額(別表八(一)「5」)	14	314,700		※	314,700
減算	外国子会社から受ける剰余金の配当等の益金不算入額(別表八(二)「26」)	15			※	
減算	受贈益の益金不算入額	16			※	
減算	適格現物分配に係る益金不算入額	17			※	
減算	法人税等の中間納付額及び過誤納に係る還付金額	18				
減算	所得税額等及び欠損金の繰戻しによる還付金額等	19			※	
減算	通算法人に係る減算額(別表四付表「10」)	20			※	
減算	次葉合計	21	20,572,000	6,572,000		14,000,000 0
減算	小計	22	29,217,500	14,902,800	外※	14,314,700
仮計 (1)+(11)−(22)		23	130,996,609	124,991,391	外※	14,314,700 20,319,918
対象純支払利子等の損金不算入額(別表十七(二の二)「29」又は「34」)		24			その他	
超過利子額の損金算入額(別表十七(二の三)「10」)		25	△		※	△
仮計 ((23)から(25)までの計)		26	130,996,609	124,991,391	外※	14,314,700 20,319,918
寄附金の損金不算入額(別表十四(二)「24」又は「40」)		27	2,423,002		その他	2,423,002
沖縄の認定法人又は国家戦略特別区域における指定法人の所得の特別控除額又は要加算調整額の益金算入額(別表十(一)「15」若しくは別表十(二)「10」又は別表十(一)「16」若しくは別表十(二)「11」)		28			※	
法人税額から控除される所得税額(別表六(一)「6の③」)		29	655,061		その他	655,061
税額控除の対象となる外国法人税の額(別表六(二の二)「7」)		30			その他	
分配時調整外国税相当額及び外国関係会社等に係る控除対象所得税額等相当額(別表六(五の二)「5の②」)+(別表十七(三の六)「1」)		31			その他	
組合等損失額の損金不算入額又は組合等損失超過合計額の損金算入額(別表九(二)「10」)		32				
対外船舶運航事業者の日本船舶による収入金額に係る所得の金額の損金算入額又は益金算入額(別表十(四)「20」、「21」又は「23」)		33			※	
合計 (26)+(27)±(28)+(29)+(30)+(31)+(32)±(33)		34	134,074,672	124,991,391	外※	14,314,700 23,397,981
契約者配当の益金算入額(別表九(一)「13」)		35				
特定目的会社等の支払配当又は特定目的信託に係る受託法人の利益の分配等の損金算入額(別表十(八)「13」、別表十(九)「11」又は別表十(十)「16」若しくは「33」)		36	△	△		
中間申告における繰戻しによる還付に係る災害損失欠損金額の益金算入額		37			※	
非適格合併又は残余財産の全部分配等による移転資産等の譲渡利益額又は譲渡損失額		38			※	
差引計 ((34)から(38)までの計)		39	134,074,672	124,991,391	外※	14,314,700 23,397,981
更生欠損金又は民事再生等評価換えが行われる場合の再生等欠損金の損金算入額(別表七(三)「9」又は「21」)		40	△		※	△
通算対象欠損金額の損金算入額又は通算対象所得金額の益金算入額(別表七の二「5」又は「11」)		41			※	
当初配賦欠損金控除額の益金算入額(別表七(二)付表一「23の計」)		42			※	
差引計 (39)+(40)±(41)+(42)		43	134,074,672	124,991,391	外※	14,314,700 23,397,981
欠損金等の当期控除額(別表七(一)「4の計」)+(別表七(四)「10」)		44	△		※	△
総計 (43)+(44)		45	134,074,672	124,991,391	外※	14,314,700 23,397,981
新鉱床探鉱費又は海外新鉱床探鉱費の特別控除額(別表十(三)「43」)		46	△		※	△
農業経営基盤強化準備金積立額の損金算入額(別表十二(十四)「10」)		47	△	△		
農用地等を取得した場合の圧縮額の損金算入額(別表十二(十四)「43の計」)		48	△	△		
関西国際空港用地整備準備金積立額、中部国際空港整備準備金積立額又は再投資等準備金積立額の損金算入額(別表十二(十一)「15」、別表十二(十二)「10」又は別表十二(十五)「12」)		49	△	△		
特定事業活動として特別新事業開拓事業者の株式の取得をした場合の特別勘定繰入額の損金算入額又は特別勘定取崩額の益金算入額(別表十(六)「21」−「11」)		50			※	
残余財産の確定の日の属する事業年度に係る事業税及び特別法人事業税の損金算入額		51	△	△		
所得金額又は欠損金額		52	134,074,672	124,991,391	外※	14,314,700 23,397,981

所得の金額の計算に関する明細書
（次　　葉）

事業年度	5・4・1 6・3・31	法人名	関西婦人服飾株式会社

別表四

区分		総額 ①	処分 留保 ②	処分 社外流出 ③	
＜その他減算の内訳＞		円	円		円
収用等の場合の所得特別控除額	1	14,000,000		※	14,000,000
特別償却準備金積立認容額	2	6,572,000	6,572,000		
小　　計		20,572,000	6,572,000		14,000,000

利益積立金額及び資本金等の額の計算に関する明細書	事業年度	5・4・1 6・3・31	法人名	関西婦人服飾株式会社

別表五(一)　令五・四・一以後終了事業年度分

I　利益積立金額の計算に関する明細書

区分		期首現在利益積立金額 ①	当期の増減 減 ②	当期の増減 増 ③	差引翌期首現在利益積立金額 ①−②+③ ④
利益準備金	1	6,500,000円	円	円	6,500,000円
別途積立金	2	160,000,000		60,000,000	220,000,000
特別償却準備金	3			3,811,760	3,811,760
特別償却準備金認容	4			△6,572,000	△6,572,000
繰延税金資産	5	△18,233,964	△18,233,964	△14,154,924	△14,154,924
繰延税金負債	6			2,760,240	2,760,240
	7				
	8				
	9				
	10				
	11				
	12				
	13				
	14				
	15				
	16				
	17				
	18				
	19				
	20				
	21				
	22				
	23				
	24				
繰越損益金（損は赤）	25	87,307,438	87,307,438	112,599,289	112,599,289
納税充当金	26	36,765,600	36,765,600	25,024,600	25,024,600
未納法人税等（退職年金等積立金に対するものを除く。） 未納法人税及び未納地方法人税（附帯税を除く。）	27	△ 23,618,500	△ 40,974,600	中間 △17,356,100 確定 △15,574,200	△ 15,574,200
未納法人税等 未払通算税効果額（附帯税の額に係る部分の金額を除く。）	28			中間 確定	
未納法人税等 未納道府県民税（均等割額を含む。）	29	△ 1,359,300	△ 1,622,000	中間 △ 262,700 確定 △ 421,200	△ 421,200
未納法人税等 未納市町村民税（均等割額を含む。）	30	△ 3,457,000	△ 4,764,900	中間 △ 1,307,900 確定 △ 1,318,900	△ 1,318,900
差引合計額	31	243,904,274	58,477,574	147,227,965	332,654,665

II　資本金等の額の計算に関する明細書

区分		期首現在資本金等の額 ①	当期の増減 減 ②	当期の増減 増 ③	差引翌期首現在資本金等の額 ①−②+③ ④
資本金又は出資金	32	30,000,000円	円	円	30,000,000円
資本準備金	33	1,000,000			1,000,000
	34				
	35				
差引合計額	36	31,000,000			31,000,000

租税公課の納付状況等に関する明細書

事業年度	5・4・1 6・3・31	法人名	関西婦人服飾株式会社

別表五(二)　令五・四・一以後終了事業年度分

税目及び事業年度				期首現在未納税額 ①	当期発生税額 ②	当期中の納付税額 充当金取崩しによる納付 ③	当期中の納付税額 仮払経理による納付 ④	当期中の納付税額 損金経理による納付 ⑤	期末現在未納税額 ①＋②－③－④－⑤ ⑥
法人税及び地方法人税	・　・ ・　・		1	円		円	円	円	円
	4・4・1 5・3・31		2	23,618,500		23,618,500			0
	当期分	中間	3		17,356,100円			17,356,100	0
		確定	4		15,574,200				15,574,200
	計		5	23,618,500	32,930,300	23,618,500		17,356,100	15,574,200
道府県民税	・　・ ・　・		6						
	4・4・1 5・3・31		7	1,359,300		1,359,300			0
	当期分	中間	8		262,700			262,700	0
		確定	9		421,200				421,200
	計		10	1,359,300	683,900	1,359,300		262,700	421,200
市町村民税	・　・ ・　・		11						
	4・4・1 5・3・31		12	3,457,000		3,457,000			0
	当期分	中間	13		1,307,900			1,307,900	0
		確定	14		1,318,900				1,318,900
	計		15	3,457,000	2,626,800	3,457,000		1,307,900	1,318,900
事業税及び特別法人事業税	・　・ ・　・		16						
	4・4・1 5・3・31		17		8,330,800	8,330,800			0
	当期中間分		18		7,508,700			7,508,700	0
	計		19		15,839,500	8,330,800		7,508,700	0
その他	損金算入のもの	利子税	20						
		延滞金（延納に係るもの）	21						
		源泉所得税等	22		263			263	0
			23						
	損金不算入のもの	加算税及び加算金	24						
		延滞税	25						
		延滞金（延納分を除く。）	26		27,300			27,300	0
		過怠税	27						
		源泉所得税等	28		655,061			655,061	0
			29						

納税充当金の計算

期首納税充当金		30	36,765,600円	取崩額	その他 損金算入のもの	36	円
繰入額	損金経理をした納税充当金	31	25,024,600		その他 損金不算入のもの	37	
		32			その他	38	
	計 (31)＋(32)	33	25,024,600		仮払税金消却	39	
取崩額	法人税額等 (5の③)＋(10の③)＋(15の③)	34	28,434,800		計 (34)＋(35)＋(36)＋(37)＋(38)＋(39)	40	36,765,600
	事業税及び特別法人事業税 (19の③)	35	8,330,800	期末納税充当金 (30)＋(33)－(40)		41	25,024,600

通算法人の通算税効果額又は連結法人税個別帰属額及び連結地方法人税個別帰属額の発生状況等の明細

事業年度		期首現在未決済額 ①	当期発生額 ②	当期中の決済額 支払額 ③	当期中の決済額 受取額 ④	期末現在未決済額 ⑤
・　・ ・　・	42	円		円	円	円
・　・ ・　・	43					
当期分	44		中間 円 確定			
計	45					

別表六(一)　令五・四・一以後終了事業年度分

所得税額の控除に関する明細書

事業年度	5・4・1 6・3・31	法人名	関西婦人服飾株式会社

区分		収入金額 ①	①について課される所得税額 ②	②のうち控除を受ける所得税額 ③
公社債及び預貯金の利子、合同運用信託、公社債投資信託及び公社債等運用投資信託（特定公社債等運用投資信託を除く。）の収益の分配並びに特定公社債等運用投資信託の受益権及び特定目的信託の社債的受益権に係る剰余金の配当	1	3,426,014円	524,694円	524,694円
剰余金の配当（特定公社債等運用投資信託の受益権及び特定目的信託の社債的受益権に係るものを除く。）、利益の配当、剰余金の分配及び金銭の分配（みなし配当等を除く。）	2	655,000	127,777	127,509
集団投資信託（合同運用信託、公社債投資信託及び公社債等運用投資信託（特定公社債等運用投資信託を除く。）を除く。）の収益の分配	3	40,000	2,858	2,858
割引債の償還差益	4			
その他	5			
計	6	4,121,014	655,329	655,061

剰余金の配当（特定公社債等運用投資信託の受益権及び特定目的信託の社債的受益権に係るものを除く。）、利益の配当、剰余金の分配及び金銭の分配（みなし配当等を除く。）、集団投資信託（合同運用信託、公社債投資信託及び公社債等運用投資信託（特定公社債等運用投資信託を除く。）を除く。）の収益の分配又は割引債の償還差益に係る控除を受ける所得税額の計算

個別法による場合

銘柄	収入金額 7	所得税額 8	配当等の計算期間 9	(9)のうち元本所有期間 10	所有期間割合 (10)/(9)（小数点以下3位未満切上げ） 11	控除を受ける所得税額 (8)×(11) 12
	円	円	月	月		円

銘柄別簡便法による場合

銘柄	収入金額 13	所得税額 14	配当等の計算期末の所有元本数等 15	配当等の計算期首の所有元本数等 16	((15)−(16))/2又は12（マイナスの場合は0） 17	所有元本割合 ((16)+(17))/(15)（小数点以下3位未満切上げ）（1を超える場合は1） 18	控除を受ける所得税額 (14)×(18) 19
東洋興産株式会社	25,000円	1,786円	10,000	7,000	1,500	0.850	1,518円
東洋興産株式会社	20,000	1,429	8,000	10,000	0	1.000	1,429
大阪服飾株式会社	600,000	122,520	100,000	100,000	0	1.000	122,520
中央商事株式会社	10,000	2,042	4,000	4,000	0	1.000	2,042
神戸商事株式会社	40,000	2,858	40	40	0	1.000	2,858

その他に係る控除を受ける所得税額の明細

支払者の氏名又は法人名	支払者の住所又は所在地	支払を受けた年月日	収入金額 20	控除を受ける所得税額 21	参考
		・　・	円	円	
		・　・			
		・　・			
		・　・			
		・　・			
計					

受取配当等の益金不算入に関する明細書

事業年度	5・4・1 6・3・31	法人名	関西婦人服飾株式会社

別表八(一)　令五・四・一以後終了事業年度分

完全子法人株式等に係る受取配当等の額 (9の計)	1	円	非支配目的株式等に係る受取配当等の額 (33の計)	4	円
関連法人株式等に係る受取配当等の額 (16の計)	2		受取配当等の益金不算入額 (1)＋((2)－(20の計))＋(3)×50%＋(4)×(20%又は40%)	5	314,700
その他株式等に係る受取配当等の額 (26の計)	3				

受取配当等の額の明細

完全子法人株式等	法人名	6					計
	本店の所在地	7					
	受取配当等の額の計算期間	8	・・ ・・	・・ ・・	・・ ・・	・・ ・・	
	受取配当等の額	9	円	円	円	円	円
関連法人株式等	法人名	10	大阪服飾株式会社	東洋興産株式会社	中央商事株式会社		計
	本店の所在地	11	大阪市中央区本町	大阪市中央区本町	大阪市中央区安堂寺町		
	受取配当等の額の計算期間	12	・・ ・・	・・ ・・	・・ ・・	・・ ・・	
	保有割合	13					
	受取配当等の額	14	600,000 円	45,000 円	10,000 円	円	655,000 円
	同上のうち益金の額に算入される金額	15		1,500			1,500
	益金不算入の対象となる金額 (14)－(15)	16	600,000	43,500	10,000		653,500
	(34)が「不適用」の場合又は別表八(一)付表「13」が「非該当」の場合 (16)×0.04	17					
	同上以外の場合　(16)/(16の計)	18					
	同上以外の場合　支払利子等の10%相当額 (((38)×0.1)又は(別表八(一)付表「14」))×(18)	19	円	円	円	円	円
	受取配当等の額から控除する支払利子等の額 (17)又は(19)	20					
その他株式等	法人名	21	神戸商事株式会社				計
	本店の所在地	22	神戸市中央区三宮町				
	保有割合	23					
	受取配当等の額	24	40,000 円	円	円	円	40,000 円
	同上のうち益金の額に算入される金額	25					
	益金不算入の対象となる金額 (24)－(25)	26	40,000				40,000
非支配目的株式等	法人名又は銘柄	27					計
	本店の所在地	28					
	基準日等	29	・・	・・	・・	・・	
	保有割合	30					
	受取配当等の額	31	円	円	円	円	円
	同上のうち益金の額に算入される金額	32					
	益金不算入の対象となる金額 (31)－(32)	33					

支払利子等の額の明細

令第19条第2項の規定による支払利子控除額の計算				34	適用・不適用
当期に支払う利子等の額	35	円	超過利子額の損金算入額 (別表十七(二の三)「10」)	37	円
国外支配株主等に係る負債の利子等の損金不算入額、対象純支払利子等の損金不算入額又は恒久的施設に帰せられるべき資本に対応する負債の利子の損金不算入額 (別表十七(一)「35」と別表十七(二の二)「29」のうち多い金額)又は(別表十七(二の二)「34」と別表十七の二(二)「17」のうち多い金額)	36		支払利子等の額の合計額 (35)－(36)＋(37)	38	

収用換地等及び特定事業の用地買収等の場合の所得の特別控除等に関する明細書

事業年度	5・4・1 6・3・31	法人名	関西婦人服飾株式会社

別表十(五)　令五・四・一以後終了事業年度分

Ⅰ　収用換地等の場合の所得の特別控除に関する明細書

譲渡資産の明細	公共事業者の名称	1	大阪市		譲渡資産の帳簿価額	12	60,000,000 円
譲渡資産の明細	公共事業者から買取り等の申出を受けた年月日	2	令5・4・22		同上のうち補償金等の額に対応する部分の帳簿価額	13	60,000,000
譲渡資産の明細	収用換地等による譲渡年月日	3	令5・6・5	譲渡経費の額の計算	支出した譲渡経費の額	14	3,500,000
譲渡資産の明細	譲渡資産の種類	4	土地	譲渡経費の額の計算	譲渡経費に充てるため交付を受けた金額	15	2,500,000
取得した補償金等の額の計算	対価補償金及び清算金の額	5	75,000,000 円	譲渡経費の額の計算	差引譲渡経費の額 (14)－(15)	16	1,000,000
取得した補償金等の額の計算／同上以外の補償金の額	収益補償金のうち対価補償金に相当する部分の額	6		譲渡経費の額の計算	同上のうち補償金等の額に係る譲渡経費の額	17	1,000,000
取得した補償金等の額の計算／同上以外の補償金の額	経費補償金のうち対価補償金に相当する部分の額	7			譲渡益の額 (9)+(10)－(11)－((12)又は(13))－((16)又は(17))	18	14,000,000
取得した補償金等の額の計算／同上以外の補償金の額	移転補償金のうち対価補償金に相当する部分の額	8			当期前において設けた特別勘定の金額で、当期において益金の額に算入して特別控除の規定の適用を受ける金額	19	
取得した補償金等の額の計算	取得した補償金等の額 (5)+(6)+(7)+(8)	9	75,000,000	特別控除額の計算	当該譲渡の日の属する年において譲渡した他の資産につき、5,000万円、2,000万円、1,500万円及び800万円特別控除の規定並びに1,000万円特別控除の規定の適用を受けた金額	20	0
	特別控除に係る交換取得資産の価額	10		特別控除額の計算	特別控除残額 5,000万円－(20)	21	50,000,000
	同上の交換取得資産につき支払った交換差金の額	11		特別控除額の計算	特別控除額 (((18)又は(19))と(21)のうち少ない金額)	22	14,000,000

Ⅱ　特定事業の用地買収等の場合の所得の特別控除等に関する明細書

	事業施行者等の名称	23		特定住宅地造成事業等のために土地等を譲渡した場合の特別控除額の計算	当該譲渡の日の属する年において譲渡した他の資産につき、1,500万円特別控除の規定の適用を受けた金額	38	円
	特定事業の用地買収等により譲渡した年月日	24	（　・　・　） ・　・	特定住宅地造成事業等のために土地等を譲渡した場合の特別控除額の計算	1,500万円－(38)	39	
	取得した対価の額	25	円	特定住宅地造成事業等のために土地等を譲渡した場合の特別控除額の計算	当該譲渡の日の属する年において譲渡した他の資産につき、5,000万円、2,000万円、1,500万円及び800万円特別控除の規定並びに1,000万円特別控除の規定の適用を受けた金額	40	
	交換取得資産の価額	26		特定住宅地造成事業等のために土地等を譲渡した場合の特別控除額の計算	特別控除残額 5,000万円－(40)	41	
	交換取得資産につき支払った交換差金の額	27		特定住宅地造成事業等のために土地等を譲渡した場合の特別控除額の計算	特別控除額 ((32)、(39)と(41)のうち少ない金額)	42	
	特定事業の用地買収等により譲渡した部分の帳簿価額	28		農地保有の合理化のために農地等を譲渡した場合の特別控除額の計算	当該譲渡の日の属する年において譲渡した他の資産につき、800万円特別控除の規定の適用を受けた金額	43	
譲渡経費の額の計算	支出した譲渡経費の額	29		農地保有の合理化のために農地等を譲渡した場合の特別控除額の計算	800万円－(43)	44	
譲渡経費の額の計算	譲渡経費に充てるため交付を受けた金額	30		農地保有の合理化のために農地等を譲渡した場合の特別控除額の計算	当該譲渡の日の属する年において譲渡した他の資産につき、5,000万円、2,000万円、1,500万円及び800万円特別控除の規定並びに1,000万円特別控除の規定の適用を受けた金額	45	
譲渡経費の額の計算	差引譲渡経費の額 (29)－(30)	31		農地保有の合理化のために農地等を譲渡した場合の特別控除額の計算	特別控除残額 5,000万円－(45)	46	
	譲渡益の額 (25)+(26)－(27)－(28)－(31)	32		農地保有の合理化のために農地等を譲渡した場合の特別控除額の計算	特別控除額 ((32)、(44)と(46)のうち少ない金額)	47	
特定土地区画整理事業等のために土地等を譲渡した場合の特別控除額の計算	当該譲渡の日の属する年において譲渡した他の資産につき、2,000万円特別控除の規定の適用を受けた金額	33		特定の長期所有土地等を譲渡した場合の特別控除額の計算	当該譲渡の日の属する年において譲渡した他の資産につき、1,000万円特別控除の規定の適用を受けた金額	48	
特定土地区画整理事業等のために土地等を譲渡した場合の特別控除額の計算	2,000万円－(33)	34		特定の長期所有土地等を譲渡した場合の特別控除額の計算	1,000万円－(48)	49	
特定土地区画整理事業等のために土地等を譲渡した場合の特別控除額の計算	当該譲渡の日の属する年において譲渡した他の資産につき、5,000万円、2,000万円、1,500万円及び800万円特別控除の規定並びに1,000万円特別控除の規定の適用を受けた金額	35		特定の長期所有土地等を譲渡した場合の特別控除額の計算	当該譲渡の日の属する年において譲渡した他の資産につき、5,000万円、2,000万円、1,500万円及び800万円特別控除の規定並びに1,000万円特別控除の規定の適用を受けた金額	50	
特定土地区画整理事業等のために土地等を譲渡した場合の特別控除額の計算	特別控除残額 5,000万円－(35)	36		特定の長期所有土地等を譲渡した場合の特別控除額の計算	特別控除残額 5,000万円－(50)	51	
特定土地区画整理事業等のために土地等を譲渡した場合の特別控除額の計算	特別控除額 ((32)、(34)と(36)のうち少ない金額)	37		特定の長期所有土地等を譲渡した場合の特別控除額の計算	特別控除額 ((32)、(49)と(51)のうち少ない金額)	52	

個別評価金銭債権に係る貸倒引当金の損金算入に関する明細書

事業年度又は連結事業年度	5・4・1 6・3・31	法人名	関西婦人服飾株式会社 (　　)

別表十一(一)　令五・四・一以後終了事業年度又は連結事業年度分

		欄					計
債務者	住所又は所在地	1	大阪市中央区谷町7	大阪市北区南扇町7			
	氏名又は名称（外国政府等の別）	2	甲商事株式会社 (　　)	乙物産株式会社 (　　)	(　　)	(　　)	
個別評価の事由		3	令第96条第1項第1号イ該当	令第96条第1項第3号ホ該当	令第96条第1項第　号　該当	令第96条第1項第　号　該当	
同上の発生時期		4	令6・2・5	令5・8・5	・・	・・	
当期繰入額		5	円 7,000,000	円 4,520,000	円	円	円 11,520,000
繰入限度額の計算	個別評価金銭債権の額	6	12,000,000	14,040,000			26,040,000
	(6)のうち5年以内に弁済される金額（令第96条第1項第1号に該当する場合）	7	5,000,000				
	(6)のうち取立て等の見込額：担保権の実行による取立て等の見込額	8					
	(6)のうち取立て等の見込額：他の者の保証による取立て等の見込額	9					
	(6)のうち取立て等の見込額：その他による取立て等の見込額	10					
	(6)のうち取立て等の見込額：(8)＋(9)＋(10)	11					
	(6)のうち実質的に債権とみられない部分の金額	12		5,000,000			
	(6)－(7)－(11)－(12)	13	7,000,000	9,040,000			
	繰入限度額：令第96条第1項第1号該当 (13)	14	7,000,000				円 7,000,000
	繰入限度額：令第96条第1項第2号該当 (13)	15					
	繰入限度額：令第96条第1項第3号該当 (13)×50%	16		4,520,000			4,520,000
	繰入限度額：令第96条第1項第4号該当 (13)×50%	17					
繰入限度超過額 (5)－((14)、(15)、(16)又は(17))		18	0	0			0
貸倒実績率の計算の基礎となる金額の明細	貸倒れによる損失の額等の合計額に加える金額（(6)の個別評価金銭債権が売掛債権等である場合の(5)と((14)、(15)、(16)又は(17))のうち少ない金額）	19	7,000,000	4,520,000			11,520,000
	貸倒れによる損失の額等の合計額から控除する金額等：前期の個別評価金銭債権の額（前期の(6)）	20					
	貸倒れによる損失の額等の合計額から控除する金額等：(20)の個別評価金銭債権が売掛債権等である場合の当該個別評価金銭債権に係る損金算入額（前期の(19)）	21					
	貸倒れによる損失の額等の合計額から控除する金額等：(21)に係る売掛債権等が当期において貸倒れとなった場合のその貸倒れとなった金額	22					
	貸倒れによる損失の額等の合計額から控除する金額等：(21)に係る売掛債権等が当期においても個別評価の対象となった場合のその対象となった金額	23					
	貸倒れによる損失の額等の合計額から控除する金額等：(22)又は(23)に金額の記載がある場合の(21)の金額	24					

一括評価金銭債権に係る貸倒引当金の損金算入に関する明細書

事業年度	5・4・1 6・3・31	法人名	関西婦人服飾株式会社

別表十一(一の二)　令五・四・一以後終了事業年度分

当期繰入額		1	円 8,214,620
繰入限度額の計算	期末一括評価金銭債権の帳簿価額の合計額 (23の計)	2	
	貸倒実績率 (16)	3	
	実質的に債権とみられないものの額を控除した期末一括評価金銭債権の帳簿価額の合計額 (25の計)	4	円 1,026,827,600
	法定の繰入率	5	8.0 / 1,000
	繰入限度額 ~~((2)×(3))又は~~((4)×(5))	6	円 8,214,620
	公益法人等・協同組合等の繰入限度額 (6)×102/100	7	
繰入限度超過額 (1)−((6)又は(7))		8	0

貸倒実績率の計算	前3年内事業年度(設立事業年度である場合には当該事業年度)の(2)の合計額	9	円
	(9) / 前3年内事業年度における事業年度の数	10	
	前3年内事業年度(設立事業年度である場合には当該事業年度)の 売掛債権等の貸倒れによる損失の額の合計額	11	
	前3年内事業年度(設立事業年度である場合には当該事業年度)の 別表十一(一)「19の計」の合計額	12	
	前3年内事業年度(設立事業年度である場合には当該事業年度)の 別表十一(一)「24の計」の合計額	13	
	前3年内事業年度(設立事業年度である場合には当該事業年度)の 貸倒れによる損失の額等の合計額 (11)＋(12)−(13)	14	
	(14)× 12 / 前3年内事業年度における事業年度の月数の合計	15	
	貸倒実績率 (15)/(10) (小数点以下4位未満切上げ)	16	

一括評価金銭債権の明細

勘定科目	期末残高	売掛債権等とみなされる額及び貸倒否認額	(17)のうち税務上貸倒れがあったものとみなされる額及び売掛債権等に該当しないものの額	個別評価の対象となった売掛債権等の額及び非適格合併等により合併法人等に移転する売掛債権等の額	法第52条第1項第3号に該当する法人の令第96条第9項各号の金銭債権以外の金銭債権の額	完全支配関係がある他の法人に対する売掛債権等の額	期末一括評価金銭債権の額 (17)＋(18)−(19)−(20)−(21)−(22)	実質的に債権とみられないものの額	差引期末一括評価金銭債権の額 (23)−(24)
	17	18	19	20	21	22	23	24	25
売掛金	円 303,922,200	円	円	円 12,000,000	円	円	円 291,922,200	円 44,600,000	円 247,322,200
受取手形	508,173,400			14,040,000			494,133,400	79,220,000	414,913,400
未収入金	9,203,000						9,203,000		9,203,000
長期貸付金	5,500,000						5,500,000	4,000,000	1,500,000
割引手形	389,089,000						389,089,000	35,200,000	353,889,000
計	1,215,887,600			26,040,000			1,189,847,600	163,020,000	1,026,827,600

基準年度の実績により実質的に債権とみられないものの額を計算する場合の明細

平成27年4月1日から平成29年3月31日までの間に開始した各事業年度末の一括評価金銭債権の額の合計額	26	円	債権からの控除割合 (27)/(26) (小数点以下3位未満切捨て)	28	
同上の各事業年度末の実質的に債権とみられないものの額の合計額	27		実質的に債権とみられないものの額 (23の計)×(28)	29	円

特定の資産の買換えにより取得した資産の圧縮額等の損金算入に関する明細書 （4号該当）

事業年度又は連結事業年度	5・4・1 6・3・31	法人名	関西婦人服飾株式会社 （ ）

別表十三(五) 令五・四・一以後終了事業年度又は連結事業年度分

区分	項目					譲渡の日を含む事業年度又は連結事業年度
譲渡資産の明細	譲渡した資産の種類	1	土地			
	同上の資産の取得年月日	2	平11・3・4	・・	・・	・・	令5・4・1 令6・3・31
	譲渡した資産の所在地	3	大阪市城東区			計
	譲渡した土地等の面積	4	平方メートル 160.00	平方メートル	平方メートル	平方メートル	平方メートル 160.00
	譲渡年月日	5	令5・8・5	・・	・・	・・	
	対価の額	6	円 120,000,000	円	円	円	円 120,000,000
	譲渡直前の帳簿価額 帳簿価額	7	15,640,000				15,640,000
	譲渡直前の帳簿価額 譲渡に要した経費の額	8	3,800,000				3,800,000
	譲渡直前の帳簿価額 計 (7)＋(8)	9	19,440,000				19,440,000
差益割合		10	0.838				
取得資産の明細	取得した買換資産の種類	11	土地				
	取得した買換資産の所在地	12	大津市				
	取得年月日	13	令5・2・26	・・	・・	・・	
	買換資産の取得価額	14	円 100,000,000	円	円	円	100,000,000
	事業の用に供した又は供する見込みの年月日	15	令6・2・26	・・	・・	・・	
	買換資産が土地等である場合で 買換資産が土地等であり敷地の用に供される場合の建物、構築物等の事業供用予定年月日	16	令6・2・26	・・	・・	・・	
	(16)の建物、構築物等を実際に事業の用に供した年月日	17	令6・2・26	・・	・・	・・	
	取得した土地等の面積	18	平方メートル 500.00	平方メートル	平方メートル	平方メートル	平方メートル 500.00
	同上のうち買換えの特例の対象とならない面積	19	0.00				0.00
	取得価額 (14) × $\frac{(18)-(19)}{(18)}$	20	円 100,000,000	円	円	円	円 100,000,000
帳簿価額の減額等をした場合	買換資産の帳簿価額を減額し、又は積立金として積み立てた金額	21	67,040,000				67,040,000
	圧縮限度額の計算 買換資産の取得のため(6の計)又は(6の計)のうち特別勘定残額に対応するものから支出した金額	22	100,000,000				100,000,000
	圧縮基礎取得価額 (((14)又は(20))と(22)のうち少ない金額)	23	100,000,000				100,000,000
	前期以前に取得した買換資産で減価償却を行ったものの場合 前期末の取得価額	24					
	前期末の帳簿価額	25					
	圧縮基礎取得価額 (23) × $\frac{(25)}{(24)}$	26					
	圧縮限度額 ((23)又は(26))×(10)× $\frac{80、~~70又は75~~}{100}$	27	67,040,000				67,040,000
	圧縮限度超過額 (21)－(27)	28	0				0
	取得価額に算入しない金額 ((21)と(27)のうち少ない金額)又は(((21)と(27)のうち少ない金額)× $\frac{(24)}{(25)}$)	29	67,040,000				67,040,000

対価の額の残額の計算	対価の額の合計額 (6の計)	30	円 120,000,000
	同上のうち譲渡の日の属する事業年度又は連結事業年度において使用した額	31	100,000,000
	特別勘定の対象となり得る金額 (30)－(31)	32	20,000,000
	翌期繰越額の計算 特別勘定の金額の計算の基礎となった買換資産の取得に充てようとする金額 ((37)と(39)のうち少ない金額)÷ $\frac{80、~~70又は75~~}{100}$ ÷(10)	33	20,000,000
	同上のうち前期末までに買換資産の取得に充てた金額	34	
	当期中において買換資産の取得に充てた金額	35	
	翌期へ繰り越す対価の額の合計額 (33)－(34)－(35)	36	20,000,000

特別勘定を設けた場合	特別勘定に経理した金額	37	円 13,408,000
	繰入限度額の計算 (32)のうち買換資産の取得に充てようとする金額	38	20,000,000
	繰入限度額 (38)×(10)× $\frac{80、~~70又は75~~}{100}$	39	13,408,000
	繰入限度超過額 (37)－(39)	40	0
	翌期繰越額の計算 当初の特別勘定の金額 (繰入事業年度の(37)－(40))	41	13,408,000
	同上のうち前期末までに益金の額に算入された金額	42	
	当期中に益金の額に算入すべき金額	43	
	期末特別勘定残額 (41)－(42)－(43)	44	13,408,000

その他参考となる事項

寄附金の損金算入に関する明細書

事業年度	5・4・1 6・3・31	法人名	関西婦人服飾株式会社

別表十四(二)　令五・四・一以後終了事業年度分

公益法人等以外の法人の場合

一般寄附金の損金算入限度額の計算	支出した寄附金の額	指定寄附金等の金額 (41の計)	1	350,000円
		特定公益増進法人等に対する寄附金額 (42の計)	2	80,000
		その他の寄附金額	3	3,284,320
		計 (1)＋(2)＋(3)	4	3,714,320
		完全支配関係がある法人に対する寄附金額	5	
		計 (4)＋(5)	6	3,714,320
	所得金額仮計 (別表四「26の①」)		7	130,996,609
	寄附金支出前所得金額 (6)＋(7) (マイナスの場合は0)		8	134,710,929
	同上の $\frac{2.5 \text{~~又は1.25~~}}{100}$ 相当額		9	3,367,773
	期末の資本金等の額又は資本金の額及び資本準備金の額の合計額若しくは出資金の額 ~~(別表五(一)「36の④」)~~ (別表五(一)「32の④」＋「33の④」) (マイナスの場合は0)		10	31,000,000
	同上の月数換算額 (10)×$\frac{12}{12}$		11	31,000,000
	同上の $\frac{2.5}{1,000}$ 相当額		12	77,500
	一般寄附金の損金算入限度額 ((9)＋(12))×$\frac{1}{4}$		13	861,318
特定公益増進法人等に対する寄附金の特別損金算入限度額の計算	寄附金支出前所得金額の$\frac{6.25}{100}$相当額 (8)×$\frac{6.25}{100}$		14	8,419,433
	期末の資本金等の額又は資本金の額及び資本準備金の額の合計額若しくは出資金の額の月数換算額の$\frac{3.75}{1,000}$相当額 (11)×$\frac{3.75}{1,000}$		15	116,250
	特定公益増進法人等に対する寄附金の特別損金算入限度額 ((14)＋(15))×$\frac{1}{2}$		16	4,267,841
特定公益増進法人等に対する寄附金の損金算入額 ((2)と((14)又は(16))のうち少ない金額)			17	80,000
指定寄附金等の金額 (1)			18	350,000
国外関連者に対する寄附金額及び本店等に対する内部寄附金額			19	
(4)の寄附金額のうち同上の寄附金以外の寄附金額 (4)－(19)			20	3,714,320
損金不算入額	同上のうち損金の額に算入されない金額 (20)－((9)又は(13))－(17)－(18)		21	2,423,002
	国外関連者に対する寄附金額及び本店等に対する内部寄附金額 (19)		22	
	完全支配関係がある法人に対する寄附金額 (5)		23	
	計 (21)＋(22)＋(23)		24	2,423,002

公益法人等の場合

損金算入限度額の計算	支出した寄附金の額	長期給付事業への繰入利子額	25	円
		同上以外のみなし寄附金額	26	
		その他の寄附金額	27	
		計 (25)＋(26)＋(27)	28	
	所得金額仮計 (別表四「26の①」)		29	
	寄附金支出前所得金額 (28)＋(29) (マイナスの場合は0)		30	
	同上の $\frac{20又は50}{100}$ 相当額 ($\frac{50}{100}$相当額が年200万円に満たない場合(当該法人が公益社団法人又は公益財団法人である場合を除く。)は、年200万円)		31	
	公益社団法人又は公益財団法人の公益法人特別限度額 (別表十四(二)付表「3」)		32	
	長期給付事業を行う共済組合等の損金算入限度額 ((25)と融資額の年5.5%相当額のうち少ない金額)		33	
	損金算入限度額 (31)、((31)と(32)のうち多い金額)又は((31)と(33)のうち多い金額)		34	
指定寄附金等の金額 (41の計)			35	
国外関連者に対する寄附金額及び完全支配関係がある法人に対する寄附金額			36	
(28)の寄附金額のうち同上の寄附金以外の寄附金額 (28)－(36)			37	
損金不算入額	同上のうち損金の額に算入されない金額 (37)－(34)－(35)		38	
	国外関連者に対する寄附金額及び完全支配関係がある法人に対する寄附金額 (36)		39	
	計 (38)＋(39)		40	

指定寄附金等に関する明細

寄附した日	寄附先	告示番号	寄附金の使途	寄附金額 41
5・9・19	日本赤十字社		災害救護設備整備等	150,000円
5・12・8	大阪市		小学校プール建設資金	200,000
計				350,000

特定公益増進法人若しくは認定特定非営利活動法人等に対する寄附金又は認定特定公益信託に対する支出金の明細

寄附した日又は支出した日	寄附先又は受託者	所在地	寄附金の使途又は認定特定公益信託の名称	寄附金額又は支出金額 42
5・7・15	財団法人大阪ベイエリア	大阪市北区中之島	調査研究活動等の費用	80,000円
計				80,000

その他の寄附金のうち特定公益信託(認定特定公益信託を除く。)に対する支出金の明細

支出した日	受託者	所在地	特定公益信託の名称	支出金額
				円

交際費等の損金算入に関する明細書

事業年度	5・4・1 6・3・31	法人名	関西婦人服飾株式会社

別表十五　令五・四・一以後終了事業年度分

支出交際費等の額 (8の計)	1	22,292,618円	損金算入限度額 (2)又は(3)	4	8,000,000円
支出接待飲食費損金算入基準額 (9の計)×$\frac{50}{100}$	2	2,693,556			
中小法人等の定額控除限度額 ((1)と((800万円×$\frac{12}{12}$)~~又は(別表十五付表「5の計」)~~)のうち少ない金額)	3	8,000,000	損金不算入額 (1)－(4)	5	14,292,618

支出交際費等の額の明細

科目	支出額 6	交際費等の額から控除される費用の額 7	差引交際費等の額 8	(8)のうち接待飲食費の額 9
交際費	22,292,618円	0円	22,292,618円	5,387,112円
計	22,292,618		22,292,618	5,387,112

旧定額法又は定額法による減価償却資産の償却額の計算に関する明細書

事業年度又は連結事業年度	5・4・1 6・3・31	法人名	関西婦人服飾株式会社 （　　　）

別表十六(一)　令五・四・一以後終了事業年度又は連結事業年度分

資産区分	種類	1	建物	同左	同左	ソフトウエア	合計
資産区分	構造	2	金属造3ミリ超4ミリ	同左	同左		
資産区分	細目	3	工場（その他のもの）	同左	同左	その他のもの	
資産区分	取得年月日	4	平20・4・20	令5・8・20	令5・12・14	令3・10・25	・　・
資産区分	事業の用に供した年月	5	20年4月	5年8月	5年12月	3年10月	
資産区分	耐用年数	6	24年	24年	27年	5年	年
取得価額	取得価額又は製作価額	7	外 112,500,000円	外 5,000,000円	外 16,375,815円	外 600,000円	外 134,475,815円
取得価額	(7)のうち積立金方式による圧縮記帳の場合の償却額計算の対象となる取得価額に算入しない金額	8					
取得価額	差引取得価額 (7)−(8)	9	112,500,000	5,000,000	16,375,815	600,000	134,475,815
帳簿価額	償却額計算の対象となる期末現在の帳簿記載金額	10	69,975,000	4,860,000	16,168,389	300,000	91,303,389
帳簿価額	期末現在の積立金の額	11					
帳簿価額	積立金の期中取崩額	12					
帳簿価額	差引帳簿記載金額 (10)−(11)−(12)	13	外△ 69,975,000	外△ 4,860,000	外△ 16,168,389	外△ 300,000	外△ 91,303,389
帳簿価額	損金に計上した当期償却額	14	4,252,500	140,000	207,426	120,000	4,719,926
帳簿価額	前期から繰り越した償却超過額	15	外	外	外	外	外
帳簿価額	合計 (13)+(14)+(15)	16	74,227,500	5,000,000	16,375,815	420,000	96,023,315
当期分の普通償却限度額等（平成19年3月31日以前取得分）	残存価額	17	11,250,000				11,250,000
当期分の普通償却限度額等（平成19年3月31日以前取得分）	差引取得価額×5% (9)×5/100	18	5,625,000				5,625,000
(16)>(18)の場合	旧定額法の償却額計算の基礎となる金額 (9)−(17)	19	101,250,000				101,250,000
(16)>(18)の場合	旧定額法の償却率	20	0.042				
(16)>(18)の場合	算出償却額 (19)×(20)	21	4,252,500円	円	円	円	4,252,500円
(16)>(18)の場合	増加償却額 (21)×割増率	22	（　）	（　）	（　）	（　）	（　）
(16)>(18)の場合	計 ((21)+(22))又は((16)−(18))	23	4,252,500				4,252,500
(16)≦(18)の場合	算出償却額 ((18)−1円)×□/60	24					
平成19年4月1日以後取得分	定額法の償却額計算の基礎となる金額 (9)	25		5,000,000	16,375,815	600,000	21,975,815
平成19年4月1日以後取得分	定額法の償却率	26		0.042	0.038	0.200	
平成19年4月1日以後取得分	算出償却額 (25)×(26)	27	円	140,000円	207,426円	120,000円	467,426円
平成19年4月1日以後取得分	増加償却額 (27)×割増率	28	（　）	（　）	（　）	（　）	（　）
平成19年4月1日以後取得分	計 (27)+(28)	29		140,000	207,426	120,000	467,426
当期分の償却限度額	当期分の普通償却限度額等 (23)、(24)又は(29)	30	4,252,500	140,000	207,426	120,000	4,719,926
特別償却又は割増償却による特別償却限度額	租税特別措置法適用条項	31	条　項 （　）	条　項 （　）	条　項 （　）	条　項 （　）	条　項 （　）
特別償却又は割増償却による特別償却限度額	特別償却限度額	32	外　円	外　円	外　円	外　円	外　円
当期分の償却限度額	前期から繰り越した特別償却不足額又は合併等特別償却不足額	33					
当期分の償却限度額	合計 (30)+(32)+(33)	34	4,252,500	140,000	207,426	120,000	4,719,926
当期償却額		35	4,252,500	140,000	207,426	120,000	4,719,926
差引	償却不足額 (34)−(35)	36	0	0	0	0	0
差引	償却超過額 (35)−(34)	37	0	0	0	0	
償却超過額	前期からの繰越額	38	外	外	外	外	外
償却超過額（当期損金認容額）	償却不足によるもの	39					
償却超過額（当期損金認容額）	積立金取崩しによるもの	40					
償却超過額	差引合計翌期への繰越額 (37)+(38)−(39)−(40)	41					
特別償却不足額	翌期に繰り越すべき特別償却不足額 (((36)−(39))と((32)+(33))のうち少ない金額)	42					
特別償却不足額	当期において切り捨てる特別償却不足額又は合併等特別償却不足額	43					
特別償却不足額	差引翌期への繰越額 (42)−(43)	44					
翌期への繰越額の内訳	・　・	45					
翌期への繰越額の内訳	当期分不足額	46					
適格組織再編成により引き継ぐべき合併等特別償却不足額	(((36)−(39))と(32)のうち少ない金額)	47					
備考							

※　旧定額法の計算方法を示すために設定したもので、一部実際の数字とは異なりますので御注意ください。

旧定率法又は定率法による減価償却資産の償却額の計算に関する明細書

事業年度　5・4・1 ～ 6・3・31　　法人名　関西婦人服飾株式会社（　　　）

別表十六(二)　令五・四・一以後終了事業年度又は連結事業年度分

区分	項目	番号		（中略）			
資産区分	種類	1	建物				合計
資産区分	構造	2	金属造4ミリ超				
資産区分	細目	3	事務所				
資産区分	取得年月日	4	令5・8・20		・　・	・　・	・　・
資産区分	事業の用に供した年月	5	5年8月				
資産区分	耐用年数	6	38年		年	年	年
取得価額	取得価額又は製作価額	7	外　3,000,000円	0	外	外	外　370,223,000円
取得価額	(7)のうち積立金方式による圧縮記帳の場合の償却額計算の対象となる取得価額に算入しない金額	8					
取得価額	差引取得価額 (7)−(8)	9	3,000,000	0			370,223,000
償却額計算の基礎となる額	償却額計算の対象となる期末現在の帳簿記載金額	10	2,882,000	3			100,907,863
償却額計算の基礎となる額	期末現在の積立金の額	11					
償却額計算の基礎となる額	積立金の期中取崩額	12					
償却額計算の基礎となる額	差引帳簿記載金額 (10)−(11)−(12)	13	外△　2,882,000	3	外△	外△	外△　100,907,863
償却額計算の基礎となる額	損金に計上した当期償却額	14	118,000	1			17,879,221
償却額計算の基礎となる額	前期から繰り越した償却超過額	15	外		外	外	外
償却額計算の基礎となる額	合計 (13)+(14)+(15)	16	3,000,000	4			118,787,084
償却額計算の基礎となる額	前期から繰り越した特別償却不足額又は合併等特別償却不足額	17					
償却額計算の基礎となる額	償却額計算の基礎となる金額 (16)−(17)	18	3,000,000	4			118,787,084
当期分の普通償却限度額等（平成19年3月31日以前取得分）	差引取得価額×5%　(9)×5/100	19	150,000	0			170,146,150
同 (16)>(19)の場合	旧定率法の償却率	20	0.059				
同 (16)>(19)の場合	算出償却額 (18)×(20)	21	118,000円	4	円	円	14,579,964
同 (16)>(19)の場合	増加償却額 (21)×割増率	22	(　　)	)	(　　)	(　　)	(　　)
同 (16)>(19)の場合	計 ((21)+(22))又は((18)−(19))	23	118,000	9			14,546,859
同 (16)≦(19)の場合	算出償却額 ((19)−1円)×12/60	24		9			36,999
当期分の普通償却限度額等（平成19年4月1日以後取得分）	定率法の償却率	25					
同	調整前償却額 (18)×(25)	26	円	円	円	円	円
同	保証率	27					
同	償却保証額 (9)×(27)	28	円	円	円	円	円
同 (26)<(28)の場合	改定取得価額	29					
同 (26)<(28)の場合	改定償却率	30					
同 (26)<(28)の場合	改定償却額 (29)×(30)	31	円	円	円	円	円
同	増加償却額 ((26)又は(31))×割増率	32	(　　)	)	(　　)	(　　)	(　　)
同	計 ((26)又は(31))+(32)	33					
当期分の償却限度額	当期分の普通償却限度額等 (23)、(24)又は(33)	34	118,000	1			17,879,221
当期分の償却限度額（特別償却又は割増償却による特別償却限度額）	租税特別措置法適用条項	35	条　項 (　　)	項)	条　項 (　　)	条　項 (　　)	条　項 (　　)
当期分の償却限度額（特別償却又は割増償却による特別償却限度額）	特別償却限度額	36	外　円	0	外　円	外　円	外　6,572,000円
当期分の償却限度額	前期から繰り越した特別償却不足額又は合併等特別償却不足額	37					
当期分の償却限度額	合計 (34)+(36)+(37)	38	118,000	1			24,451,221
当期償却額	当期償却額	39	118,000	1			17,879,221
差引	償却不足額 (38)−(39)	40	0	0			0
差引	償却超過額 (39)−(38)	41	0	0			
償却超過額	前期からの繰越額	42	外		外	外	外
償却超過額（当期損金認容額）	償却不足によるもの	43					
償却超過額（当期損金認容額）	積立金取崩しによるもの	44					
償却超過額	差引合計翌期への繰越額 (41)+(42)−(43)−(44)	45					
特別償却不足額	翌期に繰り越すべき特別償却不足額 (((40)−(43))と((36)+(37))のうち少ない金額)	46		0			0
特別償却不足額	当期において切り捨てる特別償却不足額又は合併等特別償却不足額	47					
特別償却不足額	差引翌期への繰越額 (46)−(47)	48		0			0
特別償却不足額（翌期への繰越額の内訳）	：　：	49					
特別償却不足額（翌期への繰越額の内訳）	当期分不足額	50		0			0
	適格組織再編成により引き継ぐべき合併等特別償却不足額 (((40)−(43))と(36)のうち少ない金額)	51					

備考　法人税法施行令第55条第2項適用

当該適用額明細書を再提出する場合には、訂正箇所のみ記載するのでなく、すべての租税特別措置について記載してください。
OCR入力用（この用紙は機械で読み取ります。折ったり汚したりしないでください。）

FB4011

株式第一

令和　年　月　日

東 税務署長殿

収受印

自 平成/令和 5年 4月 1日
至 平成/令和 6年 3月 31日

事業年度分の適用額明細書

（当初提出分）・再提出分）

この用紙はとじこまないでください

納税地	大阪市中央区大手前1　電話（06）6942－	整理番号	
（フリガナ）	カンサイフジンフクショクカブシキガイシャ	提出枚数	1 枚　うち 1 枚目
法人名	関西婦人服飾株式会社	事業種目	婦人子供服卸売業　業種番号 32
法人番号		※税務署処理欄 提出年月日	令和　年　月　日
期末現在の資本金の額又は出資金の額	30,000,000 円		
所得金額又は欠損金額	134,074,672 円		

租税特別措置法の条項	区分番号	適用額（円）
第 65 条の2 第 1 項 第　号	00217	14,000,000
第 65 条の7 第 1 項 第　号	00364	67,040,000
第 65 条の8 第 1 項 第　号	00370	13,408,000
第 42 条の3の2 第 1 項 第 1 号	00380	8,000,000
第　条　第　項 第　号		
第　条　第　項 第　号		
第　条　第　項 第　号		
第　条　第　項 第　号		
第　条　第　項 第　号		
第　条　第　項 第　号		
第　条　第　項 第　号		
第　条　第　項 第　号		
第　条　第　項 第　号		
第　条　第　項 第　号		
第　条　第　項 第　号		
第　条　第　項 第　号		
第　条　第　項 第　号		
第　条　第　項 第　号		
第　条　第　項 第　号		
第　条　第　項 第　号		

1　評価明細書第１表の１の作成

設例の４　卸売業の取引金額が50％を超えていますので卸売業となります。

第１表の１　評価上の株主の判定及び会社規模の判定の明細書

（取引相場のない株式（出資）の評価明細書）

整理番号

会社名	（電話 06 －6942－XXXX） 関西婦人服飾株式会社	本店の所在地	大阪市中央区大手前１
代表者氏名	大西　憲道		
課税時期	令和６年　４月　10日		
直前期	自 令和５年　４月　１日 至 令和６年　３月　31日		

事業内容：取扱品目及び製造、卸売、小売等の区分	業種目番号	取引金額の構成比
婦人・子供服卸売	67	60.00％
婦人・子供服製造	16	40.00

（令和六年一月一日以降用）

設例の５　相続により取得した後の株式数を記入します。

１．株主及び評価方式の判定

判定要素（課税時期現在の株式等の所有状況）

氏名又は名称	続柄	会社における役職名	㋑株式数（株式の種類）	㋺議決権数	㋩議決権割合（㋺/④）
			株	個	％
大西　豊子	納税義務者		16,000	160	26
大西　結衣	長女		14,000	140	23
大西　隆	長男		2,000	20	3
自己株式					
納税義務者の属する同族関係者グループの議決権の合計数				② 320	⑤（②/④） 53
筆頭株主グループの議決権の合計数				③ 320	⑥（③/④） 53
評価会社の発行済株式又は議決権の総数			① 60,000	④ 600	100

（注）１％未満の端数は切り捨てます。

納税義務者の属する同族関係者グループの株主を記載します。

判定基準

区分：筆頭株主グループの議決権割合（⑥の割合）	50％超の場合	30％以上50％以下の場合	30％未満の場合	株主の区分
⑤の割合	50％超	30％以上	15％以上	同族株主等
	50％未満	30％未満	15％未満	同族株主等以外の株主

判定	
同族株主等（原則的評価方式等）	同族株主等以外の株主（配当還元方式）

「同族株主等」に該当する納税義務者のうち、議決権割合（㋩の割合）が5％未満の者の評価方式は、「2. 少数株式所有者の評価方式の判定」欄により判定します。

２．少数株式所有者の評価方式の判定

項目	判定内容
氏名	
㋥ 役員	である〔原則的評価方式等〕・でない（次の㋭へ）
㋭ 納税義務者が中心的な同族株主	である〔原則的評価方式等〕・でない（次の㋬へ）
㋬ 納税義務者以外に中心的な同族株主（又は株主）	がいる（配当還元方式）・がいない〔原則的評価方式等〕 （氏名　　　）
判定	原則的評価方式等　・　配当還元方式

同族会社等の判定に関する明細書

事業年度又は連結事業年度	5・4・1 6・3・31	法人名	関西婦人服飾株式会社	別表二　令五・四・一以後終了事業年度又は連結事業年度分

同族会社の判定	期末現在の発行済株式の総数又は出資の総額	1	内 60,000	特定同族会社の判定	(21)の上位1順位の株式数又は出資の金額	11	
	(19)と(21)の上位3順位の株式数又は出資の金額	2	46,000		株式数等による判定 (11)/(1)	12	%
	株式数等による判定 (2)/(1)	3	76,667 %		(22)の上位1順位の議決権の数	13	
	期末現在の議決権の総数	4	内 60,000		議決権の数による判定 (13)/(4)	14	%
	(20)と(22)の上位3順位の議決権の数	5			(21)の社員の1人及びその同族関係者の合計人数のうち最も多い数	15	
	議決権の数による判定 (5)/(4)	6	0 %		社員の数による判定 (15)/(7)	16	%
	期末現在の社員の総数	7			特定同族会社の判定割合 ((12)、(14)又は(16)のうち最も高い割合)	17	
	社員の3人以下及びこれらの同族関係者の合計人数のうち最も多い数	8		判定結果		18	特定同族会社 (同族会社) 非同族会社
	社員の数による判定 (8)/(7)	9	%				
	同族会社の判定割合 ((3)、(6)又は(9)のうち最も高い割合)	10	76,667				

判定基準となる株主等の株式数等の明細

順位 株式数等	順位 議決権数	判定基準となる株主(社員)及び同族関係者 住所又は所在地	氏名又は法人名	判定基準となる株主等との続柄	被支配会社でない法人株主等 株式数又は出資の金額 19	被支配会社でない法人株主等 議決権の数 20	その他の株主等 株式数又は出資の金額 21	その他の株主等 議決権の数 22
1		大阪市大正区大正	大西　憲道	本人			20,000	
1		大阪市大正区大正	大西　豊子	配偶者			6,000	
1		大阪市大正区大正	大西　結衣	長女			4,000	
1		吹田市片山町3	大西　隆	長男			2,000	
2		芦屋市公光町	横田　兼一	本人			6,000	
3		京都市伏見区鎗屋町	加藤　一男	本人			8,000	

2　評価明細書第1表の2の作成

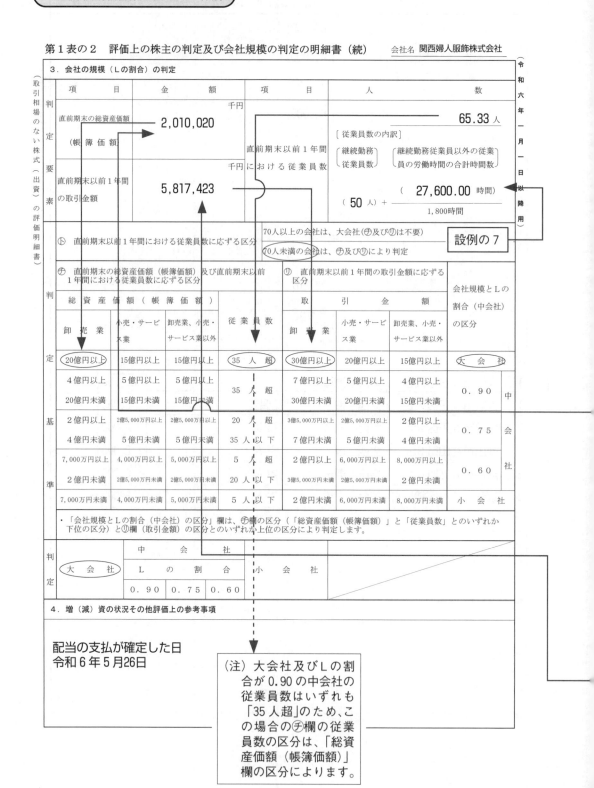

第1表の2　評価上の株主の判定及び会社規模の判定の明細書（続）

会社名　関西婦人服飾株式会社

（取引相場のない株式（出資）の評価明細書）　（令和六年一月一日以降用）

3．会社の規模（Lの割合）の判定

	項目	金額	項目	人数
判定要素	直前期末の総資産価額（帳簿価額）	2,010,020 千円	直前期末以前1年間における従業員数	65.33 人 〔従業員数の内訳〕 （継続勤務従業員数）（継続勤務従業員以外の従業員の労働時間の合計時間数） （50 人）＋（27,600.00 時間）／1,800時間
	直前期末以前1年間の取引金額	5,817,423 千円		

設例の7

㋣　直前期末以前1年間における従業員数に応ずる区分	70人以上の会社は、大会社（㋠及び㋷は不要）
	（70人未満の会社）は、㋠及び㋷により判定

判定基準	㋠ 直前期末の総資産価額（帳簿価額）及び直前期末以前1年間における従業員数に応ずる区分				㋷ 直前期末以前1年間の取引金額に応ずる区分			会社規模とLの割合（中会社）の区分	
	総資産価額（帳簿価額）			従業員数	取引金額				
	卸売業	小売・サービス業	卸売業、小売・サービス業以外		卸売業	小売・サービス業	卸売業、小売・サービス業以外		
	（20億円以上）	15億円以上	15億円以上	（35人超）	（30億円以上）	20億円以上	15億円以上	（大会社）	
	4億円以上 20億円未満	5億円以上 15億円未満	5億円以上 15億円未満	35人超	7億円以上 30億円未満	5億円以上 20億円未満	4億円以上 15億円未満	0.90	中会社
	2億円以上 4億円未満	2億5,000万円以上 5億円未満	2億5,000万円以上 5億円未満	20人超 35人以下	3億5,000万円以上 7億円未満	2億5,000万円以上 5億円未満	2億円以上 4億円未満	0.75	
	7,000万円以上 2億円未満	4,000万円以上 2億5,000万円未満	5,000万円以上 2億5,000万円未満	5人超 20人以下	2億円以上 3億5,000万円未満	6,000万円以上 2億5,000万円未満	8,000万円以上 2億円未満	0.60	
	7,000万円未満	4,000万円未満	5,000万円未満	5人以下	2億円未満	6,000万円未満	8,000万円未満	小会社	

・「会社規模とLの割合（中会社）の区分」欄は、㋠欄の区分（「総資産価額（帳簿価額）」と「従業員数」とのいずれか下位の区分）と㋷欄（取引金額）の区分とのいずれか上位の区分により判定します。

判定	大会社	中会社			小会社
	（大会社）	Lの割合			
		0.90	0.75	0.60	

4．増（減）資の状況その他評価上の参考事項

配当の支払が確定した日
令和6年5月26日

（注）大会社及びLの割合が0.90の中会社の従業員数はいずれも「35人超」のため、この場合の㋠欄の従業員数の区分は、「総資産価額（帳簿価額）」欄の区分によります。

貸借対照表

令和6年3月31日現在

科目	金額	科目	金額
	円		円
資産の部	**1,990,285,735**	**負債の部**	**1,616,374,686**
流動資産	**1,412,108,051**	**流動負債**	**1,212,736,686**
現金預金	190,258,954	支払手形	363,597,000
受取手形	508,173,400	買掛金	358,555,906
売掛金	303,922,200	短期借入金	285,000,000
貸倒引当金	△19,734,620	未払金	89,056,200
売買目的有価証券	4,692,000	未払費用	40,144,965
ソフトウエア	300,000		
(投資等)	**23,504,432**		
その他有価証券	9,172,000		
長期貸付金	5,500,000		
長期繰延税金資産	8,832,432		
繰延資産	**1,480,000**		
繰延資産	1,480,000		
合計	1,990,285,735	合計	1,990,285,735

1,990,285,735+19,734,620
=2,010,020,355円

損益計算書

自 令和5年4月1日 至 令和6年3月31日

			円	円
経常損益	営業損益	売上高		5,817,423,566
		売上原価	4,420,754,008	
		販売費及び一般管理費	1,240,687,269	
		営業利益		155,982,289
	営	**営業外収益**		
		受取利息	3,636,100	

3　評価明細書第４表の作成

(1)　１株当たりの年配当金額

第４表　類似業種比準価額等の計算明細書　　　会社名　関西婦人服飾株式会社

（取引相場のない株式（出資）の評価明細書）

1. 1株当たりの資本金等の額等の計算	直前期末の資本金等の額	直前期末の発行済株式数	直前期末の自己株式数	1株当たりの資本金等の額（①÷（②−③））	1株当たりの資本金等の額を50円とした場合の発行済株式数（①÷50円）
	① 31,000千円	② 60,000株	③ 株	④ 516円	⑤ 620,000株

2. 比準要素等の金額の計算

1株（50円）当たりの年配当金額：直前期末以前2（3）年間の年平均配当金額

事業年度	⑥ 年配当金額	⑦ 左のうち非経常的な配当金額	⑧ 差引経常的な年配当金額（⑥−⑦）	年平均配当金額
直前期	6,000千円	千円	㋑ 6,000千円	⑨（㋑+㋺）÷2　6,000千円
直前々期	6,000千円	千円	㋺ 6,000千円	
直前々期の前期	千円	千円	㋩ 千円	⑩（㋺+㋩）÷2　千円

比準要素数1の会社・比準要素数0の会社の判定要素の金額		
⑨/⑤	Ⓑ1 9円	6銭0
⑩/⑤	Ⓑ2 円	銭0
1株（50円）当たりの年配当金額（Ⓑ1の金額）	Ⓑ 9円	60銭

1株（50円）当たりの年利益金額：直前期末以前2（3）年間の利益金額

事業年度	⑪法人税の課税所得金額	⑫非経常的な利益金額	⑬受取配当等の益金不算入額	⑭左の所得税額	⑮損金算入した繰越欠損金の控除額	⑯差引利益金額（⑪−⑫+⑬−⑭+⑮）	比準要素数1の会社・比準要素数0の会社の判定要素の金額
	千円	千円	千円	千円	千円	千円	㋥/⑤又は（㋥+㋭）÷2/⑤　Ⓒ 174円

設例の９

「直前々期の前期」欄は、比準要素数１の会社の判定を行うために設けられていますので、直前期末及び直前々期末を基に計算した結果、判定要素がいずれも０の会社に該当する場合は、「直前々期の前期」欄は記載する必要がありません（以下「１株当たりの年利益金額」及び「１株当たりの純資産価額」（この場合は直前々期）欄についても同じです。）。

表示単位未満の端数を切り捨てることにより０となる場合は、その数字を切り捨てず、分数により記載します（納税者の選択により、その金額を小数により記載することができます。）。

利益積立金額及び資本金等の額の計算に関する明細書

事業年度	5・4・1 6・3・31	法人名	関西婦人服飾株式会社

別表五(一)　令五・四

I　利益積立金額の計算に関する明細書

区分	期首現在利益積立金額 ①	当期の増減 減 ②	当期の増減 増 ③	差引翌期首現在利益積立金額 ①－②＋③ ④

II　資本金等の額の計算に関する明細書

区分		期首現在資本金等の額 ①	当期の増減 減 ②	当期の増減 増 ③	差引翌期首現在資本金等の額 ①－②＋③ ④
資本金又は出資金	32	30,000,000円	円	円	30,000,000円
資本準備金	33	1,000,000			1,000,000
	34				
	35				
差引合計額	36	31,000,000			31,000,000

同族会社等の判定に関する明細書

事業年度又は連結事業年度	5・4・1 6・3・31	法人名	関西婦人服飾株式会社

別表二　令五・四・一以後終了事業年度又は連結事業年度分

区分	項目	番号	金額等
同族会社の判定	期末現在の発行済株式の総数又は出資の総額	1	内 60,000
	(19)と(21)の上位3順位の株式数又は出資の金額	2	46,000
	株式数等による判定 (2)/(1)	3	76,667%
	期末現在の議決権の総数	4	内 60,000
	(20)と(22)の上位3順位の議決権の数	5	
	議決権の数による判定 (5)/(4)	6	0%
	期末現在の社員の総数	7	
	社員の3人以下及びこれらの同族関係者の合計人数のうち最も多い数	8	
	社員の数による判定 (8)/(7)	9	%
	同族会社の判定割合 ((3)、(6)又は(9)のうち最も高い割合)	10	76,667
特定同族会社の判定	(21)の上位1順位の株式数又は出資の金額	11	
	株式数等による判定 (11)/(1)	12	%
	(22)の上位1順位の議決権の数	13	
	議決権の数による判定 (13)/(4)	14	%
	(21)の社員の1人及びその同族関係者の合計人数のうち最も多い数	15	
	社員の数による判定 (15)/(7)	16	%
	特定同族会社の判定割合 ((12)、(14)又は(16)のうち最も高い割合)	17	
判定結果		18	特定同族会社 (同族会社) 非同族会社

株主資本等変動計算書

自令和5年4月1日　至令和6年3月31日

	主資本				
	利益準備金	利益剰余金 その他利益剰余金 別途積立金	特別償却準備金	繰越利益剰余金	利益剰余金合計
前期末残高	6,500,000	160,000,000		87,307,438	253,807,438
当 剰余金の配当				△6,000,000	△6,000,000

(2)　１株当たりの年利益金額

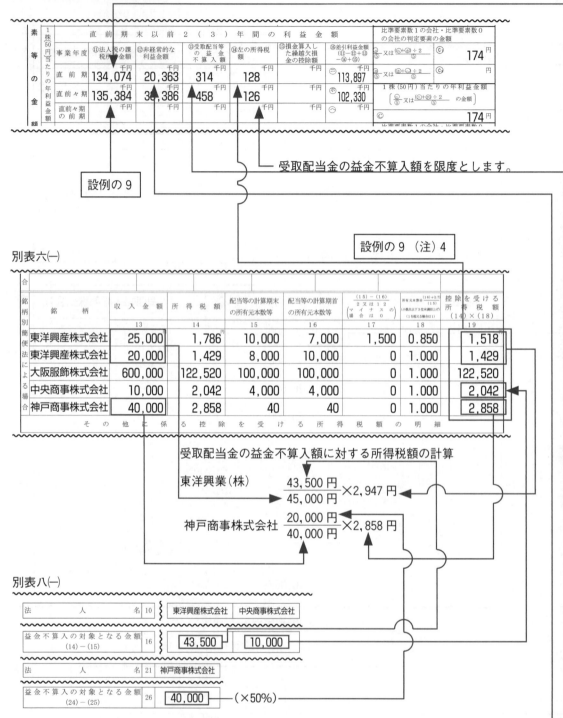

1株(50円)当たりの年利益金額	直前期末以前２（３）年間の利益金額						比準要素数１の会社・比準要素数０の会社の判定要素の金額	
事業年度	⑪法人税の課税所得金額	⑫非経常的な利益金額	⑬受取配当等の益金不算入額	⑭左の所得税額	⑮損金算入した繰越欠損金の控除額	⑯差引利益金額（⑪−⑫+⑬−⑭+⑮）	㊁/⑤ 又は (㊁+㋭)÷2/⑤	Ⓒ₁ 174円
直前期	134,074千円	20,363千円	314千円	128千円	千円	㊁ 113,897千円	㋭/⑤ 又は (㋭+㋬)÷2/⑤	Ⓒ₂ 円
直前々期	135,384千円	38,386千円	458千円	126千円	千円	㋭ 102,330千円	１株(50円)当たりの年利益金額〔㊁/⑤ 又は (㊁+㋭)÷2/⑤ の金額〕	
直前々期の前期	千円	千円	千円	千円	千円	㋬ 千円	Ⓒ	174円

受取配当金の益金不算入額を限度とします。

設例の９

設例の９（注）４

別表六(一)

銘柄別簡便法による場合 銘柄	収入金額 13	所得税額 14	配当等の計算期末の所有元本数等 15	配当等の計算期首の所有元本数等 16	(15)−(16)/2又は12（マイナスの場合は0） 17	所有元本割合 (16)+(17)/(15)（小数点以下3位未満切上げ）（1を超える場合は1） 18	控除を受ける所得税額 (14)×(18) 19
東洋興産株式会社	25,000円	1,786円	10,000	7,000	1,500	0.850	1,518円
東洋興産株式会社	20,000	1,429	8,000	10,000	0	1.000	1,429
大阪服飾株式会社	600,000	122,520	100,000	100,000	0	1.000	122,520
中央商事株式会社	10,000	2,042	4,000	4,000	0	1.000	2,042
神戸商事株式会社	40,000	2,858	40	40	0	1.000	2,858

その他に係る控除を受ける所得税額の明細

受取配当金の益金不算入額に対する所得税額の計算

東洋興業（株）　$\dfrac{43{,}500\text{円}}{45{,}000\text{円}} \times 2{,}947\text{円}$

神戸商事株式会社　$\dfrac{20{,}000\text{円}}{40{,}000\text{円}} \times 2{,}858\text{円}$

別表八(一)

法人名	10	東洋興産株式会社	中央商事株式会社
益金不算入の対象となる金額 (14)−(15)	16	43,500	10,000
法人名	21	神戸商事株式会社	
益金不算入の対象となる金額 (24)−(25)	26	40,000（×50%）	

別表一

	電話（ 06 ）6942 －	法人区分	普通法人（特定の医療法人を除く。）、一般社団法人等、みなし公益法人等又は人格のない社団等 / 左記以外の公益法人等、協同組合等又は特定の医療法人	税務署処理欄	（至）
（フリガナ）	カンサイフジンフクショクカブシキガイシャ	事業種目	婦人子供服卸売業	売上金額	5818（百万）
法人名	関西婦人服飾株式会社	期末現在の資本金の額又は出資金の額	30,000,000 円　非中小法人	申告年月日	年　月　日
法人番号		同上が１億円以下の普通法人のうち中小法人に該当しないもの		通信日付印／確認／庁指定／局指定／指導等／区分	
（フリガナ）	オオニシ　ノリミチ	同非区分	特定同族会社　同族会社　非同族会社	年月日	
代表者	大西　憲道	旧納税地及び旧法人名等		申告区分	
代表者住所	大阪市大正区大正	添付書類	貸借対照表、損益計算書、株主（社員）資本等変動計算書又は損益金処分表、勘定科目内訳明細書、事業概況書、組織再編成に係る契約書等の写し、組織再編成に係る移転資産等の明細書	法人税／地方法人税	中間　期限後　修正

令和 5 年 4 月 1 日　事業年度分の法人税　確定　申告書
令和 6 年 3 月 31 日　課税事業年度分の地方法人税　確定　申告書
（中間申告の場合の計算期間　令和　年　月　日　令和　年　月　日）

適用額明細書提出の有無　有　無
税理士法第30条の書面提出有　有
税理士法第33条の2の書面提出有　有

この申告書			金額（円）	控除税額の計算			金額（円）
	所得金額又は欠損金額（別表四「52の①」）	1	1340746720		所得税の額（別表六(一)「6の③」）	16	655061
	法人税額 (48)＋(49)＋(50)	2	304491680		外国税額（別表六(二)「23」）	17	
	法人税額の特別控除額（別表六(六)「5」）	3			計 (16)＋(17)	18	655061
	税額控除超過額相当額等の加算額	4			控除した金額 (12)	19	655061
	土地譲渡利益金 課税土地譲渡利益金額（別表三(二)「24」）＋（別表三(二の二)「25」）＋（別表三(三)「20」）	5	000		控除しきれなかった金額 (18)－(19)	20	
	同上に対する税額 (62)＋(63)＋(64)	6			所得税額等の還付金額	21	

事業年度の所得に係る申告書－内国法人の分……令五・四・一以後終

損益計算書

	経常利益		122,225,903
特別損益の部	特別利益		
	固定資産譲渡益	115,641,188	
	保険差益	13,624,185	129,265,373
	特別損失		
	買換資産等圧縮損	80,664,185	
	買換資産特別勘定繰入損	14,237,400	94,901,585

別表四

減算	減価償却超過額の当期認容額	12				
	納税充当金から支出した事業税等の金額	13	8,330,800	8,330,800		
	受取配当等の益金不算入額（別表八(一)「5」）	14	314,700		※	314,700
	外国子会社から受ける剰余金の配当等の益金不算入額（別表八(二)「26」）	15			※	
	受贈益の益金不算入額	16			※	
	適格現物分配に係る益金不算入額	17			※	
	法人税等の中間納付額及び過誤納に係る還付金額	18				
	所得税額等及び欠損金の繰戻しによる還付金額等	19			※	
	通算法人に係る減算額（別表四付表「10」）	20			※	
		21	20,572,000	6,572,000		14,000,000 0
	小計	22	29,217,500	14,902,800	外※	14,314,700

次葉

＜その他減算の内訳＞		円	円		円
収用等の場合の所得特別控除額	1	14,000,000		※	14,000,000
特別償却準備金積立認容額	2	6,572,000	6,572,000		
小計		20,572,000	6,572,000		14,000,000

設例の９（注）３

20,363,788＝（固定資産譲渡益）115,641,188 ＋（保険差益）13,624,185 －（買換資産等圧縮損）80,664,185 －（買換資産特別勘定繰入損）14,237,400 －（収用等の特別控除）14,000,000

(3)　1株当たりの純資産価額

の計算	1株（50円）当たりの純資産価額	事業年度	⑰ 資本金等の額	⑱ 利益積立金額	⑲ 純資産価額（⑰＋⑱）	㋣/⑤	Ⓓ1　586 円
		直前期	31,000 千円	332,654 千円	㋣　363,654 千円	㋠/⑤	Ⓓ2　円
		直前々期	千円	千円	㋠　千円	1株（50円）当たりの純資産価額（Ⓓ1 の金額）	Ⓘ　586 円

類似業種と　繊維・衣服等卸売業　…　1株（50円）当たり　1株（50円）当たり　1株（50円）当たり　1株（50円）当たりの

設例の10

法人税法第2条第16号の「資本金等の額」の定義参照

利益積立金額及び資本金等の額の計算に関する明細書

事業年度	5・4・1 6・3・31	法人名	関西婦人服飾株式会社

別表五(一)　令五・四・一以後終了事業年度分

I　利益積立金額の計算に関する明細書

区分		期首現在利益積立金額 ①	当期の増減 減 ②	当期の増減 増 ③	差引翌期首現在利益積立金額 ①－②＋③ ④
利益準備金	1	6,500,000円	円	円	6,500,000円
別途積立金	2	160,000,000		60,000,000	220,000,000
特別償却準備金	3			3,811,760	3,811,760
特別償却準備金認容	4			△6,572,000	△6,572,000
繰延税金資産	5	△18,233,964	△18,233,964	△14,154,924	△14,154,924
繰延税金負債	6			2,760,240	2,760,240
	7				
	8				
	9				
	10				
	11				
	12				
	13				
	14				
	15				
	16				
	17				
	18				
	19				
	20				
	21				
	22				
	23				
	24				
繰越損益金（損は赤）	25	87,307,438	87,307,438	112,599,289	112,599,289
納税充当金	26	36,765,600	36,765,600	25,024,600	25,024,600
未納法人税等（退職年金等積立金に対するものを除く。） 未納法人税及び未納地方法人税（附帯税を除く。）	27	△ 23,618,500	△ 40,974,600	中間 △17,356,100 確定 △15,574,200	△ 15,574,200
未払通算税効果額（附帯税の額に係る部分の金額を除く。）	28			中間 確定	
未納道府県民税（均等割額を含む。）	29	△ 1,359,300	△ 1,622,000	中間 △ 262,700 確定 △ 421,200	△ 421,200
未納市町村民税（均等割額を含む。）	30	△ 3,457,000	△ 4,764,900	中間 △ 1,307,900 確定 △ 1,318,900	△ 1,318,900
差引合計額	31	243,904,274	58,477,574	147,227,965	332,654,665

II　資本金等の額の計算に関する明細書

区分		期首現在資本金等の額 ①	当期の増減 減 ②	当期の増減 増 ③	差引翌期首現在資本金等の額 ①－②＋③ ④
資本金又は出資金	32	30,000,000円	円	円	30,000,000円
資本準備金	33	1,000,000			1,000,000
	34				
	35				
差引合計額	36	31,000,000			31,000,000

(4)　類似業種比準価額の計算

第４表　類似業種比準価額等の計算明細書　　　会社名　関西婦人服飾株式会社

（取引相場のない株式（出資）の評価明細書）　（令和六年一月一日以降用）

1．1株当たりの資本金等の額等の計算	直前期末の資本金等の額	直前期末の発行済株式数	直前期末の自己株式数	1株当たりの資本金等の額（①÷（②－③））	1株当たりの資本金等の額を50円とした場合の発行済株式数（①÷50円）
	① 31,000 千円	② 60,000 株	③ 株	④ 516 円	⑤ 620,000 株

2．比準要素等の金額の計算

1株（50円）当たりの年配当金額

事業年度	⑥ 年配当金額	⑦ 左のうち非経常的な配当金額	⑧ 差引経常的な年配当金額（⑥－⑦）	年平均配当金額	比準要素数1の会社・比準要素数0の会社の判定要素の金額		
直前期	6,000 千円	千円	㋑ 6,000 千円	⑨（㋑＋㋺）÷2 6,000 千円	⑨/⑤	Ⓑ₁ 9 円	6 銭 0
直前々期	6,000 千円	千円	㋺ 6,000 千円		⑩/⑤	Ⓑ₂ 円	銭 0
直前々期の前期	千円	千円	㋩ 千円	⑩（㋺＋㋩）÷2 千円	1株（50円）当たりの年配当金額（Ⓑ₁の金額） Ⓑ	9 円	60 銭

1株（50円）当たりの年利益金額

事業年度	⑪法人税の課税所得金額	⑫非経常的な利益金額	⑬受取配当等の益金不算入額	⑭左の所得税額	⑮損金算入した繰越欠損金の控除額	⑯差引利益金額（⑪－⑫＋⑬－⑭＋⑮）	比準要素数1の会社・比準要素数0の会社の判定要素の金額	
直前期	134,074 千円	20,363 千円	314 千円	128 千円	千円	㋥ 113,897 千円	㋥/⑤ 又は（㋥＋㋭）÷2/⑤	Ⓒ₁ 174 円
直前々期	135,384 千円	33,386 千円	458 千円	126 千円	千円	㋭ 102,330 千円	㋭/⑤ 又は（㋭＋㋬）÷2/⑤	Ⓒ₂ 円
直前々期の前期	千円	千円	千円	千円	千円	㋬ 千円	1株（50円）当たりの年利益金額（㋥/⑤ 又は（㋥＋㋭）÷2/⑤ の金額） Ⓒ	174 円

1株（50円）当たりの純資産価額

事業年度	⑰ 資本金等の額	⑱ 利益積立金額	⑲ 純資産価額（⑰＋⑱）	比準要素数1の会社・比準要素数0の会社の判定要素の金額	
直前期	31,000 千円	332,654 千円	㋣ 363,654 千円	㋣/⑤	Ⓓ₁ 586 円
直前々期	千円	千円	㋠ 千円	㋠/⑤	Ⓓ₂ 円
				1株（50円）当たりの純資産価額（Ⓓ₁の金額） Ⓓ	586 円

3．類似業種比準価額の計算

1株（50円）当たりの比準価額の計算

類似業種と業種目番号	繊維・衣服等卸売業（No. 67）	区分	1株（50円）当たりの年配当金額		1株（50円）当たりの年利益金額	1株（50円）当たりの純資産価額	1株（50円）当たりの比準価額
課税時期の属する月 4月	㋷ 479 円	評価会社	Ⓑ 9 円	6 銭 0	Ⓒ 174 円	Ⓓ 586 円	⑳×㉑×0.7 ※
課税時期の属する月の前月 3月	㋦ 490 円						
課税時期の属する月の前々月 2月	㋸ 472 円	類似業種	B 5 円	2 銭 0	C 51 円	D 376 円	※中会社は0.6 小会社は0.5 とします。
前年平均株価	㋾ 417 円						
課税時期の属する月以前2年間の平均株価	㋻ 450 円	要素別比準割合	Ⓑ/B 1.84		Ⓒ/C 3.41	Ⓓ/D 1.55	
A（㋷、㋦、㋸、㋾及び㋻のうち最も低いもの）	⑳ 417 円	比準割合	（Ⓑ/B＋Ⓒ/C＋Ⓓ/D）/3 ＝ ㉑ 2.26				㉒ 659 円 6 銭 0

類似業種と業種目番号	卸売業（No. 65）	区分	1株（50円）当たりの年配当金額		1株（50円）当たりの年利益金額	1株（50円）当たりの純資産価額	1株（50円）当たりの比準価額
課税時期の属する月 4月	㋕ 286 円	評価会社	Ⓑ 9 円	6 銭 0	Ⓒ 174 円	Ⓓ 586 円	㉓×㉔×0.7 ※
課税時期の属する月の前月 3月	㋵ 275 円						
課税時期の属する月の前々月 2月	㋟ 267 円	類似業種	B 3 円	4 銭 0	C 33 円	D 258 円	※中会社は0.6 小会社は0.5 とします。
前年平均株価	㋹ 298 円						
課税時期の属する月以前2年間の平均株価	㋞ 280 円	要素別比準割合	Ⓑ/B 2.82		Ⓒ/C 5.27	Ⓓ/D 2.27	
A（㋕、㋵、㋟、㋹及び㋞のうち最も低いもの）	㉓ 267 円	比準割合	（Ⓑ/B＋Ⓒ/C＋Ⓓ/D）/3 ＝ ㉔ 3.45				㉕ 644 円 8 銭 0

1株当たりの比準価額	比準価額（㉒と㉕とのいずれか低い方の金額） × ④の金額/50円	㉖ 6,654 円
比準価額の修正：直前期末の翌日から課税時期までの間に配当金交付の効力が発生した場合	比準価額（㉖の金額） － 1株当たりの配当金額 円 銭	修正比準価額 ㉗ 円
比準価額の修正：直前期末の翌日から課税時期までの間に株式の割当て等の効力が発生した場合	比準価額（㉖（㉗があるときは㉗）の金額）＋ 割当株式1株当たりの払込金額 円 銭 × 1株当たりの割当株式数 株）÷（1株＋ 1株当たりの割当株式数又は交付株式数 株）	修正比準価額 ㉘ 円

表示単位未満の端数を切り捨てることにより0となる場合については、当該端数を切り捨てず、分数により記載します（納税義務者の選択により、当該数字を小数により記載することができます。）。

設例の11

類似業種比準価額計算上の業種目及び業種目別株価等（令和６年分）

（単位：円）

業種目 大分類 中分類 小分類	番号	内容	B 配当金額	C 利益金額	D 簿価純資産価額	A（株価） 令和5年平均	5年11月分	5年12月分
卸売業	65		3.4	33	258	298	287	280
各種商品卸売業	66	各種商品の仕入卸売を行うもの。例えば、総合商社、貿易商社など	5.9	34	328	235	250	267
繊維・衣服等卸売業	67	繊維品及び衣服・身の回り品の仕入卸売を行うもの	5.2	51	376	417	435	421

類似業種比準価額計算上の業種目及び業種目別株価等（令和６年分）

（単位：円）

業種目 大分類 中分類 小分類	番号	A（株価）【上段：各月の株価、下段：課税時期の属する月以前２年間の平均株価】 令和6年1月分	2月分	3月分	4月分	5月分	6月分	7月分	8月分	9月分	10月分	11月分	12月分
卸売業	65	281 283	267 282	275 274	286 280								
各種商品卸売業	66	272 245	282 247										
繊維・衣服等卸売業	67	480 473	472 472	490 488	479 450								

（注）　この株価表は仮に設定したもので、実際の株価表とは異なりますので御注意ください。

4　評価明細書第５表の作成

(1) 資産の部

課税時期における各資産について、財産評価基本通達の定めにより評価した価額を「相続税評価額」欄に記載し、「帳簿価額」欄には、それぞれの資産の税務計算上の帳簿価額を記載します。

第5表　1株当たりの純資産価額（相続税評価額

（取引相場のない株式（出資）の評価明細書）

1. 資産及び負債の金額（課税時期現在）			
資産の部			
科目	相続税評価額	帳簿価額	備
現金・預金	① 192,251 千円	190,258 千円	
受取手形	② 507,731	508,173	
売掛金	③ 299,912	303,922	
製品	195,601	195,601	
半製品・仕掛品	81,015	81,015	
原材料	87,257	87,257	
未収入金	③ 8,903	9,203	
前渡金	22,619	22,619	
前払費用	⑤ 19,921	19,921	
仮払金	6,515	6,515	
３年以内取得建物	⑥ 23,910	23,910	
建物・同附属設備	111,010	131,399	
機械装置	42,514	42,514	
車両運搬具	947	947	
器具備品	1,779	1,779	
３年以内取得土地	⑦ロ 100,000	⑦イ 32,960	
土地	893,300	319,382	
投資有価証券	⑧ 10,000	4,692	
法人税額等控除不適用株式	14,850	9,172	
合計	① 2,725,835	② 2,097,039	
株式等の価額の合計額	㋑ 24,850	㋺ 13,864	
土地等の価額の合計額	㋩ 993,300		
現物出資等受入れ資産の価額の合計額	㋥	㋭	
2. 評価差額に対する法人税額等相当額の計算			
相続税評価額による純資産価額 (①−③)	⑤ 1,070,517		

貸　借　対

科目	金額
資産の部	1,990,285,735 円
流動資産	1,412,108,051
現金預金	190,258,954
受取手形	508,173,400
売掛金	303,922,200
④ 貸倒引当金	△19,734,620
売買目的有価証券	4,692,000
製品	195,601,047
半製品	30,059,332
仕掛品	50,956,155
主要原材料	62,873,610
補助原材料	24,384,352
未収入金	9,203,000
前渡金	22,619,400
前払費用	20,021,500
仮払金	6,515,469
繰延税金資産	2,562,252
固定資産	576,697,684
（有形固定資産）	552,893,252
建物	149,631,259
建物附属設備	5,678,441
機械装置	42,514,754
車両運搬具	947,632
器具備品	1,779,166
土地	352,342,000
（無形固定資産）	300,000
ソフトウエア	300,000
（投資等）	23,504,432
その他有価証券	9,172,000
長期貸付金	5,500,000
長期繰延税金資産	8,832,432
⑨ 繰延資産	1,480,000
繰延資産	1,480,000
合計	1,990,285,735

〈別紙〉

科目	相続税評価額	帳簿価額	備考
ソフトウエア	300 千円	300 千円	
長期貸付金	5,500	5,500	
生命保険金請求権	⑩ 100,000	⑩ 100,000	

① 現金・預金

科　目	相続税評価額	帳簿価額	備考
現金・預金	千円 192,251	千円 190,258	

預貯金は、課税時期における預入高と、同時期現在において解約するとした場合に既経過利子の額として支払を受けることができる金額から源泉徴収されるべき所得税等の額に相当する金額を控除した金額との合計額により評価します（評基通 203)。

（帳簿価額）　（既経過利子）（源泉徴収税額※）
190,258 千円 ＋ 2,353 千円 － 360 千円 ＝ 192,251 千円（設例 12(1)）
（※復興特別所得税を含んだ 15.315％ の税率を乗じて算出します。）

② 受取手形

受取手形	507,731	508,173	

支払期限の到来しているもの又は課税時期から6か月を経過する日までの間に支払期限の到来するものはその券面額によって評価しますが、それ以外のものは、課税時期において割引を行った場合に回収し得ると認める金額で評価します（評基通 206)。

（帳簿価額）　（割引料相当額）
508,173 千円 － 442 千円 ＝ 507,731 千円（設例 12(2)）

③ 売掛金・未収入金

売掛金	299,912	303,922	
未収入金	8,903	9,203	

売掛金、未収入金、貸付金等の価額は、元本と利息の合計額で評価しますが、課税時期において回収が不能又は著しく困難であると見込まれる金額は元本の価額に算入しません（評基通 204、205)。

◇売掛金
（帳簿価額）　　（回収不能額）
303,922 千円　－　4,010 千円　＝　299,912 千円（設例 12(3)）
◇未収入金
（帳簿価額）　　（回収不能額）
9,203 千円　－　300 千円　＝　8,903 千円（設例 12(4)）

④　貸倒引当金

貸　倒　引　当　金	△19,734,620

資産性がなく、負債にも該当しないことから、資産の部にも負債の部にも計上しません。

⑤　前払費用

前　払　費　用	19,921	19,921	

前払費用のうち100千円は、課税時期において返還を受けることができない損害保険料の未経過分のため（設例 12(5)）、財産性がないので、帳簿価額とともに相続税評価額も減額します。
（帳簿価額）　　（前払保険料）
20,021 千円　－　100 千円　＝　19,921 千円

⑥　建物・同附属設備

3 年以内取得建物	23,910	23,910	
建物・同附属設備	111,010	131,399	

固定資産税評価額の 1.0 倍で評価します。また、建物附属設備のうち家屋と構造上一体となっている設備は、家屋の価額に含めて評価します（評基通 89、92）。
また、評価会社が所有する一室の区分所有権等に係る敷地利用権及び区分所有権については、「居住用の区分所有財産の評価」が適用されます。
なお、課税時期前 3 年以内に取得又は新築した土地等及び家屋等の価額は、課税時期における通常の取引価額によって評価する（評基通 185）とともに、別科目（例えば、「課税時期前 3 年以内に取得した建物」など）で記載します。

⑦　土　地

3年以内取得土地	100,000	32,960	
土　地	893,300	319,382	

イ　帳簿価額

◇課税時期前3年以内に取得した土地

100,000千円（別表十三㈤の14）－67,040千円（別表十三㈤の21）

＝32,960千円

ロ　相続税評価額

路線価方式又は倍率方式により評価します（評基通7～87-7）。

また、評価会社が所有する一室の区分所有権等に係る敷地利用権及び区分所有権については、「居住用の区分所有財産の評価」が適用されます。

なお、課税時期前3年以内に取得した土地等については、家屋と同様に課税時期における通常の取引価額によって評価します。

◇課税時期前3年以内に取得した土地

100,000千円　（設例12⑼）

◇上記以外の土地

893,300千円　（設例12⑼）

特定の資産の買換えにより取得した資産の圧縮額等の損金算入に関する明細書（4号該当）

事業年度又は連結事業年度　5・4・1　6・3・31　法人名　関西婦人服飾株式会社

別表十三㈤　令五・四・一以後終了事業年度又は連結事業年度分

		番号					譲渡の日を含む事業年度又は連結事業年度
譲渡資産の明細	譲渡した資産の種類	1	土地				
	同上の資産の取得年月日	2	平11・3・4	・　・	・　・	・　・	令5・4・1 令6・3・31
	譲渡した資産の所在地	3	大阪市城東区				計
	譲渡した土地等の面積	4	平方メートル 160.00	平方メートル	平方メートル	平方メートル	平方メートル 160.00
	譲渡年月日	5	令5・8・5	・　・	・　・	・　・	
	対価の額	6	円 120,000,000	円	円	円	円 120,000,000
	譲渡直前の帳簿価額 帳簿価額	7	15,640,000				15,640,000
	譲渡に要した経費の額	8	3,800,000				3,800,000
	計 (7)＋(8)	9	19,440,000				19,440,000
差益割合		10	0.838				
取得資産の	取得した買換資産の種類	11	土地				
	取得した買換資産の所在地	12	大津市				
	取得年月日	13	令6・2・26	・　・	・　・	・　・	
	買換資産の取得価額	14	円 100,000,000	円	円	円	100,000,000
	事業の用に供した又は供する見込みの年月日	15	令6・2・26	・　・	・　・	・　・	
	買換資産が土地等である場合 買換資産が土地等であり敷地の用に供される場合の建物、構築物等の事業供用予定年月日	16	令6・2・26	・　・	・　・	・　・	
	(16)の建物、構築物等を実際に事業の用に供した年月日	17	令6・2・26	・　・	・　・	・　・	
	取得した土地等の面積	18	平方メートル 500.00	平方メートル	平方メートル	平方メートル	平方メートル 500.00

⑧　投資有価証券

投資有価証券	10,000	4,692	

株式及び出資について、財産評価基本通達168～196に基づいて評価します。

相続税評価額　　10,000千円（設例12⑽）

⑨　繰延資産

繰　延　資　産	1,480,000
繰　延　資　産	1,480,000

その内容が、開発費（設例12⒀）で、財産性がないことから資産の部に計上しません。

⑩　生命保険金請求権

生命保険金請求権	100,000	100,000	

被相続人の死亡により生命保険金を取得する場合は、その生命保険金請求権（未収保険金）の金額を相続税評価額及び帳簿価額欄のいずれにも記載します。

相続税評価額（帳簿価額）　100,000 千円（設例 16）

⑵ 負債の部

「相続税評価額」欄には課税時期における各負債の金額を、「帳簿価額」欄には「相続税評価額」欄に評価額が記載された各負債の税務計算上の帳簿価額をそれぞれ記載します。

り計算明細書　会社名　関西婦人服飾株式会社

負債の部			
科目	相続税評価額	帳簿価額	備
支払手形	千円 363,597	千円 363,597	
買掛金	358,555	358,555	
短期借入金	285,000	285,000	
未払金	89,056	89,056	
未払費用	40,144	40,144	
預り金	51,358	51,358	
② 未納法人税	15,574	15,574	
② 未納消費税	6,000	6,000	
② 未納府民税	421	421	
② 未納市民税	1,318	1,318	
② 未納事業税	5,693	5,693	
③ 未納固定資産税	1,202	1,202	
長期借入金	350,000	350,000	
④ 退職金	80,000	80,000	
⑤ 保険差益に対する法人税等	7,400	7,400	
合計	③ 1,655,318	④ 1,655,318	

3．1株当たりの純資産価額の計算

課税時期現在の純資産価額（相続税評価額）（⑤－⑧）	⑨ 837,863	
課税時期現在の発行済株式数（(第1表の1の①)－自己株式数）	⑩	
課税時期現在の1株当たりの純資産価額（相続税評価額）（⑨÷⑩）	⑪	円

照　表

令和6年3月31日現在

科目	金額
	円
負債の部	**1,616,374,686**
流動負債	**1,212,736,686**
支払手形	363,597,000
買掛金	358,555,906
短期借入金	285,000,000
未払金	89,056,200
未払費用	40,144,965
預り金	51,358,015
①納税充当金	25,024,600
固定負債	**403,638,000**
長期借入金	350,000,000
退職給付引当金	53,638,000
純資産の部	**373,911,049**
資本金	**30,000,000**
資本剰余金	**1,000,000**
資本準備金	1,000,000
利益剰余金	**342,911,049**
利益準備金	6,500,000
別途積立金	220,000,000
特別償却準備金	3,811,760
繰越利益剰余金	112,599,289
合計	1,990,285,735

表示単位未満の端数を切り捨てることにより０となる場合に、その端数を切り捨てず、分数により記載します（納税義務者の選択により、その端数を小数により記載することができます。)。

① 各引当金等

貸倒引当金、退職給与引当金、納税引当金、その他の引当金及び準備金に相当する金額は負債に含まれません（評基通 186）。

① 納 税 充 当 金	25,024,600

（注） 財務諸表上に計上された「退職給付引当金」の全額を税務上の退職給与引当金として取り扱います（平成12年3月30日付課法2-3「退職給付会計に係る税務上の取扱いについて（法令解釈通達）」）。

② 法人税額等

課税時期の属する事業年度に係る法人税額等のうち、その事業年度開始の日から課税時期までの期間に対応する金額は負債として（評基通186⑴）「相続税評価額」欄及び「帳簿価額」欄のいずれにも記載します（課税時期において仮決算を行わず直前期末現在の資産及び負債を基に1株当たりの純資産価額を計算する場合には、負債としません。ただし、直前期の事業年度に係る未納法人税等は負債とします。）。

②	未 納 法 人 税	15,574	15,574
	未 納 消 費 税	6,000	6,000
	未 納 府 民 税	421	421
	未 納 市 民 税	1,318	1,318
	未 納 事 業 税	5,693	5,693

未納法人税　15,574 千円
未納消費税　6,000 千円
未納府民税　421 千円
未納市民税　1,318 千円
未納事業税　5,693 千円
（設例 13）

租税公課の納付状況等に関する明細書　　事業年度 5・4・1 ～ 6・3・31　法人名 関西婦人服飾株式会社　　別表五(二) 令五・四・一以後終了事業年度分

税目及び事業年度				期首現在未納税額 ①	当期発生税額 ②	当期中の納付税額 充当金取崩しによる納付 ③	仮払経理による納付 ④	損金経理による納付 ⑤	期末現在未納税額 ①+②-③-④-⑤ ⑥
法人税及び地方法人税	・・		1	円		円	円	円	円
	4・4・1 5・3・31		2	23,618,500		23,618,500			0
	当期分	中間	3		17,356,100円			17,356,100	0
		確定	4		15,574,200				15,574,200
	計		5	23,618,500	32,930,300	23,618,500		17,356,100	15,574,200
道府県民税	・・		6						
	4・4・1 5・3・31		7	1,359,300		1,359,300			0
	当期分	中間	8		262,700			262,700	0
		確定	9		421,200				421,200
	計		10	1,359,300	683,900	1,359,300		262,700	421,200
市町村民税	・・		11						
	4・4・1 5・3・31		12	3,457,000		3,457,000			0
	当期分	中間	13		1,307,900			1,307,900	0
		確定	14		1,318,900				1,318,900
	計		15	3,457,000	2,626,800	3,457,000		1,307,900	1,318,900

③ 固定資産税

課税時期以前に賦課期日のあった固定資産税の税額のうち、課税時期において未納の分は負債として（評基通186⑵）「相続税評価額」欄及び「帳簿価額」欄のいずれにも記載します（課税時期において仮決算を行わず直前期末現在の資産及び負債を基に1株当たりの純資産価額を計算する場合には、負債としません。ただし、直前期末以前に賦課期日のあった固定資産税の税額のうち、直前期末において未納の分は負債とします。）。

未納固定資産税	1,202	1,202

固定資産税　1,202 千円（設例 14）

④　退職金

退　　職　　金	80,000	80,000

被相続人の死亡により、相続人その他の者に支給することが確定した退職手当金、功労金その他これに準ずる給与の額は負債とします（評基通 186(3)）。

退職金　　80,000千円（設例16）

⑤　保険差益に対する法人税等

保険差益に対する法人税等	7,400	7,400

生命保険金を原資として被相続人に対する死亡退職金が支払われた場合は、支払退職金を控除した後の保険差益について課されることになる法人税額等に相当する金額は負債とします。

（生命保険金）　　（退職金）

（100,000千円　－　80,000千円）　×　37％　＝　7,400千円

5　評価明細書第２表の作成

（取引相場のない株式（出資）の評価明細書）

第２表　特定の評価会社の判定の明細書　　会社名 関西婦人服飾株式会社

（令和六年一月一日以降用）

	判定要素						判定基準	(1)欄のいずれか２の判定要素が０であり、かつ、(2)欄のいずれか２以上の判定要素が０	
１．比準要素数１の会社	(1)直前期末を基とした判定要素			(2)直前々期末を基とした判定要素				である（該当）	・でない（非該当）
	第４表のⒷ₁の金額	第４表のⒸ₁の金額	第４表のⒹ₁の金額	第４表のⒷ₂の金額	第４表のⒸ₂の金額	第４表のⒹ₂の金額	判定	該当	(非該当)
	9円60銭	174円	586円	円 0銭	円	円			

	判定要素			判定基準	③の割合が50%以上である	③の割合が50%未満である
２．株式等保有特定会社	総資産価額（第５表の①の金額）	株式等の価額の合計額（第５表の㋑の金額）	株式等保有割合（②／①）	判定	該当	(非該当)
	① 2,725,835千円	② 24,850千円	③ 0％			

	判定要素								
３．土地保有特定会社	総資産価額（第５表の①の金額）	土地等の価額の合計額（第５表の㋩の金額）	土地保有割合（⑤／④）	会社の規模の判定（該当する文字を○で囲んで表示します。）					
	④ 2,725,835千円	⑤ 993,300千円	⑥ 36％	(大会社)・中会社・小会社					
	判定基準	会社の規模	(大会社)		中会社		小会社（総資産価額（帳簿価額）が次の基準に該当する会社） ・卸売業 20億円以上 ・小売・サービス業 15億円以上 ・上記以外の業種 15億円以上		小会社 ・卸売業 7,000万円以上20億円未満 ・小売・サービス業 4,000万円以上15億円未満 ・上記以外の業種 5,000万円以上15億円未満
		⑥の割合	70％以上	(70％未満)	90％以上	90％未満	70％以上	70％未満	90％以上	90％未満
	判定		該当	(非該当)	該当	非該当	該当	非該当	該当	非該当

４．開業後３年未満の会社等	(1)開業後３年未満の会社	判定要素		判定基準	課税時期において開業後３年未満である	課税時期において開業後３年未満でない
		開業年月日	昭和35年 4月 1日	判定	該当	(非該当)
	(2)比準要素数０の会社	判定要素	直前期末を基とした判定要素		判定基準	直前期末を基とした判定要素がいずれも０
			第４表のⒷ₁の金額 9円 6銭 0	第４表のⒸ₁の金額 174円	第４表のⒹ₁の金額 586円	である（該当）・でない（非該当）
					判定	該当・(非該当)

５．開業前又は休業中の会社	開業前の会社の判定		休業中の会社の判定		６．清算中の会社	判定	
	該当	(非該当)	該当	(非該当)		該当	(非該当)

７．特定の評価会社の判定結果	
	１．比準要素数１の会社　　２．株式等保有特定会社 ３．土地保有特定会社　　４．開業後３年未満の会社等 ５．開業前又は休業中の会社　　６．清算中の会社
	該当する番号を○で囲んでください。なお、上記の「１．比準要素数１の会社」欄から「６．清算中の会社」欄の判定において２以上に該当する場合には、後の番号の判定によります。

※評価会社が特定の評価会社に明らかに該当しないものと認められる場合には、記載する必要はありません。

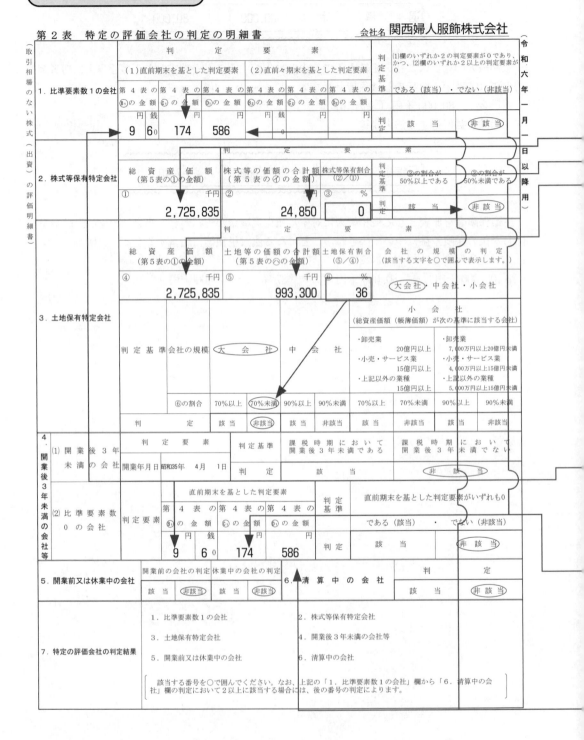

第5表　1株当たりの純資産価額（相続税評価額）の計算明細書　会社名　関西婦人服飾株式会社

（取引相場のない株式）

1. 資産及び負債の金額（課税時期現在）

資産の部 科目	相続税評価額	帳簿価額	備考	負債の部 科目	相続税評価額	帳簿価額	備考
現金・預金	千円 192,251	千円 190,258		支払手形	千円 363,597	千円 363,597	
生命保険金請求権	100,000	100,000					
合計	① 2,725,835	② 2,097,039		合計	③ 1,655,318	④ 1,655,318	
株式等の価額の合計額	㋑ 24,850	㋺ 13,864					
土地等の価額の合計額	㋩ 993,300						
現物出資等受入れ資産の価額の合計額	㊁	㋭					

2. 評価差額に対する法人税額等相当額の計算		3. 1株当たりの純資産価額の計算	
相続税評価額による純資産価額（①－③）	⑤ 1,070,517 千円	課税時期現在の純資産価額（相続税評価額）（⑤－⑧）	⑨ 837,863 千円
帳簿価額による純資産価額（（②＋㊁－㋭）－④）、マイナスの場合は0）	⑥ 441,721 千円	課税時期現在の発行済株式数（（第1表の1の①）－自己株式数）	⑩ 60,000 株
評価差額に相当する金額（⑤－⑥、マイナスの場合は0）	⑦ 628,796 千円	課税時期現在の1株当たりの純資産価額（相続税評価額）（⑨÷⑩）	⑪ 13,964 円
評価差額に対する法人税額等相当額（⑦×37%）	⑧ 232,654 千円	同族株主等の議決権割合（第1表の1の⑤の割合）が50% 以下の場合（⑪×80%）	⑫ 円

第４表　類似業種比準価額等の計算明細書　会社名　関西婦人服飾株式会社

（取引相場のない株式（出資）の評価明細書）

1. 1株当たりの資本金等の額等の計算	直前期末の資本金等の額	直前期末の発行済株式数	直前期末の自己株式数	1株当たりの資本金等の額（①÷（②－③））	1株当たりの資本金等の額を50円とした場合の発行済株式数（①÷50円）
	① 31,000 千円	② 60,000 株	③ 株	④ 516 円	⑤ 620,000 株

2. 比準要素等の金額の計算

1株（50円）当たりの年配当金額 — 直前期末以前2（3）年間の年平均配当金額

事業年度	⑥ 年配当金額	⑦ 左のうち非経常的な配当金額	⑧ 差引経常的な年配当金額（⑥－⑦）	年平均配当金額
直前期	6,000 千円	千円	㋑ 6,000 千円	⑨（㋑＋㋺）÷2　6,000 千円
直前々期	6,000 千円	千円	㋺ 6,000 千円	
直前々期の前期	千円	千円	㋩ 千円	⑩（㋺＋㋩）÷2　千円

比準要素数1の会社・比準要素数0の会社の判定要素の金額		
⑨／⑤	Ⓑ₁ 9 円	6 0 銭
⑩／⑤	Ⓑ₂ 円	0 銭
1株（50円）当たりの年配当金額（Ⓑ₁の金額）	Ⓑ 9 円	60 銭

1株（50円）当たりの年利益金額 — 直前期末以前2（3）年間の利益金額

事業年度	⑪法人税の課税所得金額	⑫非経常的な利益金額	⑬受取配当等の益金不算入額	⑭左の所得税額	⑮損金算入した繰越欠損金の控除額	⑯差引利益金額（⑪－⑫＋⑬－⑭＋⑮）
直前期	134,074 千円	20,363 千円	314 千円	128 千円	千円	㊁ 113,897 千円
直前々期	135,384 千円	33,386 千円	458 千円	126 千円	千円	㋭ 102,330 千円
直前々期の前期	千円	千円	千円	千円	千円	㋬ 千円

比準要素数1の会社・比準要素数0の会社の判定要素の金額	
㊁／⑤ 又は（㊁＋㋭）÷2／⑤	Ⓒ₁ 174 円
㋭／⑤ 又は（㋭＋㋬）÷2／⑤	Ⓒ₂ 円
1株（50円）当たりの年利益金額〔㊁／⑤ 又は（㊁＋㋭）÷2／⑤ の金額〕	Ⓒ 174 円

1株（50円）当たりの純資産価額 — 直前期末（直前々期末）の純資産価額

事業年度	⑰ 資本金等の額	⑱ 利益積立金額	⑲ 純資産価額（⑰＋⑱）
直前期	31,000 千円	332,654 千円	㋣ 363,654 千円
直前々期	千円	千円	㋠ 千円

比準要素数1の会社・比準要素数0の会社の判定要素の金額	
㋣／⑤	Ⓓ₁ 586 円
㋠／⑤	Ⓓ₂ 円
1株（50円）当たりの純資産価額（Ⓓ₁の金額）	Ⓓ 586 円

6　評価明細書第３表の作成

第３表　一般の評価会社の株式及び株式に関する権利の価額の計算明細書　会社名　関西婦人服飾株式会社

（取引相場のない株式（出資）の評価明細書）　（令和六年一月一日以降用）

1．原則的評価方式による価額

1株当たりの価額の計算の基となる金額	類似業種比準価額（第４表の㉖、㉗又は㉘の金額）	1株当たりの純資産価額（第５表の⑪の金額）	1株当たりの純資産価額の80％相当額（第５表の⑫の記載がある場合のその金額）
	① 6,654 円	② 13,964 円	③ 円

1株当たりの価額の計算 区分	1株当たりの価額の算定方法	1株当たりの価額
大会社の株式の価額	次のうちいずれか低い方の金額（②の記載がないときは①の金額） イ　①の金額 ロ　②の金額	④ 6,654 円
中会社の株式の価額	（①と②とのいずれか低い方の金額 × Lの割合 0.　）＋（②の金額（③の金額があるときは③の金額）×（1－ Lの割合 0.　））	⑤ 円
小会社の株式の価額	次のうちいずれか低い方の金額 イ　②の金額（③の金額があるときは③の金額） ロ　（①の金額 × 0.50）＋（イの金額 × 0.50）	⑥ 円

株式の価額の修正			修正後の株式の価額
課税時期において配当期待権の発生している場合	株式の価額［④、⑤又は⑥の金額］ － 1株当たりの配当金額 100 円 00 銭		⑦ 6,554 円
課税時期において株式の割当てを受ける権利、株主となる権利又は株式無償交付期待権の発生している場合	株式の価額［④、⑤又は⑥（⑦があるときは⑦）の金額］＋ 割当株式1株当たりの払込金額　円 × 1株当たりの割当株式数　株 ）÷（1株＋ 1株当たりの割当株式数又は交付株式数　株）		⑧ 円

2．配当還元方式による価額

1株当たりの資本金等の額、発行済株式数等	直前期末の資本金等の額	直前期末の発行済株式数	直前期末の自己株式数	1株当たりの資本金等の額を50円とした場合の発行済株式数（⑨÷50円）	1株当たりの資本金等の額（⑨÷（⑩－⑪））
	⑨ 千円	⑩ 株	⑪ 株	⑫ 株	⑬ 円

直前期末以前2年間の配当金額 事業年度	⑭ 年配当金額	⑮ 左のうち非経常的な配当金額	⑯ 差引経常的な年配当金額（⑭－⑮）	年平均配当金額
直前期	千円	千円	㋑ 千円	⑰（㋑+㋺）÷2　千円
直前々期	千円	千円	㋺ 千円	

1株（50円）当たりの年配当金額	年平均配当金額（⑰の金額）÷ ⑫の株式数 ＝	⑱ 円 銭	この金額が2円50銭未満の場合は2円50銭とします。
配当還元価額	⑱の金額/10％ × ⑬の金額/50円 ＝	⑲ 円　⑳ 円	⑲の金額が、原則的評価方式により計算した価額を超える場合には、原則的評価方式により計算した価額とします。

3．株式に関する権利の価額（1．及び2．に共通）

配当期待権	1株当たりの予想配当金額 100円 00銭 －（源泉徴収されるべき所得税相当額 20 円 42銭）	㉑ 79 円 58 銭	**4．株式及び株式に関する権利の価額**（1．及び2．に共通）
株式の割当てを受ける権利（割当株式1株当たりの価額）	⑧（配当還元方式の場合は⑳）の金額 － 割当株式1株当たりの払込金額　円	㉒ 円	株式の評価額　6,554 円
株主となる権利（割当株式1株当たりの価額）	⑧（配当還元方式の場合は⑳）の金額（課税時期後にその株主となる権利につき払い込むべき金額があるときは、その金額を控除した金額）	㉓ 円	株式に関する権利の評価額　円（円　銭）　79円58銭
株式無償交付期待権（交付される株式1株当たりの価額）	⑧（配当還元方式の場合は⑳）の金額	㉔ 円	

設例の15

株式の評価額

配当期待権の評価額

表示単位未満の端数を切り捨てることにより０となる場合は、その端数を切り捨てず、分数により記載します（納税義務者の選択により、その金額を小数で記載することができます。）。

第4表

3. 類似業種比準価額の計算

1株（50円）当たりの比準価額の計算

類似業種と業種目番号	繊維・衣服等卸売業（No. 67）		区分	1株（50円）当たりの年配当金額		1株（50円）当たりの年利益金額	1株（50円）当たりの純資産価額	1株（50円）当たりの比準価額	
類似業種の株価	課税時期の属する月	4月 ㋷ 479円	評価会社	Ⓑ 9円	6_0銭	Ⓒ 174円	Ⓓ 586円	⑳×㉑×0.7 ※	
	課税時期の属する月の前月	3月 ㋦ 490円	類似業種	B 5円	2_0銭	C 51円	D 376円	※（中会社は0.6 小会社は0.5 とします。）	
	課税時期の属する月の前々月	2月 ㋸ 472円							
	前年平均株価	㋾ 417円	要素別比準割合	Ⓑ/B 1.84		Ⓒ/C 3.41	Ⓓ/D 1.55		
	課税時期の属する月以前2年間の平均株価	㋻ 450円							
	A（㋷、㋦、㋸、㋾及び㋻のうち最も低いもの）	⑳ 417円	比準割合	$\frac{\frac{Ⓑ}{B}+\frac{Ⓒ}{C}+\frac{Ⓓ}{D}}{3}$ =		㉑ 2.26		㉒ 659円	6_0銭

類似業種と業種目番号	卸売業（No. 65）		区分	1株（50円）当たりの年配当金額		1株（50円）当たりの年利益金額	1株（50円）当たりの純資産価額	1株（50円）当たりの比準価額	
類似業種の株価	課税時期の属する月	4月 ㋕ 286円	評価会社	Ⓑ 9円	6_0銭	Ⓒ 174円	Ⓓ 586円	㉓×㉔×0.7 ※	
	課税時期の属する月の前月	3月 ㋵ 275円	類似業種	B 3円	4_0銭	C 33円	D 258円	※（中会社は0.6 小会社は0.5 とします。）	
	課税時期の属する月の前々月	2月 ㋟ 267円							
	前年平均株価	㋹ 298円	要素別比準割合	Ⓑ/B 2.82		Ⓒ/C 5.27	Ⓓ/D 2.27		
	課税時期の属する月以前2年間の平均株価	㋞ 280円							
	A（㋕、㋵、㋟、㋹及び㋞のうち最も低いもの）	㉓ 267円	比準割合	$\frac{\frac{Ⓑ}{B}+\frac{Ⓒ}{C}+\frac{Ⓓ}{D}}{3}$ =		㉔ 3.45		㉕ 644円	8_0銭

1株当たりの比準価額	比準価額（㉒と㉕とのいずれか低い方の金額） × ④の金額/50円	㉖ 6,654円
比準価額の修正：直前期末の翌日から課税時期までの間に配当金交付の効力が発生した場合	比準価額（㉖の金額） － 1株当たりの配当金額　円　銭	修正比準価額 ㉗　円
比準価額の修正：直前期末の翌日から課税時期までの間に株式の割当て等の効力が発生した場合	比準価額（㉖（㉗があるときは㉗）の金額） ＋ 割当株式1株当たりの払込金額　円　銭 × 1株当たりの割当株式数　株）÷（1株＋ 1株当たりの割当株式数又は交付株式数　株）	修正比準価額 ㉘　円

第5表

生命保険金請求権	100,000	100,000					

合計	① 2,725,835	② 2,097,039	合計	③ 1,655,318	④ 1,655,318
株式等の価額の合計額	㋑ 24,850	㋺ 13,864			
土地等の価額の合計額	㋩ 993,300				
現物出資等受入れ資産の価額の合計額	㋥	㋭			

2. 評価差額に対する法人税額等相当額の計算		3. 1株当たりの純資産価額の計算	
相続税評価額による純資産価額（①－③）	⑤ 1,070,517千円	課税時期現在の純資産価額（相続税評価額）（⑤－⑧）	⑨ 837,863千円
帳簿価額による純資産価額（(②＋(㋥－㋭)－④)、マイナスの場合は0）	⑥ 441,721千円	課税時期現在の発行済株式数（(第1表の1の①)－自己株式数）	⑩ 60,000株
評価差額に相当する金額（⑤－⑥、マイナスの場合は0）	⑦ 628,796千円	課税時期現在の1株当たりの純資産価額（相続税評価額）（⑨÷⑩）	⑪ 13,964円
評価差額に対する法人税額等相当額（⑦×37%）	⑧ 232,654千円	同族株主等の議決権割合（第1表の1の⑤の割合）が50%以下の場合（⑪×80%）	⑫　円

Ⅱ　特例的評価方式（配当還元方式）

（次の項目以外は 279 ページのⅠ　設例に基づく会社の株式の評価と同一です。）

設例 1 ：令和 5 年 4 月 10 日に、横田兼一の息子横田一郎は、父兼一から関西婦人服飾株式会社の株式 2,000 株を贈与により取得しました。

設例 2 ：令和 5 年 4 月 10 日に、大西　隆の息子の配偶者大西春子は大西豊子が相続により取得した株式のうち 1,000 株を贈与により取得しました。

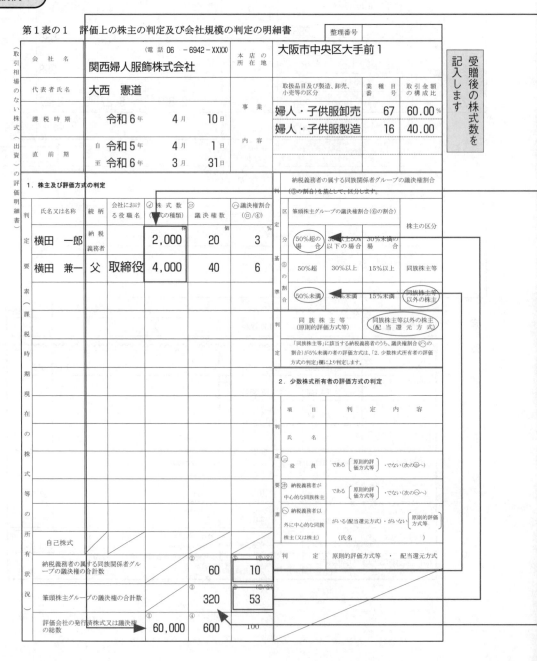

設例 1

受贈後の株式数を記入します

第 1 表の 1　評価上の株主の判定及び会社規模の判定の明細書　　整理番号

（取引相場のない株式（出資）の評価明細書）

会社名	（電話 06 －6942－XXXX） 関西婦人服飾株式会社	本店の所在地	大阪市中央区大手前 1
代表者氏名	大西　憲道	事業内容	
課税時期	令和 6 年　4 月　10 日		
直前期	自 令和 5 年　4 月　1 日 至 令和 6 年　3 月　31 日		

取扱品目及び製造、卸売、小売等の区分	業種目番号	取引金額の構成比
婦人・子供服卸売	67	60.00 %
婦人・子供服製造	16	40.00

1．株主及び評価方式の判定

判定要素（課税時期現在の株式等の所有状況）

氏名又は名称	続柄	会社における役職名	㋑株式数（株式の種類）	㋺議決権数	㋩議決権割合（㋺/④）
			株	個	%
横田　一郎	納税義務者		2,000	20	3
横田　兼一	父	取締役	4,000	40	6
自己株式					
納税義務者の属する同族関係者グループの議決権の合計数				② 60	⑤（②/④） 10
筆頭株主グループの議決権の合計数				③ 320	⑥（③/④） 53
評価会社の発行済株式又は議決権の総数			① 60,000	④ 600	100

判定基準

納税義務者の属する同族関係者グループの議決権割合（⑤の割合）を基として、区分します。

区分	筆頭株主グループの議決権割合（⑥の割合）			株主の区分
	◯50%超の場合◯	30%以上50%以下の場合	30%未満の場合	
⑤の割合	50%超	30%以上	15%以上	同族株主等
	◯50%未満◯	30%未満	15%未満	◯同族株主等以外の株主◯

判定	
同族株主等（原則的評価方式等）	◯同族株主等以外の株主（配当還元方式）◯

「同族株主等」に該当する納税義務者のうち、議決権割合（㋩の割合）が5%未満の者の評価方式は、「2. 少数株式所有者の評価方式の判定」欄により判定します。

2．少数株式所有者の評価方式の判定

項目	判定内容
氏名	
㋥ 役員	である〔原則的評価方式等〕・でない（次の㋭へ）
㋭ 納税義務者が中心的な同族株主	である〔原則的評価方式等〕・でない（次の㋬へ）
㋬ 納税義務者以外に中心的な同族株主（又は株主）	がいる（配当還元方式）・がいない〔原則的評価方式等〕 （氏名　　　）
判定	原則的評価方式等　・　配当還元方式

同族会社等の判定に関する明細書

事業年度又は連結事業年度	5・4・1 6・3・31	法人名	関西婦人服飾株式会社

別表二　令五・四・一以後終了事業年度又は連結事業年度分

	項目	番号	金額等		項目	番号	金額等
同族会社の判定	期末現在の発行済株式の総数又は出資の総額	1	内 60,000	特定同族会社の判定	(21)の上位1順位の株式数又は出資の金額	11	
	(19)と(21)の上位3順位の株式数又は出資の金額	2	46,000		株式数等による判定 $\frac{(11)}{(1)}$	12	%
	株式数等による判定 $\frac{(2)}{(1)}$	3	76,667 %		(22)の上位1順位の議決権の数	13	
	期末現在の議決権の総数	4	内 60,000		議決権の数による判定 $\frac{(13)}{(4)}$	14	%
	(20)と(22)の上位3順位の議決権の数	5			(21)の社員の1人及びその同族関係者の合計人数のうち最も多い数	15	
	議決権の数による判定 $\frac{(5)}{(4)}$	6	0 %		社員の数による判定 $\frac{(15)}{(7)}$	16	%
	期末現在の社員の総数	7			特定同族会社の判定割合 ((12)、(14)又は(16)のうち最も高い割合)	17	
	社員の3人以下及びこれらの同族関係者の合計人数のうち最も多い数	8		判定結果		18	特定同族会社 (同族会社) 非同族会社
	社員の数による判定 $\frac{(8)}{(7)}$	9	%				
	同族会社の判定割合 ((3)、(6)又は(9)のうち最も高い割合)	10	76,667				

判定基準となる株主等の株式数等の明細

順位 株式数等	順位 議決権数	判定基準となる株主（社員）及び同族関係者 住所又は所在地	氏名又は法人名	判定基準となる株主等との続柄	被支配会社でない法人株主等 株式数又は出資の金額 19	被支配会社でない法人株主等 議決権の数 20	その他の株主等 株式数又は出資の金額 21	その他の株主等 議決権の数 22
1		大阪市大正区大正	大西　憲道	本人			20,000	
1		大阪市大正区大正	大西　豊子	配偶者			6,000	
1		大阪市大正区大正	大西　結衣	長女			4,000	
1		吹田市片山町3	大西　隆	長男			2,000	
2		芦屋市公光町	横田　兼一	本人			6,000	
3		京都市伏見区鎚屋町	加藤　一男	本人			8,000	

第３表　一般の評価会社の株式及び株式に関する権利の価額の計算明細書

会社名 関西婦人服飾株式会社

（取引相場のない株式（出資）の評価明細書）

（令和六年一月一日以降用）

１ 原則的評価方式による価額

1株当たりの価額の計算の基となる金額	類似業種比準価額（第4表の㉖、㉗又は㉘の金額）	1株当たりの純資産価額（第5表の⑪の金額）	1株当たりの純資産価額の80%相当額（第5表の⑫の記載がある場合のその金額）
	① 円	② 円	③ 円

区分	1株当たりの価額の算定方法	1株当たりの価額
大会社の株式の価額	次のうちいずれか低い方の金額（②の記載がないときは①の金額） イ　①の金額 ロ　②の金額	④ 円
中会社の株式の価額	（①と②とのいずれか低い方の金額 × Lの割合 0.）＋（②の金額（③の金額があるときは③の金額） ×（1－Lの割合 0.））	⑤ 円
小会社の株式の価額	次のうちいずれか低い方の金額 イ　②の金額（③の金額があるときは③の金額） ロ　（①の金額 × 0.50）＋（イの金額 × 0.50）	⑥ 円

株式の価額の修正	株式の価額	算定方法	修正後の株式の価額
課税時期において配当期待権の発生している場合	（④、⑤又は⑥の金額）	－ 1株当たりの配当金額　円　銭	⑦ 円
課税時期において株式の割当てを受ける権利、株主となる権利又は株式無償交付期待権の発生している場合	（④、⑤又は⑥（⑦があるときは⑦）の金額）	＋ 割当株式1株当たりの払込金額　円 × 1株当たりの割当株式数　株）÷（1株＋ 1株当たりの割当株式数又は交付株式数　株）	⑧ 円

２ 配当還元方式による価額

1株当たりの資本金等の額、発行済株式数等	直前期末の資本金等の額	直前期末の発行済株式数	直前期末の自己株式数	1株当たりの資本金等の額を50円とした場合の発行済株式数（⑨÷50円）	1株当たりの資本金等の額（⑨÷（⑩－⑪））
	⑨ 31,000 千円	⑩ 60,000 株	⑪ 株	⑫ 620,000 株	⑬ 516 円

直前期末以前2年間の配当金額	事業年度	⑭ 年配当金額	⑮ 左のうち非経常的な配当金額	⑯ 差引経常的な年配当金額（⑭－⑮）	年平均配当金額
	直前期	6,000 千円	千円	㋑ 6,000 千円	⑰（㋑＋㋺）÷2　6,000 千円
	直前々期	6,000 千円	千円	㋺ 6,000 千円	

項目	算式	金額	備考
1株（50円）当たりの年配当金額	年平均配当金額（⑰の金額）÷ ⑫の株式数 ＝	⑱ 9 円 67 銭	この金額が2円50銭未満の場合は2円50銭とします。
配当還元価額	⑱の金額／10% × ⑬の金額／50円 ＝	⑲ 997 円　⑳ 997 円	⑳の金額が、原則的評価方式により計算した価額を超える場合には、原則的評価方式により計算した価額とします。

３ 株式に関する権利の価額（1．及び2．に共通）

配当期待権	1株当たりの予想配当金額（100 円 00 銭）－ 源泉徴収されるべき所得税相当額（20 円 42 銭）	㉑ 79 円 58 銭
株式の割当てを受ける権利（割当株式1株当たりの価額）	⑧（配当還元方式の場合は⑳）の金額 － 割当株式1株当たりの払込金額　円	㉒ 円
株主となる権利（割当株式1株当たりの価額）	⑧（配当還元方式の場合は⑳）の金額（課税時期後にその株主となる権利につき払い込むべき金額があるときは、その金額を控除した金額）	㉓ 円
株式無償交付期待権（交付される株式1株当たりの価額）	⑧（配当還元方式の場合は⑳）の金額	㉔ 円

４．株式及び株式に関する権利の価額（1．及び2．に共通）	
株式の評価額	997 円
株式に関する権利の評価額	（円　銭）79円58銭

株式の評価額

表示単位未満の端数を切り捨てることにより０となる場合に、その端数を切り捨てず、分数により記載します（納税義務者の選択により、その金額を小数により記載することができます。）。

利益積立金額及び資本金等の額の計算に関する明細書

事業年度	5・4・1 6・3・31	法人名	関西婦人服飾株式会社

別表五(一) 令五・四

I 利益積立金額の計算に関する明細書

区分	期首現在利益積立金額 ①	当期の増減 減 ②	当期の増減 増 ③	差引翌期首現在利益積立金額 ①－②＋③ ④

II 資本金等の額の計算に関する明細書

区分		期首現在資本金等の額 ①	当期の増減 減 ②	当期の増減 増 ③	差引翌期首現在資本金等の額 ①－②＋③ ④
資本金又は出資金	32	30,000,000円	円	円	30,000,000円
資本準備金	33	1,000,000			1,000,000
	34				
	35				
差引合計額	36	31,000,000			31,000,000

同族会社等の判定に関する明細書

事業年度又は連結事業年度	5・4・1 6・3・31	法人名	関西婦人服飾株式会社

別表二 令五・四・一以後終了事業年度又は連結事業年度分

同族会社の判定	期末現在の発行済株式の総数又は出資の総額	1	内 60,000	特定同族会社の判定	(21)の上位1順位の株式数又は出資の金額	11	
	(19)と(21)の上位3順位の株式数又は出資の金額	2	46,000		株式数等による判定 (11)/(1)	12	%
	株式数等による判定 (2)/(1)	3	76,667%		(22)の上位1順位の議決権の数	13	
	期末現在の議決権の総数	4	内 60,000		議決権の数による判定 (13)/(4)	14	%
	(20)と(22)の上位3順位の議決権の数	5			(21)の社員の1人及びその同族関係者の合計人数のうち最も多い数	15	
	議決権の数による判定 (5)/(4)	6	0%		社員の数による判定 (15)/(7)	16	%
	期末現在の社員の総数	7			特定同族会社の判定割合 ((12)、(14)又は(16)のうち最も高い割合)	17	
	社員の3人以下及びこれらの同族関係者の合計人数のうち最も多い数	8		判定結果		18	特定同族会社 (同族会社) 非同族会社
	社員の数による判定 (8)/(7)	9	%				
	同族会社の判定割合 ((3)、(6)又は(9)のうち最も高い割合)	10	76,667				

株主資本等変動計算書

自令和5年4月1日　至令和6年3月31日

	株主資本 利益剰余金 利益準備金	その他の利益剰余金 別途積立金	その他の利益剰余金 特別償却準備金	その他の利益剰余金 繰越利益剰余金	利益剰余金合計
前期末残高	6,500,000	160,000,000		87,307,438	253,807,438
当 剰余金の配当				△6,000,000	△6,000,000

設例２

第１表の１　評価上の株主の判定及び会社規模の判定の明細書

整理番号

（取引相場のない株式（出資）の評価明細書）

（令和六年一月一日以降用）

会社名	（電話06　−6942−XXXX）関西婦人服飾株式会社	本店の所在地	大阪市中央区大手前１			
代表者氏名	大西　憲道	事業内容	取扱品目及び製造、卸売、小売等の区分	業種目番号	取引金額の構成比	
課税時期	令和６年　４月　10日		婦人・子供服卸売	67	60.00%	
直前期	自　令和５年　４月　１日 至　令和６年　３月　31日		婦人・子供服製造	16	40.00	

１．株主及び評価方式の判定

判定要素（課税時期現在の株式等の所有状況）

氏名又は名称	続柄	会社における役職名	㋑株式数（株式の種類）	㋺議決権数	㋩議決権割合（㋺/④）
			株	個	%
大西　春子	納税義務者		1,000	10	1
大西　豊子	夫の祖母		15,000	150	25
大西　結衣	夫のおば		14,000	140	23
大西　隆	夫の父		2,000	20	3
自己株式					
納税義務者の属する同族関係者グループの議決権の合計数				② 320	⑤（②/④） 53
筆頭株主グループの議決権の合計数				③ 320	⑥（③/④） 53
評価会社の発行済株式又は議決権の総数			① 60,000	④ 600	100

判定基準　納税義務者の属する同族関係者グループの議決権割合（⑤の割合）を基として、区分します。

区分	筆頭株主グループの議決権割合（⑥の割合）			株主の区分
	（50%超の場合）	30%以上50%以下の場合	30%未満の場合	
⑤の割合	（50%超）	30%以上	15%以上	（同族株主等）
	50%未満	30%未満	15%未満	同族株主等以外の株主

判定	
（同族株主等（原則的評価方式等））	同族株主等以外の株主（配当還元方式）

「同族株主等」に該当する納税義務者のうち、議決権割合（㋩の割合）が5%未満の者の評価方式は、「2. 少数株式所有者の評価方式の判定」欄により判定します。

２．少数株式所有者の評価方式の判定

判定要素

項目	判定内容
氏名	大西　春子
㋥役員	である〔原則的評価方式等〕・（でない）（次の㋭へ）
㋭納税義務者が中心的な同族株主	である〔原則的評価方式等〕・（でない）（次の㋬へ）
㋬納税義務者以外に中心的な同族株主（又は株主）	（がいる）（配当還元方式）・がいない〔原則的評価方式等〕 （氏名　大西　豊子　）
判定	原則的評価方式等　・　（配当還元方式）

議決権割合が５％未満

同族会社等の判定に関する明細書

事業年度又は連結事業年度	5・4・1 6・3・31	法人名	関西婦人服飾株式会社

別表二　令五・四・一以後終了事業年度又は連結事業年度分

	項目	番号	金額等		項目	番号	金額等
同族会社の判定	期末現在の発行済株式の総数又は出資の総額	1	内 60,000	特定同族会社の判定	(21)の上位1順位の株式数又は出資の金額	11	
	(19)と(21)の上位3順位の株式数又は出資の金額	2	46,000		株式数等による判定 (11)/(1)	12	%
	株式数等による判定 (2)/(1)	3	76,667 %		(22)の上位1順位の議決権の数	13	
	期末現在の議決権の総数	4	内 60,000		議決権の数による判定 (13)/(4)	14	%
	(20)と(22)の上位3順位の議決権の数	5			(21)の社員の1人及びその同族関係者の合計人数のうち最も多い数	15	
	議決権の数による判定 (5)/(4)	6	0 %		社員の数による判定 (15)/(7)	16	%
	期末現在の社員の総数	7			特定同族会社の判定割合 ((12)、(14)又は(16)のうち最も高い割合)	17	
	社員の3人以下及びこれらの同族関係者の合計人数のうち最も多い数	8		判定結果		18	特定同族会社 （同族会社） 非同族会社
	社員の数による判定 (8)/(7)	9	%				
	同族会社の判定割合 ((3)、(6)又は(9)のうち最も高い割合)	10	76,667				

判定基準となる株主等の株式数等の明細

順位（株式数等）	順位（議決権数）	住所又は所在地	氏名又は法人名	判定基準となる株主等との続柄	被支配会社でない法人株主等 株式数又は出資の金額 19	被支配会社でない法人株主等 議決権の数 20	その他の株主等 株式数又は出資の金額 21	その他の株主等 議決権の数 22
1		大阪市大正区大正	大西　憲道	本　人			20,000	
1		大阪市大正区大正	大西　豊子	配偶者			6,000	
1		大阪市大正区大正	大西　結衣	長女			4,000	
1		吹田市片山町3	大西　隆	長男			2,000	
2		芦屋市公光町	横田　兼一	本人			6,000	
3		京都市伏見区鎚屋町	加藤　一男	本人			8,000	

10,000株ずつ相続

中心的な同族株主の判定

判定者＼範囲	大西　春子	大西　隆	大西　豊子	大西　結衣	計	判定
大西　春子	1 %	3 %	—	—	4 %	×
大西　隆	1 %	3 %	25 %	23 %	52 %	○
大西　豊子	—	3 %	25 %	23 %	51 %	○
大西　結衣	—	3 %	25 %	23 %	51 %	○

※　判定者からみた中心的な同族株主の範囲及びその議決権割合は、上の表のとおりとなります。

第３表　一般の評価会社の株式及び株式に関する権利の価額の計算明細書　会社名 関西婦人服飾株式会社

（取引相場のない株式（出資）の評価明細書）　（令和六年一月一日以降用）

１．原則的評価方式による価額

1株当たりの価額の計算の基となる金額	類似業種比準価額（第4表の㉖、㉗又は㉘の金額）	1株当たりの純資産価額（第5表の⑪の金額）	1株当たりの純資産価額の80%相当額（第5表の⑫の記載がある場合のその金額）
	①　円	②　円	③　円

1株当たりの価額の計算 区分	1株当たりの価額の算定方法	1株当たりの価額
大会社の株式の価額	次のうちいずれか低い方の金額（②の記載がないときは①の金額） イ　①の金額 ロ　②の金額	④　円
中会社の株式の価額	（①と②とのいずれか低い方の金額 × Lの割合 0.　）＋（②の金額（③の金額があるときは③の金額）×（1－Lの割合 0.　））	⑤　円
小会社の株式の価額	次のうちいずれか低い方の金額 イ　②の金額（③の金額があるときは③の金額） ロ　（①の金額 × 0.50）＋（イの金額 × 0.50）	⑥　円

株式の価額の修正			修正後の株式の価額
課税時期において配当期待権の発生している場合	株式の価額（④、⑤又は⑥の金額）	－ 1株当たりの配当金額　円　銭	⑦　円
課税時期において株式の割当てを受ける権利、株主となる権利又は株式無償交付期待権の発生している場合	株式の価額（④、⑤又は⑥（⑦があるときは⑦）の金額）	＋ 割当株式1株当たりの払込金額　円 × 1株当たりの割当株式数　株 ）÷（1株＋ 1株当たりの割当株式数又は交付株式数　株）	⑧　円

２．配当還元方式による価額

1株当たりの資本金等の額、発行済株式数等	直前期末の資本金等の額	直前期末の発行済株式数	直前期末の自己株式数	1株当たりの資本金等の額を50円とした場合の発行済株式数（⑨÷50円）	1株当たりの資本金等の額（⑨÷（⑩－⑪））
	⑨ 31,000 千円	⑩ 60,000 株	⑪　株	⑫ 620,000 株	⑬ 516 円

直前期末以前2年間の配当金額 事業年度	⑭ 年配当金額	⑮ 左のうち非経常的な配当金額	⑯ 差引経常的な年配当金額（⑭－⑮）	年平均配当金額
直前期	6,000 千円	千円	㋑ 6,000 千円	⑰ （㋑＋㋺）÷２　6,000 千円
直前々期	6,000 千円	千円	㋺ 6,000 千円	

1株（50円）当たりの年配当金額	年平均配当金額（⑰の金額） ÷ ⑫の株式数 ＝	⑱ 9 円 67 銭	（この金額が2円50銭未満の場合は2円50銭とします。）
配当還元価額	⑱の金額／10% × ⑬の金額／50円 ＝	⑲ 997 円	⑳ 997 円（⑲の金額が、原則的評価方式により計算した価額を超える場合には、原則的評価方式により計算した価額とします。）

３．株式に関する権利の価額（1．及び2．に共通）

権利	算定方法	価額
配当期待権	1株当たりの予想配当金額（100 円 00 銭）－ 源泉徴収されるべき所得税相当額（20 円 42 銭）	㉑ 79 円 58 銭
株式の割当てを受ける権利（割当株式1株当たりの価額）	⑧（配当還元方式の場合は⑳）の金額 － 割当株式1株当たりの払込金額　円	㉒　円
株主となる権利（割当株式1株当たりの価額）	⑧（配当還元方式の場合は⑳）の金額（課税時期後にその株主となる権利につき払い込むべき金額があるときは、その金額を控除した金額）	㉓　円
株式無償交付期待権（交付される株式1株当たりの価額）	⑧（配当還元方式の場合は⑳）の金額	㉔　円

４．株式及び株式に関する権利の価額（1．及び2．に共通）

株式の評価額	997 円
株式に関する権利の評価額	（円　銭）79円58銭

株式の評価

表示単位未満の端数を切り捨てることにより０となる場合に、その端数を切り捨てず、分数により記載します（納税義務者の選択により、その金額を小数により記載することができます。）。

利益積立金額及び資本金等の額の計算に関する明細書

事業年度	5・4・1 6・3・31	法人名	関西婦人服飾株式会社

別表五(一)　令五・四

Ⅰ　利益積立金額の計算に関する明細書

区分	期首現在利益積立金額 ①	当期の増減 減 ②	当期の増減 増 ③	差引翌期首現在利益積立金額 ①－②＋③ ④

Ⅱ　資本金等の額の計算に関する明細書

区分		期首現在資本金等の額 ①	当期の増減 減 ②	当期の増減 増 ③	差引翌期首現在資本金等の額 ①－②＋③ ④
資本金又は出資金	32	30,000,000円	円	円	30,000,000円
資本準備金	33	1,000,000			1,000,000
	34				
	35				
差引合計額	36	31,000,000			31,000,000

同族会社等の判定に関する明細書

事業年度又は連結事業年度	5・4・1 6・3・31	法人名	関西婦人服飾株式会社

別表二　令五・四・一以後終了事業年度又は連結事業年度分

同族会社の判定	期末現在の発行済株式の総数又は出資の総額	1	内 60,000
	(19)と(21)の上位3順位の株式数又は出資の金額	2	46,000
	株式数等による判定 (2)/(1)	3	76,667%
	期末現在の議決権の総数	4	内 60,000
	(20)と(22)の上位3順位の議決権の数	5	
	議決権の数による判定 (5)/(4)	6	0%
	期末現在の社員の総数	7	
	社員の3人以下及びこれらの同族関係者の合計人数のうち最も多い数	8	
	社員の数による判定 (8)/(7)	9	%
	同族会社の判定割合 ((3)、(6)又は(9)のうち最も高い割合)	10	76,667
特定同族会社の判定	(21)の上位1順位の株式数又は出資の金額	11	
	株式数等による判定 (11)/(1)	12	%
	(22)の上位1順位の議決権の数	13	
	議決権の数による判定 (13)/(4)	14	%
	(21)の社員の1人及びその同族関係者の合計人数のうち最も多い数	15	
	社員の数による判定 (15)/(7)	16	%
	特定同族会社の判定割合 ((12)、(14)又は(16)のうち最も高い割合)	17	
判定結果		18	特定同族会社 （同族会社） 非同族会社

株主資本等変動計算書

自令和 5 年4月1日　至令和6年3月31日

	株主資本 利益剰余金 利益準備金	その他の利益剰余金 別途積立金	その他の利益剰余金 特別償却準備金	その他の利益剰余金 繰越利益剰余金	利益剰余金合計
前期末残高	6,500,000	160,000,000		87,307,438	253,807,438
当 剰余金の配当				△6,000,000	△6,000,000

＜編　者＞

信永　　弘

＜執筆者＞

松田　貴司

岡本　眞典

小澤　正志

令和６年11月改訂　図解と個別事例による

相続税・贈与税の株式評価実務必携

2024年12月13日　発行

編　者　信永　　弘

発行者　新木 敏克

発行所　公益財団法人 納税協会連合会

〒540-0012　大阪市中央区谷町１-５-４　電話(編集部) 06(6135)4062

発売所　株式会社 清文社

大阪市北区天神橋２丁目北２-６（大和南森町ビル）
〒530-0041　電話 06(6135)4050　FAX 06(6135)4059
東京都文京区小石川１丁目３-25（小石川大国ビル）
〒112-0002　電話 03(4332)1375　FAX 03(4332)1376
URL https://www.skattsei.co.jp/

印刷：㈱太洋社

■本書の内容に関するお問い合わせは編集部まで FAX（06-6135-4063）又は e-mail（edit-w@skattsei.co.jp）でお願いします。

＊本書の追録情報等は、発売所（清文社）のホームページ（https://www.skattsei.co.jp）をご覧ください。

ISBN978-4-433-70444-5